Strategie

Strategie

entwickeln, umsetzen und optimieren

Jan-Philipp Büchler

LWAYS LEARNING

PEARSON

Bibliografische Information der Deutschen Nationalbibliothek

Die Deutsche Nationalbibliothek verzeichnet diese Publikation in der Deutschen Nationalbibliografie; detaillierte bibliografische Daten sind im Internet über *http://dnb.dnb.de* abrufbar.

10 9 8 7 6 5 4 3 2 1

16 15 14

ISBN 978-3-86894-205-7 (Buch)
ISBN 978-3-86326-534-2 (E-Book)

Programmleitung: Martin Milbradt, mmilbradt@pearson.de
Lektorat: Elisabeth Prümm, epruemm@pearson.de
Korrektorat: Petra Kienle
Herstellung: Claudia Bäurle, cbaeurle@pearson.de
Satz: Nadine Krumm, mediaService, Siegen (www.mediaservice.tv)
Coverdesign: Martin Horngacher, München
Coverabbildung: Fotolia.com
Druck und Verarbeitung: Wilco, Amersfoort

Printed in the Netherlands

Inhaltsverzeichnis

Teil II Strategie umsetzen 101

Vorwort

Die Vielzahl an Lehrbüchern zum strategischen Management ist einerseits ein Indikator für die hohe Bedeutung dieses Themas in der Unternehmenspraxis und der Wissenschaft und zeigt andererseits die Vielfalt an verfügbaren Methoden und Instrumenten. Ein prüfender Blick in die am häufigsten behandelten Inhalte des strategischen Managements könnte jedoch all zu leicht die Schlussfolgerung nahelegen, dass strategisches Management auf die sieben S-Gestaltungselemente, die fünf Wettbewerbskräfte, die vier Lebenszyklusphasen, die drei generischen Wettbewerbsstrategien und unzählige Zwei-mal-zwei-Felder-Portfolios reduziert wird. Eine derartige Reduktion würde allerdings der Komplexität unternehmerischer Entscheidungssituationen nicht gerecht werden und in der Folge die Handlungsoptionen des Managements erheblich einschränken.

Daher ist der Anspruch dieses Lehrbuchs, die Problemlösungs- und Handlungskompetenz von Managern bei der Auswahl und dem Einsatz der vorgestellten Methoden, Modelle und Instrumente zu verbessern. Aus diesem Grund orientiert sich das Lehrbuch konsequent an der Unternehmenspraxis und gibt Handlungsempfehlungen entlang des strategischen Managementprozesses. Dabei werden unterschiedliche Branchen in die Betrachtung einbezogen, um den Nutzen und die Grenzen bei der Anwendung der Methoden zu erkennen und diese im jeweiligen Unternehmenskontext anzupassen. Somit wird ein umfangreiches Methodenset vorgestellt, dessen Instrumente kontextabhängig zusammengestellt und eingesetzt werden müssen. Die theoretischen Grundlagen werden dabei auf ein erforderliches Minimum konzentriert und durch Fallbeispiele, Fallstudien und Simulationen ergänzt, die zur Entwicklung von Urteilsvermögen und von Handlungskompetenz dienen.

Das Lehrbuch richtet sich vor allem an Studierende und ermöglicht ihnen zusätzlich zum Verständnis der theoretischen Grundlagen eine praxisnahe Vorbereitung auf die Herausforderungen bei der Vorbereitung und Umsetzung strategischer Entscheidungen in Unternehmen. Begleitend zum Lehrbuch kann künftig ein Zugang zur Lernplattform **MyLab Deutsche Version für Strategie** erworben werden. **MyLab** bietet völlig neue Lernmethoden wie z. B. interaktive Fallstudien und Simulationen, welche die Studierenden zur kritischen Reflexion von Strategien und zum Austesten der Grenzen von Modellen oder Instrumenten in konkreten Entscheidungssituationen auffordern. Somit erweitern die Studierenden ihre Perspektive vom Lernen und Anwenden hin zum Reflektieren. Die Bereitschaft und die Übung, mit mehrdeutigen und komplexen Situationen umzugehen, in denen nicht dichotome Entscheidungen getroffen werden müssen, ist eine zentrale Anforderung an das Management in der Strategieentwicklung. Die Fallstudienmethode ermöglicht es, sowohl den Praxisbezug herzustellen als auch die Anwendung sicherzustellen. Die Fallstudien und die Fallsimulation werden multimedial und interaktiv auf der Plattform *www.deutsch.mylabpearson.com* zu finden sein. Eine kurze Beschreibung der Lernplattform und eine strukturierte Übersicht zu den Fallstudien und ihren thematischen Bezügen zum Lehrbuch befinden sich am Ende dieses Lehrbuchs. Leser, die sich über *www.pearson-studium.de/strategie* eintragen, werden informiert sobald die Lernplattform verfügbar ist. Zudem erhalten alle, die sich vorab registriert haben, einen zweiwöchigen kostenlosen Probezugang um sich selbst von den genannten Möglichkeiten **MyLab Deutsche Version für Strategie** zu überzeugen.

Mein Dank gilt meinen Mitarbeiterinnen und Mitarbeitern am Center for Applied Studies and Education in Management (CASEM), die mich bei der Umsetzung dieses Lehrbuchs engagiert unterstützt haben, sowie meinen Kollegen Prof. Dr. Sabine Quarg, Prof. Dr. Gregor Brüggelambert und Prof. Dr. Axel Faix für den fruchtbaren wissenschaftlichen Austausch und die sehr gute Zusammenarbeit an den Fallstudien. Ebenfalls möchte ich mich bei dem Verlag Pearson Studium für die sehr angenehme Zusammenarbeit bedanken.

Düsseldorf/Dortmund, im Februar 2014

Jan-Philipp Büchler

Abkürzungen

ASEAN - Association of Southeast Asian Nations
bzw. - beziehungsweise
d. h. - das heißt
BCG - Boston Consulting Group
BP - Business Plan
BSC - Balanced Scorecard
CAGE - Culture – Administration – Geography – Economy
CE - Capital Employed
CF - Cashflow
CR - Concentration Ratio
CSR - Corporate Social Responsibility
CT - Capital Turnover
DCF - Discounted Cashflow
DINK - Double Income – No Kid
EBIT - Earnings before Interest and Taxes
EBITDA - Earnings before Interest, Taxes, Depreciation, and Amortization
EK - Eigenkapital
EVA - Economic Value Added
FK - Fremdkapital
GBS - Global Business Services
GK - Gesamtkapital
HHI - Herfindahl-Hirschmann-Index
ISIC - International Standard Industrial Classification of all Economic Activities
KPI - Key Performance Indicator
LOHAS - Lifestyle of Health and Sustainability
MBV - Market-Based-View
MERCOSUR - Mercado Común del Sur
MVA - Market Value Added

NACE	-	Nomenclature Générale des Activités Économiques dans les Communautés Européennes
NAFTA	-	North American Free Trade Agreement
NGO	-	Non-Governmental Organization
NOPAT	-	Net Operating Profit after Taxes
NPV	-	Net Present Value
PMS	-	Produkt-Markt-Segment
OGSM	-	Objectives, Goals, Strategies, Measures
RBV	-	Resource-Based-View
ROCE	-	Return on Capital Employed
ROS	-	Return on Sales
SGE	-	Strategische Geschäftseinheit
SGF	-	Strategisches Geschäftsfeld
SIC	-	Standard Industry Classification
sog.	-	sogenannte
STEP	-	Sociodemographics, Technology, Ecology, Politics
STRAP	-	Strategic Action Plan
SWOT	-	Strengths, Weaknesses, Opportunities, Threats
TOWS	-	Threats, Oppportunities, Weaknesses, Strengths
TQM	-	Total Quality Management
TV	-	Terminal Value
USP	-	Unique Selling Proposition
VRIO	-	Valuable, Rare, Inimitable, Organizational specific
WACC	-	Weighted Average Cost of Capital (gewichteter Kapitalkostensatz)
z. B.	-	zum Beispiel

Strategie verstehen

Der **Strategiebegriff** findet in der wissenschaftlichen Literatur und in der betrieblichen Praxis eine vielfältige Verwendung, die insbesondere durch die Perspektiven unterschiedlicher Denkschulen des strategischen Managements geprägt ist. Diese **Denkschulen** können in drei voneinander verschiedene Gruppen unterteilt werden.[1]

Präskriptive Denkschulen vertreten die Grundauffassung, dass Strategieentwicklung als ein logisches Prozessmodell beschrieben werden kann, das Strategien auf der Grundlage von umfassenden Analysen der externen Umwelt und der internen Unternehmensorganisation ausformuliert und umsetzt. Die präskriptiven Denkschulen legen damit übereinstimmend einen erheblichen Wert auf analytische Ansätze und verwenden dazu Analyseinstrumente, Branchenmodelle und Checklisten, die eine hohe Bedeutung und einen praktischen Nutzen im betrieblichen Umfeld haben.

- Die **Designschule** richtet die Strategieentwicklung dabei auf den anzustrebenden Ausgleich, sog. *Fit*, zwischen unternehmerischen Fähigkeiten und Marktchancen aus. Die Grundlage dafür bildet ein logisch aufgebauter Strategieprozess, in dem eine langfristig angelegte Strategie entworfen und diese danach konsequent umgesetzt wird.
- Die **Planungsschule** versucht den Strategieentwicklungsprozess als solchen formal und systematisch in Teilpläne herunterzubrechen und präzise Prozessabläufe zu definieren, um langfristig geplante Ziele bestmöglich zu erreichen.
- Die **Positionierungsschule** verlagert den Fokus auf die zu erreichende und zu verteidigende Wettbewerbsposition in einer Branche, die durch eine Wettbewerbsstrategie die zentralen Wettbewerbskräfte adressiert und das Unternehmen darauf konsequent ausrichtet.

Deskriptive Denkschulen betrachten Strategieentwicklung als einen kontinuierlichen Lernprozess, der von unternehmerischen Visionen und Erfahrungen geleitet, von gelernten Verhaltensmustern geprägt und von Machtbeziehungen beeinflusst wird. Wesentliche Fragen betreffen die Eigenschaften von Führungspersönlichkeiten, die Art und Weise der Informationsaufnahme und -verarbeitung sowie den Umgang mit Erfahrungen, um den strategischen Wandel zu gestalten und in der Unternehmensorganisation zu verankern. Insofern stehen vor allem Aspekte der Implementierung von Strategien und deren kontinuierliche Anpassung sowie der Umgang mit Widerständen bei der Strategiedurchsetzung im Vordergrund.

- Die **Entrepreneurschule** betrachtet die Strategiebildung als einen von den Visionen und Perspektiven des Unternehmers oder des Managements inspirierten Prozess, der vor allem auf Intuition, Kreativität und Erfahrung anstatt auf formaler Planung basiert. Strategie entsteht somit unter Bedingungen größtmöglicher Flexibilität und Weitsicht.
- Die **Kognitionsschule** geht davon aus, dass Manager vor allem aufgrund ihrer Erfahrungen und ihres Wissens handeln und strategische Entscheidungen treffen, die wiederum den Erfahrungsschatz erweitern. Die zentrale Frage der Strategieentwicklung und -umsetzung liegt nach diesem Ansatz darin, wie Führungskräfte Informationen wahrnehmen, verarbeiten und in der Entscheidungsfindung berücksichtigen.

1 Vgl. Mintzberg/Ahlstrand/Lampel (2002), S. 17 ff.

- Die **Lernschule** kommt ohne formale Planungs- und Analysemodelle aus. Strategien entstehen in erster Linie durch die Konfrontation der aktuellen Umweltsituation mit den unternehmerischen Möglichkeiten und den Verhaltensmustern des Unternehmens, die sich in dem Marktumfeld als erfolgreich entwickeln und häufig durch inkrementelle Anpassungen geprägt sind.
- Die **Machtschule** betrachtet die Entwicklung und Umsetzung von Strategien als einen Prozess der Einflussnahme, bei dem Individuen, Gruppen oder Koalitionen ihre Ansprüche und Interessen durchzusetzen versuchen. Die Integration verschiedener Stakeholder im Unternehmen und in dessen Umfeld ist hiernach ein wesentlicher Schlüssel zum Erfolg und zur Durchsetzung von Strategien.

Integrierte Denkschulen kombinieren verschiedene Perspektiven der bereits vorgestellten Ansätze und Denkschulen und untersuchen Interaktionen zwischen den unterschiedlichen Dimensionen wie z. B. den Einfluss von Kultur, Organisation oder Umwelt auf den Strategieprozess. Das Unternehmen wird grundsätzlich als eine entwicklungsfähige und in einem Spannungsfeld befindliche vielschichtige Organisation betrachtet, die nicht einzig und allein nach formalen Planungsvorgaben gesteuert werden kann. Insofern sind vielfältige Maßnahmen aufeinander abzustimmen und strategische Hebel in sehr unterschiedlichen Bereichen in Bewegung zu setzen.

- Die **Kulturschule** legt den Schwerpunkt auf den Einfluss der Unternehmenskultur als Katalysator für strategischen Wandel, d. h. die Art und Weise, wie Strategien in der Unternehmensorganisation kommuniziert, implementiert und verstetigt werden.
- Die **Ökologieschule** nimmt die Umwelt als ein Spannungsfeld von widerstreitenden Kräften und Entwicklungen wahr, in dem sich das Unternehmen nicht nur positionieren, sondern permanent anpassen muss, da es andernfalls nicht überlebt.
- Die **Konfigurationsschule** fordert die Unternehmensstrategie zu kontinuierlichen Anpassungen an den Unternehmenskontext auf und verlangt eine konsequente Ausrichtung der Strategie auf die jeweilige Konfiguration, d. h. Rahmenbedingungen in der Unternehmensumwelt. Es gibt demnach keine allgemeingültige Strategie.

Diese Denkschulen des strategischen Managements zeigen jede für sich genommen relevante Perspektive und Ansatzpunkte auf, die für die Entwicklung, Umsetzung und Optimierung von Strategien Gültigkeit besitzen. In der Unternehmensrealität können im Zeitverlauf und in Abhängigkeit von Markt- und Unternehmensentwicklung unterschiedliche Perspektiven mehr oder weniger Bedeutung erlangen. Daher sollen zunächst die Gemeinsamkeiten dieser Denkschulen herausgearbeitet werden, um einen möglichst umfassenden Strategiebegriff abzuleiten.

Ausgehend von den grundsätzlichen Gemeinsamkeiten der Denkschulen sind der gleichzeitige Umwelt- und Unternehmensbezug ein zentrales Merkmal von **Strategie.** Dadurch entsteht ein Spannungsfeld, das im Sinne der langfristigen Zielerreichung und Erfolgssicherung des Unternehmens durch ausformulierte Maßnahmenbündel und kontinuierliche Anpassungen aufgelöst werden soll. Die ausformulierten Maßnahmenbündel betreffen in der Regel die Festlegung oder Entwicklung von erforderlichen Ressourcen und Kompetenzen mit dem Ziel, eine langfristig erfolgreiche Stellung im Wettbewerb auf einem bestimmten Markt einzunehmen.

Die zentralen Analysefelder Umwelt und Unternehmen schaffen damit die Ausgangsbasis für die Entwicklung und Formulierung von Strategien. Der analytische Teil der Strategieentwicklung kann daher anhand von formalen Analysemodellen und Instrumenten präzise beschrieben und ausgestaltet werden. Die Synthese der Ergebnisse aus der externen und internen Analyse erfordert allerdings einen Diskussionsprozess im Unternehmen, der auf Annahmen und Erfahrungen der an der Strategieentwicklung Beteiligten beruht und ein rein analytisches Vorgehen ausschließt.

Exkurs: Annahmen über den relevanten Markt

Die Annahmen und Erfahrungen, die ein Unternehmen in seiner Geschäftsentwicklung gemacht hat, können grundsätzliche Auffassungen betreffen wie z. B. die Marktdefinition und -abgrenzung. So kann ein Unternehmen wie die Deutsche Bahn davon überzeugt sein, im Wettbewerb mit anderen Schienenverkehrsanbietern zu stehen, obwohl die Kunden die Deutsche Bahn als ein Transportmittel betrachten, das im Wettbewerb zum Flugverkehr, zu Fernbusreisen und Mitfahrzentralen steht. Insofern zeigt die jüngste Entscheidung, in das Marktsegment der Fernbusreisen einzusteigen, dass sich die Deutsche Bahn nicht als ein Schienenverkehrsdienstleister, sondern nunmehr als ein Mobilitätsdienstleister sieht.

Ein derartiges Selbstverständnis gründet sich zunächst auf Überzeugungen und Perspektiven, die sich im Zeitverlauf aufgrund von sich wandelnden Kundenansprüchen oder technologischen Neuheiten verändern können. Daher ist es erforderlich, dass solche Annahmen in der Strategieentwicklung transparent dokumentiert und kritisch hinterfragt werden, da sie einen erheblichen Einfluss auf die Marktabgrenzung, die damit verbundene Identifikation relevanter Wettbewerber und die Entwicklung von Strategien und Geschäftsbereichen haben.

Eine ausschließlich formale Strategieentwicklung und -umsetzung wie in den deskriptiven Strategieschulen gelangt schließlich auch an ihre Grenzen im Hinblick auf die Prognosegenauigkeit von zukunftsgerichteten Modellen und Analysen, die Formalisierbarkeit von Strategien für die operative Umsetzung und die Trennung von operativem Management und strategischer Planung. In zunehmend komplexen und dynamischen Märkten besteht in erhöhtem Umfang die Anforderung an flexible Unternehmensstrukturen, die sich an neue Umweltbedingungen anpassen können. Flexibilität und Agilität werden als strategische Fähigkeiten betrachtet, die es gezielt zu entwickeln gilt und die als Teil einer lernenden Organisation verstanden werden. Diese unter dem Begriff der **Resilienz** zusammengefassten Fähigkeiten eines Unternehmens bilden die Grundlage für eine fortlaufende Optimierung von Strategien bereits während ihrer Umsetzung.

Die Strategieentwicklung, -umsetzung und -optimierung können daher als eine Abfolge von Prozessschritten verstanden werden, bei denen Denken, Handeln und permanentes Lernen parallel verlaufen. Dabei nehmen die Analyse und die strategische Planung eine wichtige Rolle ein, welche allerdings durch die intuitive und kreative Denkweise als wesentliche Managementleistung ergänzt wird und damit eine unabdingbare Voraussetzung im Strategieprozess darstellt.

Dieses Verständnis kommt in dem nachfolgend dargestellten **strategischen Managementprozess** zum Ausdruck. Das Management muss die Strategie zunächst entwickeln, danach umsetzen und anschließend kontinuierlich bewerten und optimieren. Das Prozessverständnis verdeutlicht, dass die Tätigkeiten des Entwickelns, Umsetzens und Optimierens von Strategien in einem sachlogischen Zusammenhang stehen und in einer aufeinander abgestimmten Reihenfolge durchlaufen werden. In diesem Prozess sind Rückkopplungen, sog. *Feedbackschleifen,* ein wesentlicher Bestandteil des organisationalen Lernens und der Flexibilität.

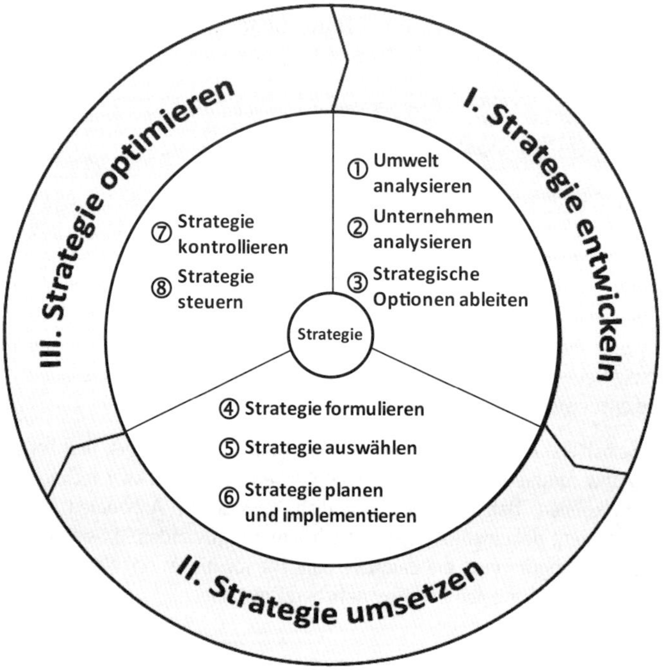

Abbildung 1: Strategischer Managementprozess

Das Lehrbuch ist entsprechend dieser drei Teilprozesse aufgebaut. Der Teilprozess **Strategie entwickeln** beinhaltet die Analyse der externen Unternehmensumwelt sowie der internen Ressourcen und Wertschöpfungsaktivitäten und wird in Teil I des Lehrbuchs dargestellt. Die Zusammenführung der Ergebnisse dieser beiden Analysedimensionen erlaubt die Ableitung strategischer Handlungsoptionen.

Der Teilprozess **Strategie umsetzen** in Teil II des Lehrbuchs umfasst die systematische Zuordnung der strategischen Handlungsoptionen im Spektrum verfügbarer und kontextabhängiger Strategiekonzeptionen sowie die Auswahl auf der Basis von Bewertungsmodellen. Die formulierten und gewählten Strategien müssen schließlich geplant und implementiert werden.

Der Teilprozess **Strategie optimieren** besteht aus der fortlaufenden strategischen Kontrolle und systematischen Steuerung der Strategie und wird im Teil III des Lehrbuchs dargestellt. Die frühzeitige Identifikation von Abweichungen im Rahmen der Strategieumsetzung soll die Effektivität der geplanten Strategien und die Effizienz in der operativen Umsetzung fortlaufend messen und rechtzeitig korrigierende Maßnahmen und Anpassungen definieren. Die kontinuierliche Kontrolle und Anpassung gewinnen in dynamischen und komplexen Märkten zunehmend an Bedeutung und erfordern neben analytischen Modellen vor allem besondere Fähigkeiten wie etwa in der Organisation verankerte Flexibilität und organisationales Lernen.

TEIL I

Strategie entwickeln

Strategien zu entwickeln, erfordert zunächst ein präzises Verständnis der externen Rahmenbedingungen im Marktumfeld und damit eine klare Definition des Markts, auf dem die Strategien realisiert werden sollen. Daher steht am Anfang der Strategieentwicklung die Analyse der vielschichtigen Unternehmensumwelt anhand der folgenden Leitfragen, die in **Kapitel 1: Umwelt analysieren** beantwortet werden.

- Wie kann der relevante Markt abgegrenzt und segmentiert werden?
- Wie ist das Branchen- und Wettbewerbsumfeld strukturiert und welche Wettbewerbskräfte sind zu berücksichtigen und zu beeinflussen?
- Welche Chancen und Bedrohungen sind erfolgskritisch und in der Strategieentwicklung zu adressieren?

Die identifizierten Chancen und Bedrohungen können auf der Grundlage der vorhandenen oder zu entwickelnden Ressourcen und Kompetenzen wahrgenommen und adressiert werden. Dies setzt eine detaillierte Kenntnis der Wertschöpfungsaktivitäten, der organisationalen Ressourcen und der Kernkompetenzen im Unternehmen voraus. **Kapitel 2: Unternehmen analysieren** beantwortet die folgenden Leitfragen:

- Wie können Geschäftsaktivitäten im Wertnetzwerk und in der Wertkette abgegrenzt und auf der Basis des Wertbeitrags analysiert werden?
- Wie werden wettbewerbsrelevante Ressourcen und Kernkompetenzen ermittelt?
- Welche Stärken und Schwächen sind erfolgskritisch und in der Strategieentwicklung zu berücksichtigen?

Die Zusammenführung der Ergebnisse der externen und internen Analysedimensionen erlaubt die Ableitung strategischer Handlungsoptionen. Die systematische Vorgehensweise wird in **Kapitel 3: Strategische Handlungsoptionen ableiten** entlang der folgenden zentralen Leitfragen dargestellt:

- Welche strategischen Handlungsoptionen lassen sich aus der Analyse der externen Unternehmensumwelt und der internen Unternehmensorganisation ableiten?
- Wie lassen sich die strategischen Handlungsoptionen zu Strategien systematisch verdichten?
- Welche Geschäfte sollen ausgebaut, aufgegeben oder neu aufgenommen werden, im Sinne eines ausgewogenen Geschäftsportfolios?

Umwelt analysieren

1

ÜBERBLICK

Lernziele

Nach der Lektüre dieses Kapitels sollen Sie in der Lage sein,

- die Einflussfaktoren in der Unternehmensumwelt zu identifizieren und deren Auswirkungen auf das Unternehmen darzustellen und zu bewerten;
- die relevanten Märkte systematisch abzugrenzen und zu segmentieren;
- das Wettbewerbsumfeld zu strukturieren und die entscheidenden Wettbewerbskräfte zu ermitteln;
- die globale Unternehmensumwelt zu strukturieren und sich darin abzeichnende Entwicklungen bzw. Trends zu beschreiben und zu bewerten;
- externe Erfolgsfaktoren zu ermitteln und zu formulieren.

In der Umweltanalyse stehen die wesentlichen Marktakteure wie z. B. Wettbewerber, Kunden und Zulieferer sowie weitere Anspruchsgruppen aus der globalen Unternehmensumwelt wie z. B. politische und regulatorische Institutionen im Mittelpunkt. Damit nimmt diese Analysephase im strategischen Managementprozess eine Perspektive ein, die ausgehend von der externen Umweltsituation, Empfehlungen für die Marktpositionierung und Wettbewerbsstrategie eines Unternehmens entwickelt (*Outside-in*). Die Aufgabe besteht darin, den Entscheidungsträgern im Unternehmen möglichst vollständige, zuverlässige und exakte Informationen zur relevanten Unternehmensumwelt bereitzustellen, mit dem Ziel externe Erfolgsfaktoren, d. h. wettbewerbsrelevante Marktsegmente, Verhaltensmuster oder Strukturmerkmale und Prozesse zu erkennen, die zum Aufbau und Erhalt eines Wettbewerbsvorteils notwendig sind. Bei der Umweltanalyse besteht die zentrale Herausforderung darin, nur die relevanten Einflussfaktoren aus der Vielzahl aller Einflussfaktoren in der Unternehmensumwelt zu identifizieren und zu bewerten. Die Analyse der externen Unternehmensumwelt erfordert daher zunächst die Abgrenzung des relevanten Markts und dessen Segmentierung.

Die wissenschaftliche Grundlage für diese Analyse liefert die **Neue Industrieökonomik.**[1] Danach hängt der wirtschaftliche Erfolg von Unternehmen maßgeblich von der Marktstruktur und dem Verhalten der Marktakteure ab. Gleichzeitig stellt die langfristige Gestaltung der Marktstruktur durch Veränderungen bestimmter Handlungsparameter eine zentrale Zielsetzung der Unternehmensstrategie dar. Insofern wird die externe Marktstruktur in den Strategieprozess als ein langfristig zu gestaltendes Strategiefeld integriert und in einen Kontext wechselseitiger Abhängigkeiten gesetzt. Diesen Bezugsrahmen der Umweltanalyse stellt das dynamische **Struktur-Verhalten-Ergebnis-Paradigma** der Neuen Industrieökonomik dar.

1 Dieser Ansatz wird in der Literatur ebenfalls als *Market-Based-View* bezeichnet. Eine ausführliche Darstellung dieses Ansatzes inklusive einer kritischen Würdigung findet sich in Welge/Al-Laham (2012), S. 76 ff.

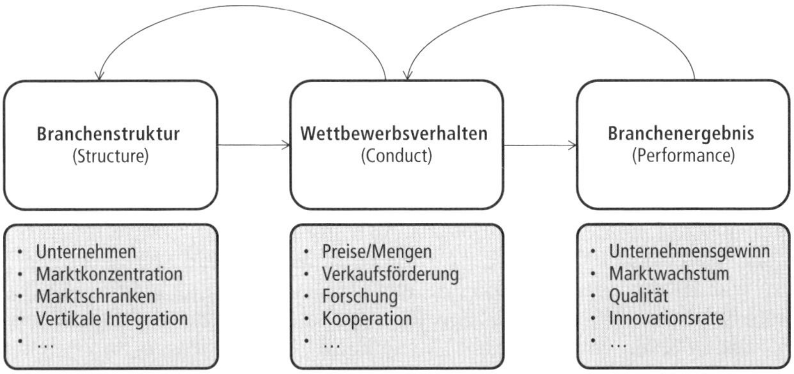

Abbildung 1.1: Dynamisches Struktur-Verhalten-Ergebnis-Paradigma, *Quelle: in Anlehnung an Porter (1981, S. 616)*

Die unternehmerischen Gestaltungsfelder sind dabei sowohl von etablierten Wettbewerbern als auch von potenziellen Marktakteuren abhängig. Daher ist zunächst zu klären, auf welchen Märkten das Unternehmen aktiv ist und wie attraktiv diese Märkte aufgrund von zukünftigen Entwicklungen für das Unternehmen sein werden. Die Konzeption der Umweltanalyse beginnt daher bei der Marktdefinition. Einem schalenartigen Aufbau folgend wird der Analysefokus sukzessiv von den direkten und indirekten Wettbewerbern bis hin zur globalen Umwelt mit vielfältigen Interessen und Ansprüchen von Stakeholdern an das Unternehmen erweitert.

Abbildung 1.2: Umweltanalysekonzept

Die grundsätzliche Herausforderung in der Analyse der externen Unternehmensumwelt liegt in der hohen Komplexität, die durch eine Vielzahl von interdependenten und dynamischen Einflussfaktoren gekennzeichnet ist. Daher ist eine Fokussierung der Umweltanalyse auf die relevanten Märkte und eine Identifikation der kritischen Einflussfaktoren, d. h. Erfolgsfaktoren, notwendig. Da viele Faktoren ihren Einfluss auf eine Branche oder ein Unternehmen im Zeitablauf verändern, ist eine kontinuierliche und systematische Analyse der Umwelt erforderlich, die institutionell und funktionsübergreifend in den Strategieprozess eingebunden ist. Ein kontinuierlicher Analyseprozess ist insbesondere für die Rationalitatssicherung im Strategieprozess von Bedeutung, um kognitive Verzerrungen (*Bias*) z. B. der Unternehmensleitung zu vermeiden.

1.1 Markt abgrenzen und segmentieren

Die **Marktabgrenzung** identifiziert den **relevanten Markt** für ein Unternehmen auf der Basis der Wettbewerbsparameter und Rahmenbedingungen, die solche Marktakteure zusammenfassen, welche in einer spürbaren Wettbewerbsbeziehung miteinander stehen. Der relevante Markt umfasst damit die Unternehmen, die sich im Absatz oder bei der Nachfrage mittel- oder unmittelbar beeinflussen.

Die Definition des relevanten Markts als Ausgangspunkt der Umweltanalyse beeinflusst damit den folgenden Strategieprozess entscheidend. Die Marktabgrenzung darf weder zu weit noch zu eng sein. Eine zu enge Marktabgrenzung birgt die Gefahr, dass bestimmte Einflussfaktoren in der Umweltanalyse ausgegrenzt würden und unberücksichtigt blieben. Eine zu weite Marktabgrenzung könnte dagegen derart heterogene Teilmärkte zusammenfassen, dass sie sich nicht effektiv mit einer gemeinsamen Strategie bearbeiten ließen.

Exkurs: Marketing Myopia

Die Bedeutung und Schwierigkeit der Marktabgrenzung für die Entwicklung von Unternehmen und Branchen lässt sich am Beispiel der Eisenbahn in den USA aufzeigen: „*The railroads did not stop growing because the need for passenger and freight transportation declined. That grew. The railroads are in trouble today not because that need was filled by others (cars, trucks, airplanes, and even telephones) but because it was not filled by the railroads themselves. They let others take customers away from them because they assumed themselves to be in the railroad business rather than in the transportation business. The reason they defined in their industry incorrectly was that they were railroad oriented instead of transportation oriented; they were product oriented instead of customer oriented.*"[3]

Die zentrale Frage, die Levitt an die Unternehmensführung stellt, lautet daher: „*What businesses are you really in?*"[4] Die Fallstricke in der Strategieentwicklung liegen in einer technischen oder produktbezogenen Marktabgrenzung, die sich jedoch nicht konsequent am Kundennutzen orientiert. Damit ist bereits die Analyse der Ausgangssituation verzerrt, da relevante Wettbewerber und Substitute ausgeblendet werden. In der Folge verwundert es nicht, dass Produktsubstitute oder neue Wettbewerber eine gegebene Markt- und Wettbewerbssituation plötzlich verändern.

Es können zwei grundsätzliche Abgrenzungsansätze unterschieden werden. Ausgehend von der **Angebotsseite** werden die vom Unternehmen gefertigten Produkte, die eine technisch-funktionale Verbundenheit aufweisen, zusammengefasst und in ihren technischen oder funktionalen Leistungsdimensionen beschrieben. Eine derartige produktbezogene Marktabgrenzung wird auch als *Inside-Out-Ansatz* bezeichnet. Dieser Ansatz führt meist zu einer sehr engen Marktabgrenzung, in welcher ein ganz spezifischer Produktmarkt mit nur wenigen Wettbewerbern, die sehr ähnliche Produkte anbieten, betrachtet wird.

---

2 Levitt (1960), S. 45 ff.

3 ebenda.

Ausgehend von der **Nachfrageseite** werden die Kundenbedürfnisse als Abgrenzungskriterium verwendet und die Substitutionsbeziehungen zwischen solchen Produkten berücksichtigt, die in vergleichbarer Weise zur Bedürfnisbefriedigung dienen, sog. **Substitutionskonzept**. Substitutive Produkte sind aus Sicht tatsächlicher und potenzieller Nachfrager vergleichbar oder austauschbar, da sie auf die gleiche Nutzenerfüllung ausgerichtet sind. Sie können anhand von Kreuzpreiselastizitäten ermittelt werden. Die **Kreuzpreiselastizität** beschreibt die prozentuale Veränderung der Absatzmenge eines Produkts (Y) bei der Veränderung des Preises eines möglichen Substituts (X) um eine Einheit und wird mit folgender Formel berechnet:[4]

$$\eta_{yx} = \frac{\frac{\Delta Q_y}{Q_y}}{\frac{\Delta p_y}{p_x}}$$

η_{yx} = Kreuzpreiselastizität

ΔQ_y = Veränderung der Absatzmenge von Gut y

Δp_x = Veränderung des Preises von Gut x

$Q_y \,/\, p_x$ = Absatzmenge von Gut y bzw. Preis von Gut x in t_0

Produkte mit einer positiven Kreuzpreiselastizität der Nachfrage stehen in einer direkten Substitutionsbeziehung, die sich darin ausdrückt, dass Preiserhöhungen eines Produkts zur Nachfrageerhöhung eines anderen Produkts führen. In diesem Fall sind die Kunden bereit, die Produkte gegeneinander auszutauschen, was regelmäßig der Fall ist, wenn die Produkte eine ähnliche Funktion erfüllen oder in einem engen geografischen Raum verkauft werden.[5] Die Substitutionsbeziehung ist umso stärker ausgeprägt, je höher der Wert der Kreuzpreiselastizität ausfällt.[6] Diese kunden- bzw. marktbezogene Abgrenzung wird auch als *Outside-In-Ansatz* bezeichnet.

Das **Substitutionskonzept** ermöglicht eine weite Marktabgrenzung, da es Substitutionslücken identifiziert und angrenzende Produktmärkte berücksichtigt, in denen ein Unternehmen unter Umständen zwar nicht aktiv ist, aber in denen Wettbewerber vergleichbare oder austauschbare Produkte anbieten. Sehen Nachfrager Produkte nicht als austauschbar an, so liegt auch keine Substitutionsbeziehung vor. Folglich werden Anbieter solcher Produkte nicht zu den Unternehmen im relevanten Markt gezählt.

4 Vgl. Besanko/Dranove/Shanley/Schaefer (2007), S. 24 ff.
5 Vgl. Besanko/Dranove/Shanley/Schaefer (2007), S. 26.
6 Vgl. Knieps (2008), S. 48 ff.

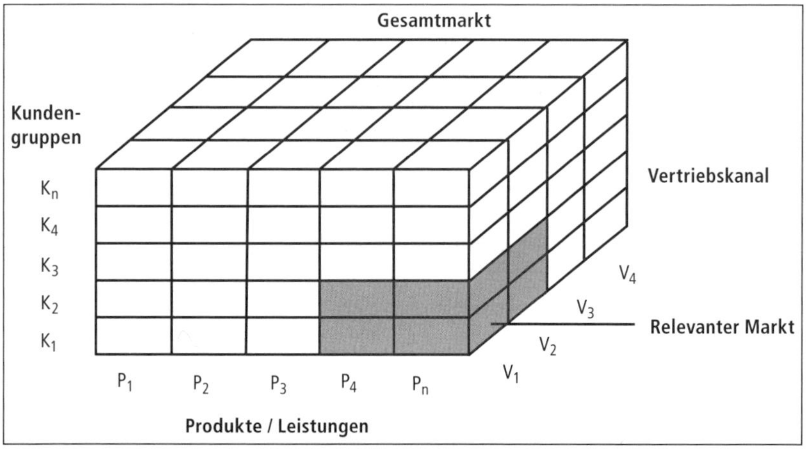

Abbildung 1.3: Abgrenzung des relevanten Markts

Die Abgrenzungskriterien lassen sich grundsätzlich anhand der nachfolgenden Kategorien klassifizieren und beinhalten einen Fragenkatalog zur Analyse und Abgrenzung des relevanten Markts:

- **Angebotsstruktur:** Abgrenzung nach Produkt- und Dienstleistungsspektrum
  - Welche Produkte und Dienstleistungen gehören zusammen?
  - Wodurch sind diese Produkte verbunden bzw. unterscheidbar?
- **Kundengruppen:** Abgrenzung nach potenziellen Nachfragersektoren
  - Welche Kundengruppen lassen sich differenzieren?
  - Wie lassen sich die Kundengruppen ansprechen?
- **Funktion:** Abgrenzung nach Bedürfnisbezug und Nutzenerfüllung
  - Worin besteht der Nutzen für den Kunden?
  - Wie relevant ist der Nutzen für den Kunden?
- **Technologie:** Abgrenzung nach einsetzbaren Technologien
  - Welche Technologien sind aktuell bedeutsam?
  - Welche Technologien werden an Bedeutung gewinnen?
- **Geografie:** Abgrenzung nach räumlichen Kriterien
  - Welche Unterteilung, z. B. regional, national, international bietet sich an?
  - Welche geografischen Gebiete gehören zusammen?
- **Kostenstrukturen:** Abgrenzung nach geschäftsmodellabhängigen Kosten
  - Welches Verhältnis besteht zwischen fixen und variablen Kosten?
  - Welche Skalen- und Verbundeffekte können realisiert werden?

Diese Kategorien besitzen in Abhängigkeit des konkreten Unternehmens- und Branchenbezugs eine unterschiedliche Relevanz und müssen daher individuell ermittelt und festgelegt werden.

Exkurs: Auflösung von Branchengrenzen

Die Abgrenzung eines Markts innerhalb einer Branche wird aufgrund neuer Technologien und der damit verbundenen Veränderung von Wertschöpfungsprozessen zunehmend komplexer.[8] So verändern beispielsweise die Prinzipien der sogenannten *Sharing Economy* viele etablierte Geschäftsmodelle grundlegend und lösen bestehende Markt- und Branchengrenzen auf. Die Grundidee dabei lautet, dass viele Konsumenten ein bestimmtes Produkt überhaupt nicht besitzen wollen, sondern über den Produktnutzen zu einem fairen Preis kurzfristig verfügen möchten. Aus dieser Perspektive erfüllt nicht der Besitz eines Automobils den Mobilitätsnutzen, sondern die Verfügbarkeit individueller und flexibler Mobilität nach Bedarf. Auf dieses Konzept konzentriert sich das Geschäftsmodell des *Car Sharing*.

Die ökonomische Geschäftsgrundlage dieser Idee basiert auf der gemeinsamen und geteilten Nutzung eines Produkts oder Angebots durch viele Konsumenten, sodass die Bereitstellungskosten gering genug für ein profitables Angebot sind. Dieser als *Collaborative Consumption* bezeichnete Konsumstil bedeutet in vielen Branchen eine veränderte Abgrenzung des relevanten Markts. Davon betroffen sind insbesondere Branchen, die relativ kostenintensive Produktangebote bei vergleichsweise geringen bzw. seltenen Nutzungszeiten offerieren. Carsharing-Angebote entwickeln sich zunehmend und werden von den meisten Automobilherstellern inzwischen als relevanter Markt betrachtet und durch entsprechende Angebote weiterentwickelt.

Die Marktabgrenzung sollte sich daher nicht an den bestehenden Branchengrenzen und den allgemein akzeptierten Branchendefinitionen orientieren, sondern die etablierte Branchenstruktur kritisch hinterfragen. Die Auflösung von Branchengrenzen erfordert eine sorgfältige und kontinuierliche Analyse der Veränderungen in den relevanten Märkten und gegebenenfalls eine Anpassung der Wertschöpfungsarchitekturen. Wertschöpfungsarchitekturen beschreiben die arbeitsteilige Anordnung von Wertschöpfungsaktivitäten im Unternehmen und in seinem Umfeld. Die Bedeutung von Wertschöpfungsarchitekturen wird im Kontext der Geschäftsmodellbeschreibung ausführlich in *Kapitel 6.3 Geschäftsmodell konzipieren* dargestellt.

Als Ergebnis der Marktabgrenzung können strategische Geschäftsfelder (SGF) definiert werden. Diese stellen den Markt oder Teilmarkt dar, in dem ein Unternehmen seine Angebote positioniert, und erlauben es, die hohe Komplexität der Branchenumwelt zu reduzieren und die weitere Analyse auf einen relevanten Ausschnitt zu fokussieren. Ein SGF ist durch spezifische Rahmenbedingungen und eine besondere Wettbewerbssituation gekennzeichnet, die sich derart von anderen Teilmärkten unterscheidet, dass es für das Unternehmen erforderlich ist, diesen Markt strategisch eigenständig zu bearbeiten. Die Bearbeitung eines SGF erfolgt durch eine organisatorische Einheit im Unternehmen, die als strategische Geschäftseinheit (SGE) bezeichnet wird. Die Definition von SGE sollte Überschneidungen vermeiden, damit es bei der Strategieimplementierung keine negativen Wechselwirkungen zwischen verschiedenen SGE gibt. Die systematische und strukturierte Darstellung von SGE in ihren Geschäftsfeldern erfolgt mit Hilfe der Portfolioanalyse, die in *Kapitel 3.2 Portfolio analysieren und planen* vorgestellt wird.

7 Die Auflösung von Branchengrenzen ist unter dem Begriff *Deconstruction* von Stern (1998) in die Fachliteratur eingebracht worden.

Der abgegrenzte und als relevant identifizierte Markt ist für ein Unternehmen in der Regel noch ein relativ heterogener Markt, der im Rahmen der Marktsegmentierung in homogene Teilmärkte bzw. Marktsegmente aufgeteilt wird. Dazu werden die tatsächlichen oder potenziellen Kunden- bzw. Käufergruppen anhand sozialwissenschaftlicher Segmentierungskriterien differenziert. Derart differenzierte und homogene Marktsegmente ermöglichen die Definition von **Produkt-Markt-Segmenten** (PMS) innerhalb eines SGF, für das eine segmentspezifische Strategie entwickelt wird und eine konsequente Marktbearbeitung umgesetzt werden kann.[8]

Marktabgrenzung	Marktsegmentierung
Erfassung des Gesamtmarkts	
Abgrenzung des relevanten Markts	Aufteilung in homogene Marktsegmente
Auswahl strategischer Geschäftsfelder	Identifikation von Produkt-Markt-Segmenten

Abbildung 1.4: Aufgaben von Marktabgrenzung und Marktsegmentierung

Marktsegmentierung bedeutet demnach, differenzierbare Gruppen von Zielkunden nach kaufrelevanten Merkmalen zu unterscheiden, die segmentintern homogene und segmentextern heterogene, stabile und instrumentell relevante Zielgruppen (Segmente) darstellen, die möglichst fokussiert bedient oder beeinflusst werden können. Dazu können zwei grundsätzlich verschiedene Segmentierungsansätze verwendet werden. Der **konzeptionelle Ansatz** differenziert Marktsegmente aufgrund von Plausibilitätsüberlegungen, die aus der Marktkenntnis erfahrener Experten im Marketing, Vertrieb oder technischen Service abgeleitet werden. Der **empirische Ansatz** untersucht den heterogenen Markt mittels quantitativer oder qualitativer empirischer Methoden, um Kunden mit gleichen oder ähnlichen Ausprägungen bei den Segmentierungsmerkmalen z. B. in einer Clusteranalyse zu gruppieren.

Soziodemografische Segmentierungskriterien umfassen demografische, sozioökonomische und geografische Kriterien, die entweder einzeln oder in Kombination verwendet werden. Bei den geografischen Kriterien kann die Segmentierungsebene zwischen makro- und mikrogeografischer Ebene unterschieden werden, z. B. Städte oder Postleitzahlen. Psychografische Kriterien identifizieren homogene Marktsegmente aufgrund von Lebensstilen, Persönlichkeitsmerkmalen oder Einstellungen.[9] Verhaltensorientierte Segmentierungskriterien klassifizieren aufgrund spezifischer Kaufverhaltensweisen, die durch Präferenzen oder Preissensitivitäten bestimmt sind. Nutzenorientierte Kriterien differenzieren Marktsegmente auf der Basis homogener Nutzenstrukturen in Bezug auf spezifische Produktleistungen oder -merkmale sog. **Benefit Segmentation**. Die Segmentierungskriterien weisen hinsichtlich der Verhaltensrelevanz, Trennschärfe, Messbarkeit und zeitlichen Stabilität Vor- und Nachteile auf.[10] Daher werden häufig Segmentierungskriterien verschiedener Kategorien bei der Identifikation der Segmente verwendet.

8 Vgl. Homburg (2012), S. 471.
9 Vgl. Kroeber-Riel/Gröppel-Klein (2013), S. 634 ff.
10 Vgl. Homburg (2012), S. 472 ff.

Kriterien	Privatkunden	Firmenkunden
Demographische Kriterien	• Geschlecht • Alter • Familienstand • Wohnort	• Firmensitz • Dauer der Geschäftsbeziehung
Kaufverhaltensbezogene Kriterien	• Einkaufsstättenwahl • Produktwahl • Kaufhäufigkeiten	• Vertriebswegewahl • Kaufhäufigkeit
	• Preissensitivität • Informationsverhalten	
Sozioökonomische Kriterien	• Einkommen • Bildung • Beruf	• Umsatz • Branche
Nutzenkriterien	• Preisnutzen • Qualitätsnutzen • Imagenutzen • Servicenutzen	• Preisnutzen • Qualitätsnutzen • Imagenutzen • Servicenutzen
Allgemeine Persönlichkeitsmerkmale	• Lebensstil • Einstellungen • Interessen	

Abbildung 1.5: Segmentierungskategorien und -kriterien, *Quelle: Homburg (2012, S. 472)*

Die Marktsegmente lassen sich anhand von spezifischen Eigenschaften, die für die Kunden in einem Marktsegment relevant sind, differenzieren. Dies kann z. B. anhand der Konsumentenpräferenz bei der Produktbeurteilung erfolgen. Dabei lassen sich folgende grundsätzliche **Präferenzstrukturen** unterscheiden:[11]

- **Homogene Präferenzen** beschreiben eine weitgehend identische Bewertung durch die Kunden, die keinen direkten Ansatz zur Marktsegmentierung bieten und daher eine Null-Segmentierung nahelegen.
- **Gestreute Präferenzen** zeigen sich bei Kunden mit relativ unterschiedlichen Präferenzen entlang des gesamten Bewertungsspektrums, die entweder eine atomistische Segmentierung nahelegen, d. h. eine in hohem Maße ausdifferenzierte Segmentstruktur, oder aber ebenfalls eine Null-Segmentierung, um alle Kunden gleichermaßen anzusprechen.
- **Gebündelte Präferenzen** lassen eine trennscharfe Segmentierung zu, die mit segmentspezifischen Maßnahmen eine differenzierte Marktbearbeitung erlaubt.

Die Auswahl der zu bearbeitenden Marktsegmente ist abhängig von einer Vielzahl von Kriterien wie etwa der Marktsegmentattraktivität, der Wettbewerbsstärke in dem Marktsegment, den erforderlichen Ressourcen für die Marktbearbeitung, der Segmenthomogenität und Segmentstabilität. Die Auswahl der Marktsegmente und die vorgeschlagenen Strategien zur Marktbearbeitung werden gesamthaft mittels einer Portfoliodarstellung beschrieben. Die Marktabgrenzung und -segmentierung kann nicht nur horizontal, sondern auch vertikal entlang der Wertschöpfungsstufen erfolgen. Auf die vertikale Marktsegmentierung wird bei der Analyse des Wertnetzwerks in *Kapitel 2.1 Unternehmensgrenze und Wertnetzwerk definieren* eingegangen.

11 Vgl. Freter (2008), S. 30.

Exkurs: Wettbewerbsaufsicht & Marktabgrenzung

Im Wettbewerbs- und Kartellrecht stellt die Marktabgrenzung ebenfalls den Ausgangspunkt der Wettbewerbsanalyse zur Ermittlung von marktbeherrschenden Unternehmen dar. Je enger ein relevanter Markt abgegrenzt wird, desto höher sind die jeweiligen Marktanteile der auf diesem Markt handelnden Unternehmen und desto wahrscheinlicher ist eine Marktbeherrschung festzustellen. Dabei wird nach sachlichen, räumlichen oder zeitlichen Abgrenzungsmerkmalen verfahren:

- **Sachliche Merkmale** umfassen angebots- und nachfragebezogene Abgrenzungskriterien. Die angebotsbezogenen Abgrenzungskriterien richten sich auf die funktionale Austauschbarkeit und physisch-technische Ähnlichkeit von Produkten, die sich anhand von Material, Qualität und Funktionsweise beschreiben lässt. Hierbei wird eine Austauschbarkeit auch dann angenommen, wenn ein Unternehmen durch leichte Umstellungen in der Produktion kurzfristig in der Lage ist, andere Marktsegmente bedienen zu können. Bei der nachfragebezogenen Marktabgrenzung wird nach dem sog. Bedarfsmarktkonzept verfahren, d. h., alle aus der Sicht eines objektiven Nachfragers untereinander austauschbaren Güter (Substitute) bilden einen relevanten Markt. Dabei spielen die Wahrnehmung und die Bedürfnisbefriedigung eine zentrale Rolle.
- **Räumliche Merkmale** beinhalten geografische Kriterien und analysieren die regionalen Ausweichmöglichkeiten der Marktgegenseite.
- **Zeitliche Merkmale** lassen eine Marktabgrenzung z. B. aufgrund von Nutzungszeiten, -dauer oder -intervallen bzw. bei Messen oder Großveranstaltungen zu und haben in der Beurteilung durch die Wettbewerbsbehörden eine untergeordnete Bedeutung.

1.2 Wettbewerbsumwelt verstehen

Die Umweltanalyse ermittelt diejenigen Aktivitäten, die eine besondere Bedeutung für die Gestaltung und Beeinflussung von Branchenstrukturen und Wettbewerbsverhalten aufweisen. Zur systematischen Identifikation dienen die Branchenstruktur- und die Wettbewerbsanalyse.

1.2.1 Branchenstruktur analysieren

Eine **Branche** wird ausgehend von dem Konzept der Substitutionskonkurrenz als eine Gruppe von Unternehmen bezeichnet, die gleiche oder sehr ähnliche Produkte und Dienstleistungen auf einem Markt anbieten.[12] Die Branchenstruktur kann auf der Basis von **fünf Wettbewerbskräften** (*Five Forces*) beschrieben werden. Diese strukturellen Merkmale bestimmen die Wettbewerbsintensität und in der Folge die Branchen- und Unternehmensprofitabilität.

■ Bedrohung durch den Markteintritt neuer Wettbewerber

Neue Wettbewerber erweitern durch ihren Markteintritt die in einer Branche verfügbaren Kapazitäten. Unter der Annahme gleichbleibender Nachfrage wird sich folglich der Wettbewerb für alle Unternehmen in der Branche intensivieren, da die Unternehmen versuchen werden, ihre Kapazitäten auszulasten, um die Stückkosten zu senken

12 Vgl. Porter (2013), S. 37 ff.

und die produzierten Güter mit aggressiven Preisen und Verkaufsaktionen abzusetzen, sodass schließlich die Rentabilität sinkt. Die Bedrohung durch Markteintritte hängt davon ab, ob Marktschranken bestehen und welche Reaktionen seitens der etablierten Unternehmen in der Branche zu erwarten sind.

Marktschranken stellen Beschränkungen dar, die den Markteintritt bzw. Marktaustritt erschweren oder verhindern.[13] Hohe Marktzutrittsschranken schützen die etablierten Unternehmen vor Marktzutritten potenzieller Wettbewerber und erhalten damit suprakompetitive Renditen bzw. verhindern, dass eine latente Markteintrittsgefahr die Preise und Renditen erodieren lässt. Im Falle sehr niedriger Schranken für den Marktzutritt und -austritt können potenzielle Wettbewerber kurzfristig in den Markt eintreten und sich ebenso schnell wieder aus diesem zurückziehen. Dieses als *Hit-and-Run Competition* bezeichnete Verhalten führt in der mikroökonomischen Theorie der bestreitbaren Märkte zu einer Disziplinierung von etablierten Unternehmen, d. h. eine Beschränkung des Handlungsspielraums, und reduziert folglich die Profitabilität in der Branche.[14]

Die zu erwartenden **Reaktionen** der etablierten Unternehmen in der Branche können eine abschreckende Wirkung auf potenzielle neue Wettbewerber haben. Insbesondere wenn etablierte Unternehmen eine Reputation aufgebaut haben, Vergeltungsmaßnahmen wie beispielsweise einen Preiskampf oder intensive Marketinginvestitionen durchzuführen, kann dies den Markteintritt unter bestimmten Umständen verzögern oder verhindern.[15] Die Bedrohung durch neue Anbieter ist grundsätzlich gering, wenn hohe Marktschranken bestehen. Marktschranken können eine Vielzahl unterschiedlicher Ursachen haben, die im folgenden Kapitel ausführlich vorgestellt werden.

- **Lieferantenmacht**

Lieferanten haben in Abhängigkeit von ihrer Verhandlungsstärke durch die Preisgestaltung und die Festlegung von Qualitätseigenschaften der Inputfaktoren einen direkten Einfluss auf die Wettbewerbsfähigkeit und die Rendite eines Unternehmens. Die Verhandlungsstärke ist abhängig von der Marktstruktur im Beschaffungsmarkt und der Verfügbarkeit von Beschaffungsalternativen.

Insbesondere im Fall eines **konzentrierten Beschaffungsmarkts** z. B. in Form oligopolistischer Lieferstrukturen liegt eine relativ hohe Lieferantenmacht vor, sodass die Lieferanten einen signifikanten Einfluss auf die Preisgestaltung ausüben. Außerdem kann eine **vertikale Vorwärtsintegration** von Lieferanten durch den Kauf eines Unternehmens auf der nachfolgenden Wertschöpfungsstufe die Verhandlungsstärke d. h. Lieferantenmacht erhöhen, vor allem dann, wenn dadurch Kunden ausgeschlossen werden können.

Die **Verfügbarkeit von Beschaffungsalternativen** hängt von möglichen Substituten und damit verbundenen Umstellungskosten ab. Wenn der **Lieferantenwechsel** kostenintensiv und zeitaufwendig ist, erhöht dies die Lieferantenmacht. Viele Unternehmen verfügen über eine große Anzahl an Lieferanten, um die Abhängigkeit zu reduzieren und die Flexibilität zu erhöhen.

Je stärker die Lieferantenmacht ausgeprägt ist, desto geringer sind in der Regel die Profitabilität und damit die Attraktivität der Branche.

---

13 Vgl. Bain (1956), S. 3.

14 Vgl. Baumol/Panzar/Willig (1982), S. 5.

15 Vgl. hierzu die spieltheoretische Untersuchung zu Markteintrittsspielen von Selten (1978) und zu Reputationsspielen von Kreps/Wilson (1982).

Abnehmermacht

Die Abnehmer haben in Abhängigkeit ihrer Verhandlungsstärke durch die Nachfrage und das Kaufverhalten von Produkten und Dienstleistungen einen direkten Einfluss auf die Rendite eines Unternehmens. Die Verhandlungsstärke resultiert vor allem aus der Marktstruktur im Absatzmarkt sowie dem Standardisierungsgrad der Produkte und Dienstleistungen.

Der **Konzentrationsgrad** im Absatzmarkt beeinflusst die Verhandlungsstärke direkt durch die Anzahl und die Größe der potenziellen Kunden. Das Geschäftsmodell und die Wertschöpfungsstruktur der Kunden können durch eine **vertikale Rückwärtsintegration** ebenfalls zu einer Zunahme der Verhandlungsmacht führen, da die Abhängigkeit von Lieferanten reduziert wird. Dies ist insbesondere im Falle von Ressourcenknappheit auf dem Beschaffungsmarkt oder anderweitiger Beschaffungsrisiken eine strategische Option.

Wenn das Produkt einen erheblichen Anteil am Beschaffungsbudget der Abnehmer ausmacht, besteht eine erhöhte Preissensibilität. Dies kann ein selektives Beschaffungsverhalten der Abnehmer fördern. Dabei kann ihre Verhandlungsmacht durch eine höhere **Markttransparenz,** z. B. hinsichtlich Marktpreisen und Qualitätsvergleichen, verstärkt werden und die Wechselbereitschaft erhöhen. Die **Wechselkosten** sind eine Stellschraube zur Reduktion der Abnehmermacht. Je differenzierter oder kundenspezifischer die Produkte konzipiert sind, umso höher sind die Wechselkosten und umso geringer ist die Abnehmermacht.

Für die Analyse der Abnehmermacht ist die Differenzierung von Abnehmern in Kunden und Konsumenten von zentraler Bedeutung. Konsumgüterhersteller wie z. B. Beiersdorf oder Coca Cola betrachten in dieser Analyse den Einzelhandel als Kunden. Handelsunternehmen wie z. B. Metro Group besitzen durch die Vertriebsfläche und Distributionsstruktur sowie die Instrumente der Sortimentsgestaltung in einem verhältnismäßig konzentrierten Marktumfeld eine relativ starke Verhandlungsposition.

Je stärker die Abnehmermacht ausgeprägt ist, desto unattraktiver ist in der Regel die Branche.

Bedrohung durch Substitute

Substitute sind Ersatzprodukte, die dem Abnehmer einen vergleichbaren Nutzen durch ähnliche Funktionen und Vorteile bieten wie das originäre Produkt. Sie können die Nachfrage nach originären Produkten reduzieren bzw. Preisobergrenzen für originäre Produkte in einer Branche festlegen. Die Bedrohung durch Substitute wird durch das Preis-Leistungs-Verhältnis und kollektive Preisverhalten beeinflusst.

Das **Preis-Leistungs-Verhältnis** kann im Zeitablauf durch die Preisgestaltung und den Produktnutzen verändert werden und dadurch die Präferenzen der Abnehmer beeinflussen. Ein Substitut ist selbst dann eine wirksame Bedrohung, wenn Leistungsvorteile angeboten werden, die das originäre Produkt nicht bietet, bzw. wenn der Zusatznutzen von den Abnehmern als wertvoll geschätzt wird. Die Bedrohung durch Substitute nimmt zu, wenn sich das Preis-Leistungs-Verhältnis zu Gunsten des Substituts verändert.

Die Bedrohung durch Substitute wird reduziert, wenn sich Unternehmen zu gemeinsamen Verhaltensweisen und Maßnahmen entschließen, sog. **kollektives Marktverhalten**, unter der Voraussetzung, dass dieses konform ist mit den wettbewerbsrechtlichen Vorschriften. So können beispielsweise gemeinsame Maßnahmen zur Kundenbindung wie z. B. Bonusprogramme oder Allianzen bzw. Netzwerke besonderen Nutzen und Vorteile für Abnehmer bieten.

Das Substitutionskonzept erfordert von Unternehmen, den Fokus vom konkreten und spezifischen Produktmarkt auf den relevanten Markt zu erweitern, da Substitutionseffekte in der Regel nicht im unmittelbaren Produktmarkt entstehen, d. h. keine Angebote im relevanten Markt darstellen. Sie existieren aber häufig bereits in verwandten bzw. angrenzenden Märkten. Je größer die Substitutionsgefahr ist, desto unattraktiver ist die betrachtete Branche.

- **Rivalität zwischen den bestehenden Unternehmen in der Branche**

Die Rivalität zwischen den etablierten Unternehmen einer Branche ist ebenfalls attraktivitätsbestimmend und kommt in der Intensität des Wettbewerbsverhaltens z. B. in Form von aggressiver Preissetzung oder von hohen Innovationsraten zum Ausdruck. Neben den vier beschriebenen Wettbewerbskräften, die sich indirekt auf die Wettbewerbsintensität in der Branche auswirken, beeinflussen die folgenden konstitutiven Branchenmerkmale die **Wettbewerbsintensität** direkt.

Die Anzahl und Heterogenität der **Wettbewerber** in einer Branche bestimmen maßgeblich das Wettbewerbsverhalten untereinander. Eine zunehmende Anzahl und Homogenität von Unternehmen erhöhen in der Regel die Wettbewerbsintensität. Eine Branche mit ähnlich großen Wettbewerbern kann in Abhängigkeit der verwendeten Geschäftsmodelle zu einer intensiven oder schwachen Wettbewerbsintensität führen. Ein Geschäftsmodell beschreibt den Schwerpunkt der betrieblichen Leistungsdimensionen und -strukturen, d. h. den Prozess der Input-Output-Transformation entlang der Wertkette. Konkurrierende Geschäftsmodelle können zu einer erhöhten Rivalität führen, da sie die Branche strukturell gestalten, z. B. hinsichtlich der Breite und Tiefe von Vertriebskanälen. In der Folge können die bestehenden Wertschöpfungsarchitekturen neu definiert werden.

Das **Branchenwachstum** legt die grundsätzlichen Rahmenbedingungen für das realisierbare Unternehmenswachstum fest und ist durch die Lebenszyklusphase, in der sich die Branche befindet, bestimmt. In Branchen mit hohen Wachstumsraten können Unternehmen in der Regel ebenfalls hohes Umsatzwachstum ohne intensive Wettbewerbsrivalität erzielen. In stagnierenden oder rückläufigen Branchen nimmt die Wettbewerbsintensität zu, da ein hohes Unternehmenswachstum nun ausschließlich auf Kosten anderer Wettbewerber realisiert werden kann. So sind auf Märkten mit niedrigen Wachstumsraten häufiger Preis- und Werbeschlachten und eine geringere Umsatzrentabilität vorzufinden. Unternehmenswachstum setzt daher entweder Marktwachstum voraus oder einen intensivierenden Wettbewerb.

Die **Differenzierung** von Produkten mittels Markenaufbau, Patenten oder speziellen Leistungsangeboten in sog. Marktnischen kann durch Präferenzbildung die Preiselastizität der Nachfrage reduzieren und so die Wettbewerbsintensität vermindern. Eine geringe Produktdifferenzierung, d. h. relativ homogene Produktangebote, erleichtern dem Kunden einen Anbieterwechsel und erhöhen die Preissensibilität der Kunden. Preisreduktionen und Marketingkampagnen können so zur gezielten Kundengewinnung genutzt werden.

Die vorhandene **Kapazität** und ihre Auslastung haben ebenfalls einen direkten Einfluss auf die zentralen Wettbewerbsparameter Preis und Menge. Die Kapazitätsauslastung beeinflusst die Höhe der Stückkosten. Unternehmen streben danach, die Stückkosten durch eine größere Produktionsmenge zu senken, damit sie auf dem Absatzmarkt preisgünstiger als ihre Wettbewerber anbieten können, sog. Skaleneffekte. Wenn die vorhandenen Kapazitäten signifikant über der aktuellen Nachfrage liegen, sog. Überkapazität, kann es in der Folge durch aggressive Preissenkungen bzw. Mengenausweitungen zu einem Verdrängungswettbewerb kommen, der das Ausscheiden von Wettbewerbern und die Stilllegung von deren Kapazitäten zum Ziel hat. Insbesondere in Branchen mit hohen **Fixkosten,** z. B. aufgrund von hohen Investitionsvolumina wie etwa in der Chemieindustrie, besteht ein hoher Druck zur Kapazitätsauslastung.

Derartige **Marktaustrittsschranken** verhindern oder verteuern den Austritt von Unternehmen aus einer Branche aufgrund von finanziellen oder strategischen Überlegungen. Eine hohe vertikale Integration, staatliche Restriktionen, irreversible Investitionen oder spezialisierte Vermögenswerte, die nicht durch Veräußerung an andere Unternehmen liquidierbar sind, sog. *Sunk Costs*, die im folgenden Kapitel erläutert werden, oder erhebliche Kosten für die Stilllegung und den Rückbau von Anlagen können Unternehmen zu einem Verbleib in der Branche veranlassen. Die strategische Bedeutung aufgrund von **Verbundeffekten**, sog. *Economies of Scope*, oder die Pfadabhängigkeit eines Unternehmens durch sog. *Lock-In-Effekte* kann ebenfalls einen Verbleib in der Branche erfordern. Marktaustrittsschranken wirken meist für alle Unternehmen einer Branche profitabilitätssenkend.

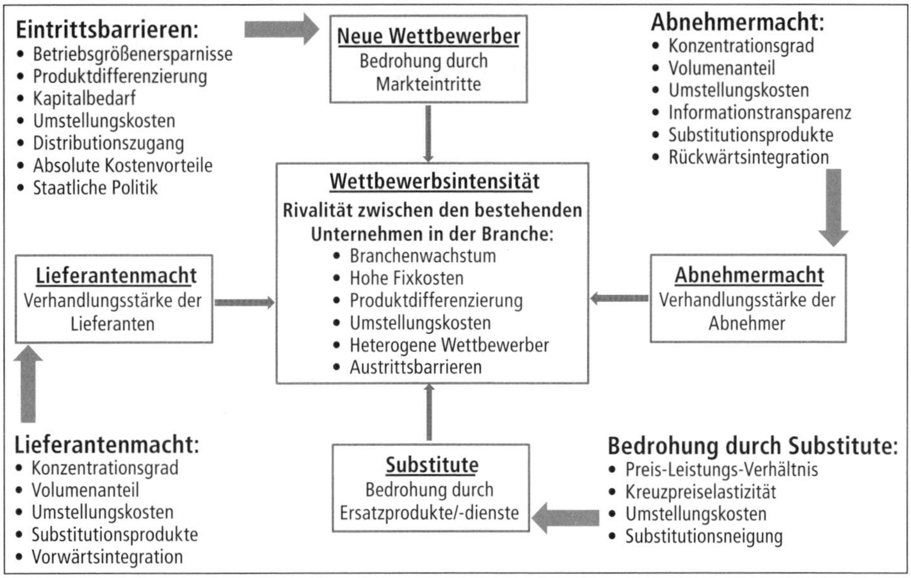

Abbildung 1.6: Wettbewerbskräfte der Branchenstruktur, *Quelle: in Anlehnung an Porter (2013, S. 38)*

Die fünf beschriebenen **Wettbewerbskräfte** determinieren gemeinsam die Wettbewerbsintensität und damit die Attraktivität der Branche. Als zentrale Untersuchungsdimension ist die Wettbewerbsintensität in der grafischen Darstellung angeordnet. Die Perspektive der Branchenstrukturanalyse kann auf die Lieferanten- und die Abnehmerebene erweitert werden und die Markteintritts- und Substitutionsanalyse in vollem Umfang auf den vor- und nachgelagerten Wertschöpfungsstufen ermöglichen.

Die zentrale Erkenntnis aus dem Branchenstrukturansatz lautet, dass eine Branche immer dann für den Wettbewerb attraktiv ist, wenn die Wettbewerbskräfte relativ gering ausgeprägt sind. Unter dieser Voraussetzung können attraktive Gewinne erwirtschaftet werden. Die Wettbewerbskräfte sind stets branchenabhangig zu ermitteln und können gegebenenfalls verstärkende Wirkungen untereinander entfalten. Das Branchenstrukturmodell bietet damit einen systematischen und umfassenden Analyserahmen zur Erfassung der komplexen Interaktion der etablierten und potenziellen Marktteilnehmer. Es ermöglicht in der nachgelagerten Phase des Strategieprozesses, systematisch strategische Handlungsoptionen zu ermitteln, die dem Unternehmen in Abhängigkeit der Branchenstruktur eine vorteilhafte Positionierung erlauben und dabei die Wettbewerbskräfte in der Strategieformulierung und -auswahl berücksichtigen bzw. im Sinne des dynamischen Struktur-Verhalten-Ergebnis-Paradigmas mitgestalten.

Empirische Untersuchungen bestätigen den Zusammenhang von Branchenstruktur und Rentabilität nur teilweise.[16] Insbesondere scheinen dynamische Entwicklungen in der Branche, wie z. B. Lebenszyklus- und Innovationsphasen, einen erheblichen Einfluss auf die Branchen- und Unternehmensrentabilität zu haben. Insofern muss eine Umweltanalyse die Betrachtung der Strukturanalyse systematisch erweitern und eine dynamische Perspektive einnehmen.

1.2.2 Marktschranken identifizieren

Die Wettbewerbsintensität einer Branche wird unter anderem durch die bestehenden Marktschranken bestimmt. In der industrieökonomischen Literatur werden Marktschranken auch als strategisches Instrument zur Verbesserung der relativen Wettbewerbsposition dargestellt. Insofern lohnt sich eine umfassende Untersuchung bestehender Marktschranken und möglicher Hebel zum Aufbau neuer Marktzutrittsschranken bzw. zum Abbau bestehender Marktaustrittsschranken.

Marktschranken stellen Kostenasymmetrien zwischen etablierten Unternehmen in einer Branche und potenziellen Wettbewerbern dar, die unmittelbar bei Eintritt in die betreffende Branche zu tragen sind und sich in einem Kostennachteil gegenüber den etablierten Unternehmen niederschlagen.[17] Die Ursachen für den relativen Kostenvorteil der etablierten Unternehmen können bedingt sein durch:

- **Absolute Kostenvorteile:** In einer Branche etablierte Unternehmen können aufgrund von überlegenen Produktionstechnologien oder vorteilhaften Standortfaktoren niedrigere Durchschnittskosten als potenzielle bzw. neue Wettbewerber realisieren. Diese Kostenvorteile sind unabhängig von der Ausbringungsmenge und damit absolut. Die von den etablierten Unternehmen bereits getätigten Investitionen in diese Technologien und Anlagen stellen sog. *Sunk Costs* dar.
- **Relative Kostenvorteile:** Die sog. **Skaleneffekte** (*Economies of Scale*) stellen Betriebsgrößenvorteile dar, die sich in sinkenden Stückkosten bei steigender kumulierter Produktionsmenge ausdrücken und sich auf bestimmte Funktionsbereiche, z. B. Forschung- und Entwicklung, oder auf bestimmte Aktivitäten, z. B. Produktionsmenge und -auslastung, beziehen können. Im Fall relativ großer Unternehmen bzw. großer Produktionsmengen erhöht sich die sog. mindestoptimale Betriebsgröße für einen potenziellen Wettbewerber, die mindestens zu errichten ist, damit zu wettbewerbsfähigen Stückkosten produziert werden kann, z. B. bei Vorliegen natürlicher Monopole oder Oligopole. Der Marktzutritt wird für neue Wettbewerber dann dadurch erschwert, dass diese aufgrund niedrigerer Durchschnittskosten der etablierten Wettbewerber kein kompetitives Preisniveau erreichen können bzw. dafür andernfalls große Produktionsmengen erforderlich wären, die ein neuer Wettbewerber nicht von Anfang an erzielen kann.

16 Vgl. Hansen / Wernerfelt (1989) sowie Rumelt (1991).
17 Vgl. Stigler (1968), S. 67.

- **Produktdifferenzierungsvorteile:** Etablierte Unternehmen können aufgrund von Markenbekanntheit und Reputation über eine historisch gewachsene Kundenpräferenz bzw. -loyalität verfügen. Neue Wettbewerber müssen versuchen, diese Zutrittsschranke durch Marktinvestitionen, z. B. für Werbung oder Service, auszugleichen. Insbesondere Unternehmen in der Konsumgüterbranche versuchen durch den gezielten Aufbau und die systematische Pflege von Marken differenzierte und zielgruppenadäquate Leistungsangebote mit Alleinstellungsmerkmalen zu entwickeln, sodass spezifische Marktsegmente und Kundengruppen angesprochen oder Marktnischen besetzt werden. Die Markenbildung erlaubt es den Unternehmen, durch Kundenpräferenzschranken ein Marktsegment abzuschotten.
- **Vertikale Bindung:** Die meist exklusiven Vereinbarungen mit Unternehmen auf vertikal vor- oder nachgelagerten Wertschöpfungsstufen können zur Marktabschottung (*Market Foreclosure*) genutzt werden.[18] Die als *Input Foreclosure* bezeichnete Verhaltensweise umfasst Exklusivverträge mit Lieferanten und verhindert für potenzielle Wettbewerber den Zugang zu möglichen Inputfaktoren. Die Verhaltensweise wird auf den blockierten Zugang zu Absatzkanälen als *Customer Foreclosure* bezeichnet. Sofern nicht die vollständige Abschottung gelingt, aber zumindest eine erhebliche Begrenzung des Zugriffs auf vor- und nachgelagerten Wertschöpfungsstufen, die mitunter den kostenintensiven Aufbau eigener Strukturen von neuen Wettbewerbern erfordert, wird von *Raising Rival's Costs* bzw. *Reducing Rival's Revenues* gesprochen.[19]
- **Kapitalintensität:** Der Kapitalbedarf für potenzielle Wettbewerber hängt maßgeblich von den anzuschaffenden Anlagen und den gegebenenfalls erforderlichen Marktinvestitionen zum Markenaufbau und Vertriebszugang ab. Ein sehr hoher Kapitalbedarf, z. B. für aufwendige chemische Produktionsanlagen, kann die Finanzierungsmöglichkeit eines potenziellen Wettbewerbers überfordern und einen Marktzutritt verhindern. Insbesondere in kapitalintensiven Branchen wie beispielsweise die Automobilindustrie, Energiewirtschaft oder Telekommunikationsbranche spielt diese Eintrittsbarriere eine wichtige Rolle. Die Kapitalintensität kann allerdings auch den Marktaustritt betreffen. So ist im Fall dauerhafter und hoch spezialisierter Produktions- oder Forschungsanlagen ein späterer Marktaustritt nur unter hohen Verlusten möglich, da derartige Anlagen nicht mehr veräußerbar sind. Sowohl die Produktdifferenzierung als auch die vertikale Bindung erhöhen die Kapitalintensität und werden vielfach als Kostenvorteil etablierter Unternehmen verstanden und daher unter die absoluten Kostenvorteile subsumiert.
- **Distributionszugang:** In vielen Branchen ist der Zugang zu den Absatzkanälen ein Engpass (*Bottleneck*), der durch Marktinvestitionen grundsätzlich geöffnet werden muss. Produkteinlistungsgebühren sowie Rabatte und Sonderkonditionen stellen beispielsweise im Einzelhandel eine übliche Marktzutrittsschranke dar, deren Höhe u. a. von der Verhandlungsmacht der Abnehmer in der Branche abhängt.
- **Umstellungskosten:** Die einmaligen Umstellungskosten, die für den Kunden eines Produkts oder einer Dienstleistung bei einem Anbieterwechsel (*Switching Costs*) anfallen, erfordern von neuen Wettbewerbern besondere Konditionen oder Zusatzleistungen, welche die Umstellungskosten mindestens kompensieren. Insbesondere in der Kommunikations- und Softwarebranche stellen technologische Standards derartige Eintrittsbarrieren dar.

18 Vgl. Tirole (1999), S. 421.

19 Vgl. Salop/Scheffman (1987), S. 24; vgl. Büchler (2009), S. 17 ff. für eine ausführliche Darstellung vertikaler Bindungen als Marktschanke.

- **Politisch-rechtliche Marktschranken:** Die Industrie- oder Umweltpolitik sowie Regulierungsmaßnahmen schaffen Marktschranken in Form von Umweltschutzvorschriften, Normen und Standards sowie Lizenzzwang oder Subventionspolitik. Politische Marktschranken können vor allem der Abschottung von Märkten vor internationalen Marktzutritten bzw. dem Schutz der nationalen Industrie dienen. Dabei nehmen zeitlich befristete Subventionen eine wichtige Rolle ein. Unterschiedliche staatliche Institutionen überwachen die Einhaltung rechtlicher Marktschranken. Insbesondere Branchen, die privatisiert wurden oder erst teilprivatisiert sind, weisen in hohem Maße rechtliche Marktschranken auf, so z. B. der Schienenfernverkehr oder die Telekommunikationsbranche. Die Regulierungsbehörden wie die Bundesnetzagentur sind wettbewerbspolitische Einrichtungen, welche die Wettbewerbsbedingungen ex-ante durch einflussreiche Instrumente wie etwa Preis- oder Produktgenehmigungen in bestimmten Märkten gestalten.

Exkurs: Sunk Costs

Die Kosten, die durch strategische Entscheidungen in der Vergangenheit entstanden sind und weder gegenwärtig noch zukünftig durch das Unternehmen beeinflussbar sind, werden als *Sunk Costs* bezeichnet und sind irreversibel. In der Regel fallen diese Kosten beim Aufbau spezifischer Vermögensgegenstände (*Specific Assets*) an. Diese dienen dem Ausbau der Wettbewerbsposition beispielsweise durch eine Reduktion der Produktionskosten mittels Investitionen in den Aufbau effizienter Fertigungsanlagen. Die Nutzung dieser Vermögensgegenstände ist somit unmittelbar an das bestehende Geschäft gebunden und ermöglicht keine anderweitige produktive Nutzung. Die *Sunk Costs* entsprechen dann den erwarteten Verlusten bei der Veräußerung der Vermögensgegenstände vor Ablauf ihrer Restnutzungsdauer.[21] Insofern können *Sunk Costs* als Marktaustrittskosten für die etablierten Unternehmen in einer Branche bezeichnet werden und stellen Marktaustrittsbarrieren dar. Da potenzielle Wettbewerber die bei einem möglichen Marktaustritt anfallenden Kosten bereits bei ihrer Markteintrittsentscheidung berücksichtigen müssen, stellen *Sunk Costs* indirekt auch eine Markteintrittsbarriere dar.

Einen Sonderfall stellen sog. strategische Signale dar, die durch eine Investition in spezifische Vermögensgegenstände an aktuelle und potenzielle Wettbewerber gesendet werden. Irreversible Investitionen in den Kapazitätsausbau oder die Anlagenmodernisierung können eine Selbstverpflichtung (*Credible Commitment*) signalisieren, im Markt zu bleiben und die bestehende Wettbewerbsposition zu verteidigen.[22] Inwieweit Investitionen in spezifische Vermögensgegenstände zu strategischen Signalen genutzt werden bzw. Risiken darstellen, wird in Kapitel 6 *Strategie planen und implementieren* thematisiert.

Marktschranken können nach ihrer Art in statische und dynamische Marktschranken unterschieden werden.[22] Statische Marktschranken sind strukturell gegeben bzw. durch frühere strategische Entscheidungen langfristig festgelegt. Dynamische Marktschranken erodieren im Zeitablauf und erfordern kontinuierliche Investitionen in den Erhalt oder Ausbau dieser Marktschranken.

20 Vgl. Welge/Al-Laham (2012), S. 305.
21 Vgl. Besanko/Dranove/Shanley/Schaefer (2007), S. 305 ff.
22 Vgl. Schellhaaß (1985), S. 272 ff.

	Statische Marktschranken	Dynamische Marktschranken
Ökonomische Marktschranken	• Betriebsgrößenvorteil • Absoluter Kostenvorteil • Kapitalintensität • Vertikale Bindung • Umstellungskosten	• Limit Pricing • Technischer Fortschritt • Produktdifferenzierung • Markenaufbau • Reputation
Politische Marktschranken	• Industriepolitik • Patentvergabe • Lizenzsystem • Wettbewerbsaufsicht	• Subventionen

Abbildung 1.7: Statische und dynamische Marktschranken

Von den steigenden Skalenerträgen der Produktionskapazität unterscheiden sich die Marktschranken Produktdifferenzierung oder Markenaufbau vor allem dadurch, dass diese Zutrittsschranken nur so lange gewahrt werden können, bis die Wettbewerber den Vorsprung egalisiert haben. Wenn keine überdurchschnittlichen Investitionen in die bestehende Marke des etablierten Unternehmens getätigt werden, besteht eine Erosionsgefahr für die Marke, d. h. abnehmende Markenbekanntheit, reduzierte Wahrnehmung und Relevanz für Kunden und schließlich eine geringere Präferenz. Daher erfordern dynamische Marktschranken eine kontinuierliche Investition.

1.2.3 Strategische Gruppen identifizieren

Die Branchenstrukturanalyse identifiziert die Wettbewerbskräfte, die einen grundlegenden Einfluss auf die Rentabilität einer Branche haben und damit die Attraktivität beschreiben. Tatsächlich sind die Unternehmen in einer Branche nicht gleichermaßen erfolgreich und realisieren daher unterschiedlich hohe Rentabilitätsniveaus. Diese Erfolgsunterschiede zwischen Unternehmen können durch die Zugehörigkeit zu strategischen Gruppen in der Branche begründet sein.

Eine **strategische Gruppe** bezeichnet Unternehmen, die homogene Verhaltensweisen zeigen und die gleichen strategischen Handlungsparameter aufweisen.[23] Unternehmen in einer strategischen Gruppe entsprechen sich z. B. durch die Wahl der gleichen Absatzkanäle, eine ähnliche Kostenstruktur, vergleichbare Produktqualitäten oder ein identisches Ausmaß vertikaler Integration bzw. Spezialisierung. Strategische Gruppen lassen sich durch heterogene strategische Handlungsparameter und Verhaltensweisen voneinander abgrenzen.

Das Konzept der strategischen Gruppen nimmt an, dass die Wettbewerbskräfte unterschiedlich stark auf die verschiedenen strategischen Gruppen in einer Branche einwirken. Ein wesentlicher Grund dafür liegt in den Marktschranken zwischen den strategischen Gruppen, die einen Gruppenwechsel erschweren oder verhindern. Caves und Porter (1977) erweitern damit den Begriff der Marktschranken und definieren **Mobilitätsschranken** (*Barriers to Mobility*) als Bedingungen, die es einer Gruppe von etablierten Unternehmen innerhalb einer Branche ermöglichen, eine überdurchschnittliche Profitabilität zu realisieren, ohne dass Unternehmen aus derselben Branche Zutritt zu

23 Vgl. Porter (2013), S. 183.

dieser strategischen Gruppe haben.[24] Insofern können Mobilitätsschranken als Hemmnisse für die strategische Positionierung bezeichnet werden. Die Analyse dieser Mobilitätsbarrieren ermittelt, anhand welcher Handlungsparameter sich der Wettbewerb in der Branche und in den strategischen Gruppen entfaltet und wie sich der Aufbau von Wettbewerbsvorteilen vollzieht.

Der Einfluss von Marktschranken ist daher separat nach strategischen Gruppen zu untersuchen und fördert somit eine differenzierte Bewertung der Wettbewerbsintensität und Rentabilität innerhalb einer Branche nach strategischen Gruppen und den damit verbundenen strategischen Handlungsparametern. Dies bedeutet auch, dass die Existenz von Marktzutritten nicht als ein Beleg für die grundsätzliche Abwesenheit von Marktschranken angesehen werden kann. Nach dem Konzept der Mobilitätsbarrieren bestehen auch dann Marktschranken, wenn potenzielle Wettbewerber einen Marktzutritt zwar realisieren, aber aufgrund von Mobilitätsschranken über beschränkte Expansionsmöglichkeiten in der Branche verfügen und dauerhaft eine unterdurchschnittliche Profitabilität realisieren.

Die Gründe für die Entstehung von strategischen Gruppen in einer Branche sind vielfältig und können z. B. in der Ressourcenausstattung oder dem Marktzugang, in einer unterschiedlichen Risikopräferenz oder in dem Zeitpunkt des Markteintritts begründet sein. So ist meist zu beobachten, dass Unternehmen, die einen frühen Markteintritt realisieren, zu einer anderen strategischen Gruppe gehören als solche Unternehmen, die zu einem späteren Zeitpunkt eintreten. Dies kann dadurch begründet sein, dass ein früherer Markteintritt einen größeren Alternativenraum für die Auswahl strategischer Handlungsparameter bietet, die zu einem späteren Zeitpunkt nicht mehr existieren.[25]

Die Abgrenzung der strategischen Gruppen voneinander erfolgt anhand von branchenbezogenen **Segmentierungskriterien**. Dafür kann auf die relevanten Kriterien der Marktabgrenzung bzw. -segmentierung und die Ergebnisse der Branchenstrukturanalyse zurückgegriffen werden. Typische Segmentierungskriterien strategischer Gruppen sind in der nachfolgenden Übersicht exemplarisch dargestellt.

- **Preispositionierung**
  (z. B. Value-for-Money, Premium ...)
- **Produktprogrammstruktur**
  (z. B. Vollsortiment-, Nischenanbieter ...)
- **Markendifferenzierung**
  (z. B. Handels-, Premium-, Luxusmarken ...)
- **Innovationsorientierung**
  (z. B. Innovationsführer, Fast-Follower, CopyCat ...)
- **Kundensegmentabdeckung**
  (z. B. Milieus: traditionsorientiert, hedonistisch ...)
- **Distributionsstruktur**
  (z. B. Einzelhandel, selektiver Handel, Direktvertrieb ...)
- **Geografische Marktabdeckung**
  (z. B. lokal, regional, national, international, ...)
- **Kostenstruktur**
  (z. B. vertriebs-, forschungs-, marketingorientiert)
- **Organisation**
  (z. B. virtuell, Netzwerk, Kooperation ...)
- **Kapazitäten**
  (z. B. Kapazitätsführer ...)
- **Eigentümerstruktur**
  (z. B. Familie, Staat, ...)
- **Vertikale Integration**
  (z. B. vor-/nachgelagerte Integration ...)

Abbildung 1.8: Segmentierungskriterien strategischer Gruppen

24 Vgl. Caves/Porter (1977), S. 254.
25 Vgl. Porter (2013), S. 190.

Die strategischen Gruppen lassen sich anhand der für die Branche wichtigsten Segmentierungskriterien in einer Matrix grafisch abbilden. Dabei können mehrere Kriterien, die für das strategische Verhalten von Unternehmen in der Branche relevant sind, gewichtet und aggregiert werden. Als methodisches Verfahren eignet sich eine **Clusteranalyse**.[26] Die ermittelten Kriterien werden auf den Achsen der Segmentierungsmatrix abgetragen und die Unternehmen in dem aufgespannten Bezugsrahmen positioniert. Unternehmen, die in der Matrix eine ähnliche Positionierung aufweisen, werden einer strategischen Gruppe zugeordnet. Das Konzept der strategischen Gruppe nimmt an, dass zwischen den verschiedenen Gruppen Unterschiede bestehen hinsichtlich des Unternehmenserfolgs. Daher ist es erforderlich, die identifizierten Gruppen mittels einer **Varianzanalyse** auf signifikante Erfolgsunterschiede hin zu untersuchen.[27]

Der Wettbewerb zwischen strategischen Gruppen (**Intergruppenwettbewerb**) und der Wettbewerb innerhalb strategischer Gruppen ist zu unterscheiden. In der Regel ist die Wettbewerbsintensität zwischen den Unternehmen einer strategischen Gruppe stärker ausgeprägt aufgrund der homogenen strategischen Verhaltensweisen. Mit zunehmender Anzahl an strategischen Gruppen und vergleichbaren Größenverhältnissen kann die Wettbewerbsintensität zwischen den verschiedenen strategischen Gruppen zunehmen, insbesondere dann, wenn gegenseitige Abhängigkeiten z. B. durch sich überschneidende Kundenzielgruppen bestehen.

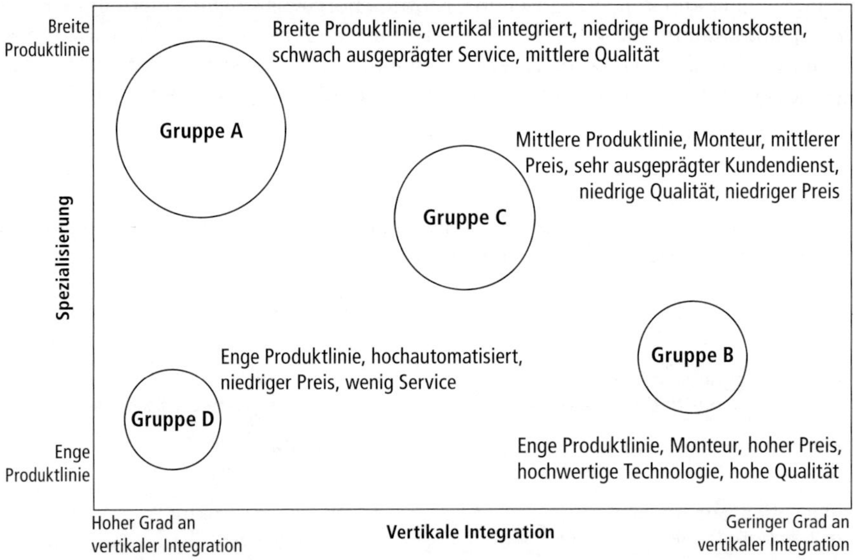

Abbildung 1.9: Branchenkarte strategischer Gruppen, *Quelle: in Anlehnung an Porter (2013, S.186)*

In den meisten Branchen finden sich mehrere strategische Gruppen. Allerdings ist es möglich, dass innerhalb einer strategischen Gruppe weitere Teilgruppen mit unterschiedlichen strategischen Verhaltensweisen existieren oder im Extremfall jedes Unternehmen eine eigene strategische Gruppe darstellt.[28] Einen weiteren Sonderfall stellt die diversifizierte Positionierung eines Unternehmens mit mehreren strategischen Geschäfts-

26 Vgl. Backhaus et al. (2011), S. 395 ff.
27 Vgl. Backhaus et al. (2011), S. 157 ff.
28 Vgl. Hungenberg (2012), S. 130.

einheiten in unterschiedlichen strategischen Gruppen einer Branche dar. Dies erfordert eine präzise Einschätzung der Wettbewerbsdynamik in den jeweiligen strategischen Gruppen. Für ein Unternehmen mit diversifizierten SGE ist es erforderlich, dass die Synergien zwischen diversifizierten Geschäften gehoben werden können.

Die Verortung des Unternehmens und seiner Wettbewerber in der Branchenkarte strategischer Gruppen, sog. **Segmentierungsmatrix,** kann für die Generierung und Bewertung strategischer Optionen herangezogen werden. Unter der Berücksichtigung der Zugehörigkeit zu einer strategischen Gruppe können die folgenden grundsätzlichen Optionen in Betracht gezogen werden:[29]

- Eine **vorteilhafte Position in einer starken strategischen Gruppe absichern** und ausbauen, indem der Schutz durch Marktschranken gezielt verstärkt wird, z. B. durch Forschung&Entwicklung oder Produktdifferenzierung mit dem Ziel, einer strategischen Repositionierung von Wettbewerbern anderer strategischer Gruppen proaktiv entgegenzuwirken.
- Eine **neue strategische Gruppe etablieren**, indem gezielt strategische Handlungsparameter gewählt werden, die in der Branche bisher eine untergeordnete Bedeutung im Wettbewerbsverhalten hatten, um neue und differenzierende Produkte in der Branche anzubieten.
- Von einer schwachen **in eine starke strategische Gruppe wechseln**, indem z. B. gezielt in Ressourcen und Fähigkeiten investiert oder selektive Akquisitionen von Unternehmen einer strategischen Gruppe durchgeführt werden, um Handlungsparameter zu verändern und langfristig einer Marginalisierung in der Branche entgegenzuwirken. Alternative Akquisitionsstrategien werden als strategische Handlungsoptionen in *Kapitel 4.6 Im Merger Endgame überleben* vorgestellt.

Die Segmentierungsmatrix ermöglicht bei einer kontinuierlichen und regelmäßigen Durchführung neben einer statischen Bestandaufnahme auch eine zukunftsgerichtete und dynamische Perspektive auf die Veränderungen innerhalb der Branchenstruktur. Im Zeitablauf lassen sich strategische Trends und Reaktionsmuster erkennen:

- **Strategische Trends:** Die Entwicklung von strategischen Gruppen hinsichtlich des Umsatz- und Gewinnwachstums, der Größe und der Zusammensetzung sowie der Positionierung einzelner Unternehmen in einer Gruppe lassen eine differenzierte Bewertung der Wettbewerbsintensität und Branchendynamik zu. Die Veränderung der Positionierung von strategischen Gruppen zueinander ermöglicht eine Einschätzung über die zukünftige Wettbewerbsintensität.
- **Reaktionsmuster:** Unternehmen in einer strategischen Gruppe reagieren auf bestimmte externe Ereignisse oder Branchenveränderungen in ähnlicher Art und Weise, da sie durch die Wahl der gleichen strategischen Handlungsparameter die Auswirkungen in vergleichbarer Intensität zu spüren bekommen. Daher zeigen Unternehmen in einer Gruppe bei einer Vielzahl von Ereignissen typische Reaktionsmuster, welche in die Bewertung zukünftiger strategischer Handlungsoptionen einbezogen werden können.

Das Konzept der strategischen Gruppe konstituiert die brancheninterne Struktur und ermöglicht eine differenzierte Beurteilung der Wettbewerbsintensität und der Profitabilität innerhalb der Branchengrenzen. Sie stellt damit die Verbindung für die Untersuchung der Gesamtbranche und der einzelnen Wettbewerber dar.

29 Vgl. Porter (2013), S. 190 ff.

Die unbesetzten Bereiche der Branchenkarte strategischer Gruppen werden als strategische Freiräume bezeichnet.[30] In diesen Freiräumen herrscht eine geringe Wettbewerbsrivalität. Das strategische Konzept der blauen Ozeane (*Blue Oceans*) setzt zur Entwicklung von Strategien an diesen Freiräumen an und wird in *Kapitel 4.7 Strategische Freiräume schaffen: Blue Ocean* ausgeführt.

1.2.4 Wettbewerber analysieren

Die Wettbewerbsanalyse generiert und bewertet Informationen zur aktuellen Geschäftsentwicklung und zur zukünftigen Strategie der relevanten Wettbewerber. Relevante Wettbewerber umfassen im Markt etablierte Unternehmen sowie potenzielle Wettbewerber, die im Rahmen der Marktabgrenzung und Marktsegmentierung in *Kapitel 1.1 Umwelt analysieren* ermittelt worden sind.

Die Zielsetzung der Wettbewerbsanalyse liegt in der möglichst zuverlässigen Prognose des voraussichtlichen strategischen und taktischen Verhaltens der Wettbewerber. Dazu empfiehlt sich die Erstellung eines Reaktionsprofils der Wettbewerber mittels einer systematischen Bestandsaufnahme der gegenwärtig verfügbaren Informationen zu den Motiven und zum Verhalten der Wettbewerber.[31]

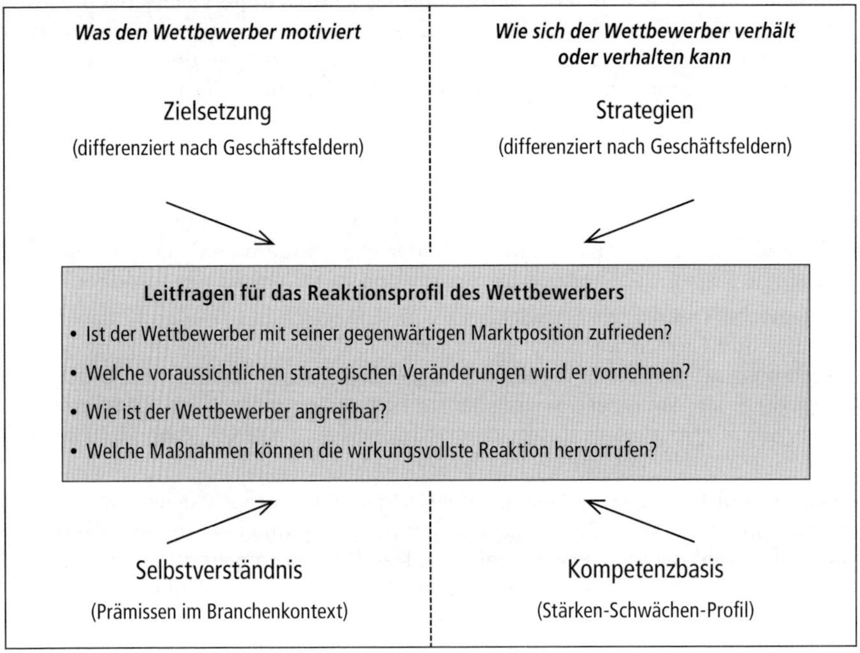

Abbildung 1.10: Dimensionen der Wettbewerbsanalyse, *Quelle: in Anlehnung an Porter (2013, S. 90)*

Ein Vergleich der **Zielsetzung** eines Wettbewerbers mit seiner gegenwärtigen Situation lässt auf die grundsätzliche Zufriedenheit mit der bestehenden Marktposition und die erforderliche Intensität von strategischen Anpassungen und Maßnahmen zur Ziel-

30 Vgl. Kim/Mauborgne (2005), S. 12 ff.

31 Vgl. Porter (2013), S. 111 ff.

erreichung schließen. Eine Berücksichtigung von quantitativen (z. B. Markt- und Finanzziele) und qualitativen (z. B. Technologie- und Umweltziele) Zielkriterien ermöglicht es dabei, die Konsistenz der Motive und Verhaltensweisen zu prüfen, und kann die Prognosequalität verbessern. Die Ziele sollten sowohl auf Unternehmensebene als auch nach Geschäftsfeldern differenziert beschrieben werden.

Das **Selbstverständnis** eines Unternehmens basiert auf Annahmen und Werten, die als Grundlage für die Zieldefinition und die Motive eines Unternehmens im gegebenen Branchenkontext dienen. Aus dem Selbstverständnis lassen sich Handlungsparameter ableiten, die in Beziehung zu den Wettbewerbskräften in einer Branche gesetzt werden können und im Zeitablauf Reaktionsmuster herausbilden. Der Bezug zu den Wettbewerbskräften stellt dabei eine Verbindung zu den zentralen Ergebnissen der Branchenstrukturanalyse her. Wesentliche Elemente des Selbstverständnisses in der Wettbewerbsanalyse sind das Unternehmensleitbild sowie Aussagen zur Unternehmenskultur, zu Wertvorstellungen sowie zur Unternehmensvision und -philosophie. Das Selbstverständnis des Unternehmens beeinflusst sowohl die Zielformulierung als auch die Strategiewahl.

Beispiel 1.1 **AVIS: We're No. 2 – We try harder.**

AVIS ist einer der weltweit größten Anbieter von Mietfahrzeugen aller Klassen. Über einen Zeitraum von rund fünf Jahrzehnten – von 1963 bis 2012 – benutzte AVIS das von der Werbeagentur DDB Worldwide entwickelte Markenversprechen „We try harder".

Dieses entstand anlässlich eines direkten Vergleichs von AVIS mit dem damaligen Marktführer Hertz. Die Aussage „*Wir sind die Nummer 2, daher bemühen wir uns mehr.*" unterstellt den Wettbewerbern nicht nur, sich auf dem Erfolg auszuruhen, sondern formuliert gleichzeitig eine transparente und messbare Zielsetzung, an welcher die zentralen Unternehmensaktivitäten von AVIS ausgerichtet werden und den Mitarbeitern ein konsistentes Selbstverständnis vermitteln.

Die **Strategien** beschreiben die gegenwärtigen Verhaltensweisen und Maßnahmenbündel zur langfristigen Zielerreichung und bestimmen in hohem Maße die Reaktionsmuster und Spielregeln, nach denen der Wettbewerb in der Branche funktioniert. Die Strategieanalyse stellt daher einen Schwerpunkt der Wettbewerbsanalyse dar und fokussiert auf die Produkt-Markt-Strategien.

Die **Kompetenzbasis** eines Wettbewerbers umfasst seine wesentlichen Ressourcen und Fähigkeiten zur Realisierung seines Leistungsspektrums und seiner Zielerreichung. Die Ressourcen- und Fähigkeitsanalyse sollte mehrdimensional erfolgen und z. B. finanzielle, technische und personelle Parameter bewerten. Eine Profildarstellung der Stärken und Schwächen hilft bei der Einschätzung, inwiefern der Wettbewerber in der Lage ist, bestimmte strategische Maßnahmen umzusetzen.

Die Synthese der vier Dimensionen der Wettbewerbsanalyse erfolgt anhand der Leitfragen, welche strategischen Maßnahmen oder Branchenkontextveränderungen:

- den Wettbewerber am intensivsten angreifen?
- die wirksamsten Reaktionen des Wettbewerbers provozieren?

Ereignisse	Einfluss auf den Wettbewerber	Reaktion des Wettbewerbers	Wirksamkeit der Reaktion
Strategische Wettbewerbshandlungen unseres Unternehmens, z. B.:			
- Sortimentserweiterung			
- Qualitätsverbesserung			
- Preissenkung			
Veränderungen in der Branchenumwelt bzw. globalen Umwelt, z. B.:			
- Rohstoffverteuerung			
- Marktstagnation			
- Konjunktureinbruch			
- Technologische Innovation			

Abbildung 1.11: Reaktionsprofil, *Quelle: in Anlehnung an Porter (2013, S. 114)*

Eine kurze Darstellung kritischer **Erfolgskennzahlen**, sog. *Key Performance Indicators* (KPI), kann eine **Wettbewerberprofilierung** vervollständigen. Dazu eignen sich Kennzahlensysteme, die strategische Wettbewerbs- und Handlungsparameter abbilden. Ein solches Kennzahlensystem stellt z. B. der ROCE-Treiberbaum dar, der in Kapitel *5.2 Strategische Entscheidungen treffen* ausführlich erläutert wird. Anhand von Werttreiberbäumen können u. a. die strategischen Hebel zur Wertschaffung identifiziert oder die Wachstumsstrategien nach organischen versus akquisitorischen Schwerpunkten differenziert werden.

Dabei werden die erwarteten strategischen Maßnahmen des Wettbewerbers dargestellt und in Beziehung zu den möglichen Veränderungen des Branchenkontextes gesetzt. Die Erstellung von **Reaktionsprofilen** der Wettbewerber lässt sowohl offensive als auch defensive Ausprägungen zu. Eine Darstellung generischer Reaktionsprofile differenziert zwischen zurückhaltenden Schafen und selektiven Wettbewerbern sowie aggressiven Tigern und unberechenbaren Mavericks.[32]

Ein **zurückhaltender Wettbewerber** (Schaf) zeigt weder schnelle noch intensive Reaktionen auf Veränderungen oder Signale im Markt. Dies kann durch veränderte strategische Prioritäten, eine verzögerte Wahrnehmung oder eine unzureichende Ressourcenausstattung begründet sein. So kann es beispielsweise sein, dass ein zurückhaltender Wettbewerber ein Geschäftsfeld erntet (*Milking-Strategy*) und mittelfristig desinvestiert. In jedem Fall sind die Gründe und Motive für das passive Verhalten zu ermitteln.

Selektive Wettbewerber reagieren nur auf bestimmte Signale und Verhaltensweisen, die das Unternehmen als strategische Handlungsparameter annimmt oder als seine Kernkompetenzen definiert hat. Dies kann eine differenzierte Marktbearbeitung durch die gezielte Auswahl von Instrumenten und Methoden ermöglichen, auf die der Wettbewerber nicht reagieren wird.

Ein **aggressiver Tiger** reagiert sofort und intensiv auf alle Signale oder Handlungen, die auf seinen Geschäftsfeldern einen Angriff auf dessen Marktposition darstellen können. In der Regel zeigen Marktführer auf ihren Heimatmärkten ein derartiges Verhalten, um Wettbewerbern a priori zu signalisieren, dass eine aggressive Verteidigung

32 Vgl. Kotler/Keller/Bliemel (2007), S. 1104.

der Marktposition zu erwarten ist und Marktzutritte oder der Ausbau einer Marktposition des Wettbewerbers nicht akzeptiert werden.

Ein **unberechenbarer Maverick** ist ein Wettbewerber, der kein erkennbares oder vorhersehbares Reaktionsprofil erkennen lässt. Das frühere Marktverhalten erlaubt keine Schlussfolgerungen für die zukünftigen Maßnahmen zur Zielerreichung. Die taktische Kommunikation und Fehlinformation ist für unberechenbare Unternehmen ein wichtiges Instrument.

Ein generelles Problem der Umweltanalyse ist die Beschaffung der heterogenen Informationen aus einer Vielzahl unterschiedlicher Quellen sowie deren Aufbereitung und Bereitstellung in einem strukturierten Informationssystem. Dies erfordert einen institutionalisierten Prozess, der funktionsübergreifend die relevanten Informationen zusammenträgt und entsprechend der Entscheidungsebenen aggregiert. In der Regel verfügen die Funktionen und Abteilungen über spezifische Datenbanken, die erst durch die Konsolidierung der Informationen und Daten eine vollständige Umweltanalyse ermöglichen. So bereitet die Marktforschungsabteilung Informationen zu Marktanteilen oder Marktentwicklung auf, und die Controllingabteilung stellt Finanzdaten und Benchmarkinganalysen zur Verfügung. Die Datenerhebung und Datensammlung bilden einen kontinuierlichen Prozess, der eine sorgfältige Aufgabenverteilung und eine konsistente IT-Infrastruktur erfordert. Eine Übersicht typischer Daten- und Informationsquellen und der entsprechenden betrieblichen Funktionen ist nachfolgend dargestellt.

Harte Daten	Weiche Daten
• Geschäftsberichte • Analystenkonferenzen • Marktdatenbanken • Pflichtveröffentlichungen • Markt- und Beratungsstudien • Auskunfteien • Internetauftritt • Fachliteratur und Branchenzeitschriften • Prospekte und Preislisten	• Kundengespräche • Lieferantengespräche • Mitarbeitergespräche

Abbildung 1.12: Daten- und Informationsquellen in der Umweltanalyse

Die Erkenntnisse aus der Wettbewerbsanalyse werden im Rahmen der *Business Intelligence* zur strategischen Frühaufklärung mittels Prognose und Szenariotechnik sowie Simulationen beispielsweise Business Wargaming genutzt und in *Kapitel 7.3 Strategische Frühaufklärung durchführen* dargestellt.

1.2.5 Marktphasen und Lebenszyklus bestimmen

In der Wettbewerbsumwelt stellt die Binnenstruktur der Branche einen zentralen Untersuchungsgegenstand dar. Die Analyse der bestehenden Rivalität zwischen den Unternehmen innerhalb einer Branche sowie der Gefahr von Marktzutritten neuer Wettbewerber im Rahmen der Branchenstrukturanalyse bildet den Ausgangspunkt für die Einordnung einer Branche in das **Marktphasenkonzept**.

Das Marktphasenkonzept beschreibt in allgemeiner Form die Entwicklung von Branchen im Zeitablauf auf der Basis von Marktstrukturparametern. Dazu können die Konzentrationsrate und der Herfindahl-Hirschmann-Index (HHI) verwendet werden, da angenommen wird, dass diese Indikatoren einen Bezug zum Grad der Wettbewerbsdynamik einer Branche haben.

Die **Konzentrationsrate** ist der am Umsatz gemessene Marktanteil, sog. *Concentration Ratio* (CR), und gibt z. B. als CR3 den kumulierten Marktanteil der drei größten Unternehmen in einer Branche an.

Der **HHI** berechnet sich als Summe aller quadrierten Marktanteile der Wettbewerber in einer Branche mit: n: Anzahl der Wettbewerber; S_i: Marktanteil (*Share*) des Wettbewerbers i, wobei $S_i = x_i / T$, mit x_i: absoluter Umsatz des Wettbewerbers i und T: Gesamtumsatz der Branche.[33] Der HHI berechnet sich gemäß folgender Formel:

$$HHI = \sum_{i=1}^{n} S_i^2 = \sum_{i=1}^{n} \left(\frac{x_i}{T} \right)^2, \text{ wobei } 0 < HHI \leq 1 .$$

In Abhängigkeit der Marktstruktur und Verteilung der Marktanteile ergeben sich als Standardwerte in einem Monopol $HHI = 1$, in einem Dyopol $HHH = 1/4 + 1/4 = 1/2$ und in einem engen Oligopol mit drei gleichgroßen Unternehmen $HHI = 1/9 + 1/9 + 1/9 = 1/3$.

Die Konsolidierung von Branchen vollzieht sich generell entlang der vier Phasen Eröffnung, Kumulation, Fokussierung und Balance.[34] Die Zuordnung einer Branche erfolgt anhand eines der beschriebenen Konzentrationsmaße.

In der **Eröffnungsphase** besteht zunächst keine Marktanteilskonzentration, da sich die Branche in einer frühen Entwicklungsphase befindet. Dies kann darin begründet sein, dass sich die Branche aufgrund von technologischen Neuerungen im Entstehungsprozess befindet und nur einige wenige Innovationsführer in der Branche präsent sind. Ebenso können politische Entscheidungen wie z. B. eine Deregulierung oder Privatisierung eine existierende Branche in die Eröffnungsphase führen. Diese Phase ist durch zunehmendes Wachstum gekennzeichnet und bewirkt sukzessive weitere Marktzutritte durch neue Wettbewerber.

In der **Kumulationsphase** erreicht die Anzahl der Wettbewerber ihren Höhepunkt und ein zunehmender Verdrängungswettbewerb setzt ein. Branchenführer bilden sich heraus und versuchen, ihre Marktposition vor allem durch Unternehmensakquisitionen zu stärken. Der Konzentrationsgrad innerhalb der Branche nimmt daher stark zu.

Die **Fokussierungsphase** beschreibt einen weiteren Anstieg der Branchenkonzentration aufgrund von selektiven Akquisitionen, die das Kerngeschäft der führenden Unternehmen in der Branche nachhaltig stärken. Bereinigungen und Ergänzungen des Portfolios an strategischen Geschäftseinheiten dienen der Fokussierung auf die wesentlichen strategischen Geschäftsfelder. Durch den Zusammenschluss von Branchenführern, sog. *Mega Mergers,* wie Procter&Gamble und Gillette im Jahr 2005 wird das *Race for Size* entschieden, das eine nachhaltige Rangfolge der Unternehmen im Markt festlegt und eine hohe Marktkonzentration und Marktmacht festigt.

In der **Balancephase** stabilisiert sich die hohe Marktkonzentration und den Marktführern ist es aufgrund wettbewerbsrechtlicher Rahmenbedingungen nicht mehr möglich,

33 Vgl. Knieps (2008), S. 51.
34 Vgl. Deans/Kroger/Zeisel (2002), S. 13 ff.

durch Unternehmensakquisitionen zu wachsen. Aufgrund von Betriebsgrößenvorteilen und Skaleneffekten sowie dominanter Marktpositionen unterbleiben meist Marktzutritte durch neue Wettbewerber.

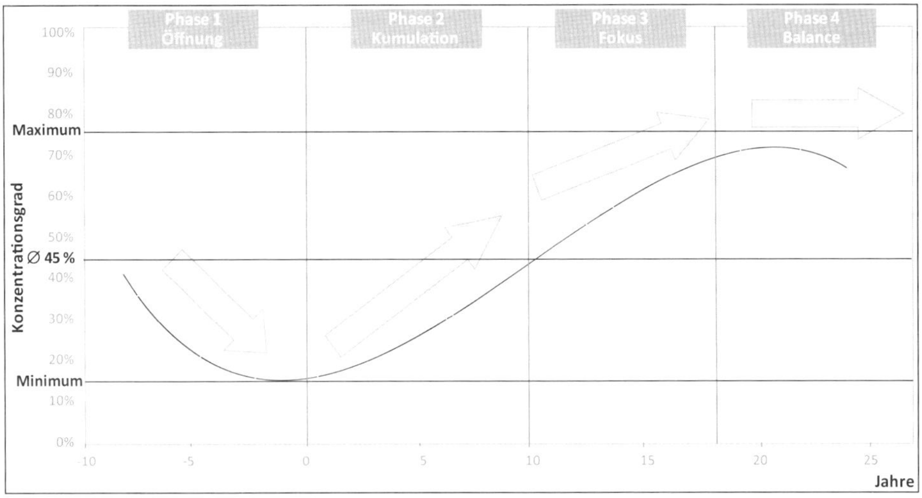

Abbildung 1.13: Marktphasen und Konsolidierungswelle, *Quelle: A.T. Kearney (2003)*

Entsprechend des Marktphasenkonzepts unterliegen der Zeitpunkt und der Verlauf von Industriekonsolidierungen einem grundsätzlichen Muster. Dieses Muster wird als **Merger Endgame** beschrieben und prognostiziert die Konsolidierung von Branchen, bei der weltweit zwei bis drei globale Marktführer in der Balancephase dominieren. Aufgrund des wellenförmigen Kurvenverlaufs wird auch von der Konsolidierungswelle gesprochen. Auf der Basis des Marktphasenansatzes lassen sich konkrete strategische Handlungsempfehlungen zur Gestaltung der Marktstruktur und zur Beeinflussung des Wettbewerbsverhaltens erarbeiten, wie in *Kapitel 4.6 Im Merger Endgame überleben* ausführlich dargestellt wird.

Die Wettbewerbskräfte der Branchenstrukturanalyse lassen sich in Abhängigkeit der Marktphasen idealtypisch beschreiben und anhand der jeweiligen Ausprägung differenzieren. In der Eröffnungsphase stellen die grundlegende Unsicherheit in Bezug auf die Beurteilung des zukünftigen Potenzials einer Branche sowie das damit verbundene Investitions- und Geschäftsrisiko eine Marktschranke dar, sodass die Anzahl an Wettbewerbern in der Branche niedrig und die Gefahr weiterer Marktzutritte gering ist. Steigende Umsätze und Gewinne in der Kumulationsphase führen zu einer zunehmenden Anzahl an Marktzutritten und erhöhen die Abhängigkeit der Unternehmen voneinander, da sich die Auswahl der strategischen Handlungsparameter eines Unternehmens zunehmend auf das Marktergebnis und somit auf alle Wettbewerber auswirkt. In der Fokussierungsphase nimmt diese als **oligopolitische Interdependenz** bezeichnete wechselseitige Abhängigkeit ihre größte Ausprägung an. Aufgrund der bestehenden Konzentration und damit ungünstigen Kostensituation für potenzielle Wettbewerber erfolgen in der Regel keine Marktzutritte. Sofern in der Balancephase unterlegene Unternehmen aus dem Markt austreten können, wird die Wettbewerbsintensität tendenziell abnehmen. Dieser als *Shake Out* bezeichnete Prozess der Marktaustritte ist abhängig von Marktschranken, die den Austritt erschweren können. Somit verschiebt sich die betriebswirtschaftliche Vorteilhaftigkeit einzelner Wettbewerbsparameter im Laufe eines Marktlebenszyklus und verändert die jeweils dominierende Art und Weise der Wettbewerbsprozesse.[35]

Wettbewerbskraft	Eröffnung	Kumulation	Fokussierung	Balance
Wettbewerbsintensität	gering	ansteigend	hoch	hoch
Lieferantenmacht	gering	ansteigend	hoch	abnehmend
Abnehmermacht	hoch	abnehmend	ansteigend	hoch
Substitutionsgefahr	hoch	abnehmend	ansteigend	hoch
Neue Wettbewerber	gering	ansteigend	ansteigend	gering

Abbildung 1.14: Marktphasen und Wettbewerbskräfte

Das Marktphasenkonzept ist von dem **Produktlebenszyklus** strikt abzugrenzen. In den unterschiedlichen Marktphasen erfolgen eine kontinuierliche Verbesserung und Differenzierung des bestehenden Produktangebots inklusive Produktneueinführungen oder Produktneuauflagen, sog. *Relaunch*.

Exkurs: Produktlebenszyklus

Der Produktlebenszyklus zeigt einen s-förmigen Verlauf der Umsatzkurve, die in bestimmte Phasen eingeteilt werden kann.[37] Ein relativ schwacher Umsatzanstieg in der **Einführungsphase** ist auf das empfundene Risiko oder die Unbekanntheit eines neuen Produkts zurückzuführen, sodass die Kunden zurückhaltend reagieren. Investitionen sind daher erforderlich, um das Produkt bekannt zu machen und Kaufwiderstände abzubauen. Der Umsatzanstieg nimmt in der **Wachstumsphase** deutlich zu und eine kritische Masse an Konsumenten wird gewonnen, die in der folgenden Marktdynamik meist weitere Wettbewerber auf den Markt ruft. In der anschließenden **Reifephase** flacht das Umsatzwachstum ab und die Wettbewerbsintensität steigt. Die **Sättigungsphase** ist durch eine Umsatzstagnation gekennzeichnet. Die **Degenerationsphase** beschreibt den anfänglichen Umsatzrückgang bis zu dem Punkt, an dem keine signifikante Produktnachfrage mehr festzustellen ist. In der Regel wird spätestens in der frühen Degenerationsphase ein sog. *Relaunch* durchgeführt, der wesentliche Produkteigenschaften verändert und verbunden mit Marktinvestitionen zu einer Belebung der Nachfrage führt. Die Analyse des Produktlebenszyklus kann im Rahmen der strategischen Kontrolle insbesondere beim Monitoring eine wesentliche Bedeutung einnehmen.

Insbesondere in der Kumulations- und Fokussierungsphase wird in der Regel ein breites und differenziertes Produktportfolio angeboten. Innerhalb eines Marktphasenzyklus werden daher meist mehrere Produktlebenszyklen, die sich ausschließlich auf ein spezifisches Produkt eines Unternehmens beziehen, durchlaufen.

35 Vgl. Schellhaaß (1985), S. 267.
36 Vgl. Koppelmann (2001), S. 107 ff.

1.3 Globale Umwelt verstehen

Die globale Umwelt stellt den erweiterten Bezugsrahmen für die Entwicklung einer Branche dar und wird durch unterschiedliche Dimensionen beschrieben. Zusätzlich zu einer systematischen Erfassung der externen Einflussfaktoren in diesen Umweltdimensionen erfordert die Analyse der globalen Umwelt auch ein Verständnis der wahrgenommenen Distanz dieser Einflussfaktoren über Marktgrenzen hinweg. Daher werden nachfolgend zunächst die Umweltdimensionen und anschließend die Distanzdimensionen und -faktoren dargestellt.

1.3.1 Umweltdimensionen analysieren

Die globale Umwelt lässt sich nach sog. Makrodimensionen beschreiben und umfasst politisch-rechtliche, ökonomische, sozio-kulturelle und technologische Dimensionen.[37] In diesen Dimensionen werden Rahmenbedingungen für den Handlungsspielraum von Unternehmen vorgegeben; diese sind vom Unternehmen in der Regel nicht oder nur langfristig bzw. indirekt zu beeinflussen. Unternehmen müssen sich daher an die durch die Umwelt vorgegebenen Rahmenbedingungen anpassen. Die Rahmenbedingungen haben eine branchen- und geschäftsfeldübergreifende Bedeutung. Die Aufgabe besteht somit darin, die Veränderungen in relevanten Umweltsegmenten zu identifizieren und die Konsequenzen für die Branche und das Unternehmen aufzuzeigen. Die rechtzeitige Identifikation von Veränderungen in der Umwelt und deren Bewertung als Chance oder Bedrohung erhöhen die Anpassungs- und Reaktionszeit für ein Unternehmen im Markt.

Die Systematik zur Analyse wird in der Literatur und der Unternehmenspraxis synonym als **PEST**, STEP oder PESTEL abgekürzt, auf der Basis der englischsprachigen Anfangsbuchstaben und der jeweils betrachteten Untersuchungsdimensionen. Dabei wird mitunter die politische Dimension (P) noch weiter in eine politische (P) und eine rechtlich-administrative (L stellvertretend für *legal*) Perspektive untergliedert.

Politisch-rechtliche Umweltfaktoren (*P: Political/Legal*)

Die politisch-rechtliche Umweltdimension beinhaltet die Rahmenbedingungen, die durch politische Entscheidungen und durch Rechtsnormen sowie die Rechtsdurchsetzung gegeben sind.

Die politischen Einflüsse gehen von staatlichen Institutionen und Behörden aus und können von den konkreten Entscheidungen in den Bereichen der Arbeits-, Finanz- und Wirtschaftspolitik bis hin zur Stabilität des politischen Systems auf vielfältige Weise auf unternehmerische Entscheidungen einwirken, wie z. B. auf Investitions-, Standort- und Personalentscheidungen.

Die Rechtsnormen umfassen Gesetze, Richtlinien und Verordnungen und reichen von verbindlichen Regelungen zur Unternehmensverfassung (insbesondere *Corporate Governance*), Besteuerungs- und Haftungsfragen bis hin zu Investitions-, Umweltschutzauflagen und Patentvorschriften. Die Rechtsdurchsetzung erfolgt in der Praxis durch Genehmigungsverfahren oder die Kartell- und Wettbewerbsaufsicht. Die Transparenz und Autonomie der politischen und staatlichen Organe beeinflussen die Rechtssicherheit in einem Land. Diese Einflussfaktoren lassen sich mittels Länderrisikoprofilen darstellen.

37 Vgl. Farmer/Richman (1965).

Die politisch-rechtlichen Rahmenbedingungen werden nicht nur durch nationales Recht beeinflusst, sondern zunehmend durch internationale Richtlinien und Verordnungen sowie eine zunehmende Anzahl von Abkommen mit regionalen Handelsblöcken wie etwa ASEAN oder MERCOSUR.

Ökonomische Umweltfaktoren (*E: Economic*)

Die ökonomische Umweltdimension umfasst eine Vielzahl wirtschaftlicher Faktoren mit Einfluss auf das Angebots- und Nachfrageverhalten auf den Güter- und Kapitalmärkten einer Volkswirtschaft. Die ökonomischen Umweltfaktoren lassen sich nach Haushalten (z. B. Industrie, private und öffentliche Haushalte), nach Geld- und Kapitalmärkten und der Gesamt- und Außenwirtschaft differenzieren.

Industrie und private Haushalte	Öffentliche Haushalte	Geld- und Kapitalmärkte	Gesamtwirtschaft	Außenwirtschaft
Umsätze (z. B. Industrie, Einzelhandel, ...)	Haushaltsentwicklung (z. B. Investitions-programme, ...)	Zinssätze (z. B. Notenbank-, Geldmarktzinssätze, ...)	Volkswirtschaftliche Gesamtrechnung (z. B. Bruttoinlandsprodukt ...)	Außenhandelspreise
Produktion (z. B. Auftragseingang, Produktivität, ...)	Subventionen (z. B. Infrastrukturmittel, Strukturwandel, ...)	Renditen	Erwerbstätigenrechnung	Direktinvestitionen
Preise (z. B. Erzeugerpreise, Verbraucherpreisindex, ...)	Verschuldung (z. B. Schuldenquote, Neuverschuldung, ...)	Zahlungsverkehr	Input-Output-Rechnung	Wechselkurse
Arbeitsmarkt (z. B. Arbeitslosenquote, offene Stellen, ...)	Finanzierungskosten (z. B. Rating, Zinsen für Staatsanleihen, ...)	Wertpapieremissionen	Geldvermögensrechnung (z. B. Spar-, Investitionsquote, ...)	Zahlungsbilanz

Abbildung 1.15: Ökonomische Umweltfaktoren

Die wirtschaftlichen Tätigkeiten der Unternehmen und der privaten Haushalte stellen das konjunkturelle Zentrum der Volkswirtschaft dar und lassen sich z. B. durch die monatlichen Angaben über die Produktion des produzierenden Gewerbes oder den Konsum der privaten Haushalte erfassen. Die öffentlichen Haushalte setzen ebenfalls Rahmenbedingungen durch ihr Ausgabeverhalten in ihren Haushaltsentscheidungen, z. B. hinsichtlich Investitionsprogrammen oder Subventionen. Auf den Geld- und Kapitalmärkten werden entscheidende Bedingungen zur Liquidität und Unternehmensfinanzierung gesetzt. Die gesamtwirtschaftlichen Rahmenbedingungen, wie etwa die konjunkturelle Entwicklung gemessen am Bruttoinlandsprodukt und spezifiziert nach der Struktur und Entwicklung der Wirtschaftszweige, werden in der volkswirtschaftlichen Gesamtrechnung beschrieben. Die außenwirtschaftlichen Umweltfaktoren sind durch die ökonomischen Beziehungen eines Landes mit dem Rest der Welt gekennzeichnet und drücken sich z. B. durch Wechselkurse oder Direktinvestitionen aus. Die ökonomischen Umweltfaktoren sind nach ihrer Bedeutung für die Weltwirtschaft bzw. für die relevanten regionalen oder nationalen Wirtschaftsräume aus der Perspektive des Unternehmens zu beschreiben.

Sozio-kulturelle Umweltfaktoren (*S: Sociodemographic*)

Die sozio-kulturelle Umweltdimension beschreibt die gesellschaftliche Struktur und ihre Veränderung anhand von Variablen wie z. B. Werten und Normen basierend auf prägenden kulturellen, ethischen oder religiösen Prinzipien sowie demografischen Strukturen in der Gesellschaft. Sozio-kulturelle Umbrüche drücken sich in veränderten Einstellungen und Verhaltensweisen von Individuen oder Milieus aus und sind in veränderten Lebensstilen beobachtbar, z. B. in der steigenden Anzahl an Einpersonenhaushalten und

DINK-Haushalten (*Double Income – No Kids*). Damit verbunden drücken sie sich in spezifischen Ansprüchen und Bedürfnissen an Produkte, Produktionsmethoden oder Arbeitsbedingungen aus. So artikuliert z. B. der *Lifestyle-of-Health-and-Sustainability* (LOHAS) eine intensive Orientierung am Umweltschutz und an Prinzipien nachhaltigen Wirtschaftens.[38] Die veränderten Konsumpräferenzen sind als gesamtgesellschaftliches Phänomen unter Umständen für Unternehmen in unterschiedlichen Branchen relevant.

Technologische Umweltfaktoren (*T: Technological*)

Die technologischen Umweltfaktoren betreffen den Einsatz und die Anwendung neuer Technologien, die innovative Produkte hervorbringen und zukünftige Bedürfnisse befriedigen können. Die Informations- und Kommunikationstechnologie definiert hierbei wesentliche Rahmenbedingungen für die Gestaltung von Arbeitsprozessen und Absatzwegen. So hat sich z. B. das Internet als neuer Vertriebskanal etabliert und neue Märkte geschaffen. Ebenso haben elektronische Schnittstellen zwischen den Unternehmen in einer Wertschöpfungskette bestehende Prozesse verändert und die Effizienz signifikant erhöht.

Die technologische Umwelt lässt sich systematisch beobachten, indem Unternehmen die Basistechnologien ihrer Branche, d. h. Produkt- und Prozesstechnologien, definieren und deren Entwicklung entlang des Lebenszyklus beobachten. Dabei gilt es zu prüfen, welche konkurrierenden Technologien bereits vorhanden sind und welche Auswirkungen von Veränderungen in den Basistechnologien ausgehen können.

Die zunehmende Veränderungsgeschwindigkeit u. a. durch intensive Vernetzung und Infrastruktur erfordert den systematischen Einsatz von Instrumenten zur Früherkennung, z. B. mittels eines Technologieportfolios.[39] Damit lassen sich systematisch neue Technologien bewerten und anhand der Ressourcensituation sind Investitionsentscheidungen zur Technologieentwicklung möglich. Eine Einführung in die Portfoliotechnik erfolgt in *Kapitel 3.2 Portfolio analysieren und planen.*

1.3.2 Distanzdimensionen erfassen

Generell erfordern alle Umweltdimensionen eine landesspezifische Analyse, damit die bestehenden Unterschiede zwischen Wirtschaftsräumen deutlich werden. Dies geschieht mit Hilfe einer Distanzanalyse.

Die Distanzen zwischen Ländern bzw. Märkten beschreiben grundsätzliche Unterschiede bzw. inkompatible Strukturen im Vergleich zum Heimatmarkt eines Unternehmens. Somit stellen sich die Distanzfaktoren für ein Unternehmen als Marktschranken dar, die insbesondere im internationalen Branchen- und Wettbewerbsumfeld bestimmte strategische Entwicklungspfade von Branchen, strategischen Gruppen oder einzelnen Unternehmen erklären können.

Distanzfaktoren beeinträchtigen internationale Wirtschaftsaktivitäten, d. h., eine zunehmende Distanz zwischen Länder-Markt-Kombinationen ist negativ korreliert mit dem Unternehmenserfolg in eben diesen distanzierten Märkten.[40] Darüber hinaus beeinflussen Distanzfaktoren die Wahrnehmung und Bewertung von Marktchancen und -bedrohungen durch das Management und können so zu kognitiven Verzerrungen führen. Daher

38 Vgl. Balderjahn (2010), S. 37.
39 Vgl. Pfeiffer et al. (1991), S. 79.
40 Vgl. Ghemawat (2001), S. 137 ff.

ist eine systematische Distanzanalyse zu empfehlen. Die Distanzfaktoren zwischen Ländern, Märkten oder Wirtschaftsräumen lassen sich anhand der nachfolgend dargestellten Distanzdimensionen ermitteln. Der Systematisierungsansatz wird aufgrund der englischsprachigen Anfangsbuchstaben mit CAGE abgekürzt. Das Akronym steht für die Dimensionen *Culture (C)*, *Administration (A)*, *Geography (G)* und *Economy (E)*.

	Kulturelle Distanz	Administrative Distanz	Geografische Distanz	Wirtschaftliche Distanz
Distanzmerkmale	Sprache	Kolonialisierung	Räumliche Entfernung	Verbrauchereinkommen
	Ethnische Gruppen	Institutionen	Grenzen	Kosten und Qualität von: • Natürlichen Ressourcen • Finanziellen Ressourcen • Humankapital • Infrastruktur • Information und Wissen
	Religion	Politik	Landesgröße	
	Soziale Normen	Richtlinien	Transport-/Kommunikationswege	
	Netzwerke	Rechtssystem	Klima	
Relevante Produktkategorien und Beispielindustrien	Produkte mit einer hohen sprachlichen Bedeutung (z. B. Fernsehproduktion, Bücher)	Produkte und Industrien unter Staats- bzw. Regierungseinfluss: • Grundversorgung (z. B. Energie, Transport) • Subventionsabhängigkeit (z. B. Landwirtschaft) • Richtlinien (z. B. Medizin, Pharmazeutika) • Strategische Industrien (z. B. Automobil, Luftfahrt) • Nationale Sicherheit (z. B. Energie, Rüstung) • Natürlicher Ressourcenabbau (z. B. Öl, Bergbau)	Produkte mit hohen Volumina bzw. Gewichtsanteilen vs. Wertbeitrag (z. B. Zement, Stahl)	Produkte mit einkommensabhängiger Nachfrage (z. B. Automobile)
	Produkte mit einem hohen Einfluss auf kulturelle oder nationale Identität (z. B. Nahrungsmittel)		Produkte mit kurzer Lebensdauer oder hoher Fragilität (z. B. Früchte, Glas)	Produkte mit hoher Standardisierung oder Skaleneffekten (z. B. PC, Mobiltelefone)
	Produkte mit Bedeutung der lokalen oder regionalen Herkunft (z. B. Wein, Nahrungsmittel)		Produkte mit hoher Beratungsintensität (z. B. Finanzierungsdienstleistung)	Produkte mit hohem Personalkostenanteil (z. B. Bekleidung)

Abbildung 1.16: Distanzdimensionen, *Quelle: in Anlehnung an Ghemawat (2001, S. 140)*

Sozio-kulturelle Distanzfaktoren (*C: Cultural*)

Die sozio-kulturelle Distanzdimension bezieht sich auf sprachliche, ethische, religiöse und wertebezogene Faktoren. Diese beeinflussen nicht nur die Einstellungen und Präferenzen von Konsumenten hinsichtlich der Produktgestaltung und -leistungen, sondern auch die Verhaltensmuster und die Denkschemata von Mitarbeitern und Managern, die sich in unterschiedlichen Führungsstilen und Managementmethoden ausdrücken.

Unternehmen eines Kultur- und Sprachkreises zeigen tendenziell eine hohe Kompatibilität untereinander. So unterscheiden sich beispielsweise die Konsumentenpräferenzen in den USA und in Kanada in den meisten Branchen unwesentlich. Allerdings ist eine erhebliche Distanz gegenüber dem südlichen Nachbarland Mexiko festzustellen, das wiederum eine geringere sozio-kulturelle Distanz zu den lateinamerikanischen Ländern sowie zu Spanien aufweist.

Administrative und politische Distanz (*A: Administrative*)

In dieser Distanzdimension werden institutionelle Regeln sowie administrative, politische und rechtliche Rahmenbedingungen zusammengefasst. Diese Distanzfaktoren beeinflussen die Auswahl und den Einsatz der Instrumente zur Marktbearbeitung und können gegebenenfalls sogar die Anpassung von Geschäftsprozessen erfordern.

Unternehmen mit Geschäftsaktivitäten in Ländern oder Märkten, die durch eine hohe Intensität an historischen Verflechtungen wie etwa gemeinsamer Kolonialisierungsbeziehungen geprägt sind, empfinden die institutionellen Regeln und Systeme häufig als weniger distanziert, denn sie sind z. B. durch die ehemalige Kolonialmacht entscheidend geprägt worden. Während beispielsweise Unilever auf dem indischen Markt eine lange

Erfahrung und große Vertrautheit mit den administrativen und politischen Rahmenbedingungen hat, stellt dies für deutsche Unternehmen eine erhebliche Marktschranke dar. So erfahren deutsche Mittelständler das tatsächliche Ausmaß der formalistischen und schwerfälligen Bürokratie in Indien erst nach der eigentlichen Gründungsphase. Dies liegt unter anderem an der Intransparenz des indischen Rechtssystems.

Die administrativen und politischen Distanzfaktoren können allerdings auch in regionalen Wirtschaftsräumen und Freihandelszonen gezielt abgebaut werden. In diesem Zusammenhang ist eine zunehmende Regionalisierung der wirtschaftlichen Aktivitäten und Strukturen festzustellen, insbesondere im Hinblick auf bestehende regionale Räume wie ASEAN, MERCOSUR, NAFTA und neue Initiativen wie etwa die Schaffung einer Europa-Mittelmeer-Freihandelszone. Diese regionalen Wirtschaftsstrukturen weisen zwischen den Ländern innerhalb eines Wirtschaftsraums deutlich geringere Distanzen auf als zwischen Ländern aus verschiedenen Wirtschaftsräumen. Aufgrund dieser Distanzunterschiede entstehen Entwicklungspfade von Unternehmen. Die Regionalisierung, die zu einer multipolaren Weltwirtschaft führt, fordert von Unternehmen auch Anpassungen innerhalb ihrer bestehenden organisatorischen Strukturen.

Geografische Distanz (*G: Geographic*)

Die geografische Distanz umfasst eine Vielzahl von geografischen und topografischen Merkmalen, wie z. B. die Flächenausdehnung oder den Meereszugang, sowie Infrastrukturmerkmale, wie z. B. Transportwege und -mittel oder Kommunikationsnetze. Diese Distanzfaktoren beeinflussen nicht nur die Transportkosten, sondern können unter Umständen grundlegende Anpassungen des Geschäftsmodells erfordern. Die Bedeutung der geografischen Distanzfaktoren im Vergleich von Nordamerika, Asien und Europa lässt sich an den Problemen des Handelskonzerns Wal-Mart bei der Marktbearbeitung erfassen. Das Geschäftsmodell von Wal-Mart basiert u. a. auf einem effizienten Logistiksystem, das für große Distanzen zwischen urbanen Agglomerationen in den USA konzipiert wurde. In den kleineren und dicht besiedelten europäischen Ländern funktioniert dieses System weniger erfolgreich als in den Metropolregionen in Nordamerika oder in Asien.

Ökonomische Distanz (*E: Economic*)

Diese Distanzdimension beschreibt Unterschiede, die durch den Wohlstand und die Wirtschaftsmacht von Ländern bedingt sind. Dazu zählt insbesondere die Ressourcenausstattung eines Landes, d. h. der Bestand finanzieller Ressourcen, der Entwicklungsstand von humanen und technologischen Ressourcen sowie die Verfügbarkeit und Abhängigkeit von natürlichen Ressourcen. Die Analyse dieser Distanzfaktoren kann die Bewertung von unterschiedlich wohlhabenden Ländern in Bezug zum Heimatmarkt setzen und notwendige Anpassungen aufzeigen.

So haben zahlreiche multinationale Konsumgüterhersteller ihre Produktangebote inzwischen an die ökonomischen Erfordernisse von Zielmärkten in Südamerika oder Indien angepasst und bieten beispielsweise anstatt der Standardpackungsgrößen kleinere Sachets für den einmaligen Gebrauch an, die preislich an die Einkommensverhältnisse des Landes angepasst sind. Die ökonomischen Distanzen zwischen Ländern bzw. Märkten erfordern mitunter flexible Prozesse und Strukturen, die bereits identifizierte Chancen und Bedrohungen in einem Markt präzisieren oder relativieren können.

	Kulturelle Distanz Sprachliche Verknüpfungen	*Administrative Distanz* Handelsbeziehungen	*Geografische Distanz* Räumliche Entfernung	*Wirtschaftliche Distanz* Wohlstandsunterschiede
+	fleischhaltige Nahrungsmittel	Gold	Stromversorgung (Energie)	*(wirtschaftliche Distanz, die den Handel verringert)*
	getreidehaltige Nahrungsmittel	Stromversorgung (Energie)	Gasversorgung (Energie)	nicht eisenhaltige Metalle
	Nahrungs- und Genussmittel	Kaffee, Tee, Kakao (Nahrungsmittel)	Papier und Pappe	fleischhaltige Nahrungsmittel
	Tabak und Alkoholika	Textilien und Bekleidung	Nutz-/Haustiere	Eisen und Stahl
Distanzsensitivität	elektronische Geräte	zuckerhaltige Nahrungsmittel	zuckerhaltige Nahrungsmittel	Altpapier
	Fotografie, Brillen, Uhren	Gasversorgung (Energie)	Zellstoff und Altpapier	*(wirtschaftliche Distanz, die den Handel fördert)*
	Automobile	Reiseutensilien, Handtaschen	Fotografie, Brillen, Uhren	Kaffee, Tee, Kakao (Nahrungsmittel)
	Holzverarbeitung	Schuhbekleidung	Telekommunikation	tierische Öle und Fette
	Maschinen	Sanitär- und Heizungsbedarf	Kaffee, Tee, Kakao (Nahrungsmittel)	elektronische Geräte
–	Stromversorgung (Energie)	Möbel und Einrichtungsgegenstände	Gold	Fotografie, Brillen, Uhren

Abbildung 1.17: Distanzsensitivität ausgewählter Branchen, *Quelle: in Anlehnung an Ghemawat (2001, S. 141)*

Die Distanzdimensionen stellen für Unternehmen gleichermaßen Chancen und Bedrohungen in der globalen Unternehmensumwelt dar und beeinflussen wirtschaftliche und insbesondere unternehmerische Aktivitäten auf vielfältige Art und Weise. Dabei zeigen Branchen sehr unterschiedliche Sensitivitäten gegenüber den verschiedenen Distanzdimensionen. Während die strategischen Optionen für Unternehmen in der Energiebranche in hohem Maße von der administrativen und politischen Distanz sowie der geografischen Distanz abhängen, zeigen sozio-kulturelle Distanzfaktoren wie etwa Konsumentenpräferenzen in Bezug auf bestimmte Nahrungsmittel einen erheblichen Einfluss auf die Konsumgüterbranche. Insofern empfiehlt es sich, die identifizierten Wettbewerbskräfte einer Branche mit den Ergebnissen der Distanzanalyse abzugleichen. Diese Prüfung auf Konsistenz dient zur Rationalitätssicherung im Strategieprozess. Ebenso sind die Distanzfaktoren in der Portfolioanalyse zu berücksichtigen, insbesondere bei der Gewichtung von Faktoren in der Länderportfolioanalyse mittels eines Multifaktorportfolios wie in *Kapitel 3.2 Portfolio analysieren und planen* beschrieben wird.

1.4 Chancen und Bedrohungen ermitteln

Als Ergebnis der Analyse der Branchenumwelt und der globalen Umwelt erhält das Unternehmen eine systematische Übersicht der externen Einflusskräfte, d. h. aller Einflussfaktoren und Gestaltungsparameter, die in der gegebenen und zu erwartenden Unternehmensumwelt geeignet sind, eine überlegene Wettbewerbsposition in der Branche einzunehmen oder auszubauen. In diesem abschließenden Teil der Umweltanalyse sind somit die aus Unternehmenssicht relevanten Erfolgsfaktoren aus der Unternehmensumwelt herauszuarbeiten und für die Strategieentwicklung in einer Profildarstellung als Chancen bzw. Bedrohungen zu bewerten. Dazu bietet sich das folgende Vorgehen an:

1. Einflusskräfte inventarisieren

Die Einflussfaktoren und Gestaltungsparameter sind vollständig und objektiv für die gesamte Branche aufzulisten. Ausgehend von den Ergebnissen der Branchenstruktur- und Umweltanalyse kann ein ausführliches Inventar aller Einflusskräfte erstellt werden. Es empfiehlt sich, den Aufbau an die Dimensionen der Branchenstrukturanalyse sowie der globalen Umweltanalyse anzugleichen.

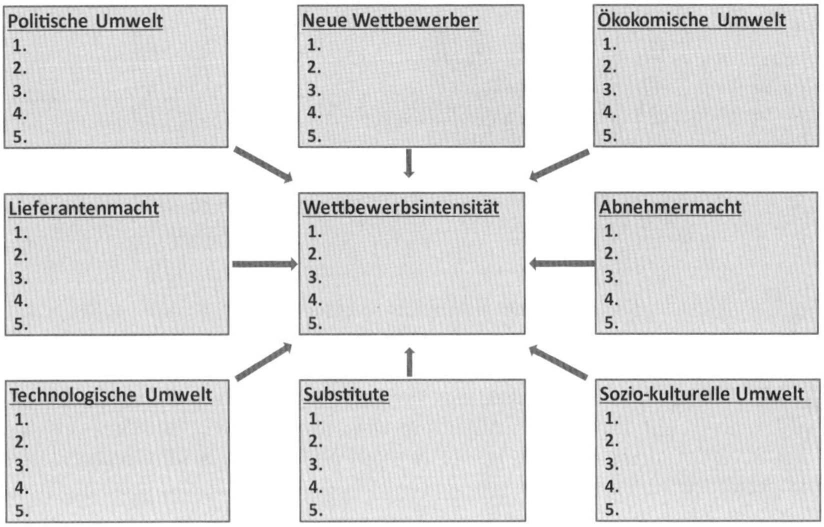

Abbildung 1.18: Inventar der Branchen- und Umwelteinflüsse

Es ist darauf zu achten, dass die Einflusskräfte möglichst konkret benannt und beschrieben werden. Zwecks einer präzisen Beschreibung ist es hilfreich, qualitative Einschätzungen von Experten, Kunden, Zulieferern oder anderen relevanten Anspruchsgruppen (*Stakeholder*) einzubeziehen, um eine vollständige Marktperspektive zu gewährleisten. Hierbei muss stets zwischen dem Einfluss auf die Branche im Allgemeinen und auf das Unternehmen im Besonderen differenziert werden.

2. Relevante Einflusskräfte identifizieren und selektieren

Eine Auswahl der wichtigsten Einflusskräfte sollte aus Gründen der Komplexitätsreduktion und strategischen Fokussierung erfolgen, d. h. im Hinblick auf die Relevanz für das Unternehmen. Insbesondere hinsichtlich zukünftiger Trends und diskontinuierlicher Entwicklungen in der globalen Umwelt hilft es, neben der Einflussdimension auch die Wahrscheinlichkeit zukünftiger Entwicklungen zu berücksichtigen. Eine methodische Unterstützung bietet die *Issue-Impact-Matrix*.[41] Die ermittelten Einflusskräfte werden dabei systematisch anhand ihrer Eintrittswahrscheinlichkeit und ihrer Auswirkung auf das Unternehmen priorisiert und in drei Kategorien eingeteilt.

41 Vgl. Wilson (1983), S. 9 ff.

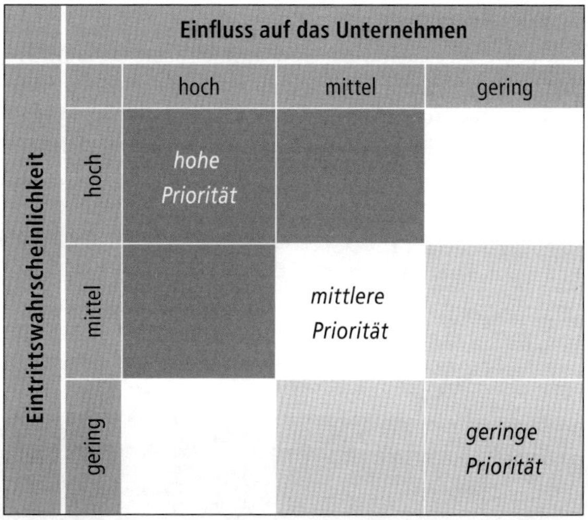

Abbildung 1.19: Issue-Impact-Matrix, *Quelle: in Anlehnung an Wilson (1983)*

Der Vorteil dieser Matrixdarstellung liegt in der Verdichtung und Vorauswahl der großen Anzahl von Einflusskräften. So wird die Bewertung im Rahmen der Umweltanalyse und die spätere Ableitung von strategischen Handlungsoptionen in der SWOT-Analyse erleichtert, die in *Kapitel 3 Strategische Optionen ableiten* dargestellt wird.

3. Profil der Chancen und Bedrohungen erstellen

Als praktische Grundlage für die Profildarstellung kann ein mehrdimensionales Punktwertmodell herangezogen werden, in dem die Einflusskräfte jeweils hinsichtlich ihrer Bedeutung für das Unternehmen als Bedrohungen, Drift oder Chance bewertet werden. Bedrohungen und Chancen zeichnen sich dabei meist durch einen übereinstimmenden Einfluss auf die Branche und das Unternehmen aus. Dagegen werden als *Drift* solche Einflusskräfte beschrieben, die auf das Unternehmen zwar einen neutralen Einfluss aufweisen, aber eine ausgeprägte Bedrohung oder Chance auf die Branche insgesamt darstellen. Hierzu zählen vor allem langfristige inkrementelle Entwicklungen in einer Branche oder dem Branchenumfeld, die ein Unternehmen zunächst unmaßgeblich betreffen und daher nicht wahrgenommen oder nicht berücksichtigt und demzufolge meist nicht systematisch beobachtet werden.[42]

Anschließend werden die Ausprägungen der Erfolgsfaktoren in Punktwerte transformiert und über alle Vergleichsdimensionen zu einem Gesamtwert addiert. Sofern mehrere **strategische Geschäftsfelder** (SGF) verglichen werden, erfolgt dies für jedes einzelne SGF. Die grafische Verbindung aller Bewertungsausprägungen je SGF ermöglicht einen visuell ansprechenden Vergleich aller Chancen und Bedrohungen.

42 Vgl. Johnson (1988), S. 75 ff.

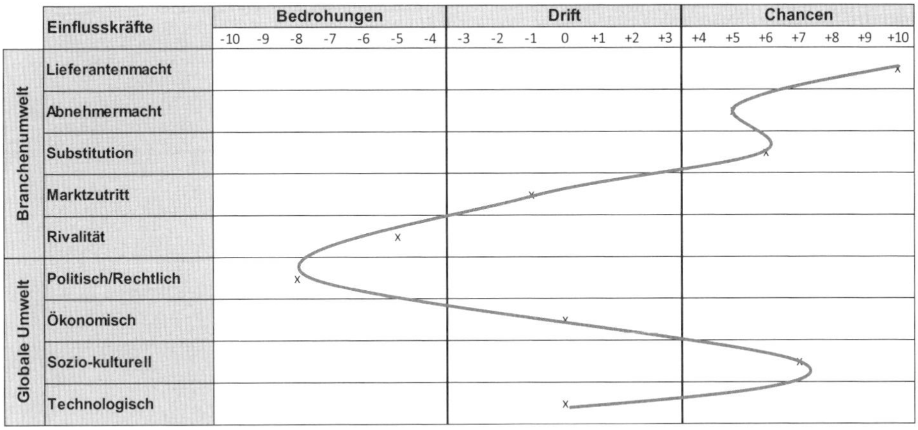

Abbildung 1.20: Profildarstellung von strategischen Chancen und Bedrohungen, *Quelle: Welge / Al-Laham (2012, S. 412)*

4. **Strategische Empfehlungen ableiten**

Im Profilvergleich aller SGF werden die relativen Chancen und Bedrohungen je SGF herausgearbeitet und die Profilabweichungen analysiert, um besonders relevante Chancen und Bedrohungen zu erkennen. Im Fall ähnlicher Profile können die identifizierten Bedrohungen oder Chancen eine verstärkende Wirkung in mehreren SGF gleichzeitig entfalten und erfordern gegebenenfalls eine strategische Maßnahme, die in einer isolierten Betrachtung einer einzelnen SGF nicht ermittelt worden wäre.

Demgegenüber legen abweichende Profile nicht zwangsläufig nahe, die Profillücken zu schließen. Profilabweichungen bedeuten zunächst einmal diversifizierte Chancen und Bedrohungen, die durch unterschiedliche Strategien und Geschäftsmodelle bedingt sein können. Die Profilanalyse von Chancen und Bedrohungen bietet daher eine geeignete Ausgangsbasis für die Strategieformulierung.

Die Ausprägungen der Gesamtwerte aller Erfolgsfaktoren für alle SGF ergeben in der grafischen Profildarstellung eine Übersicht der strategisch relevanten Chancen, Bedrohungen und Drift aus Gesamtunternehmenssicht:

- Die strategischen Chancen zeigen attraktive Entwicklungen in bestehenden und angrenzenden Geschäftsfeldern auf und stellen eine Grundlage für die Strategieformulierung bzw. -anpassung im Rahmen der Portfolioanalyse und für die Ressourcenallokation dar.
- Die strategischen Bedrohungen zeigen kritische Entwicklungen in den bestehenden Geschäftsfeldern auf und machen auf Anpassungsbedarf in der aktuellen Unternehmensstrategie sowie Ressourcenausstattung aufmerksam.
- Die strategische Drift kann bisher ungenutzte externe Einflussfaktoren der Strategieentwicklung zugänglich machen und das bewusste Spektrum der strategischen Handlungsoptionen erweitern. Die strategische Drift beschreibt die Tendenz eines Unternehmens, sich langfristigen und inkrementellen Veränderungen in der Unternehmensumwelt nicht oder zu spät anzupassen.

Die vorgeschlagene Differenzierung hilft bei der Entwicklung strategischer Handlungsempfehlungen, solche Erfolgsfaktoren in der Unternehmensumwelt herauszuarbeiten, die zum Ausbau der relativen Wettbewerbsposition beitragen. In *Kapitel 3.1.2 SWOT-Inventar erstellen* werden die Ergebnisse der Umwelt- und Unternehmensanalyse in der SWOT-Analyse zusammengeführt und anschließend in *Kapitel 3.1.2 TOWS-Matrix analysieren* hinsichtlich der wechselseitigen Abhängigkeiten interpretiert.

ZUSAMMENFASSUNG

Die **Umweltanalyse** identifiziert und bewertet die Einflusskräfte auf den Wettbewerb und die Profitabilität im relevanten Markt auf der Basis einer vollständigen Analyse der Branchenstruktur und der globalen Unternehmensumwelt. Die wesentlichen Instrumente in dieser Analysephase umfassen:

- die **Marktabgrenzung** und **Marktsegmentierung** zur Definition des relevanten Markts als Ausgangspunkt der strategischen Analyse und zur Identifikation attraktiver Marktsegmente;
- die **Branchenstrukturanalyse** zur systematischen Erfassung der **Wettbewerbskräfte** innerhalb der Branche;
- die **Wettbewerbsanalyse** zur Bewertung der aktuellen Geschäftsentwicklung und zukünftigen Strategie der relevanten Wettbewerber, ergänzt um die Analyse und Identifikation **strategischer Gruppen** von Wettbewerbern in der Branche;
- die **Umweltanalyse** zur Ermittlung langfristiger Entwicklungen und Trends in der globalen Umwelt inklusive der **Distanzfaktoren**, die eine Bewertung von externen Erfolgsfaktoren systematisch verzerren können.

Unternehmen analysieren

2

ÜBERBLICK

Lernziele

Nach der Lektüre dieses Kapitels sollen Sie in der Lage sein,

- Geschäftsaktivitäten im Wertnetzwerk zu definieren und abzugrenzen;
- Ressourcen und Aktivitäten mittels Wertketten- und Prozessanalyse systematisch zu erfassen und zu beschreiben;
- wettbewerbsrelevante Ressourcen- und Kernkompetenzen mit Hilfe von Benchmarking und VRIO-Schema zu identifizieren;
- Optimierungspotenziale zu erkennen;
- interne Erfolgsfaktoren zu ermitteln und zu formulieren.

In der Unternehmensanalyse stehen die Unternehmensressourcen, Geschäftsprozesse und -aktivitäten sowie die Organisation im Mittelpunkt. Damit nimmt diese Analysephase im strategischen Managementprozess eine Unternehmensperspektive ein, die ausgehend von der internen Unternehmenssituation Empfehlungen für die Marktpositionierung und Wettbewerbsstrategie entwickelt (*Inside-out*). Das Ziel der Analyse besteht in der Identifikation und Bewertung der internen Erfolgsfaktoren, d. h. der wettbewerbsrelevanten Ressourcen und Aktivitäten, sog. Kernkompetenzen, die zum Erreichen eines Wettbewerbsvorteils notwendig sind.

Die wissenschaftliche Grundlage für diese Analyse bietet der ressourcenorientierte Ansatz.[1] Danach werden dauerhafte Wettbewerbsvorteile durch besondere Ressourcen eines Unternehmens erklärt. Zunächst ist dabei die Frage zu beantworten, welche Ressourcen und Aktivitäten überhaupt zum Unternehmen gehören, d. h. innerhalb welcher Grenzen das Unternehmen definiert ist.

2.1 Unternehmensgrenze und Wertnetzwerk definieren

In dem Prozess von der Rohstoffgewinnung über die Produktentwicklung und Produktion bis hin zur Produktauslieferung realisieren Unternehmen in der Regel nicht alle Aktivitäten, die zur Wertschöpfung beitragen, in Eigenregie (*In-house),* sondern sie spezialisieren sich auf bestimmte Aktivitäten (*Make*), die eine zentrale Bedeutung im Rahmen der Unternehmensstrategie haben. Aktivitäten, die von anderen Unternehmen durchgeführt und somit fremdvergeben (*Buy*) werden, erfordern eine Koordination zwischen den beteiligten Unternehmen, die dadurch Verbindungen eingehen. Diese interorganisatorischen Verbindungen werden in einem Wertnetzwerk (*Value Network*) abgebildet.

In dem Wertnetzwerk erfolgt eine Einteilung der Verbindungen des Unternehmens nach ihrer Bindungsrichtung in vertikale und horizontale Verbindungen. Eine vertikale Verbindung erstreckt sich über vor- und/oder nachgelagerte Produktions- und Absatzstufen des Wertnetzwerks. Horizontale Verbindungen bestehen stets auf derselben Branchen- beziehungsweise Produktions- oder Absatzstufe. Auf die strategischen Implikationen

1 Dieser Ansatz wurde von Wernerfelt (1984) als *Resource-Based-View of the Firm* in die wissenschaftliche Diskussion eingeführt.

dieser Unterscheidung wird in *Kapitel 4.3 Risiken streuen* im Rahmen der Diversifikationsstrategien eingegangen.

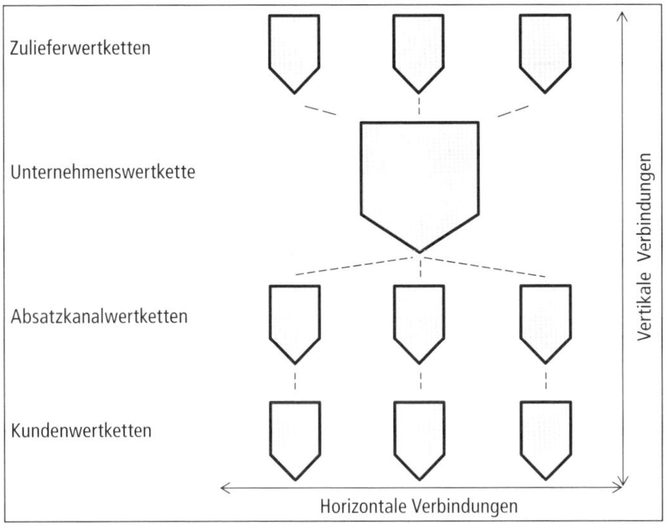

Abbildung 2.1: Wertnetzwerk

Im Rahmen der internen Unternehmensanalyse ist grundsätzlich die Frage zu beantworten, welche Aktivitäten von einem Unternehmen selbst durchgeführt und welche fremdvergeben werden (*Make vs. Buy*). Die Beantwortung dieser Frage entscheidet über die **Unternehmensgrenze** (*Boundary of the Firm*) sowohl in vertikaler als auch in horizontaler Hinsicht. Insofern sind bei der internen Unternehmensanalyse insbesondere die interorganisatorischen Schnittstellen im Wertnetzwerk einzubeziehen.[2]

Damit erfordert die Analyse ein grundlegendes Verständnis der Bedeutung unternehmenseigener Ressourcen im Kontext des Wertnetzwerks. Dafür sind die Erkenntnisse aus der Umweltanalyse erforderlich. So helfen beispielsweise die Beschreibung der Verhandlungsmacht und Wettbewerbsposition von Lieferanten und Kunden entsprechend der Branchenstrukturanalyse bei der Darstellung des Wertnetzwerks.

Der nachfolgende Fragenkatalog dient der Analyse und Abgrenzung der Unternehmensaktivitäten vom Wertnetzwerk.

Wie verteilen sich die Gewinnreservoire?

Gewinnreservoire (*Profit Pools*) beschreiben den Gewinn, der auf den unterschiedlichen Stufen des Wertnetzwerks erzielbar ist. Der Gewinn auf einer Stufe im Wertnetzwerk ist von der Profitabilität und dem Volumen abhängig. Aufgrund der Branchenstruktur und des Wettbewerbsverhaltens können die Profitabilität und das Volumen erhebliche Differenzen zwischen den Stufen des Wertnetzwerks aufweisen. Diese Analyse wird auch als vertikale Marktsegmentierung bezeichnet.

2 Die Beschreibung der Unternehmensgrenze ist auf die Arbeiten zur Transaktionskostentheorie von Coase (1991) zurückzuführen.

Am Beispiel der Automobilindustrie lassen sich die unterschiedlichen Dimensionen der Gewinnreservoire entlang der vielfältigen Aktivitäten im Wertnetzwerk aufzeigen. Dabei ist festzustellen, dass die profitabelsten Geschäftsaktivitäten nicht zwangsläufig die höchsten absoluten Gewinne aufweisen. Die absolute Höhe der Gewinne wird durch die Flächengröße einer Geschäftsaktivität abgebildet. So werden in der Automobilherstellung absolut hohe Gewinne bei niedriger Profitabilität realisiert. Dagegen zeigen sich im Leasinggeschäft die höchste Profitabilität bei jedoch einem vergleichsweise niedrigen absoluten Gewinn. Für einen Automobilhersteller stellt sich im Rahmen der Analyse von Gewinnreservoiren die Frage nach den Grenzen der eigenen Geschäftsaktivitäten unter dem Gesichtspunkt der Profitabilitätsverbesserung und der Nutzung vorhandener Ressourcen und Fähigkeiten. Die zunehmende Ausdehnung von Geschäftsaktivitäten der Automobilhersteller in den Bereichen Autokredite sowie Service und Reparaturen zeigt, dass die Branchengrenzen zunehmend aufgebrochen werden.

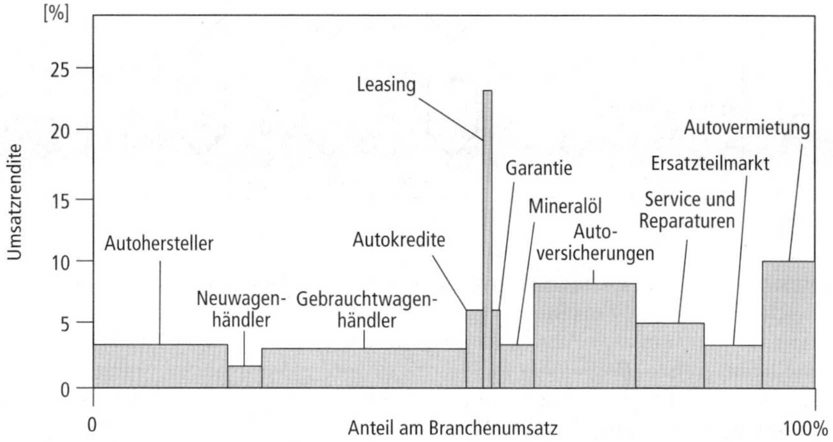

Abbildung 2.2: Gewinnreservoire am Beispiel der Automobilindustrie, *Quelle: Gadiesh / Gilbert (1998, S. 142)*

Eine Frage, die zu einem späteren Zeitpunkt im Strategieprozess zu beantworten sein wird, lautet, ob es sinnvoll ist, dass ein Unternehmen neue Gewinnreservoire auf vor- und nachgelagerten Stufen des Wertnetzwerks erschließt oder sich ausschließlich auf den Bereich mit dem höchsten Gewinnreservoir fokussiert. Die Identifikation der Gewinnreservoire ist hilfreich für den weiteren Prozess der Strategieentwicklung. Die vorhandenen Ressourcen sowie die Fähigkeit zur Schaffung neuer Ressourcen sind von zentraler Bedeutung für die Realisierbarkeit möglicher strategischer Handlungsoptionen.

Welche Aktivitäten sind für die Geschäftstätigkeit entscheidend?

Die Entscheidung über die Eigenerstellung oder den Fremdbezug betrifft alle Leistungen des Unternehmens und ist daher grundsätzlich für jede Aktivität im Wertschöpfungsprozess zu treffen. Die Wertketten- und Prozessanalyse erlauben eine systematische Bewertung des Fremdvergabepotenzials von Aktivitäten.

Grundsätzlich gilt, dass strategische Geschäftsaktivitäten, sogenannte Kerngeschäfte, wettbewerbsdifferenzierenden Charakter besitzen und nicht fremdvergabefähig sind.

Wie können interorganisatorische Beziehungen ausgestaltet werden?

Die Ausgestaltung interorganisatorischer Beziehungen kann nicht nur die Effektivität und Effizienz von Schnittstellen im Wertnetzwerk verbessern, sondern in Abhängigkeit der Tiefe, Dauer, Häufigkeit und Intensität der Beziehungen zu einem wettbewerbsrelevanten Ressourcen- und Kompetenzaufbau beitragen. Dies erfordert die Ausgestaltung unternehmensübergreifender Koordinationsstrukturen und abgestimmter Geschäftsprozesse und -systeme. Die unternehmensübergreifende Verzahnung von Wertschöpfungsprozessen unter Einbeziehung von Lieferanten, Kunden oder Dienstleistern wird als integrative Wertschöpfung bezeichnet.[3]

2.2 Wertkette und Organisation analysieren

Die unternehmensinterne Analyse ermittelt diejenigen Aktivitäten, die einen besonderen Beitrag zur Wertschöpfung leisten und zur Schaffung eines Wettbewerbsvorteils beitragen. Zur systematischen Beschreibung und Analyse der wertschaffenden Aktivitäten dienen die Wertketten- und Prozessanalyse.

2.2.1 Wertkette analysieren

Die **Wertkette** beschreibt ein Unternehmen als eine Abfolge von physisch und technologisch unterscheidbaren Aktivitäten, deren Durchführung zunächst Kosten verursacht und dafür einen Wertbeitrag leistet, für den die Kunden des Unternehmens zu zahlen bereit sind. In Summe bildet die Wertkette damit den Gesamtwert aller Unternehmensaktivitäten und die damit verbundenen Kosten ab, sodass als Residuum die Gewinnspanne ausgewiesen wird.[4]

Die Aktivitäten können entsprechend ihres Bezugs zur Leistungserstellung eines Produkts oder einer Dienstleistung in primäre und sekundäre Aktivitäten unterschieden werden.[5]

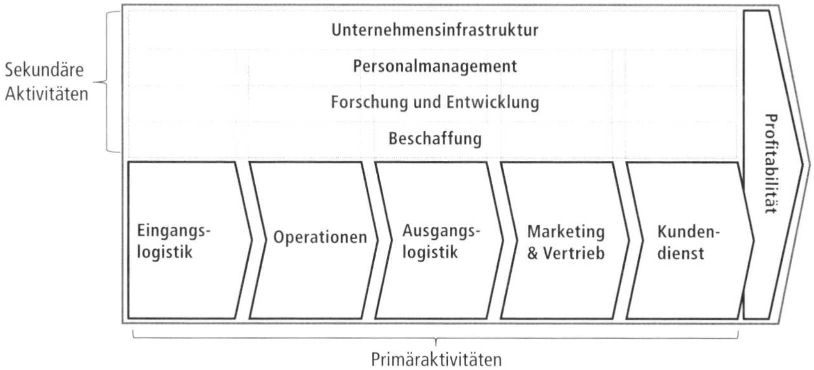

Abbildung 2.3: Wertkette, *Quelle: Porter (2000, S. 66)*

3 Im relationalen Ansatz zur Erklärung von Wettbewerbsvorteilen sog. *Relational View* stellen Dyer/Singh (1998) dar, wie durch Netzwerkstrukturen und Unternehmensbeziehungen eine überdurchschnittliche Rentabilität erreicht werden kann.

4 Vgl. Porter (2010), S. 67 ff.

5 Vgl. Porter (2010), S. 69 ff.

Primäre Wertaktivitäten weisen einen direkten Bezug zur Leistungserstellung auf und werden unterschieden in:

- **Eingangslogistik:** Aktivitäten, die den Eingang, die Lagerhaltung und Bereitstellung von Inputfaktoren (Roh-, Hilfs- und Betriebsstoffe) betreffen
- **Operationen:** Aktivitäten, die aus den beschafften Inputfaktoren ein fertiges Produkt (oder Dienstleistung) erstellen durch Materialumformung, Zwischenlagerung, Weiterverarbeitung, Veredelung, Qualitätskontrolle, Verpackung
- **Ausgangslogistik:** Aktivitäten, die das fertige Produkt (oder Dienstleistung) an den Kunden ausliefern durch Fertiglagerung, Transport, Auftragsabwicklung etc.
- **Marketing und Vertrieb:** Aktivitäten, die den Vertrieb und Verkauf des fertigen Produkts oder der Dienstleistung durch Werbung, Promotion, Außendienst, Preisbestimmung, Kundenkontakt etc. fördern
- **Kundendienst:** Aktivitäten, die den Wert bzw. Nutzen des Produkts (oder der Dienstleistung) für den Kunden durch Installation, Reparatur, Training und Schulung sowie Ersatzteilservice und Instandhaltung oder Wartung steigern oder erhalten

Sekundäre Aktivitäten unterstützen und steuern die primären Aktivitäten als Querschnittsfunktion übergreifend, illustriert durch die horizontal verlaufenden Linien, und sichern dadurch Effektivität und Effizienz der primären Aktivitäten. Die sekundären Aktivitäten gliedern sich nachfolgend in:

- **Beschaffung:** indirekte Aktivitäten, die durch den Einkauf von Inputfaktoren sämtliche Primäraktivitäten unterstützen
- **Forschung & Entwicklung:** Aktivitäten, die durch technologische Verbesserungen zu Produkt- und Verfahrensinnovationen beitragen
- **Personalmanagement:** indirekte Aktivitäten, die durch die Bereitstellung, Einstellung, Weiterbildung, Beurteilung und Entlohnung von qualifizierten Mitarbeitern sämtliche Primäraktivitäten unterstützen
- **Unternehmensinfrastruktur:** Aktivitäten, die im Rahmen der Gesamtgeschäftsführung das formale System für Planung und Kontrolle durch Rechnungswesen und Controlling, Finanzwirtschaft, Informationsmanagement, etc. abbilden

Die Wertkette stellt ein generisches Schema zur Systematisierung und Wertanalyse aller Aktivitäten im Wertschöpfungsprozess einer Unternehmung dar. Jedes Unternehmen weist eine spezifische Wertkette auf. Die Wertkettenanalyse kann in die nachfolgende sachlogische Reihenfolge von Analyseschritten gegliedert werden.

1. Systematische Darstellung von Aktivitäten auf Unternehmensebene

Die Aktivitäten in der Wertkette lassen sich weiter differenzieren in ihre jeweiligen Bestandteile, d. h. Teilaktivitäten und Tätigkeiten. Im Rahmen dieser Darstellung ist jede Aktivität abzugrenzen und entsprechend ihrer Wettbewerbsrelevanz zu Wertaktivitäten zusammenzufassen. Dazu verwendet Porter die folgenden Kriterien:

- Ausmaß des wirtschaftlichen Zusammenhangs der Aktivitäten,
- Differenzierungspotenzial gegenüber den Wettbewerbern und
- Kostenanteil und Wertbeitrag an Gesamtkosten bzw. -wert.[6]

6 Vgl. Porter (2010), S. 99 ff.

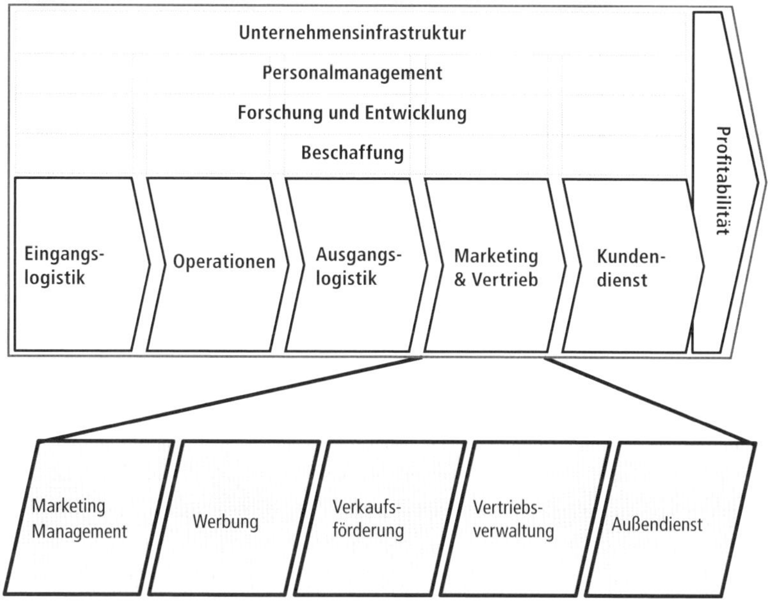

Abbildung 2.4: Abgrenzung von Wertaktivitäten, *Quelle: Porter (2000, S. 78)*

Auf der Basis der Abgrenzung und Zusammenfassung von Wertaktivitäten können die unternehmensspezifische Ausgestaltung der Leistungserstellung identifiziert und die Schwerpunkte der unternehmerischen Geschäftstätigkeit aufgezeigt werden. Bei der Zuordnung von Aktivitäten zu Wertaktivitäten ist eine Orientierung sowohl an der Aufbauorganisation, z. B. in SGE oder Abteilungen, als auch an der Ablauforganisation, z. B. in Informations-, Kommunikations- und Finanzprozesse, hilfreich.[7]

Die Wertkette ist allerdings nicht gleichzusetzen mit der Organisationsstruktur eines Unternehmens. Organisationseinheiten können an unterschiedlichen Wertaktivitäten beteiligt sein oder gemeinsam eine Aktivität durchführen. Die Wertkettenanalyse verdeutlicht, welche Organisationseinheiten des Unternehmens an der Wertschöpfung beteiligt sind und wie die Koordination entlang der unternehmensinternen Schnittstellen zwischen den Organisationseinheiten verläuft. Diese Analyse kann durch die anschließende Organisations- und Prozessanalyse ergänzt werden.

Die folgenden Leitfragen helfen bei der Identifikation und Zuordnung der Aktivitäten:

- Wie ist die Wertkette des Unternehmens strukturiert?
- Welche Wertaktivitäten können unterschieden werden?
- Welche Organisationseinheiten sind an der Wertschöpfung beteiligt?
- Welche Schnittstellenprobleme bestehen in der Wertkette?

7 Vgl. Esser (1994), S. 139.

2. Differenzierte Analyse von Kosten und Wertbeitrag der Aktivitäten

Die verursachten Kosten und der Wertbeitrag von Aktivitäten erlauben eine transparente Identifikation der Hebel für eine Beeinflussung der Gewinnspanne. Dazu bietet sich eine strategische Kostenanalyse beispielsweise basierend auf dem Verfahren der Prozesskostenrechnung an. Die Kosten einzelner Wertschöpfungsaktivitäten werden dabei prozessbezogen ermittelt, mit dem Ziel, die Kostentreiber zu identifizieren.[8] Als Kostentreiber werden solche Aktivitäten bezeichnet, die maßgeblich die Kosten der Leistungserstellung beeinflussen.

Sämtliche primäre und sekundäre Aktivitäten sind auf die mit ihrer Durchführung verbundenen Kosten und ihren Wertbeitrag zu analysieren und bieten somit stets durch die beiden Hebel Kostenoptimierung bzw. Wertbeitrag eine Möglichkeit zur Beeinflussung der Gewinnspanne.

Die folgenden Leitfragen helfen bei der Formulierung der Stärken und Schwächen im Wertschöpfungsprozess:

- Welche Aktivitäten leisten den größten Wertbeitrag?
- Welche Aktivitäten könnten einen größeren Wertbeitrag leisten?
- Welche Aktivitäten verursachen die größten Kosten?
- Welche Aktivitäten könnten weniger Kosten verursachen?
- Welche Stärken und Schwächen bestehen in den Wertaktivitäten?

3. Vergleichende Analyse innerhalb der Branche

Im Vergleich mit direkten Wettbewerbern können die gesamte Wertkette oder einzelne Wertaktivitäten z. B. mittels *Benchmarking* verglichen werden.[9] Da Branchen in der Regel eine typische Wertkettenstruktur aufweisen, dient diese *horizontale Perspektive* der Identifikation von Stärken und Schwächen sowie der Erarbeitung von Differenzierungspotenzial hinsichtlich der Tiefe, Breite und Fokussierung der Wertaktivitäten.

Die folgenden Leitfragen helfen bei der Ermittlung von Differenzierungspotenzial:

- Welche Unterschiede bestehen in der Wertkettenstruktur im Branchenvergleich?
- Welche Wertaktivitäten erlauben eine Differenzierung gegenüber Wettbewerbern?

4. Interorganisatorische Analyse der vertikalen Verbindungen

Die Wertkettenanalyse beschränkt sich nicht nur auf das Unternehmen selbst, sondern ermöglicht auch Analysen von Wertaktivitäten über Unternehmensgrenzen hinweg.

Diese *vertikale Perspektive* betrachtet das Unternehmen als Teil eines Wertnetzwerks und erlaubt somit eine Analyse der unternehmensübergreifenden Verbindungen und Aktivitäten. An der Unternehmensgrenze befinden sich die Schnittstellen mit den Wertketten von Lieferanten und Kunden. Die Einbeziehung dieser interorganisatorischen Verbindungen und deren Neuordnung eröffnen einen größeren Alternativenraum für die Erarbeitung strategischer Handlungsoptionen.

Die folgenden Leitfragen helfen bei der Beschreibung der interorganisatorischen Verbindungen:

---

8 Eine ausführliche Darstellung der Prozesskostenrechnung findet sich in Horváth et al. (1993).

9 In die Grundlagen der Benchmarking-Analyse wird in *Kapitel 2.4 Stärken und Schwächen ermitteln* eingeführt.

- Wie ist das Wertnetzwerk strukturiert?
- Welche Schnittstellenprobleme bestehen im Wertnetzwerk?
- Wie kann die Wertschöpfung durch Integration optimal ausgestaltet werden?

Die beschriebenen Analyseschritte dienen einer umfassenden Analyse und Zuordnung von Wertaktivitäten und ermitteln deren Wertbeitrag sowie Optimierungs- und Differenzierungspotenziale.

Beispiel 2.1 **ZARA – Fast Fashion**

ZARA hat die Wertkette der Modebranche revolutioniert. Der Anfang und das Ende eines jeden Geschäftskreislaufs finden in einer ZARA-Filiale statt. Diese stellt das wesentliche Kommunikationsinstrument zwischen ZARA und seinen Kunden dar. Das Unternehmen verzichtet auf klassische Marketingaktivitäten in TV oder Presse und fokussiert stattdessen auf hochwertige Filialen, die ausschließlich in hochfrequentierten und besten Einkaufslagen installiert werden. Die Filialen sind intensiv mit dem Unternehmensstammsitz in Spanien vernetzt und helfen dabei, das Kundenfeedback kontinuierlich in den Designprozess zu integrieren.

Die Wertaktivitäten im Bereich Design, Produktion und Distribution sind in hohem Maße am Stammsitz in Spanien zentralisiert und auf Prozesseffizienz und Skalenvorteile ausgerichtet. 400 Designer entwerfen stets aktuelle Designs, die sofort in der Produktion umgesetzt und durch ein zentralisiertes Distributionssystem binnen 24 bis 48 Stunden den Filialen zugestellt werden. Die kurze Entwicklungszeit und der schnelle Umschlag erlaubt es dem Unternehmen, pro Jahr eine deutlich höhere Anzahl an Kollektionen als die Wettbewerber und stets rund 40% neue Artikel im Sortiment zu haben, die in der Regel maximal sechs Wochen im aktuellen Sortiment bleiben. Dies erhöht die Anziehungskraft auf die Kunden. Die Stammkundschaft besucht eine ZARA-Filiale durchschnittlich siebzehnmal pro Jahr. Die nahtlose Verknüpfung der Wertaktivitäten und der in der Branche schnellste Warenumschlag werden daher als *Fast Fashion* bezeichnet.

2.2.2 Organisation strukturieren

Die **Organisationsanalyse** bildet im Rahmen des **Analyse-Synthese-Konzepts** der organisatorischen Gestaltung die Analysephase, in der eine differenzierte Beschreibung des Unternehmens nach Strukturen und Prozessen vorgenommen wird.

Im Rahmen der Organisationsanalyse differenziert die Aufgabenanalyse alle Teilaufgaben und beschreibt diese entsprechend des Aufgabeninhalts nach Verrichtung, Objekt, Aufgabenträger, Sachmittel, Zeit und Raum. Diese Differenzierung erfolgt bis auf die Ebene der Elementaraufgaben, d. h. der Teilaufgaben niedrigster Ordnung. Diese Dekomposition ermöglicht die Darstellung einer Teilaufgabenhierarchie.

Die Arbeitsanalyse ermittelt Arbeitsgänge beginnend bei den Elementaraufgaben und beschreibt die Verfahrensweise bei der Aufgabenerfüllung. Die schrittweise Aufspaltung der Arbeitsgänge ermöglicht die weitergehende Vertiefung der Ordnungshierarchie, an deren niedrigster Ordnungsebene die Gangelemente, d. h. untrennbare Aktivitäten, stehen.

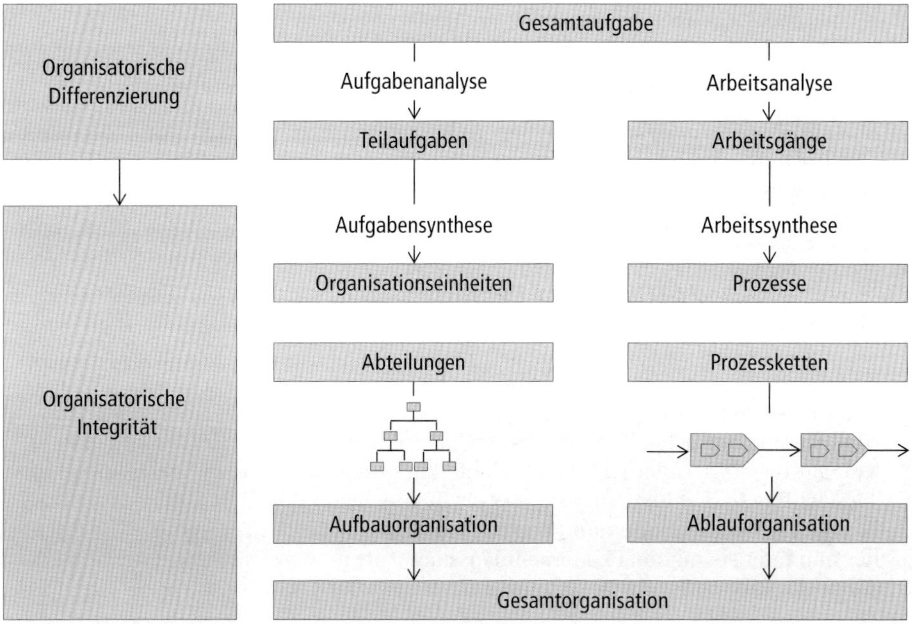

Abbildung 2.5: Analyse-Synthese-Konzept der organisatorischen Gestaltung, *Quelle: Vahs (2012, S. 245) in Anlehnung an Bleicher (1991, S. 49)*

Die organisatorischen Analyse- und Gestaltungsfragen betreffen stets sowohl die Aufbau- als auch die Ablauforganisation. Die **Aufbauorganisation** beschreibt die strukturelle Anordnung von Teilaufgaben der Aufgabenträger in Organisationseinheiten und deren hierarchische Beziehungen zueinander. Die **Ablauforganisation** umfasst die sachlichen Leistungsprozesse, die sich in einem räumlichen und zeitlichen Ablauf zwischen den Aufgabenträgern vollziehen.

Den Ausgangspunkt für die Analyse stellt in der Regel die bestehende Organisation dar, in deren Aufbau die durchgeführten Prozesse untersucht werden. In der wissenschaftlichen Literatur und in der Unternehmenspraxis wird intensiv diskutiert, ob der Fokus bei der Organisationsanalyse und -gestaltung auf die Struktur oder die Prozesse gelegt werden sollte.

Nach der strukturorientierten Organisationstheorie wird zunächst die Aufbauorganisation gestaltet und die Ablauforganisation dieser nachgelagert, d. h., in die definierten Aufbaustrukturen werden die Prozesse bestmöglich integriert.[10] Die Aufteilung in Arbeitsgänge und Prozesse richtet sich demzufolge nach der Abteilungs- und Stellenbildung in der Aufbauorganisation. Danach stellt die Optimierung von Aufbau, Aufgaben- und Leitungsstrukturen durch Hierarchiestufen, Stellenbildung und Verantwortungszuweisungen das primäre Gestaltungsinstrument dar.

Die prozessorientierte Organisationstheorie sieht dagegen den Ausgangspunkt der organisatorischen Gestaltung in der Definition optimaler Prozesse im Rahmen der Ablauforganisation, sodass die Aufbauorganisation anschließend an den Prozesserfordernissen ausgerichtet wird. Diese Perspektive orientiert sich konsequent an den Markt- und

10 Vgl. Kosiol (1976), S. 187 ff.

Kundenerfordernissen und stellt entsprechend der relevanten Erfordernisse die schnelle, kostengünstige oder qualitativ hochwertige Abwicklung von organisationsübergreifenden Prozessketten in den Mittelpunkt der Analyse und Gestaltung.

Exkurs: Business Process Reengineering

Die unterschiedlichen Ausprägungen der Prozessorientierung finden Ausdruck in einer Vielzahl von Managementkonzepten wie beispielsweise Business Process Reengineering, Lean Management, Six Sigma oder Total Quality Management. Der grundlegende Ansatz der Prozessorientierung geht auf das Business Process Reengineering zurück, das ein *„fundamentales Umdenken und radikales Neugestalten von Geschäftsprozessen"* anstrebt, um *„Verbesserungen bei bedeutenden Kennzahlen, wie Kosten, Qualität, Service und Durchlaufzeit zu erreichen"*[14]. Dazu werden sämtliche Geschäftsprozesse systematisch untersucht und Optimierungspotenziale ermittelt hinsichtlich:

- *Renewing* (Erneuerung),
- *Revitalizing* (Revitalisierung),
- *Reframing* (Einstellungsänderungen),
- *Restructuring* (Restrukturierung).

Die Leistungsfähigkeit des Business Process Reengineering wird von Praktikern und Wissenschaftlern kritisch beurteilt. Empirischen Untersuchungen zufolge berichten lediglich 33% der Unternehmen über eine erfolgreiche Umsetzung.[15] Der zentrale Erkenntnisgewinn liegt in der Aufwertung und Erkennung von Prozessen als wesentlichem Gestaltungsinstrument, das Prozessleistung und -kosten transparent macht und konsequent an den Kundenbedürfnissen orientiert.

Als konsequente Fortführung der Wertkettenanalyse ermittelt und beurteilt die Prozessanalyse miteinander in Beziehung stehende Aktivitäten in Arbeitsabläufen anhand von Wirtschaftlichkeitskriterien und Markt- bzw. Kundenrelevanz. Die Prozessanalyse ermöglicht damit eine integrierte, d. h. organisationsübergreifende und kundenorientierte Analyse von Aktivitäten mit dem Ziel, Optimierungspotenziale zu erkennen.

Hierbei werden sämtliche Geschäftsprozesse untersucht und kritische Prozesse, sog. Kernprozesse, identifiziert.[13] Dazu eignet sich der folgende Fragenkatalog:

- Welche Bedeutung besitzt der Prozess für die Zufriedenheit von externen und internen Kunden?
- Welche Relevanz hat der Prozess für die Realisierung eines Wettbewerbsvorteils?
- Welche Ressourcenintensität (z. B. Kapazitätsbindung) weist der Prozess auf?[14]

Kernprozesse sind demnach kundennahe und/oder wertschöpfungsintensive Prozesse, die zur Differenzierung durch besondere Leistungsmerkmale genutzt werden können. Alle weiteren Prozesse fallen in die Kategorie der Unterstützungs- oder Führungsprozesse, die notwendig sind, aber entweder keinen direkten Kundenbezug oder eine geringe Wertschöpfungsbeteiligung aufweisen.

---

11 Vgl. Hammer/Champy (1993), S. 32 ff.

12 Vgl. Shapiro (1996), S. 217 ff.

13 Die Identifikation von Kernprozessen orientiert sich an dem Konzept der Kernkompetenzen, das in *Kapitel 2.3 Ressourcen und Kernkompetenzen analysieren* vorgestellt wird.

14 In der Frage der Ressourcenintensität kann eine Zuordnung von Kosten zu Prozessen mittels der Prozesskostenrechnung vorgenommen werden.

Als Quellen bei der Prozessanalyse dienen Systemdokumentationen wie etwa Handbücher, Programmdokumentationen, Organisationsvorgaben sowie Arbeitsunterlagen und Mitarbeiterinterviews. Die Informationen können durch Unterlagenauswertung, Mitarbeitergespräche, Befragung interner und externer Kunden sowie durch Multimomentverfahren, d. h. unangekündigte Stichprobenbeobachtungen oder Arbeitsberichte, erhoben werden.

Die Ergebnisse der Prozessanalyse werden in Ablaufdiagrammen und Prozessbeschreibungen dokumentiert, mit Hilfe von Prozessmodellen formalisiert und visualisiert.[15]

Da Geschäftsprozesse zahlreiche Aktivitäten, Funktionen und Organisationseinheiten integrieren, sind insbesondere die Kernprozesse nicht linear-sequenziell darstellbar, sondern sie bilden vernetzte Prozessketten oder miteinander in Beziehung stehende Aktivitätscluster. Ein Analyseansatz, der diese Zusammenhänge illustriert, sind **Aktivitätensysteme** (*Activity Systems*). Diese visualisieren die aufeinander abgestimmten und priorisierten Aktivitäten in einem Unternehmen, die erst durch ihr Zusammenwirken eine strategische Wettbewerbsposition begründen. Die Aktivitäten, die für die Kernprozesse und Leistungserstellung relevant sind, werden in ihrem Zusammenwirken systematisch dargestellt. Dabei werden die Aktivitäten mit der höchsten strategischen Relevanz hervorgehoben und durch miteinander verzahnte und sich ergänzende Aktivitätengruppen flankiert. Die Darstellungsform erleichtert es, die Interdependenzen der Aktivitäten zu erkennen und aneinander auszurichten.

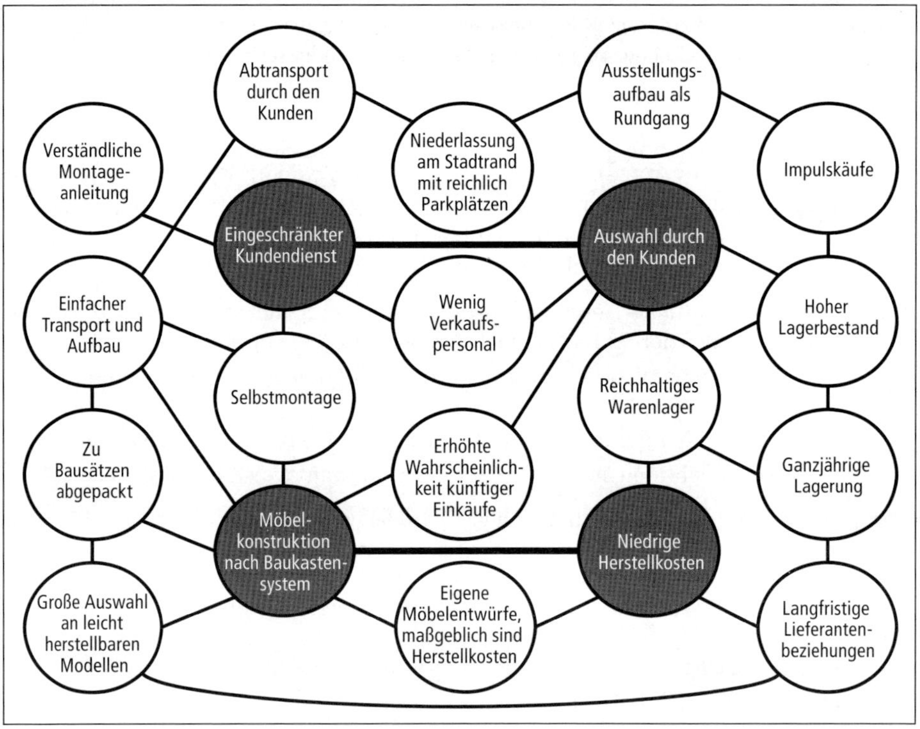

Abbildung 2.6: Aktivitätensystem von IKEA, *Quelle: Porter (1996, S. 71)*

15 Vgl. Scheer/Jost (1996), S. 27 ff.

Die Erarbeitung von Aktivitätensystemen kann durch einen Fragenkatalog strukturiert werden:

- Sind die Aktivitäten konsistent mit der Positionierung hinsichtlich der Kundenbedürfnisse und Markterfordernisse?
- Sind die Aktivitäten konsistent aufeinander abgestimmt und verzahnt, sodass sie sich gegenseitig verstärken?
- Beeinflussen Abweichungen einzelner Aktivitäten das gesamte Aktivitätensystem?

In dieser Analyse steht die Abstimmung von Aktivitäten aufeinander und deren konsistente Ausrichtung im Mittelpunkt. Auf die Ergebnisse wird im Rahmen der Strategieformulierung zurückgegriffen.

Im *Teil II Strategie umsetzen* werden die Ausführungen zur organisatorischen Gestaltung fortgeführt und Strukturen sowie Prozesse entsprechend der strategischen Ausrichtung erarbeitet.

2.3 Ressourcen- und Kernkompetenzen identifizieren

Die Ressourcen und Fähigkeiten eines Unternehmens stellen die Kompetenzbasis für das angebotene Leistungsspektrum an Produkten und Dienstleistungen dar.[16] Sie bilden das Fundament für die durchgeführten Wertschöpfungsaktivitäten und die damit verbundenen Kosten.

Als **Ressourcen** können grundsätzlich alle Mittel und Einsatzfaktoren verstanden werden, die einem Unternehmen zur Verfügung stehen. Unterschiedliche Ansätze zur Klassifikation von Ressourcen eignen sich für eine systematische Differenzierung.

Sie können unter anderem nach ihrer Art als physische, humane, organisationale, finanzielle und technologische Ressourcen klassifiziert werden. Außerdem können sie entsprechend ihrer Gegenständlichkeit und Separierbarkeit in tangible und intangible Ressourcen unterteilt werden. Die tangiblen Ressourcen sind materieller Natur und umfassen z. B. Rohstoffe, Produktionsanlagen oder finanzielle Mittel. Die intangiblen Ressourcen weisen einen immateriellen und impliziten Charakter auf und sind schwer zu separieren, wie z. B. Qualifikationen und Fertigkeiten von Mitarbeitern, Wissen, Patente und Markennamen.

Ressourcen sind für sich genommen nicht wertschaffend. Dazu sind Fähigkeiten zur Planung, Umsetzung und Kontrolle erforderlich, die ein Unternehmen in die Lage versetzen, auf der Basis der Ressourcenausstattung Strategien zu planen und zu implementieren, die die Effektivität und Effizienz des Unternehmens steigern.[17] Fähigkeiten beschreiben, ob ein Unternehmen in der Lage ist, seine Ressourcen gezielt zu nutzen und weiterzuentwickeln.[18] Sie umfassen organisationale Prozesse und Routinen, Planungs- und Kontrollsysteme, Anreiz- und Führungssysteme sowie personengebundene Führungsfähigkeiten.

Die Ressourcen und Fähigkeiten eines Unternehmens können differenziert werden in:

- tangible (materielle) und intangible (immaterielle) Ressourcen;
- personale (personengebundene) und organisationale (personenungebundene) Fähigkeiten.

16 Vgl. Hungenberg (2011), S. 147 ff.
17 Vgl. Barney (1991), S. 101.
18 Vgl. Hungenberg (2011), S. 148.

Kernkompetenzen sind solche Ressourcen und Fähigkeiten, die in einem gegebenen Marktumfeld zur Realisierung eines Wettbewerbsvorteils beitragen und damit erfolgskritisch sind. Der Begriff der Kernkompetenz (*Core Competence*) bezeichnet ein *„Bündel an Fähigkeiten und Technologien, die es einem Unternehmen ermöglichen, seinen Kunden einen bestimmten Nutzen anzubieten.*[...] *Beim Aufbau von Kernkompetenzen geht es* [...] *darum, die Vorteile besser zu verstehen, die einem Unternehmen aus der mehr oder weniger exklusiven Bereitstellung vielfältiger Kundennutzen erwachen.“*[19]. Hamel/Prahalad betrachten ein Unternehmen als ein Portfolio spezifischer Kombinationen von Ressourcen und Fähigkeiten, die durch Kombination und Interaktion einen Wettbewerbsvorteil schaffen können.

Die Grundannahme dieser Betrachtungsweise basiert auf dem ressourcenorientierten Ansatz. Die Unterschiede zwischen Unternehmen in der Ausstattung und Nutzung von Ressourcen sind demnach die wesentliche Ursache für Wettbewerbsvorteile und die Erklärung unternehmerischen Erfolgs. Diese Perspektive vermeidet bewusst eine organisatorische und funktionale Sichtweise, die das Unternehmen als Aufbauorganisation betrachtet und die Ressourcen und Aktivitäten in Managementhierarchien und Verantwortlichkeiten gliedert.

Das Verhältnis von Ressourcen, Fähigkeiten und Kernkompetenzen ist problematisch, da in der Praxis alle denkbaren Fähigkeiten und Ressourcen eines Unternehmens als Kernkompetenz eingeordnet werden. Die Identifikation von Kernkompetenzen und die präzise Abgrenzung zu gewöhnlichen Kompetenzen sind ein wesentlicher Schritt für die spätere Formulierung von Wettbewerbsstrategien. Die Identifikation von Kernkompetenzen kann anhand von Kriterienkatalogen durchgeführt werden. Das **VRIO-Schema** untersucht Ressourcen und Fähigkeiten anhand der Kriterien: Wert, Seltenheit, Imitierbarkeit und Unternehmensspezifität.[20]

Exkurs

Das VRIO-Prüfschema ermittelt Kernkompetenzen anhand von vier Fragestellungen:

1. Question of **V**alue (Wert): Do a firm's resources and capabilities enable the firm to respond to environmental threats or opportunities?
2. Question of **R**areness (Seltenheit): How may competing firms already possess particular valuable resources and capabilities?
3. Question of **I**mitability (Imitierbarkeit): Do firms without a resource or capability face a cost disadvantage in obtaining it compared to firms that already possess it?
4. Question of **O**rganization (Organisation): Is a firm organized to exploit the full competitive potential of its resources and capabilities?

Wert (*Value*): Ressourcen und Fähigkeiten sind für das Unternehmen wertvoll, indem sie einen relevanten Nutzen für Kunden bei einem wettbewerbsfähigen Kostenniveau schaffen und einen dafür angemessenen Gewinn erzielen.[21] Folgende Kriterien helfen, den strategischen Wertbeitrag zur Schaffung eines Wettbewerbsvorteils zu ermitteln:

19 Vgl. Hamel/Prahalad (1995), S. 302.
20 Vgl. Barney (2011), S. 125 ff.
21 Vgl. Johnson/Scholes/Whittington (2011), S. 138.

- **Relevanter Kundennutzen:** Der Wert einer Unternehmensressource misst sich am Nutzen, der für den Kunden entsteht. Ressourcen und Fähigkeiten sind wertlos, wenn Kunden darin keinen Wert sehen und folglich dafür keine Zahlungsbereitschaft haben. In der Praxis liegt die Herausforderung in der Konzentration auf Ressourcen und Fähigkeiten, die relevant sind für den Kunden.
- **Wettbewerbsfähige Kosten:** Die Bereitstellung von Produkten oder Dienstleistungen für den Kunden muss die verursachten Kosten decken und einen angemessenen Gewinn erwirtschaften. Dieser orientiert sich an dem durchschnittlichen Niveau der relevanten Marktteilnehmer in der Branche.

Die Wertkettenanalyse bietet für diesen Prüfschritt eine geeignete Ausgangsbasis, da sie die Analyse auf die Profitabilität als Residuum aus Wertbeiträgen und Kostenpositionen der Aktivitäten ausrichtet.

Seltenheit (*Rarity*): Ressourcen müssen selten, bestenfalls einzigartig sein, sodass nur ein oder sehr wenige Unternehmen über eine derartige Ressource verfügen, damit sie der Differenzierung vom Wettbewerb dienen. In der Praxis wird die Einzigartigkeit als *Unique Selling Proposition (USP)* bezeichnet. Die Differenzierung durch Seltenheit kann beispielsweise in Form von Patenten und Geschmacksmustern, Marken etc. erfolgen. Folgende Kriterien helfen, den Beitrag einer Ressource zur Schaffung eines Wettbewerbsvorteils basierend auf dem Merkmal der Seltenheit zu erfassen:

- **Kundenbedürfnis:** Die Seltenheit einer Ressource stellt für sich genommen nur einen geringen Wert dar, solange die zentralen und relevanten Kundenbedürfnisse nicht befriedigt werden.
- **Nachhaltigkeit:** Seltene Ressourcen müssen nachhaltig abgesichert werden, da Wettbewerber versuchen werden, eine wertvolle und seltene Ressource ebenfalls zu erlangen oder zu imitieren. So kann der Wettbewerbsvorteil einer seltenen Ressource erodieren. Eine Absicherung kann z. B. durch einen konsequenten Markenaufbau und sorgfältige Markenpflege realisiert werden.

Wenn mehrere Wettbewerber über die gleichen Ressourcen verfügen, sind diese dennoch keinesfalls wertlos: „*Under conditions of competitive parity, though no one firm gains a competitive advantage, firms do increase their probability of survival*"[22]. In solch einem Fall wird von sog. Schwellenressourcen bzw. -fähigkeiten gesprochen, die ein Unternehmen mindestens besitzen muss, um am Wettbewerb teilzunehmen.[23]

Imitierbarkeit (*Imitability*): Ressourcen dürfen idealerweise nicht oder nur zu überproportional hohen Kosten durch Wettbewerber kopierbar sein. Folgende Kriterien lassen auf eine begrenzte Imitierbarkeit von Ressourcen schließen:

- **Pfadabhängigkeit:** Der unternehmensbezogene Entwicklungspfad stellt eine einzigartige und nicht reproduzierbare Abfolge von Entscheidungen und Handlungen dar, die im Zeitablauf zu einem spezifischen Wissensaufbau und teilweise irreversiblen Investitionen geführt haben. Ressourcen, die eine hohe Pfadabhängigkeit aufweisen, besitzen in der Regel eine geringe Imitierbarkeit. Allerdings besitzen sie auch eine geringe Flexibilität und stellen damit eine grundsätzliche Festlegung (*Commitment*) dar.
- **Ressourceninterdependenz:** Die wechselseitigen Verbindungen und Abhängigkeiten von internen und externen Ressourcen erschweren die Imitierbarkeit durch Wettbewerber. Wettbewerbsvorteile entstehen nur selten aus einzelnen Aktivitäten

22 Barney (1997), S. 149.
23 Vgl. Johnson/Scholes/Whittington (2011), S. 131.

eines Unternehmens, sondern aus dem Verbund einer Vielzahl von Aktivitäten, die aufeinander abgestimmt sind und sich gegenseitig ergänzen. Verbundeffekte entstehen, wenn die Ausführung einer Aktivität nicht nur einen Vorteil bei der Aktivität selbst erzeugt, sondern zusätzlichen Nutzen für andere Aktivitäten mit sich bringt. Dadurch kann ein besonderer Wertbeitrag für das Unternehmen bzw. ein besonderer Nutzen für den Kunden geschaffen werden.

Die Pfadabhängigkeit und Ressourceninterdependenz sind Grundvoraussetzungen für die Schaffung einer heterogenen Kompetenzbasis und damit eines Wettbewerbsvorteils durch Differenzierung.

Unternehmensspezifität (*Organisational Specificity*): Die Einbindung von Ressourcen in die spezifischen Geschäftsprozesse und die Unternehmensorganisation ermöglicht deren vollständige Nutzung als Quelle eines dauerhaften Wettbewerbsvorteils. Der Grad der organisationsspezifischen Einbindung und Nutzung lässt sich anhand folgender Kriterien ermitteln:

- **Komplexe Interaktion:** Kernkompetenzen entstehen erst aus der dynamischen und komplexen Interaktion von Ressourcen, Fähigkeiten, Prozessen und Strukturen im Unternehmen, die zu einer untrennbaren und vielschichtigen Verbindung zusammenwachsen. Diese Verknüpfung von Ressourcen und Fähigkeiten kann insbesondere zur Schaffung eines besonderen Kundennutzens verwendet werden. Dies geschieht z. B. im Systemwettbewerb von Netzwerkindustrien wie etwa im digitalen Musikgeschäft durch die einmalige Kombination von iPhone, iTunes und Appstore, die Kunden dieser Produkte und Dienstleistungen von Apple einen Mehrwert durch die Registrierung und Teilnahme an diesem Netzwerk bietet.
- **Kausale Mehrdeutigkeit:** Der Zusammenhang von Ursache und Wirkung ist nicht eindeutig zu erkennen, sondern den Kernkompetenzen liegen überlagernde und vernetzte Wirkungsmechanismen zugrunde. Ressourcen und Fähigkeiten, die z. B. in einem gemeinsamen Erfahrungswissen, einer besonderen Unternehmenskultur und persönlichen Netzwerken bestehen, sind in hohem Maße spezifisch im Unternehmen verankert. Ressourcen und Kompetenzen, die derartig in das Unternehmen eingebettet sind, stellen ein einzigartiges und immanentes Organisationsmerkmal dar.

Dieser Kriterienkatalog kann mit dem **VRIO-Schema** leicht abgeprüft werden. Damit lassen sich die Kernkompetenzen von den gewöhnlichen Ressourcen und Fähigkeiten abgrenzen.

<table>
<tr><th>Ist die Ressource wertvoll?</th><th>Ist die Ressource selten?</th><th>Ist die Ressource nicht kopierbar?</th><th>Bedeutung für die Wettbewerbssituation</th><th>Organisationale Voraussetungen zur Nutzung</th></tr>
<tr><td>Nein</td><td></td><td>–</td><td>Wettbewerbsnachteil</td><td rowspan="3">Nein</td></tr>
<tr><td>Ja</td><td>Nein</td><td>–</td><td>Wettbewerbsparität</td></tr>
<tr><td>Ja</td><td>Ja</td><td>Nein</td><td>Temporärer Wettbewerbsvorteil</td></tr>
<tr><td>Ja</td><td>Ja</td><td>Ja</td><td>Dauerhafter Wettbewerbsvorteil</td><td>Ja</td></tr>
</table>

Abbildung 2.7: VRIO-Schema, *Quelle: Barney (1997, S. 163)*

Wie das VRIO-Schema verdeutlicht, sind die Kriterien miteinander verknüpft. **Wettbewerbsvorteile**, die auf Ressourcen und Kompetenzen beruhen, sind umso nachhaltiger, je mehr Kriterien sie erfüllen. Wertvolle und seltene Ressourcen und Fähigkeiten können einen temporären Wettbewerbsvorteil begründen. Eine Kernkompetenz liegt nach diesem Ansatz erst dann vor, wenn ein Unternehmen über eine wertvolle, seltene, nicht imitierbare und organisationsspezifische Ressource verfügt. Diese stellt einen nachhaltigen Wettbewerbsvorteil dar.

Sollten solche Kompetenzen nicht oder nur unzureichend vorliegen, müssen sie systematisch entwickelt werden. Dabei ist auf den Marktbezug zu achten. Die **Kompetenz-Produktmarkt-Matrix** differenziert zwischen bestehenden und neu zu entwickelnden Kompetenzen sowie Produktmärkten.[24]

Kernkompetenzen / Produktmarkt	Bestehend	Neu
Neu	***Herausragende Position*** Welche neuen Kernkompetenzen müssen wir aufbauen, um unsere Exklusivposition in unseren derzeitigen Märkten zu schützen und auszubauen?	***Mega Chancen*** Welche neuen Produkte oder Dienstleistungen können wir schaffen, indem wir unsere derzeitigen Kernkompetenzen in kreativer Weise neu einsetzen oder anders kombinieren?
Bestehend	***Lücken füllen*** Welche Chancen haben wir, unsere Positionen auf den bestehenden Märkten zu verbessern, indem wir unsere bestehenden Kernkompetenzen besser nutzen und ausschöpfen?	***Weiße Flecken*** Welche neuen Kernkompetenzen müssten wir aufbauen, um an den spannendsten Märkten der Zukunft teilnehmen zu können?

Abbildung 2.8: Kompetenz-Produktmarkt-Matrix, *Quelle: Barney (1997, S. 163)*

Die Zusammenführung von Kompetenzen im Unternehmen und externen Markterfordernissen erlaubt es, Empfehlungen für strategische Handlungsoptionen und Strategieformulierung in Bezug auf die wettbewerbsrelevante Entwicklung von Ressourcen und Kompetenzen zu entwickeln. In den Feldern der Matrix ergeben sich die folgenden Handlungsempfehlungen:

- **Lücken füllen:** Erweiterung der bestehenden Kernkompetenzen mit dem Ziel, die gegenwärtige Marktposition zu festigen und auszubauen,
- **Herausragende Position:** Aufbau von neuen Kompetenzen mit dem Ziel, zukünftige Wettbewerbsvorteile in bestehenden Märkten zu realisieren,
- **Weiße Flecken:** Anwendung der bestehenden Kernkompetenzen in neuen Märkten,
- **Mega Chancen:** Aufbau von neuen Kompetenzen für zukünftige Märkte.[25]

Die Analyseergebnisse geben Hinweise auf die Stärken und Schwächen des Unternehmens bezogen auf die Erfolgsfaktoren.

24 Vgl. Hamel/Prahalad (1995), S. 341.
25 Vgl. Welge/Al-Laham (2012), S. 395 ff.

2.4 Stärken und Schwächen ermitteln

Als Ergebnis der Wertketten- und Prozessanalyse sowie der Ressourcen- und Kernkompetenzanalyse erhält das Unternehmen eine systematische Übersicht der Erfolgsfaktoren, d. h. aller Ressourcen und Kompetenzen, die eine Basis für die Durchführung wertschaffender Aktivitäten und Prozesse mit dem Potenzial zur Differenzierung vom Wettbewerb darstellen. Im abschließenden Teil der Unternehmensanalyse sind die ermittelten Erfolgsfaktoren in strategischer Hinsicht in einer Profildarstellung als Stärken bzw. Schwächen zu bewerten. Dazu bietet sich das folgende Vorgehen an:

1. Referenzsystem definieren

Da Stärken und Schwächen stets relativer Natur sind, erfordern sie ein Referenzsystem. Das Referenzsystem kann für das **Benchmarking** unterschiedliche bzw. mehrere Bezugsrahmen verwenden:

- Historie: Das Unternehmen vergleicht die qualitative Ausprägung seiner Erfolgsfaktoren unternehmensintern im Zeitablauf, sog. internes Benchmarking;
- Branche: Das Unternehmen relativiert die Qualität der eigenen Erfolgsfaktoren an dem stärksten Wettbewerber, sog. Wettbewerbsbenchmarking;
- Best-in-Class: Das Unternehmen vergleicht die Qualität seiner Erfolgsfaktoren branchenübergreifend mit den jeweils besten Unternehmen in einem sog. funktionalen Benchmarking.

In Abhängigkeit des gewählten Referenzsystems kann ein Faktor unter Umständen entweder einer Stärken- oder Schwächenliste zugeordnet werden. Daher ist die Wahl des Beurteilungsmaßstabs von zentraler Bedeutung für die Identifikation von Erfolgsfaktoren.

2. Erfolgsfaktoren inventarisieren

Die Erfolgsfaktoren sollten umfassend und objektiv aus den Anforderungen des Markts und der Kunden abgeleitet werden. Ausgehend von den Ergebnissen der Wertketten- und Prozessanalyse kann ein Inventar der Erfolgsfaktoren erstellt werden. Das Inventar kann dabei einen funktionalen Aufbau entsprechend der Wertkette aufweisen. Dieser Inventarisierungsansatz, der auf dem Verständnis der Wertkette basiert, kann erweitert werden, indem zusätzlich kundenorientierte Erfolgsfaktoren aus der Ressourcen- und Kompetenzanalyse in das Inventar aufgenommen werden. Diese Erweiterung weicht zwar von der Wertkettensystematik ab, jedoch erlaubt sie eine umfassendere Bewertung.

3. Relevante Erfolgsfaktoren auswählen

Die Auswahl der relevanten Erfolgsfaktoren sollte zur Komplexitätsreduktion begrenzt werden. Es können dazu Experten, Kunden, Zulieferer oder andere maßgebende Anspruchsgruppen, sog. *Stakeholder*, einbezogen werden, um eine Marktperspektive zu gewährleisten.

4. Bewertungsverfahren durchführen

Als praktische Grundlage für die Profildarstellung von Stärken und Schwächen kann ein mehrdimensionales Punktwertmodell herangezogen werden. Für jeden ausgewählten Erfolgsfaktor wird die eigene Position in Abhängigkeit zur jeweiligen Vergleichsdimension eingestuft. Dazu empfehlen sich expertengestützte und funktionsübergreifende Bewertungsverfahren. Die Profilierung von Stärken und Schwächen kann ebenfalls aus Kundensicht erfolgen und einen direkten Profilvergleich mit Wettbewerbern erlauben.

Anschließend werden die Ausprägungen der Erfolgsfaktoren in Punktwerte transformiert und über alle Vergleichsdimensionen zu einem Gesamtwert addiert. Sofern mehrere Unternehmen oder strategische Geschäftseinheiten (SGE) verglichen werden, erfolgt dies für jedes Unternehmen bzw. jede SGE.

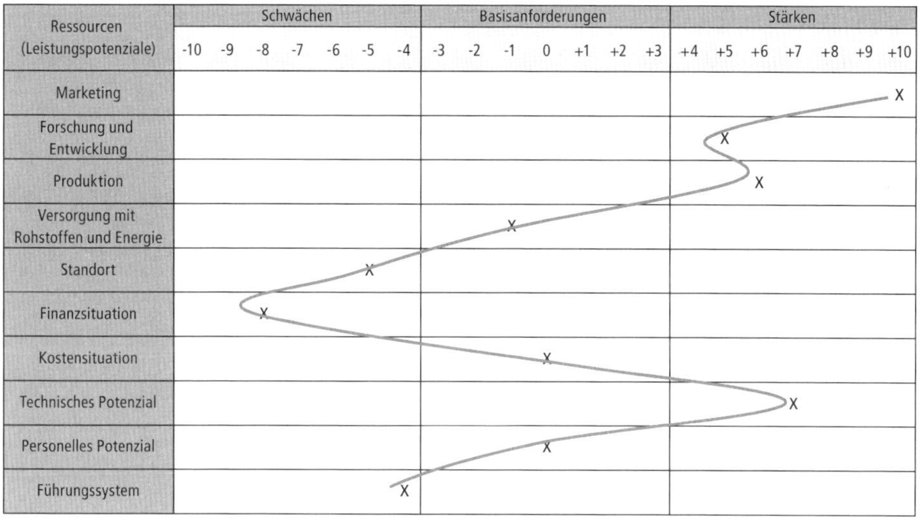

Abbildung 2.9: Profildarstellung von strategischen Stärken und Schwächen, *Quelle: Welge / Al-Laham (2008, S. 412)*

5. Strategische Empfehlungen ableiten

Die Ausprägungen der Gesamtwerte aller Erfolgsfaktoren ergeben in der grafischen Profildarstellung eine Übersicht der strategischen Stärken und Schwächen sowie der Basisanforderungen:

- Strategische Stärken begründen Wettbewerbsvorteile und stellen die unmittelbare Grundlage für die Strategieformulierung dar.
- Strategische Schwächen zeigen fehlende, aber notwendige Ressourcen und Kompetenzen, die es durch geeignete Strategieformulierung aufzubauen gilt.
- Basisanforderungen weisen durchschnittliche Ausprägungen auf und können in Abhängigkeit von der Strategieformulierung ausgebaut werden.

Im Profilvergleich werden die relativen Stärken und Schwächen herausgearbeitet und die Profilabweichungen analysiert. Bei der Interpretation ist zu beachten, dass abweichende Profile nicht zwangsläufig nahelegen sollten, die Profillücken zu schließen. Profilabweichungen können auch durch unterschiedliche Strategien begründet sein.[26] So kann eine negative Profilabweichung in einem Erfolgsfaktor (z. B. Verkaufspreis) im Rahmen einer Premiumstrategie nicht per se als Schwäche gewertet werden. Die Profilanalyse von Stärken und Schwächen bietet daher eine geeignete Ausgangsbasis für die Strategieformulierung.

Im folgenden Abschnitt des strategischen Managementprozesses werden die Ergebnisse der Umwelt- und Unternehmensanalyse zusammengeführt und mittels einer integrierten Analyse interpretiert.

26 Vgl. Steinmann/Schreyögg (2005), S. 217 ff.

ZUSAMMENFASSUNG

Die **Unternehmensanalyse** befasst sich mit der systematischen Untersuchung von unternehmensinternen Ressourcen und Fähigkeiten zur Realisierung eines Wettbewerbsvorteils. Die wesentlichen Instrumente in dieser Analysephase umfassen:

- die **Wertkettenanalyse** zur systematischen Erfassung aller Unternehmensaktivitäten und zur Ermittlung des Wertbeitrags dieser Aktivitäten sowie der mit ihrer Durchführung verbundenen Kosten;
- die **Organisationsanalyse** zur systematischen Strukturierung der Aufbau- und Ablauforganisation;
- die **Kernkompetenzanalyse** zur Identifikation der erfolgskritischen Ressourcen und Fähigkeiten mit Hilfe des VRIO-Prüfschemas. Dabei werden alle **Unternehmensressourcen** und -fähigkeiten auf Wertbeitrag, Seltenheit, Imitierbarkeit und Spezifität geprüft.

Strategische Optionen ableiten

3

ÜBERBLICK

Lernziele

Nach der Lektüre dieses Kapitels sollen Sie in der Lage sein,

- die Einflussfaktoren aus der externen Umweltanalyse und die Erfolgsfaktoren der internen Unternehmensanalyse mit Hilfe des SWOT-Inventars systematisch zusammenzufassen;
- diese Faktoren in einer TOWS-Matrix einander gegenüberzustellen und die strategischen Handlungsoptionen des Alternativenraums systematisch abzuleiten;
- die strategischen Handlungsoptionen konsistent zu verdichten und zu strategischen Maßnahmenbündeln zusammenzufassen;
- die Portfoliomethode anzuwenden und Normstrategien für strategische Geschäftseinheiten abzuleiten und mit den Ergebnissen der TOWS-Matrix abzugleichen.

Die Identifikation der externen Einflussfaktoren und der internen Erfolgsfaktoren bildet die Informationsgrundlage für die nun folgende strategische Analyse. Das Ergebnis der strategischen Analyse ist daher in hohem Maße von der Qualität der bereitgestellten Informationen abhängig.

Die bisher isolierte Betrachtung der externen und internen Dimension wird im Folgenden durch eine integrierte Betrachtung ersetzt, die auf die Identifikation von Interdependenzen zwischen den externen Einfluss- und internen Erfolgsfaktoren ausgerichtet ist. Eine Interdependenz kann z. B. darin bestehen, dass im Unternehmen vorhandene Ressourcen eingesetzt werden können, um eine sich bietende Chance im Markt wahrzunehmen. Aus diesen wechselseitigen Beziehungen im Spannungsfeld des Unternehmens in seiner Umwelt wird ein breites Spektrum strategischer Handlungsoptionen abgeleitet. Diese strategischen Handlungsoptionen können eine Vielzahl einzelner oder mehrerer Maßnahmen in den Geschäftsaktivitäten umfassen.

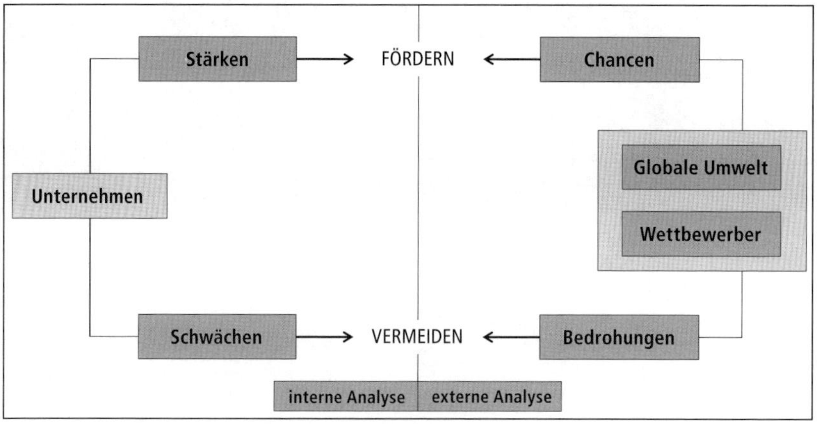

Abbildung 3.1: Integration interner und externer Analysedimensionen

Das Strategiespektrum wird auf der Basis der in der Literatur vorgeschlagenen Kriterienkataloge und Heuristiken erarbeitet. Die zentralen Leitgedanken umfassen die folgenden thematischen Schwerpunkte:

- Aufbau von Stärken und Reduktion von Schwächen,
- Optimierung und Fokussierung von Ressourcen,
- Ausnutzung bzw. Aufbau von Synergiepotenzialen,
- Realisierung von Marktchancen und Prävention gegen Bedrohungen.

3.1 Erfolgsfaktoren kombinieren

Die integrierte Analyse der zuvor generierten Erfolgsfaktoren verbindet die externe Umweltperspektive und die interne Unternehmensperspektive mit der Zielsetzung, die Interdependenzen zwischen Umwelt und Unternehmen zu untersuchen und systematisch Handlungsoptionen für die strategische Ausrichtung des Unternehmens abzuleiten. Typische Fragestellungen in dieser Analysephase lauten:

- Ist die gegenwärtige Strategie adäquat, um auf die zu erwartenden Veränderungen zu reagieren?
- Welche Stärken (Kompetenzen, Ressourcen etc.) müssen aufgebaut oder ausgebaut werden, um Chancen zu nutzen oder Bedrohungen zu minimieren?
- Können gegenwärtige Stärken zukünftig zu Schwächen werden, wenn sie nicht weiterentwickelt werden?
- Welche Stärken ermöglichen eine bessere Reaktion auf Veränderungen im Vergleich zum Wettbewerb?

Als in der Unternehmenspraxis bewährte Methoden haben sich das **SWOT-Inventar** und die **TOWS-Matrix** etabliert. Die Akronyme entstehen durch die Aneinanderreihung der Anfangsbuchstaben von *Strenghts, Weaknesses, Opportunities* und *Threats*.[1]

3.1.1 SWOT-Inventar erstellen

In einem ersten Schritt werden die Stärken und Schwächen des Unternehmens sowie die gegenwärtigen und zukünftigen Chancen und Bedrohungen in der Unternehmensumwelt inventarisiert. Es empfiehlt sich, die Einfluss- und Erfolgsfaktoren nach ihrer Wichtigkeit zu ordnen und als S_i, W_i, O_i, T_i mit $i = 1,...,n$ zu nummerieren. Diese Zusammenfassung systematisiert die wichtigsten Einfluss- und Erfolgsfaktoren aus den vorangegangenen Analysen in vier übersichtlichen Listen und erlaubt damit eine ausführliche Situationsbeschreibung. Diese Momentaufnahme stellt das Unternehmen also in einem spezifischen Branchenumfeld dar. Das Unternehmen und seine Umwelt verändern sich fortlaufend und unterliegen daher einer Dynamik von internen und externen Veränderungen. Diese Dynamik erfordert eine im Zeitablauf regelmäßige Aufbereitung des SWOT-Inventars.

1 Vgl. Andrews (1987), S. 48 ff.

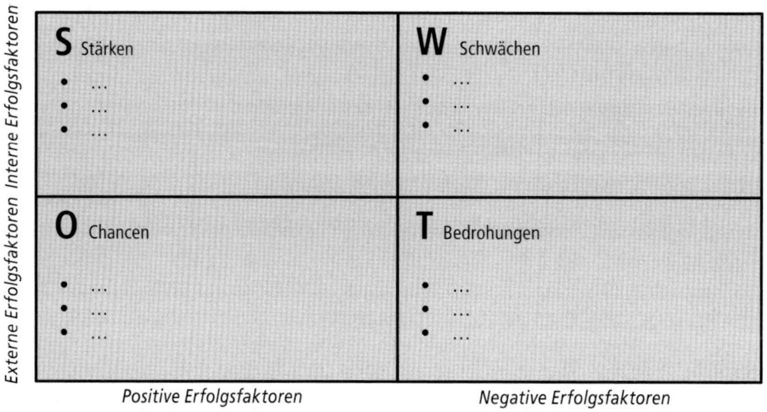

Abbildung 3.2: SWOT-Inventar

Bei der Inventarerstellung ist auf die **Abgrenzung** der Einfluss- und Erfolgsfaktoren zu den internen und externen Dimensionen zu achten und auf Konsistenz zu prüfen. Die Dimensionen intern und extern, beeinflussbar und nicht direkt beeinflussbar, erfordern eine eindeutige Zuordnung der Faktoren bei der Beurteilung, welche Faktoren in die Dimension Stärke oder Schwäche und welche in die Dimension Chance oder Bedrohung einzuordnen sind. So stellt beispielsweise eine hohe Kundenloyalität eine Stärke des Unternehmens dar. Wenn allerdings ein Trend zu beobachten ist, demzufolge traditionelle Kundenbindungen an Bedeutung verlieren, kann diese Entwicklung eine Bedrohung darstellen, die unter Umständen eine aktuelle Stärke zukünftig erodieren lassen kann. Im geschilderten Beispiel ist der Faktor Kundenloyalität als Stärke im Sinne einer loyalen Kundenbasis aufzuführen und die generelle Abnahme von Kundenbindungen als Bedrohung aufzulisten.

Der **Detaillierungsgrad** aller Einfluss- und Erfolgsfaktoren ist von erheblicher Bedeutung für die anschließende Ableitung strategischer Handlungsoptionen. Die Analyse der Wechselwirkungen von externen Einflussfaktoren und internen Erfolgsfaktoren soll sich nicht nur auf die Unternehmensebene beschränken, sondern Teilbereiche wie die SGE oder Funktionen und Abteilungen einbeziehen, um Widersprüche aufzudecken und die strategischen Maßnahmen konsistent zu definieren. Dies erfordert meist eine intensive Erhebung der benötigten Informationen. Je besser die zugrunde liegende Datenbasis aufbereitet ist, desto präziser und konkreter können die strategischen Handlungsempfehlungen abgeleitet werden. Eine ausschließlich deskriptive Darstellung verleitet meist zu einer oberflächlichen und ungenauen Formulierung. Die Einfluss- und Erfolgsfaktoren müssen mit Fakten untermauert werden und die grundsätzlichen Ursache-Wirkungs-Zusammenhänge müssen beschrieben sein. Es empfiehlt sich daher stets, quantitatives Datenmaterial und qualitative Aussagen auf Konsistenz zu prüfen.

3.1.2 TOWS-Matrix analysieren

Die TOWS-Matrix führt die interne Unternehmensperspektive und die externe Umweltperspektive zusammen und untersucht die wechselseitigen Beziehungen zwischen den Stärken und Schwächen des Unternehmens einerseits und den Chancen und Bedrohungen in der Umwelt andererseits mit dem Ziel, strategische Handlungsoptionen abzuleiten und zu formulieren.

Die Grundstruktur ist eine zweidimensionale Matrix mit einer Umweltachse und einer Unternehmensachse. Die Achsen sind jeweils nach den positiven (Chancen und Stärken) und negativen (Bedrohungen und Schwächen) Ausprägungen der Faktoren unterteilt, sodass sich eine Vier-Felder-Matrix ergibt. In jedem dieser Felder werden die interne und die externe Analysedimension miteinander in Beziehung gestellt. Dazu werden die Einfluss- und Erfolgsfaktoren entsprechend der Zuordnung aus dem SWOT-Inventar an die Seiten der Matrix geschrieben.

Abbildung 3.3: TOWS-Matrix, *Quelle: in Anlehnung an Weihrich (1982)*

Die Gegenüberstellung verdeutlicht, inwiefern die Stärken und Schwächen des Unternehmens oder einer seiner SGE angesichts der erwarteten Entwicklungen im relevanten Marktumfeld von Bedeutung und im Hinblick auf die identifizierten Chancen und Bedrohungen angemessen sind. Dazu werden die wechselseitigen Wirkungsbeziehungen in diesen Handlungsfeldern durch Konfrontation jeder einzelnen Kombination von S_i und W_i mit den O_i und T_i untersucht. Das Ziel ist es, möglichst umfangreiche strategische Handlungsoptionen zu generieren, die erst in einem späteren Analyseschritt verdichtet werden. In jedem der Quadranten der TOWS-Matrix lassen sich diese Handlungsoptionen systematisch nach unterschiedlichen Prinzipien ableiten.[2]

Bei der Untersuchung aller Kombinationen sind die Richtung und die Stärke der Ursache-Wirkungs-Beziehungen zu berücksichtigen. Daher werden die Leitfragen für die Untersuchung der Handlungsfelder jeweils aus der internen und der externen Perspektive gestellt.

Strategische Handlungsoptionen nach dem SO-Prinzip:

In diesem Handlungsfeld befindet sich die Basis aktueller Wettbewerbsvorteile. Es lassen sich strategische Optionen erarbeiten, die auf den stark ausgeprägten Kompetenzen und Ressourcen des Unternehmens basieren und auf die Nutzung von Chancen in der Unternehmensumwelt ausgerichtet sind. Die Leitfragen zur Untersuchung der SO-Kombinationen lauten daher:

- Welche Stärken passen zu welchen Chancen?
- Wie können Stärken genutzt werden, sodass sich die Realisierung von Chancen erhöht?
- Welche Chancen sollen in der Unternehmensumwelt auf der Basis vorhandener Stärken wahrgenommen werden?

2 Vgl. Weihrich (1982), S. 61 ff.

Dieses Handlungsfeld ist insbesondere für die Formulierung von offensiven Wachstumsstrategien geeignet. Die idealtypische Normstrategie empfiehlt, die Geschäftsaktivitäten zu forcieren oder auszubauen.

Strategische Handlungsoptionen nach dem WO-Prinzip:

Dieses Handlungsfeld nach dem WO-Prinzip beschreibt einen Gestaltungsspielraum, der durch den Abbau von Schwächen bzw. den Aufbau neuer Stärken zukünftig nutzbar ist. Es lassen sich strategische Optionen ermitteln, die dabei helfen, Chancen wahrzunehmen, um Schwächen zu reduzieren bzw. gezielt Kompetenzen oder Ressourcen, d. h. fehlende Stärken, aufzubauen, die mittelfristig die vorhandenen Schwächen zu Stärken entwickeln. Die folgenden Leitfragen sind dazu geeignet:

- Welche Schwächen können durch die Wahrnehmung von Chancen verbessert werden?
- Welche Schwächen verhindern eine effektive Wahrnehmung von Chancen?
- Wie können Schwächen abgebaut werden, um Chancen zu nutzen?
- Welche Chancen können genutzt werden, wenn bestimmte Schwächen abgebaut werden?

Die Normstrategie sieht vor, dass ein bestehender Rückstand der Ressourcenausstattung oder Kompetenzbasis gegenüber dem Wettbewerb oder im Vergleich zur allgemeinen Branchenentwicklung aufgeholt werden soll.

Strategische Handlungsoptionen nach dem ST-Prinzip:

In dem Handlungsfeld nach dem ST-Prinzip verfügt das Unternehmen über ausgewiesene Stärken und sieht sich Bedrohungen im Marktumfeld gegenüber. Es lassen sich Optionen ableiten, die auf der Basis vorhandener Stärken aktuelle oder zukünftige Bedrohungen reduzieren oder abwenden. Als Leitfragen zur Untersuchung der ST-Kombinationen dienen:

- Welche Bedrohungen können durch welche bestehenden Stärken reduziert werden?
- Wie können Stärken eingesetzt oder ausgebaut werden, um Bedrohungen zu vermeiden?

Die Normstrategie rät dazu, aktuelle Stärken bzw. die gegenwärtige Wettbewerbsposition abzusichern.

Strategische Handlungsoptionen nach dem WT-Prinzip:

Dieses Handlungsfeld ist durch ein hohes Bedrohungspotenzial gekennzeichnet, da die bestehenden Schwächen eine besondere Anfälligkeit für die identifizierten Bedrohungen aufweisen können. Es müssen daher Optionen abgeleitet werden, die dazu geeignet sind, interne Schwächen abzubauen und den Bedrohungen proaktiv auszuweichen. Die geeigneten Leitfragen sind:

- Welche Schwächen sind bei welchen Bedrohungen besonders kritisch, d. h., welche Kombinationen von Bedrohungen und Schwächen können sich gegenseitig verstärken?
- Welche Bedrohungen können durch die Verminderung bestehender Schwächen reduziert werden?
- Wie können Schwächen abgebaut werden, um Bedrohungen zu vermeiden oder zu bewältigen?

Die Normstrategie formuliert typischerweise defensive Strategieempfehlungen, die unter Umständen sogar den Rückzug aus bestehenden Geschäftsfeldern und damit die Desinvestition von SGE beinhalten kann.

Da die generierten strategischen Handlungsoptionen sich teilweise überlappen oder sich gegebenenfalls gegenseitig ausschließen können, empfiehlt es sich, die Handlungsoptionen zu strategischen Maßnahmenbündeln, z. B. mittels einer grafischen Zusammenfassung, zu verdichten. Solche sich ergänzenden oder verstärkenden Maßnahmen werden gebündelt und von denen abgegrenzt, die eine dazu unabhängige, eine gegensätzliche oder ausgleichende Wirkung aufweisen.

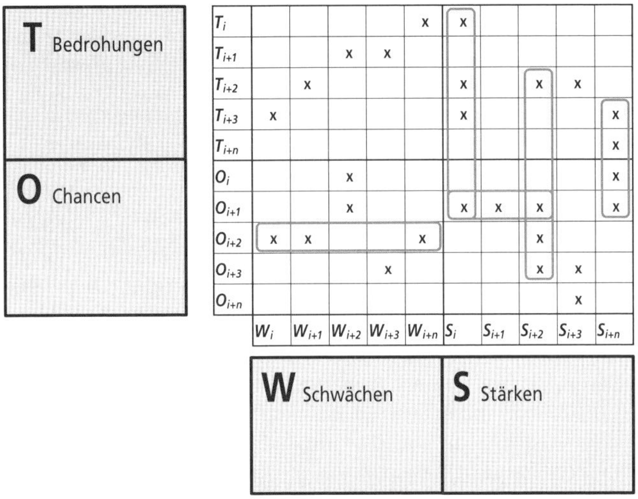

Abbildung 3.4: Ableitung von Handlungsoptionen in der TOWS-Matrix

Die TOWS-Matrix ermöglicht es, die Komplexität in der strategischen Analyse durch integrierte Darstellung zu reduzieren und relativ einfach eine Synthese der internen und externen Analyse zu generieren. Das Instrument ist universal auf unterschiedlichen Ebenen des Unternehmens einsetzbar, d. h. auf Unternehmens-, SGE- oder Produktebene.

Allerdings ist bei der Anwendung keine Hilfestellung zur Auswahl der Faktoren gegeben, da innerhalb der Matrix eine Gleichgewichtung von Einfluss- und Erfolgsfaktoren sowie aller generierten Handlungsoptionen besteht. Insofern ist es wichtig, die Prioritäten aus der **Issue-Impact-Matrix** bzw. die Gewichtung aus dem Stärken-Schwächen-Profil zu berücksichtigen.[3] Es können ebenso Schwierigkeiten bei der Identifikation von Beziehungen zwischen strategischen Handlungsoptionen auftreten. Schließlich ist festzuhalten, dass es sich bei dem Instrument um eine Heuristik handelt, die Normstrategien mit Tendenzaussagen ohne mathematische Berechnung ableiten lässt. Aufgrund dieser Einschränkung sollte die TOWS-Matrix stets interdisziplinär, d. h. funktionsübergreifend, angewandt werden, um möglichst unterschiedliche Perspektiven in die Untersuchung der Handlungsfelder einzubeziehen. Es empfiehlt sich ebenso, diesen Untersuchungsprozess von erfahrenen externen Experten moderieren zu lassen, um die Rationalität in dem fortlaufenden Strategieprozess zu gewährleisten.

3 Die *Issue-Impact-Matrix* stellt eine zusammenfassende Übersicht der externen Einflussfaktoren dar und ist in *Kapitel 1.4 Chancen und Bedrohungen ermitteln* erklärt. Das Stärken-Schwächen-Profil bewertet die unternehmensinternen Aktivitäten und ist in *Kapitel 2.4 Stärken und Schwächen ermitteln* dargestellt.

Im anschließenden Schritt werden die strategischen Maßnahmenbündel derart orchestriert, dass sie eine Wettbewerbsstrategie ergeben, die der Realisierung der Unternehmensziele dient. Dies erfordert eine Bewertung der strategischen Maßnahmenbündel anhand unterschiedlicher Erfolgskriterien wie Umsatz, Profitabilität, Unternehmenskultur etc. im Rahmen der verschiedenen strategischen Konzepte.

3.2 Portfolio analysieren und planen

Die **Portfolioanalyse** unterstützt die Unternehmensführung in der Strategieentwicklung durch die systematische und strukturierte Verdichtung möglicher strategischer Optionen. In diesem Rahmen lassen sich unterschiedliche Zusammenstellungen von Geschäftsfeldaktivitäten erfassen und die bestehenden SGE in diesen Geschäftsfeldern positionieren. Der zentrale Betrachtungsgegenstand ist damit die SGE. Auf der Basis der zuvor durchgeführten Geschäftsfeldsegmentierung im abgegrenzten Markt besteht die Aufgabe darin, die Auswahl, Priorisierung und Ausrichtung der verschiedenen SGE vorzunehmen. Die Leitfragen der Analyse lauten:

- Welche Geschäfte sollen ausgebaut werden (Investition)?
- Welche Geschäfte sollten aufgegeben werden (Desinvestition und Fokussierung)?
- Welche Geschäftsaktivitäten sollten aufgenommen werden (Diversifikation)?

Das Ziel der Portfolioanalyse und der Portfolioplanung ist eine integrierte Unternehmens- und Geschäftssteuerung. Auf der Basis eines einheitlich definierten Maßstabs wird ein ausgewogenes Gesamtportfolio von Geschäftsaktivitäten aus Unternehmenssicht erstellt, das alle SGE hinsichtlich ihres Ressourcenbedarfs und ihrer Ressourcenbereitstellung umfasst und vergleichbar macht. Die Ressourcenallokation erfolgt im Sinne einer Ausgewogenheit anhand von zahlungsflussbezogenen Erfolgskriterien, insbesondere dem Cashflow. So können suboptimale Strategien vermieden werden, die bei einer isolierten Steuerung von SGE ohne Berücksichtigung von Synergien oder gemeinsamer Fähigkeiten und Ressourcen auftreten können.[4] Aus der generalisierten Beschreibung der strategischen Situation aller SGE und der Zusammenfassung individueller Analysen lassen sich schließlich **Normstrategien** für die Entwicklung der strategischen Geschäftseinheiten ableiten. Diese stellen ein grundlegendes Denkschema und idealtypisches Handlungsmodell dar.

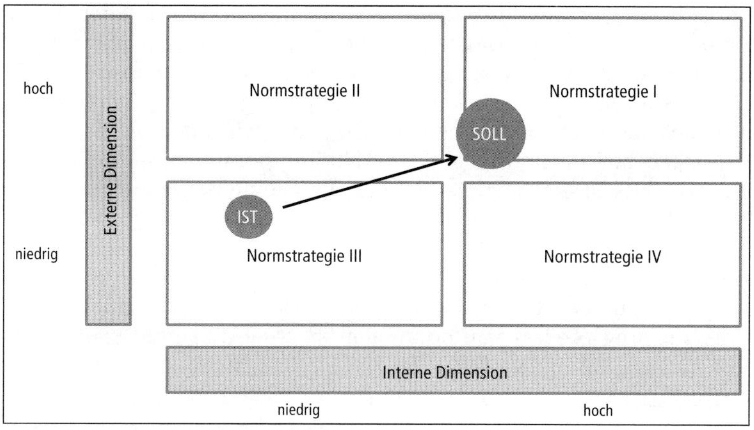

Abbildung 3.5: Grundstruktur der Portfoliodarstellung

4 Vgl. Müller-Stewens/Lechner (2011), S. 284.

Die Basis aller Portfoliokonzepte ist die Beschreibung des Erfolgspotenzials einer SGE basierend auf internen Erfolgsfaktoren und externen Einflussfaktoren, die bereits in der Umwelt- und Unternehmensanalyse ermittelt worden sind. Die Darstellung in einer Matrix beinhaltet auf der Ordinate die externe Dimension, die nicht unmittelbar zu beeinflussen ist, und auf der Abszisse die interne Dimension zur Beurteilung der relativen Position einer SGE im gegebenen Wettbewerbsumfeld. Die zweidimensionale Fläche ist in mindestens vier Felder unterteilt, deren Grenzen durch zu ermittelnde Schwellenwerte, z. B. durchschnittliche Branchenwerte, definiert sind. Die SGE werden als Positionskreis in der Matrix verortet, wobei der Kreisdurchmesser die Bedeutung einer SGE anhand des Beurteilungskriteriums, z. B. Umsatz oder Cashflow, darstellt. Die IST-Position entspricht der aktuellen Geschäftsfeldposition einer SGE. Alle SGE, die in einem wertmäßig abgegrenzten Bereich des Portfolios positioniert sind, werden anhand der gleichen Normstrategie zur Erreichung ihrer Soll-Position ausgerichtet und geführt.

3.2.1 Monofaktorportfolio darstellen

Das Marktanteils-Marktwachstums-Portfolio der Boston Consulting Group (BCG) ist die bekannteste Variante eines Monofaktorportfolios.[5] Die zentrale Annahme besagt, dass alle relevanten Erfolgsfaktoren der externen Umwelt und des Unternehmens sich in jeweils einem Faktor verdichten lassen. So werden alle SGE anhand eines internen und eines externen Faktors in der Matrix verortet.

Die interne Dimension wird durch den relativen Marktanteil als das Umsatzverhältnis zwischen einer SGE und dem stärksten Wettbewerber auf der Abszisse beschrieben. Alternativ wird der relative Marktanteil auch als Umsatzverhältnis einer SGE zum gewichteten Mittelwert der drei stärksten Wettbewerber definiert. Dabei wird unterstellt, dass der relative Marktanteil entsprechend des Erfahrungskurvenkonzepts durch die kumulierte Ausbringungsmenge als Indikator für die relative Kosten- und Wettbewerbsposition herangezogen wird. Das **Erfahrungskurvenkonzept** besagt, dass sich die Stückkosten mit zunehmender kumulierter Produktions- und Absatzmenge verringern und so zu einer vorteilhaften Kostenstruktur und überlegenen Profitabilität führen. Ein Unternehmen realisiert Kostenvorteile, indem es seine kumulierte Produktions- und Absatzmenge schneller ausweitet als die Wettbewerber, d. h. Marktanteile gewinnt. Unternehmen mit einem hohen relativen Marktanteil wird daher eine starke Wettbewerbsposition attestiert.

Die externe Dimension wird durch das Marktwachstum als prozentuale Wachstumsrate auf der Ordinate abgetragen. Entsprechend des Lebenszykluskonzepts wird das Marktwachstum als Indikator für die Marktattraktivität betrachtet. Märkte mit hohen Wachstumsraten stellen demnach eine Chance zur Erzielung von Umsatzwachstum bei attraktiver Profitabilität dar, während niedrige Wachstumsraten auf unattraktive Geschäftsfelder hinweisen, die sich tendenziell am Ende des aktuellen Lebenszyklus befinden.

In beiden Dimensionen der Matrix wird somit ein starker Zusammenhang zwischen Wachstum und Gewinn unterstellt. Die Achsen sind kardinal skaliert, werden aber dennoch häufig aus Gründen der Anschaulichkeit in dichotomischer Ausprägung mittels hoch und niedrig in lediglich jeweils zwei Segmente unterteilt.

5 Vgl. Henderson (1971).

Die Trennlinien für die Segmente der Matrix können unterschiedlich bestimmt werden. So wird meistens der Wert 1,0 als Trennlinie für den relativen Marktanteil herangezogen, d. h. eine SGE wäre damit genauso groß bzw. stark wie ihr stärkster Wettbewerber. Alternativ gibt es die Empfehlung, den Wert 1,5 heranzuziehen, um tatsächlich nur SGE mit einer dominanten bzw. überragenden Marktposition zu identifizieren, die nach der Logik der Erfahrungskurve tatsächlich einen signifikanten Stückkosten- und Wettbewerbsvorteil besitzen.[6]

Die Trennlinie für das Marktwachstum wird vielfach durch das gewichtete durchschnittliche Marktwachstum aller relevanten Märkte der SGE eines Unternehmens ermittelt. Eine grundsätzliche Regel zur Ermittlung des Marktwachstums wird nicht gegeben und ist unternehmens- bzw. branchenspezifisch zu definieren. So können sowohl das historische Marktwachstum als auch zukünftige Prognosen verwendet werden. Weiterhin muss der Betrachtungszeitraum ebenfalls einheitlich definiert werden.[7]

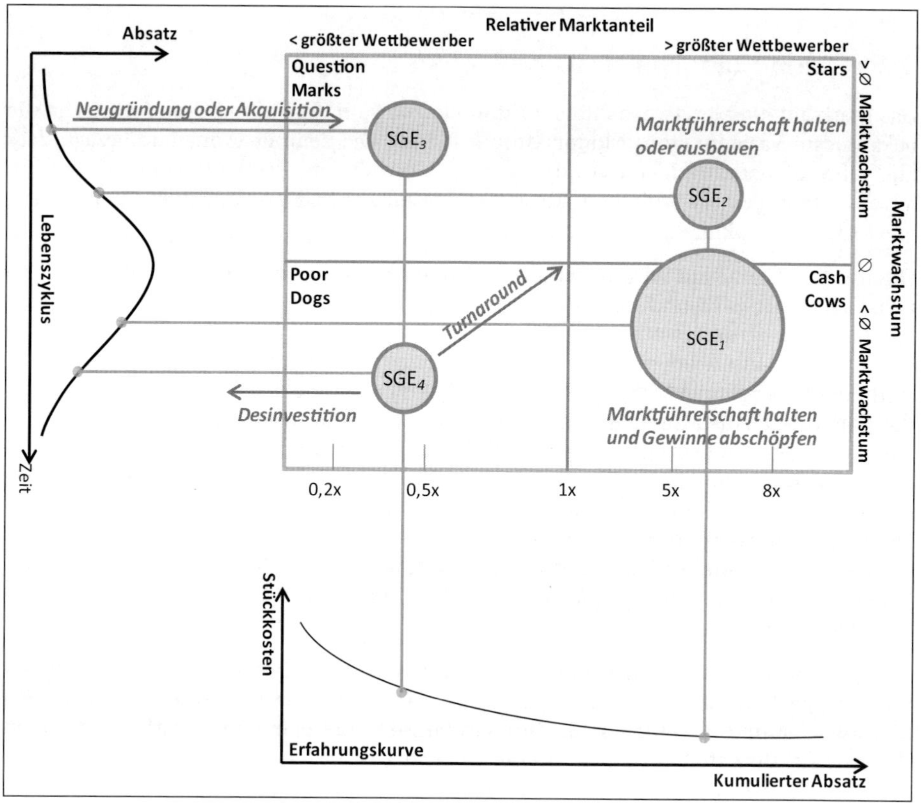

Abbildung 3.6: Marktanteils-Marktwachstums-Portfolio

Die SGE werden in der Matrix anhand der vorgestellten Kriterien in den vier Feldern verortet und als Kreisfläche illustriert, die in skalierter Form den Umsatz darstellt. Die vier Felder schlagen allgemeine Normstrategien vor, die den SGE als Handlungsemp-

6 Vgl. Steinmann/Schreyögg (2005), S. 244.
7 ebenda.

fehlung dienen und mit den Handlungsoptionen der SWOT-Analyse abgeglichen und ergänzt werden können.

- **Question Marks:** Diese SGE befinden sich in attraktiven Wachstumsmärkten, in denen sie allerdings einen geringen relativen Marktanteil aufweisen. Entsprechend des Lebenszykluskonzepts handelt es sich in der Regel um die Einführungs- oder frühe Wachstumsphase. Allerdings sind in dieser jungen Marktphase bereits starke Wettbewerber vertreten, die z. B. früher in den Markt eingetreten sind oder aufgrund erheblicher Marktinvestitionen, z. B. durch Marketing- oder Distributionsaktivitäten, schneller gewachsen sind und entsprechend Marktanteilsgewinne realisiert haben.

  Die SGE bedürfen weiterer Investitionen, da der Mittelrückfluss noch nicht den Mittelbedarf deckt, sodass ein negativer Cashflow-Saldo resultiert. Da die strategische Empfehlung von der Einschätzung hinsichtlich der zukünftigen Markt- und Geschäftsentwicklung abhängt, wird die SGE als Question Mark bezeichnet. Als Normstrategie bietet sich bei einer positiven Prognose an, den Markanteil mittels Investitionsstrategie auszubauen und die SGE in eine Star-Position zu überführen. Im Fall einer negativen Prognose ist es empfehlenswert, sich durch Desinvestition aus diesem Geschäftsfeld zurückzuziehen und die freiwerdenden Mittel in zukunftsträchtigere SGE zu investieren.

- **Stars:** Diese SGE sind in Märkten mit überdurchschnittlichen Wachstumsraten präsent und haben eine überlegene Kosten- und Wettbewerbsposition aufgrund ihres hohen relativen Marktanteils erlangt. Der Markt befindet sich typischerweise bereits in der ausgeprägten Wachstumsphase und die SGE ist als Marktführer positioniert.

  Es empfiehlt sich, mittels Investitionsstrategie weitere Mittel und Ressourcen in einen Star zu lenken, um die Marktführerschaft zu erhalten oder auszubauen und das Erfolgspotenzial so nachhaltig sichern zu können. Insofern ist der Cashflow-Saldo zwar meist noch negativ, aber eine Investition erscheint aufgrund der aktuellen Position und Prognose sinnvoll. Mittel- bis langfristig werden die Cashflows von einer solchen SGE erwirtschaftet.

- **Cash Cows:** Diese SGE haben einen hohen relativen Marktanteil in einem reifen oder ansatzweise gesättigten Markt, der bereits unterdurchschnittliche Wachstumsraten ausweist oder stagniert. Die hohen Produktions- und Absatzvolumina im Wettbewerbsvergleich führen zu einer überlegenen Kostenstruktur und Profitabilität. Die SGE generiert mehr liquide Mittel als zum regulären Geschäftsbetrieb erforderlich sind.

  Die Normstrategie empfiehlt, ein Cash Cow mit den mindestens erforderlichen Mitteln zu halten und den freien Cashflow abzuschöpfen, um Investitionen in *Question Marks* und *Stars* zu tätigen. Da die SGE sich tendenziell am Ende des Marktlebenszyklus befindet, kann gegebenenfalls eine Verlängerung der Lebenszyklusphase durch moderate Investitionen in einen *Relaunch* sinnvoll erscheinen und helfen, die vorhandenen Größen- und Kostenvorteile voll auszunutzen. In diesem Fall könnte es aus der Position der Marktführerschaft gelingen, die Marktentwicklung derart zu stimulieren, dass die SGE als Star wieder auf Wachstumskurs zurückgeführt wird. Andernfalls ist eine Abschöpfungs- bzw. Gewinnstrategie umzusetzen.

- **Poor Dogs:** Diese SGE weisen einen geringen relativen Marktanteil in einem Umfeld mit unterdurchschnittlichem oder stagnierendem Marktwachstum aus. Das Marktumfeld befindet sich bereits in der fortgeschrittenen Sättigungsphase oder in der Degenerationsphase. Der relative Marktanteil ist unter Umständen rückläufig, da stärkere Wettbewerber inzwischen verbesserte Leistungen anbieten und ihre Marktposition ausgeweitet haben.

Aufgrund dieser ungünstigen Marktposition erwirtschaftet ein Poor Dog in der Regel keine zufriedenstellenden liquiden Mittel, die den Erhaltungsaufwand rechtfertigen würden. In diesem Fall scheint ein Rückzug aus diesem Geschäftsfeld und eine Fokussierung der gebundenen Ressourcen z. B. auf zukunftsfähige *Question Marks* sinnvoller. Wenn allerdings aus Gründen der Reputation ein Verbleib in dem Geschäftsfeld angeraten ist, dann sollte die SGE mit minimalem Aufwand fortgeführt oder sogar ein *Turnaround* erwogen werden. In Abhängigkeit der individuellen Situation ist daher zwischen den strategischen Optionen einer Desinvestition oder einer moderaten Fortführung zu entscheiden.

Eine zahlungsorientierte Darstellung anhand der Mittelherkunft und Mittelverwendung illustriert die Beziehungen zwischen den SGE.

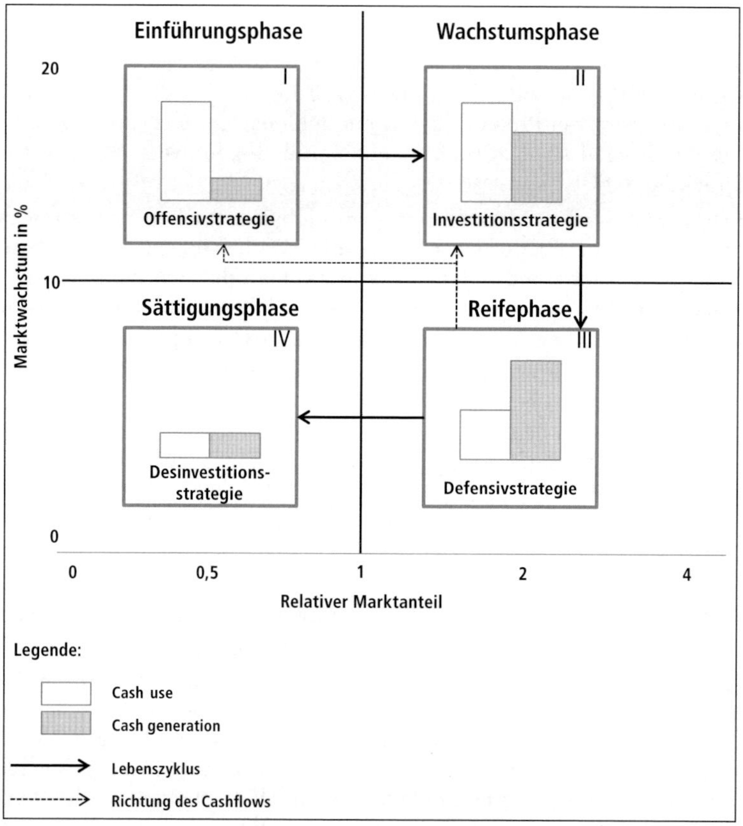

Abbildung 3.7: Mittelherkunft und -verwendung, *Quelle: in Anlehnung an Hinterhuber (2011, S. 192)*

Das Marktanteils-Marktwachstums-Portfolio ist in der Variante als Vier-Felder-Matrix nur für die Analyse von SGE und die Ableitung von Normstrategien in einem wachsenden Marktumfeld geeignet. Die Erweiterung als Sechs-Felder-Matrix erlaubt darüber hinaus auch die Analyse von SGE in einem Marktumfeld wirtschaftlicher Stagnation bzw. Rezession und leitet Normstrategien für SGE in stagnierenden oder schrumpfenden Märkten ab.[8]

8 Vgl. Woo/Cooper (1981).

- *Buckets:* Diese SGE weisen einen hohen relativen Marktanteil auf, befinden sich aber in einem stagnierenden oder schrumpfenden Marktumfeld. Es empfiehlt sich, die Marktführerschaft durch eine Verteidigungsstrategie zu erhalten, sofern die mittel- bis langfristigen Aussichten positiv sind und sofern gegebenenfalls kleinere Wettbewerber aus dem Markt gedrängt werden können. Sofern Verbundeffekte (*Economies of Scope*) mit anderen SGE bestehen, kann ein begrenzter Mitteleinsatz sinnvoll sein. Auf einen größeren Ressourceneinsatz sollte allerdings verzichtet und im Falle eines Rückzugs sollten liquide Mittel so weit wie möglich abgeschöpft werden.
- *Under-Dogs:* Diese SGE weisen geringe Marktanteile in stagnierenden oder schrumpfenden Märkten auf. Ein Verbleib der SGE in diesem Markt kann allerdings lohnend sein, wenn mehrere Wettbewerber aufgrund des negativen Marktwachstums dazu neigen, aus dem Markt auszusteigen. In einem solchen Szenario haben sie größere Chancen, als *Poor Dogs* ihren Marktanteil auszuweiten. Allerdings ist diese Strategie als risikoreich und ressourcenbindend einzustufen und sollte daher in Abwägung mit den strategischen Handlungsoptionen für die anderen SGE bewertet werden.

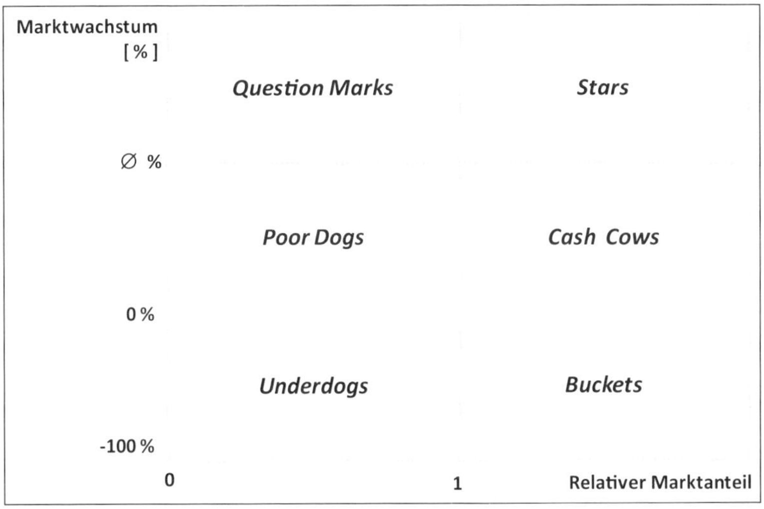

Abbildung 3.8: Erweiterung des Marktanteils-Marktwachstums-Portfolios, *Quelle: Macharzina / Wolf 2012, S. 366)*

Kritische Würdigung: Der Monofaktoransatz ist vor allem hinsichtlich der Validität seiner verwendeten Erfolgskriterien kritisch zu hinterfragen. Ist das Marktwachstum tatsächlich allein bestimmend für die Attraktivität eines Markts? Ist ausschließlich ein hoher Marktanteil kennzeichnend für eine starke Wettbewerbsposition und Markterfolg? Diese recht vereinfachenden Annahmen treffen für Unternehmen mit unterschiedlichen Geschäftsaktivitäten in separaten Märkten nur sehr begrenzt zu. An dieser Kritik knüpfen die Konzepte auf der Basis von Multifaktorportfolios an, die eine Vielzahl von Einfluss- und Erfolgsfaktoren berücksichtigen und abbilden.

Allerdings eignet sich die Marktanteils-Marktwachstums-Matrix aufgrund ihrer Einfachheit gut für die Verwendung in einer Branchen- oder Wettbewerbsanalyse zur vergleichenden Darstellung von strategischen Geschäftseinheiten der relevanten Wettbewerber.

3.2.2 Multifaktorportfolio konzipieren

Die wesentliche Erweiterung des Multifaktorportfolios besteht in der Berücksichtigung einer Vielzahl unterschiedlicher Faktoren für beide Analysedimensionen, sodass diese nicht mehr auf einer einzelnen Kennzahl beruhen, sondern aus mehreren gewichteten Messgrößen. Somit erlaubt dieser Ansatz eine unternehmensspezifische Auswahl und Gewichtung der Einfluss- und Erfolgsfaktoren unter Berücksichtigung von Spezifika der Unternehmensumwelt und des Unternehmens.

Das in der Praxis vielfach benutzte **Marktattraktivitäts-Wettbewerbsvorteils-Portfolio** von McKinsey umfasst in mehreren Schritten zunächst die Darstellung der aktuellen Situation und anschließend die Analyse der zukünftigen Situation[9]:

Auswahl der kritischen externen und internen Faktoren

Die Auswahl der kritischen externen und internen Faktoren ist ein komplexer Schritt, da die Vielzahl an Einfluss- und Erfolgsfaktoren nahezu unbegrenzt scheint. Eine gute Ausgangsbasis stellen daher die zusammenfassenden Profildarstellungen der Chancen und Bedrohungen sowie der Stärken und Schwächen dar. Eine interdisziplinäre Gruppe von Führungskräften sollte diese Vorauswahl gegebenenfalls weiter eingrenzen auf der Basis ihrer Informationen, Erfahrung und Kenntnis über die zentralen Merkmale der Branche und der Geschäfte.

Als ein Mittel zur Visualisierung können sogenannte Treiberbäume genutzt werden, die eine übersichtliche Darstellung von Beziehungen zwischen Einfluss- bzw. Erfolgsfaktoren ermöglichen. Solche Treiberbäume existieren insbesondere im Bereich finanzwirtschaftlicher Kennzahlen wie etwa das ROCE-Kennzahlensystem, das in *Kapitel 5.2 Strategische Entscheidungen treffen* dargestellt wird.

Eine weitere Möglichkeit besteht darin, Standardlisten der externen und internen Faktoren anzuwenden. Die vorgestellten Modelle und Instrumente der externen und internen Analyse bieten umfangreiche Merkmallisten, die hierzu herangezogen werden können. Zur Bestimmung der externen Dimension eignen sich z. B. die zentralen Merkmale der Branchenstrukturanalyse: Marktgröße, Marktwachstum, Marktrisiko, Wettbewerbsstruktur, Profitabilität oder Investitionsbedarf. Zur Bestimmung der internen Dimension des Wettbewerbsvorteils können Merkmale der Wertkettenanalyse oder solche aus dem Benchmarking verwendet werden, wie z. B. relative Produktqualität, Vertriebsstärke, Forschungs- und Entwicklungsstärke, liquide Mittel, relativer Marktanteil.

Diese erste Auswahl ist elementar für die spätere Bewertung und Analyse sowie die strategischen Schlussfolgerungen, da die Bewertung von Geschäftsaktivitäten direkt auf der Basis der ausgewählten Kriterien erfolgt.

Gewichtung und Bewertung der externen und internen Faktoren

Die Beurteilung der externen und internen Faktoren erfordert zunächst eine Gewichtung aller Faktoren je Dimension. In beiden Dimensionen werden die prozentualen Gewichte in der Summe auf 100% normiert. Bei der Verteilung der Gewichte bietet es sich zunächst an, Klassen von Faktoren zu bilden und diesen eine Gewichtung zu geben. Im Folgenden werden diese Gewichtungen auf die einzelnen Faktoren je Klasse heruntergebrochen. Im Anschluss erfolgt eine Bewertung aller Faktoren auf einer einheitlichen Skala mittels der Punktwertmethode, wie in Abb. 3.9 dargestellt.

9 Vgl. Hax/Majluf (1988), S. 180 ff.

Kriterium	Bedeutung	Ausprägung						Ergebnis	Entwicklung			Bewertung	
	[%] in Σ 100% je Dimension	0	1	2	3	4	5	max. 5 = attraktiv min. 0 = unattraktiv	stabil	prognostizierbar	nicht vorhersagbar	Chance	Bedrohung
A Dimensionen der Marktattraktivität													
1. Marktdynamik													
- Marktwachstum (kurz-/langfristig)													
- Marktgröße													
- Marktprofitabilität													
2. Marktattraktivität													
- Branchenrentabilität													
- Marktlebenszyklus													
- Investitionsintensität													
- Wettbewerbsintensität/-struktur													
3. Faktoreinsatz-/ Rohstoffversorgung													
- Störungsanfälligkeit													
- Existenz von Alternativen													
- Beeinträchtigung der Wirtschaftlichkeit der Produktionsprozesse durch Erhöhung der Energie- und Rohstoffpreise													
4. Umweltsituation													
- Konjunkturzyklus													
- Inflation													
- Volatilität													
- Rechtssicherheit													
- Staatseingriffe													

Kriterium	Bedeutung	Ausprägung						Ergebnis	Entwicklung			Bewertung	
	[%] in Σ 100% je Dimension	0	1	2	3	4	5	max. 5 = attraktiv min. 0 = unattraktiv	stabil	prognostizierbar	nicht vorhersagbar	Chance	Bedrohung
B Dimensionen der relativen Wettbewerbsvorteile													
1. Relative Marktposition													
- Marktanteil													
- Marktanteilsentwicklung													
- Umsatz (Wert/Menge)													
- Wachstumsrate (Wert/Menge)													
- Profitabilität													
- Preisindex													
- Markenpotenzial													
2. Relatives Produktionspotenzial													
- Prozesseffizienz													
- Organisationsstruktur													
- Energie- und Rohstoffversorgung													
3. Relatives Forschungs- und Entwicklungspotenzial													
- Angewandte Forschung													
- Anwendungstechnische Entwicklung im Vertrieb													
- Innovationsprozess													
4. Relative Qualifikation der Führungskräfte und Mitarbeiter													
- Schulungen													
- Innovationsklima													
- Qualität der Führungssysteme													
- Fehlzeiten													

Abbildung 3.9: Dimensionen der Marktattraktivität und Wettbewerbsvorteile

Positionierung der Geschäfte im aktuellen Portfolio

In der Version des Marktattraktivitäts-Wettbewerbsvorteils-Portfolio von McKinsey wird der Detaillierungsgrad der Portfoliodarstellung von zwei auf drei Ausprägungsstufen (hoch/mittel/niedrig) je Dimension ausgeweitet. In der Folge entsteht eine Matrix aus neun Feldern, wie in Abb. 3.10 dargestellt.

MARKTATTRAKTIVITÄT	niedrig	mittel	hoch
hoch	**SELEKTIVES VORGEHEN** • Spezialisierung • Nischen besetzen • Akquisition erwägen	**SELEKTIVES WACHSTUM** • Potenzial für Marktführerschaft durch Segmentierung • Schwächen identifizieren • Stärken aufbauen	**INVESTITION UND WACHSTUM** • Wachstum fokussieren • Marktführerschaft anstreben • Investitionen maximieren
mittel	**ERNTEN** • Spezialisierung • Nischen besetzen • Rückzug erwägen	**SELEKTIVES VORGEHEN** • Wachstumsmärkte identifizieren • Spezialisierung • Selektiv investieren	**SELEKTIVES WACHSTUM** • Wachstumsmärkte identifizieren • Investitionen forcieren • Marktposition halten
niedrig	**ERNTEN** • Rückzug planen • Desinvestieren	**ERNTEN** • Geschäft abernten • Investitionen minimieren • Desinvestition planen	**SELEKTIVES VORGEHEN** • Marktposition halten • Cashflow maximieren • Investitionen reduzieren (nur zur Instandhaltung)
	RELATIVE WETTBEWERBSPOSITION		

Abbildung 3.10: Marktattraktivitäts-Wettbewerbsvorteils-Portfolio, *Quelle: in Anlehnung an Hinterhuber (2011, S. 186)*

Die Positionierung der Geschäftsaktivitäten erfolgt anhand der Gesamtpunktwerte für die Dimensionen Marktattraktivität und Wettbewerbsvorteil, die sich jeweils aus der Addition der gewichteten Punktwerte je Faktor ergeben. Die Positionierung beschränkt sich auf die exakte Zuordnung von Geschäften in die neun Felder im Portfolio.

Prognose für die Entwicklung der externen Einflussfaktoren

Bei der Beurteilung und Entwicklung des zukünftigen Unternehmensportfolios ist eine Trendprognose für jeden externen Einflussfaktor durchzuführen, weil davon die Attraktivität der Branche bzw. der Marktsegmente abhängt und die Umweltbedingungen den Rahmen für unternehmerisches Handeln darstellen. Dazu gehören Annahmen über die Entwicklung des Markts sowie des Wettbewerbsverhaltens und der globalen Umwelt. Die Beschäftigung mit Trendprognosen führt in der Regel nicht zu einer wahrscheinlichsten Projektion, sondern zu mehreren alternativen Szenarien.[10] Die Kenntnis dieser Szenarien ermöglicht die Erarbeitung alternativer kontextabhängiger Strategien und erhöht so die Sensibilität und Reaktionsfähigkeit des Unternehmens auf seine Umwelt.

10 Vgl. Hax/Majluf 1988, S. 193.

Maßnahmen für die Entwicklung der internen Erfolgsfaktoren

Die zukünftige Positionierung der Geschäftsaktivitäten erfordert es, die möglichen Wettbewerbsschritte und strategischen Maßnahmen für jeden steuerbaren und kontrollierbaren Erfolgsfaktor festzulegen und zu Maßnahmenbündeln zusammenzufassen. Diese können als multifunktionale Programme bezeichnet werden, da sie meist unterschiedliche Wertaktivitäten bzw. betriebliche Funktionen betreffen und zugrunde liegende Leistungsprozesse miteinander verbinden, um einen Wettbewerbsvorteil zu erlangen.

Die möglichen strategischen Maßnahmen können aus der **TOWS-Matrix** gewonnen und zur Repositionierung der Geschäftsaktivitäten kombiniert werden. Die erforderlichen Anpassungen und Veränderungen können mittels vergleichender Profildarstellungen zur aktuellen und zukünftigen Erfolgsfaktorspezifikation visualisiert werden.

Positionierung der Geschäfte im zukünftigen Portfolio

Die Positionierung der einzelnen Geschäfte wird anschließend in eine gesamthafte Darstellung aller strategischen Programme und Maßnahmen auf Unternehmensebene überführt. Diese Perspektive auf alle strategischen Maßnahmen und Programme im gesamten Unternehmen zeigt einerseits die erforderlichen und möglichen Anpassungen der internen Erfolgsfaktoren auf und dient andererseits zur Konsistenzprüfung der Maßnahmen zwischen den einzelnen Geschäftsaktivitäten. Hierbei sollten insbesondere Synergien und Hemmnisse ermittelt werden.

Implikationen für die strategische Formulierung

Basierend auf der zukünftigen Positionierung der Geschäftsaktivitäten können die strategischen Handlungsoptionen nachfolgend zu einigen grundsätzlichen Normstrategien zusammengefasst werden:

- **Investitionsstrategie:** Geschäftsaktivitäten, die sich in den Feldern rechts oben in der Matrix befinden, zeichnen sich durch eine sehr gute Wettbewerbsposition in überdurchschnittlich attraktiven Märkten aus. Diese sollen strategische Maßnahmen für überdurchschnittliches Wachstum auf der Basis von Investitionen durchführen. Investitionen in die zentralen Erfolgsfaktoren, z. B. Produktionsanlagen, Forschung und Entwicklung oder Marken und Vertrieb, erlauben den Ausbau der Wettbewerbsposition und ermöglichen die Teilnahme an der Marktentwicklung.
- **Offensivstrategien:** Geschäftsaktivitäten mit einer relativ schwachen Wettbewerbsposition in hochattraktiven Märkten erfordern erhebliche Investitionen, um einen Rückstand gegenüber Wettbewerbern aufzuholen und die eigene Wettbewerbsposition z. B. hinsichtlich Qualität, Technologie, Service etc. zu verbessern. Die zentrale Voraussetzung dafür ist ein überdurchschnittliches Erfolgspotenzial.
- **Selektive Strategien:** Geschäftsaktivitäten mit einer durchschnittlichen Wettbewerbsposition in einem durchschnittlich attraktiven Markt befinden sich in einer relativ offenen Situation und meist schwierigen Beurteilung des Erfolgspotenzials. Der Portfolioansatz kann in diesem Fall generell nur ein selektives Vorgehen empfehlen. Die strategischen Optionen können daher zwischen moderater Fortführung der Geschäftsaktivitäten oder Rückzug aus dem Markt verortet werden.
- **Defensivstrategien:** Geschäftsaktivitäten, die ausgeprägte Wettbewerbsvorteile besitzen, aber sich in einem relativ unattraktiven Markt befinden, weisen tendenziell ein zukünftig abnehmendes Erfolgspotenzial auf. Als wesentliche strategische Option bieten sich moderate Investitionsmaßnahmen in einem Rahmen an, der notwendig

ist, um die bestehende Wettbewerbsposition zu erhalten. Dies ist insbesondere dann wichtig, wenn diese internen Erfolgsfaktoren auf einer gemeinsam genutzten Ressourcen- oder Kompetenzbasis mit anderen Geschäftsaktivitäten beruhen.

- **Desinvestitionsstrategien:** Geschäftsaktivitäten mit einer relativ schwachen Wettbewerbsposition in durchschnittlich bis unterdurchschnittlich attraktiven Märkten wird in Abhängigkeit davon, ob das Erfolgspotenzial noch zufriedenstellend ist oder eher gering, empfohlen, die Mittelrückflüsse mit minimalem Ressourceneinsatz zu maximieren und abzuschöpfen. Mittel- bis langfristig wird die Desinvestition dieser Geschäftsaktivität empfohlen.

Kritische Würdigung: Das Multifaktorportfolio ist aus der Kritik an dem vereinfachenden Monofaktorportfolio entstanden und versucht die Vielfalt der Einfluss- und Erfolgsfaktoren zu berücksichtigen. Damit wird bewusst eine erhöhte Komplexität der Bewertung und Analyse akzeptiert, die allerdings für eine unternehmensspezifische Darstellung unvermeidlich und mit den dargestellten Methoden handhabbar ist.

Schwierigkeiten können sich aus der Verwendung gewichteter Punktzahlen ergeben, wenn die Bewertungen geschäftsbereichs- und funktionsübergreifend durchgeführt werden. Aufgrund mangelnder Übereinstimmung bei der Bewertung, die u. a. durch Unverständnis oder Bereichsegoismen begründet sein kann, besteht eine Tendenz zu Bewertungen in der Skalenmitte. Dies lässt nur in sehr eingeschränktem Maße eine differenzierte Strategieentwicklung zu. Darüber hinaus besteht in der unternehmensindividuellen Zusammenstellung und Gewichtung der internen und externen Faktoren eine nicht unerhebliche Gefahr kognitiver Verzerrungen.

Der wesentliche Nutzen dieses Ansatzes liegt darin, die Geschäftsaktivitäten im aktuellen Wettbewerbsraum darzustellen und strategische Optionen für die zukünftige Positionierung der Geschäftsaktivitäten mit der Hilfe von Normstrategien zusammenzufassen. Es gilt, anschließend diese Optionen auf Konsistenz zu prüfen und implementierungsfähige Strategien zu formulieren.

Beispiel 3.1 GEA – Total Solutions

Im Jahr 2004 analysiert die GEA Farm Technologies im Zuge einer grundlegenden strategischen Positionsbestimmung das aktuelle und zukünftig anzubietende Produktsortiment, die verfügbaren und zu entwickelnden Technologien und Kompetenzen sowie die erforderlichen strategischen Konsequenzen. Im Ergebnis formuliert das Unternehmen die Strategie „Total Solutions“, mit der ein Technologie-, Produkt- und Kompetenzportfolio angestrebt wird, das integrierte Produkt- und Anwenderlösungen für Landwirte mit unterschiedlichen Betriebsformen, allen Herdengrößen und Ansprüchen abdeckt.

Daraus leitet das Unternehmen eine selektive Akquisitionsstrategie ab und akquiriert zwischen den Jahren 2004 bis 2012 sieben spezialisierte Unternehmen zur systematischen Erweiterung des eigenen Technologie- und Produktportfolios im Maschinen- und Anlagenbau im Bereich der Milchtechnik. Die Akquisitionen ergänzen das bestehende Produkt- und Technologieangebot hinsichtlich der automatisierten Fütterungstechnik,

Stalltechnik sowie der Abfall- und Gülletechnik und werden in die bestehenden Geschäftseinheiten integriert. GEA Farm Technologies vervollständigt damit die gesamte Prozesskette und kann den Landwirten alle Anlagen und Technologien zur professionellen Bewirtschaftung aus einer Hand anbieten.

Die operativen Ergebnisse der GEA Farm Technologies haben sich seit der Umsetzung der Strategie „Total Solutions“ überdurchschnittlich im Vergleich zu den Wettbewerbern entwickelt.

3.3 Konsistenz strategischer Optionen prüfen

Die Ableitung strategischer Handlungsoptionen und Maßnahmenbündel aus den externen Einfluss- und den internen Erfolgsfaktoren unterliegt den bei der Umwelt- und Unternehmensanalyse getroffenen Annahmen. In der Analyse werden eine Vielzahl von Methoden und Instrumenten verwendet, die teilweise separat voneinander angewendet und teilweise auch als funktionsübergreifende Analysen mit gemeinsamen Perspektiven durchgeführt werden. Hierbei können abweichende Annahmen, subjektive Wahrnehmungsverzerrungen und Einflussmöglichkeiten die Aussagekraft und Gültigkeit der abgeleiteten strategischen Handlungsoptionen einschränken. Abschließend müssen daher die zugrunde liegenden Annahmen auf Konsistenz geprüft werden.

Die **Validierung der Annahmen** im Anschluss an die Portfolioanalyse geschieht aus mehreren Gründen. Zunächst ermöglicht die zusammenfassende Darstellung aller SGE in einem Portfolio die Berücksichtigung von Interdependenzen zwischen den Geschäftseinheiten. Darüber hinaus werden subjektive bzw. kognitive Verzerrungen in den Teilanalysen erst im direkten und integrierten Vergleich sichtbar. Außerdem besteht die Möglichkeit, dass strategische Maßnahmenbündel nicht widerspruchsfrei zueinander sind, obwohl die Zuordnung strategischer Handlungsoptionen zu den Maßnahmenbündeln in sich konsistent ist. Schließlich können sich im Zeitverlauf die Annahmen, Einfluss- und Erfolgsfaktoren für die Realisierung einer überlegenen Wettbewerbsposition durch die Branchen- und Unternehmensentwicklung verändern.

Die zusammenfassende Darstellung aller SGE ersetzt die isolierte Analyse je SGE und ermöglicht die **Berücksichtigung von Interdependenzen** zwischen den SGE. Die Faktorenkataloge der SGE sind zwar bereits vor der Portfolioanalyse zwecks Vergleichbarkeit vereinheitlicht worden, allerdings sind nun die Bewertungsprofile der verschiedenen SGE miteinander zu vergleichen und vor allem die Abweichungen zwischen den SGE hinsichtlich der Faktorbewertung zu untersuchen. Eine grundsätzliche Schwäche liegt in der multiplikativ-additiven Bildung des Gesamtwerts, der die Unabhängigkeit einzelner Faktoren unterstellt und keine funktionalen Interdependenzen berücksichtigt.[11] In der zusammenfassenden Portfoliodarstellung sind die Normstrategien und Empfehlungen für die Entwicklung der SGE integriert zu überprüfen, d. h. insbesondere die wechselseitigen Auswirkungen der strategischen Maßnahmen zwischen den SGE zu untersuchen:

11 Vgl. Welge/Al-Laham (2012), S. 484.

- Welche Auswirkungen hat eine Verlagerung von finanziellen oder personellen Ressourcen zwischen den SGE? Die Implikationen für SGE aus einer veränderten Ressourcenausstattung sind im organisationalen Unternehmenskontext zu sehen und die Ansprüche und die Einbindung unterschiedlicher Stakeholder sind erforderlich.
- Welche Konsequenz hat die Desinvestition einer SGE für die verbleibenden SGE? Diese Frage ist besonders wichtig, wenn Verbundeffekte zwischen mehreren SGE bestehen. Unter diesen Umständen kann eine wirtschaftlich nachteilige Entwicklung der verbleibenden Geschäftseinheiten eintreten.
- Welche zusätzlichen Möglichkeiten entstehen bei der Akquisition und Neugründung einer SGE für die bestehenden SGE im Portfolio? Die strategischen Entwicklungsmöglichkeiten einer SGE können sich verändern, wenn komplementäre Ressourcen, Kompetenzen sowie erweiterter Marktzugang durch Akquisition oder Gründung einer neuen SGE in das Unternehmen gelangen.

Insofern sind die Normstrategien und Empfehlungen aus der Portfolioanalyse nicht unmittelbar und isoliert auf der Ebene der Geschäftseinheiten umzusetzen, sondern gegebenenfalls in einem iterativen Vorgehen zu diskutieren und weiterzuentwickeln.

Subjektive Wahrnehmung und **kognitive Einflüsse** können bereits in den Teilanalysen vorliegen, werden allerdings meist erst im direkten Vergleich sichtbar. So erlaubt die Punktwertmethode die Berücksichtigung qualitativer Aspekte und versucht damit der Unternehmens- und Branchenkomplexität gerecht zu werden, allerdings ist sie insbesondere durch diesen Umstand nicht frei von subjektiven Einflüssen. Dies gilt vor allem für die Annahmen zur Marktabgrenzung. Das Marktwachstum und der Marktanteil können nur für den zuvor definierten und abgegrenzten Markt ermittelt werden. Eine fehlerhafte Marktabgrenzung, d. h. zu eng oder zu weit aus Sicht der Kunden, führt dazu, dass die SGE in der Portfoliodarstellung verzerrt abgebildet werden und nicht ihre tatsächliche Markt- und Wettbewerbsposition widerspiegeln. Dadurch können sich gravierende Fehler bei der Zuordnung der SGE zu den Normstrategien in der Portfoliomethode und der daraus folgenden Ressourcenallokation ergeben.

Ein Instrument zur Korrektur kognitiver Verzerrungen bietet beispielsweise die Distanzanalyse, die bereits in *Kapitel 1.3 Globale Umwelt verstehen* vorgestellt worden ist und insbesondere zu einer um Distanzeinflüsse korrigierten Länderportfolioanalyse verwendet werden kann. In den vier grundlegenden Distanzdimensionen werden die kulturellen, administrativen, geografischen und wirtschaftlichen Entfernungen und Unterschiede zwischen Ländermärkten ermittelt.[12] Unternehmen können damit eine größere Sensibilität für Entfernungen und Unterschiede zwischen einzelnen Ländern entwickeln und eine sorgfältige Auswahl internationaler Zielmärkte realisieren.

Das abgebildete Beispiel basiert auf der Analyse der amerikanischen Fast-Food-Kette Tricon Restaurants International, zu welcher die Unternehmen Pizza Hut, Taco Bell und Kentucky Fried Chicken gehören. Der obere Teil der Abbildung stellt eine traditionelle Portfolioanalyse zur Bewertung von Ländermärkten anhand der Bewertungskriterien Pro-Kopf-Einkommen und Pro-Kopf-Ausgaben für Fast Food dar. Die Fläche der Kreise beschreibt die Attraktivität der jeweiligen Ländermärkte.

12 Vgl. Ghemawat (2001), S. 142 ff.

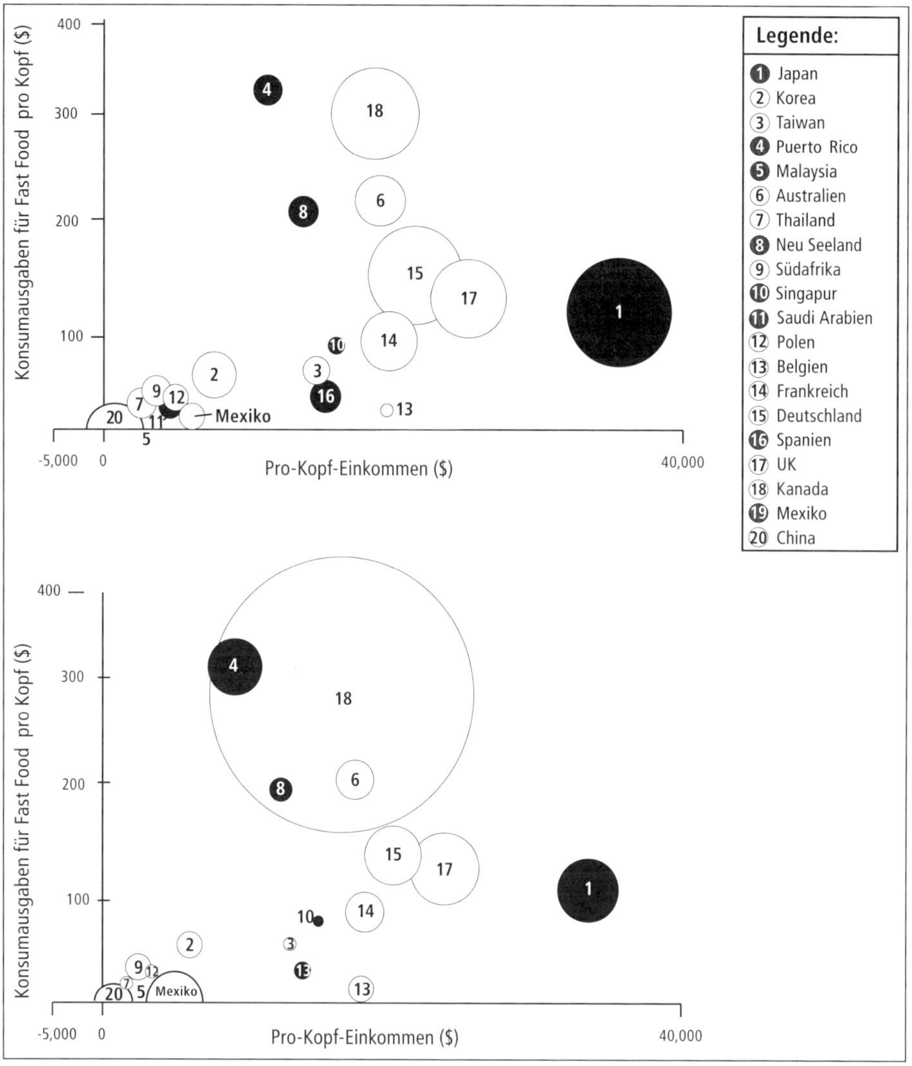

Abbildung 3.11: Distanzanpassungen in der Länderportfolioanalyse, *Quelle: Ghemawat (2001, S. 146)*

Die Berücksichtigung der verschiedenen Distanzfaktoren ändert die Bewertung in dem unteren Teil der Abbildung grundlegend. Dies wird in dem Beispiel der Fast-Food-Kette besonders ersichtlich für Mexiko. Dieses Land ist bedingt durch die geringen Ausgaben für Fast Food auf der Basis einer gewöhnlichen Portfolioanalyse kein besonders interessanter Markt für Tricon Restaurants International und liegt lediglich auf Rang 16 von 20. Nach der Berücksichtigung entsprechender Korrekturen um Distanzeinflüsse verschiebt sich die Bewertung der Marktpotenziale deutlich. Bemerkenswert ist dabei die differenzierte Berücksichtigung von Distanzeinflüssen wie z. B. die Sprache, die Großbritannien gegenüber dem japanischen Markt eindeutig begünstigt, und die räumliche Entfernung, die das Marktpotenzial in Mexiko als attraktiver bewertet im Vergleich zu Frankreich, Deutschland oder Großbritannien. Die deutlichste Marktpotenzialveränderung zeigt der kanadische Markt, der aufgrund von geografischer, administrativer, wirtschaftlicher und kultureller Nähe allen anderen Märkten vorzuziehen ist.

Die **Konsistenz strategischer Handlungsoptionen** in einem Maßnahmenbündel und zwischen den Maßnahmenbündeln ist in der Regel nach einer Analyse mittels der **TOWS-Matrix** oder der Portfoliomethode nicht gegeben. So kann z. B. eine Reihe strategischer Handlungsoptionen und Maßnahmenbündel das Ziel der Kostenreduktion verfolgen, während andere Maßnahmenbündel eine besondere Differenzierung empfehlen. Diese Zielkonflikte sind für den weiteren Strategieprozess klar und detailliert zu dokumentieren. Inwieweit derartige Zielkonflikte gelöst oder ausgeglichen werden können, wird im folgenden Kapitel 4 erarbeitet.

Die Annahmen und strategischen Handlungsoptionen unterliegen im **Zeitverlauf** in der Regel ebenfalls Veränderungen. Dies ist ein konstitutives Merkmal der dynamischen Entwicklung von Branchen und Unternehmen im Wettbewerb. Bevor allerdings strategische Empfehlungen auf der Basis neuer oder veränderter Annahmen getroffen werden, sollten die Annahmen und Handlungsoptionen in den Kontext bisheriger Planungsannahmen und strategischer Entscheidungen gestellt werden. Während auf der einen Seite fortlaufende Änderungen der Annahmen und strategischen Maßnahmen die Umsetzung einer konsistenten Strategie unmöglich machen, kann ein Verharren auf überholten und nicht validen Annahmen ebenfalls zum Misserfolg führen. Eine derartige Veränderung von Annahmen und Maßnahmen sollte daher gut begründet, dokumentiert und analysiert werden.

Die Konsistenzprüfung ist somit ein entscheidender Schritt zur Vorbereitung der Strategieformulierung und erfordert vor allem eine kritische Diskussion der bisherigen Analyse.

ZUSAMMENFASSUNG

Das Entwickeln von Strategien setzt ein genaues Verständnis von externen und internen Erfolgsfaktoren im relevanten Markt- und Wettbewerbsumfeld voraus.

Die **integrierte Analyse** von externen Einfluss- und internen Erfolgsfaktoren wird in zwei Schritten durchgeführt:

- Das **SWOT-Inventar** bildet die Stärken und Schwächen des Unternehmens und die Chancen und Bedrohungen in der Unternehmensumwelt als Momentaufnahme in einem spezifischen Branchenkontext ab. Die präzise Abgrenzung der Faktoren voneinander und der entsprechende Detaillierungsgrad sind von entscheidender Bedeutung für die anschließende Ableitung von Handlungsoptionen.
- Die **TOWS-Matrix** dient der Identifikation und Beschreibung der wechselseitigen Beziehungen von externen und internen Faktoren. Dazu werden sämtliche internen und externen Faktoren in einer Vier-Felder-Matrix einander gegenübergestellt und entsprechend generischer Leitfragen in jedem Quadranten in der Matrix untersucht. Die identifizierten Handlungsoptionen können im weiteren Strategieprozess, beispielsweise im Rahmen der Portfolioanalyse, systematisiert werden.

Die **Portfolioanalyse** ist ein Instrument zur Auswahl und Positionierung von strategischen Geschäftseinheiten in Geschäftsfeldern im Rahmen einer integrierten Unternehmenssteuerung auf der Basis eines einheitlich definierten Maßstabs. Die Darstellung erfolgt stets mittels einer Matrix, die auf der Abszisse die interne Dimension zur Beurteilung der relativen Wettbewerbsposition einer SGE abträgt und auf der Ordinate die externe Umwelt- bzw. Marktdimension abbildet. Die SGE werden anhand der Bewertung von externen und internen Faktoren in den Feldern der Matrix positioniert und die Normstrategien werden für jede SGE abgeleitet. Es erfolgt eine grundsätzliche Unterscheidung in die folgenden Portfoliomodelle:

- Ein **Monofaktorportfolio** verwendet auf den Achsen jeweils einen einfachen Bewertungsfaktor. So nutzt z. B. das Marktanteils-Marktwachstums-Portfolio lediglich das Marktwachstum und den relativen Marktanteil als Bezugsgrößen.
- Ein **Multifaktorportfolio** erweitert die Analyse und Bewertung beider Dimensionen durch die Berücksichtigung einer Vielzahl von Faktoren, die gewichtet, bewertet und addiert werden.

Die **Konsistenzprüfung** der strategischen Optionen berücksichtigt die Interdependenzen zwischen den unternehmerischen Gestaltungselementen und versucht, subjektive bzw. kognitive Verzerrungen in der Teilanalyse sichtbar zu machen. Außerdem werden strategische Maßnahmenbündel auf Widersprüchlichkeit geprüft und Veränderungen von Annahmen, Einfluss- und Erfolgsfaktoren im Zeitverlauf analysiert.

TEIL II

Strategie umsetzen

Das **Umsetzen von Strategien** beginnt mit der systematischen Zuordnung der abgeleiteten strategischen Handlungsoptionen im Spektrum verfügbarer und kontextabhängiger Strategiekonzeptionen. Da Strategien grundsätzlich kontextabhängig abgeleitet werden und damit einen konkreten Markt- und Unternehmensbezug herstellen, kommen unterschiedliche Strategiekonzepte in Frage, die im **Kapitel 4: Strategie formulieren** gegenübergestellt werden:

- Welche Strategien sollen zur Realisierung der langfristigen Ziele verfolgt werden?
- Welche Strategien empfehlen sich in welchen Situationen und Branchenkontexten?
- Gibt es Strategiekonzepte, die regelmäßig und kontextunabhängig zu überlegenen Wertbeiträgen führen?

Die ausformulierten Strategien können nun nach einheitlichen Bewertungsverfahren ausgewählt werden. Dabei sind die erfolgskritischen strategischen Hebel zu identifizieren und aufeinander abzustimmen, wie in **Kapitel 5: Strategie auswählen** anhand dieser Leitfragen dargestellt wird:

- Welche Bewertungsmethoden und Messkonzepte können zur Auswahl der strategischen Handlungsoptionen verwendet werden?
- Wie werden strategische Hebel zur Wertsteigerung abgeleitet und definiert?
- Wie können strategische Handlungsoptionen auf Konsistenz geprüft werden, unter Berücksichtigung ihrer Wertbeiträge und Risikoexposition?

An die Auswahl der formulierten Strategien knüpfen prozessuale Fragen zur Implementierung an, die in **Kapitel 6: Strategie planen und implementieren** untersucht werden:

- Welche Steuerungskonzepte ermöglichen eine konsistente und planvolle Ausführung der strategischen Maßnahmen?
- Wie werden die strategischen Maßnahmen in der Geschäftsmodellkonzeption zusammengeführt?
- Wie wird der erforderliche strategische Wandel gestaltet und wie wird mit den resultierenden Risiken umgegangen?

Strategie formulieren

4

ÜBERBLICK

Lernziele

Nach der Lektüre dieses Kapitels sollen Sie in der Lage sein,

- die aus der strategischen Umwelt- und Unternehmensanalyse hergeleiteten Erfolgsfaktoren zu strategischen Optionen und Maßnahmen zu verdichten und als kontextabhängige Strategie zu formulieren;
- alternative Strategiekonzepte zu differenzieren und zieladäquate Strategien für einen bestimmten Unternehmens- und Umweltkontext zu entwickeln;
- einen konkreten Bezug zur Planung und Implementierung von Strategien herzustellen und die Operationalisierung einer konsistenten Strategie vorzubereiten.

Die Formulierung einer Strategie setzt ein grundsätzliches Strategieverständnis voraus. Daher sollen zu Beginn die wesentlichen Merkmale einer **Strategie** in Anlehnung an die einschlägige Managementliteratur zusammengefasst werden:

- Strategie ist eine geplante Kombination von konsistenten Maßnahmen (*Plan*),[1]
- die zielgerichtet zur geplanten Positionierung (*Position*) in einem gegebenen Branchen-, Markt- und Wettbewerbskontext beitragen und den Schwerpunkt der Unternehmensaktivität (*Core Business*) sowie den Ort des Wettbewerbs (*Arena*) festlegen,[2]
- auf der Basis von temporären und langfristigen Wettbewerbsvorteilen (*Competitive Advantage*), die das Unternehmen in eine vorteilhafte und verteidigungsfähige Marktstellung vis-à-vis seinen Wettbewerbern bringt,[3]
- deren Quellen in der Kombination von bestehenden oder weiterzuentwickelnden Unternehmensressourcen (*Distinctive Competence*) liegen,[4]
- und die Regeln, Taktiken (*Ploy*) und Muster (*Pattern*) des Wettbewerbsverhaltens in einer Branche umfassen.[5]

Strategisches Management beschreibt, wie schon eingangs dargestellt, einen Prozess, in dem Strategien systematisch formuliert und umgesetzt werden. Insofern sind eine inhaltliche und eine prozessuale Perspektive zu unterscheiden. In diesem Kapitel werden strategische Ansätze und Konzepte vorgestellt, die für die Strategieformulierung und deren inhaltliche Ausgestaltung herangezogen werden können.

Dem problemzentrierten Ansatz und der Praxisorientierung dieses Lehrbuchs folgend wird bewusst ein derart umfassendes Strategieverständnis vorgeschlagen. Diese Strategiedefinition vereint unterschiedliche Denkansätze und eine Reihe von Merkmalen, die nicht auf jedwede formulierte Strategie zutreffen und nicht in jeder Branche relevant sind. Insbesondere in jüngerer Zeit orientieren sich zahlreiche Veröffentlichungen an der zunehmenden Dynamik in der Unternehmensumwelt, die durch schnellere Technologiesprünge, auflösende Branchengrenzen, zunehmende globale Vernetzung von Wertaktivitäten und intensivere sowie schnellere Interaktionen im Wertnetzwerk gekennzeichnet ist. Diese Entwicklungen verkürzen die Halbwertszeit von Strategien und stellen an das stra-

1 Vgl. Dillerup/Stoi (2013), S. 278.
2 Vgl. Müller-Stewens/Lechner (2011), S. 258 sowie Zook (2004) zum Begriff *Core Business* und D'Aveni (1995) zum Begriff *Arena*.
3 Vgl. Porter (2013), S. 18.
4 Vgl. Barney (1997), S. 13 ff.
5 Vgl. Mintzberg (1978), S. 945 ff.

tegische Management neue Anforderungen zur kontinuierlichen Realisierung von temporären Wettbewerbsvorteilen, die unter Umständen sogar an die Stelle von langfristigen Wettbewerbsvorteilen treten können.[6] Die beschriebenen Veränderungen betreffen die Strategieformulierung und die Strategieimplementierung auf allen Unternehmensebenen. Insofern wird nachfolgend auf die Beschreibung von Strategietypen nach der Unternehmens-, Geschäftsbereichs- und Funktionsbereichsebene verzichtet. Stattdessen werden die zentralen Probleme und Entscheidungen des strategischen Managements in den Mittelpunkt gestellt und kontextabhängig differenziert sowie um Fallstudien ergänzt.

Ausgehend von der strategischen Problemstellung werden in diesem Kapitel wesentliche Strategiekonzepte dargestellt, die vor allem in der Unternehmenspraxis eine hohe Relevanz aufweisen. Die strategischen Problemstellungen stellen an das Management in Abhängigkeit der Unternehmenssituation und des Umweltkontexts stets unterschiedliche Anforderungen. Die in den folgenden Abschnitten dargestellten Strategiekonzepte bieten für eine Vielzahl von Problemstellungen unterschiedliche Denk- und Lösungsansätze. Dabei sind der Nutzen und die Grenzen der Strategiekonzepte branchen- und unternehmensabhängig zu ermitteln.

4.1 Generische Wettbewerbsstrategien gestalten

Die Wettbewerbsstrategie unterstützt die konsistente Positionierung eines Unternehmens oder einer seiner strategischen Geschäftseinheiten (SGE) auf der Basis ihrer Stärken und den Aufbau einer verteidigungsfähigen Stellung. Im Rahmen der Strategieformulierung sind veränderte Rahmenbedingungen in der Branchenstruktur und im Wettbewerbsverhalten frühzeitig bzw. fortlaufend zu ermitteln und zu berücksichtigen, um eine rechtzeitige Anpassung der Strategie zu gewährleisten. Es können drei grundlegende Ansatzpunkte der Wettbewerbsstrategie, die einen dominierenden und langfristigen Schwerpunkt für die Ressourcenallokation und Wettbewerbspositionierung begründen, unterschieden werden. Dazu differenziert Porter nach der Quelle des strategischen Vorteils im Unternehmen und dem strukturellen strategischen Zielobjekt.[7]

Abbildung 4.1: Generische Wettbewerbsstrategien, *Quelle: in Anlehnung an Porter (2013, S. 79)*

6 Vgl. McGrath (2013), S. 27 ff.
7 Vgl. Porter (2013), S. 79.

In den generischen Wettbewerbsstrategien werden offensive und defensive strategische Optionen und Maßnahmen miteinander kombiniert. Während die Kostenführerschaft und die Differenzierung eine branchenweite und gegebenenfalls globale Reichweite aufweisen, stellt die Nischenstrategie die Konzentration auf einen spezifischen Schwerpunkt dar.

4.1.1 Kostenführerschaft erlangen

Die Kombination von strategischen Optionen zur Realisierung eines Kostenvorteils gegenüber den Wettbewerbern dient dem Aufbau der **Kostenführerschaft** (*Cost Leadership*). Der Aufbau eines Kostenvorteils setzt zunächst eine kostenorientierte Analyse der Wertkette voraus. Dazu kann die strategische Kostenanalyse aus *Kapitel 2.2.1 Wertkette analysieren* herangezogen werden.

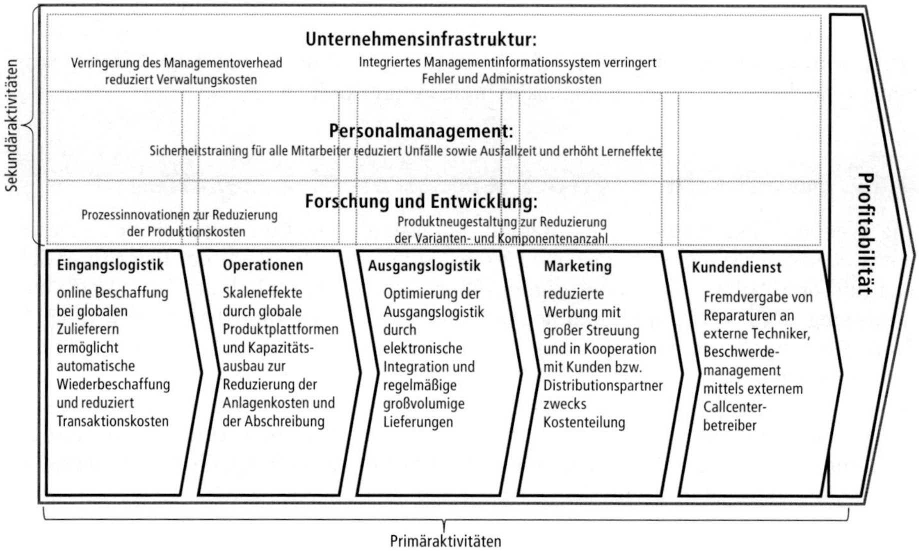

Abbildung 4.2: Kostentreiber in den Wertaktivitäten, *Quelle: in Anlehnung an Pearce / Robinson (2009, S. 251)*

Die konsequente Ausrichtung der Wertaktivitäten auf die Kostenführerschaft bedingt meist ein hohes Maß an Standardisierung und Vereinfachung, sodass die angebotenen Produkte oder Leistungen in der Regel dem Branchenstandard entsprechen, allerdings diesen meist nicht in Qualitäts- oder Servicedimensionen übertreffen. Der Kundennutzen besteht in einem günstigen Preis-Leistungs-Verhältnis. Der zentrale Wettbewerbsfaktor auf dem Absatzmarkt ist daher der niedrigere Preis im Vergleich zu Wettbewerbern, weshalb die Kostenführerschaft auch häufig als Kosten-Preis-Führerschaft bezeichnet wird. Die identifizierten Kostentreiber erfordern eine konsequente Optimierung und umfassen beispielsweise: [8]

- **Produktions- und Absatzmenge:** Ein zentraler Hebel für die Kostenführerschaft liegt in der Maximierung der Stückzahlen in einem hinreichend großen Markt, die eine aggressive Kapazitätserweiterung erforderlich macht und zur Reduktion der durchschnittlichen Stückkosten durch Skaleneffekte beiträgt. Skaleneffekte (*Economies of Scale*) beschreiben eine größenbedingte Kostendegression, d. h. sinkende Stückkosten bei zunehmender Betriebsgröße, und sind in dynamische und stati-

8 Vgl. Porter (2010), S. 106 ff.

sche Skaleneffekte zu differenzieren.[9] Dynamische Skaleneffekte sind durch die kumulierte Produktionsmenge begründet und können aufgrund von Lernkurveneffekten, technischem Fortschritt und Rationalisierungseffekten zu sinkenden Stückkosten führen. Statische Skaleneffekte sind auf die in einer bestimmten Periode hergestellte Produktionsmenge zurückzuführen und bewirken sinkende Stückkosten aufgrund von Fixkostendegression, d. h. die Verrechnung von Fixkosten auf eine größere Produktionsmenge, oder Betriebsgrößeneffekten, z. B. durch Marktmacht im Rohmaterialeinkauf aufgrund größerer Bestellmengen.

- **Kapazitätsauslastung:** Wertaktivitäten mit einer hohen Fixkostenintensität werden durch die Kapazitätsauslastung direkt beeinflusst. Das Verhältnis von fixen zu variablen Kosten ist ein geeigneter Indikator für die Sensitivität gegenüber Auslastungsschwankungen.
- **Verbundeffekte** (*Economies of Scope*) entstehen aufgrund von Verflechtungen und Abhängigkeiten zwischen Aktivitäten und Ressourcen entlang der Wertkette sowie zwischen Geschäftsbereichen. Die gemeinsame Realisierung von Aktivitäten und die gemeinsame Nutzung von Ressourcen ermöglichen es, Kosten zwischen Geschäftsbereichen zu teilen und auf diese Art die Stückkosten zu reduzieren. Verbundeffekte erfassen daher Kostenvorteile, die durch die Ausweitung der Geschäftstiefe bzw. -breite bei geteilten Aktivitäten und Ressourcen begründet sind. Dieser Gedanke spielt sowohl bei Diversifikationsstrategien als auch bei der Strategie des Wachstums aus dem Kerngeschäft eine zentrale Rolle.
- **Verknüpfungen** beschreiben einen kostenrelevanten Zusammenhang direkt oder indirekt aufeinanderfolgender Aktivitäten in der Wertkette wie etwa den Zusammenhang der Kosten von Qualitätskontrollen im Produktionsprozess und der Kosten im Kundendienst für Beschwerdemanagement, Reparaturen und andere Garantieleistungen. Zur Identifikation von Verknüpfungen kann die Prozessanalyse, wie in *Kapitel 2.2 Wertkette und Organisation analysieren* beschrieben, herangezogen werden.
- **Integration:** Die vertikale Ausdehnung der Geschäftstätigkeit in vor- oder nachgelagerte Wertschöpfungsstufen bzw. -aktivitäten kann in Abhängigkeit der Transaktionshäufigkeit und -spezifität kostensenkend, aber aufgrund von Koordinations- und Integrationsaufwand auch kostenerhöhend sein. Diese Analyse ist insbesondere für die zulieferer- bzw. kundennahen Wertaktivitäten sinnvoll und erfordert eine *Make-or-Buy-Analyse*.
- **Standort:** Das Kostenniveau der Wertaktivitäten wird durch geografische bzw. landesspezifische Kostenfaktoren wie etwa Lohnniveau, Unternehmensbesteuerung, Energiekosten oder Infrastrukturkosten direkt beeinflusst.
- **Umwelt:** Einflussfaktoren, die in der außerbetrieblichen Sphäre des Unternehmens liegen, wie etwa Umweltschutzbestimmungen oder die Verhandlungsmacht von Tarifpartnern, wirken ebenfalls auf die Kosten einzelner Wertaktivitäten.

Die Kostenführerschaft erfordert eine fortlaufende Kostenoptimierung in sämtlichen Wertaktivitäten sowie in der Struktur ihrer Zusammensetzung, da die Kostentreiber auf die Wertkette insgesamt wirken. Der Kostenvorteil gegenüber Wettbewerbern kann nur dann nachhaltig realisiert werden, wenn im Zusammenspiel aller Aktivitäten niedrigere Kosten verursacht werden. Dies kann gegebenenfalls bedeuten, dass die Wertkette restrukturiert werden muss oder sogar neue Wertschöpfungsarchitekturen entstehen, wie in *Kapitel 6.3 Geschäftsmodell konzipieren* dargestellt wird. Je konsequenter und spezifischer die Aktivitäten in der Wertkette auf die Kostenführerschaft ausgerichtet und orchestriert werden, desto schwieriger wird dieser Kostenvorteil zu imitieren sein und umso nachhaltiger kann der relative Kostenvorteil etabliert werden.

9 Vgl. Coenenberg (2003), S. 185 ff.

In Abhängigkeit des Branchen- und Wettbewerbsumfelds kann die Kostenführerschaft unterschiedliche Ausprägungen annehmen:

- Im Rahmen einer **Niedrigpreisstrategie** wird ein Produkt- oder Leistungsangebot entsprechend des Branchenstandards definiert, sodass es in etwa vergleichbaren Kundennutzen wie ein durchschnittliches Produkt stiftet, allerdings zu einem deutlich niedrigeren Preis als dieses. Damit werden preisbewusste Kundensegmente angesprochen, die allerdings keine erheblichen Qualitätsreduktionen oder Nutzeneinschränkungen akzeptieren. Dieses Preissegment wird im Einzelhandel häufig *Value-for-Money* genannt.
- Eine **No-Frills-Strategie** fokussiert ausschließlich auf sehr preissensitive Markt- bzw. Kundensegmente und bietet zum niedrigsten Marktpreis ausschließlich den Grundnutzen an, d. h. ein Basisprodukt erfüllt ausschließlich das grundlegende Bedürfnis z. B. Transport. Hingegen wird auf alle zusätzlichen wertsteigernden Angebotsleistungen oder Produkteigenschaften verzichtet bzw. diese werden nur gegen Aufpreis angeboten. Diese Strategie wird vom Gründer des Discounthandels Aldi konsequent umgesetzt, basierend auf einer minimalen Ladenausstattung, einer hohen Anzahl an relativ generischen Produkten und Eigenmarken und unaufwendiger Regalgestaltung und Produktpräsentation.

Eine überlegene Kostenstruktur stellt einen relativen Wettbewerbsvorteil dar und schafft insbesondere durch die auf absolute und relative Unternehmensgröße ausgerichtete Strategie einen preispolitischen Spielraum gegenüber Zulieferern und Kunden. Darüber hinaus wird bei hinreichenden Größenvorteilen der Zutritt neuer Wettbewerber verhindert, da die erforderliche mindestoptimale Betriebsgröße eine Markteintrittsbarriere darstellt, weil neue Wettbewerber nicht ausreichend große Stückzahlen zu vergleichbaren Stückkosten fertigen können. Der zentrale Wettbewerbsvorteil liegt damit in der Abschirmung gegen die fünf Wettbewerbskräfte, die in *Kapitel 1.2 Wettbewerbsumwelt verstehen* ausführlich dargestellt sind.

Die Kostenführerschaftsstrategie erscheint insbesondere dann sinnvoll, wenn signifikante Potenziale zur Kostenreduktion bestehen oder hohe Preiselastizitäten im relevanten Markt existieren, sodass eine aggressive Kapazitätserweiterung erfolgreich erscheint. Strategische Maßnahmen zur Kostenreduktion sind möglich, solange in der Branche die Skaleneffekte noch nicht vollständig realisiert sind oder wenn Prozessoptimierung zu signifikanten Einsparungen führt. Hohe Preiselastizitäten erlauben es, die Absatz- und Produktionsmengen durch Preissenkungen überdurchschnittlich zu erhöhen und somit Kostendegressionseffekte zu realisieren.

4.1.2 Differenzierungsmerkmale aufbauen

Die Kombination von strategischen Optionen zum Aufbau unverwechselbarer Anbietereigenschaften gegenüber den Wettbewerbern dient der **Differenzierung**. Die Gestaltung eines differenzierten Angebots ist auf die Erfüllung eines unterscheidbaren und relevanten Zusatznutzens ausgerichtet, der aus der Kundenperspektive eine Preisprämie rechtfertigt. Wenn diese Preisprämie über den Kosten liegt, die durch die Differenzierung des Angebots verursacht werden, besteht die Möglichkeit, eine überdurchschnittliche Profitabilität zu erzielen.

Derartige Alleinstellungsmerkmale, sog. *Unique Selling Proposition* (*USP*), können nicht nur in der Produktkonfiguration selbst, z. B. durch Qualität, Design, Technologie, Funktionalität, sondern auch in unterschiedlichen ergänzenden Leistungsdimensionen begründet sein, wie etwa Standortbedingungen, Distributionssystem, Kundenservice, Garantieleistungen oder Markenidentität.

Der Aufbau eines Differenzierungsvorteils setzt daher zunächst die Analyse der möglichen Differenzierungsquellen entlang der Wertkette voraus. Dazu kann die Wertkettenanalyse, wie in *Kapitel 2.2.1 Wertkette analysieren* dargestellt, als Suchschema für Differenzierungsquellen herangezogen werden. Sowohl primäre als auch sekundäre Aktivitäten können Differenzierungsbeiträge durch die Entwicklung von Fähigkeiten, Ressourcen und organisatorischen Strukturen leisten. So kann der Einkauf durch die Auswahl besonderer Einsatzstoffe oder Vorprodukte bzw. halbfertiger Erzeugnisse einen Einfluss auf die Qualität des Endprodukts haben oder die Distributionslogistik durch die Automatisierung des Warenausgangs auf die Liefergeschwindigkeit und die Servicezeiten. Im Rahmen einer Differenzierungsstrategie können die Differenzierungsquellen systematisch ausgebaut oder die Wertkette restrukturiert werden.

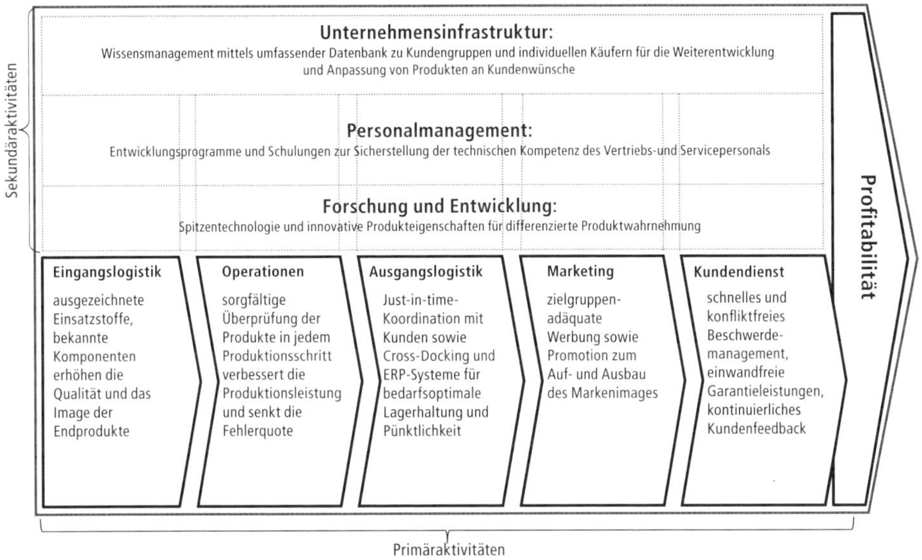

Abbildung 4.3: Differenzierungsquellen in den Wertaktivitäten, *Quelle: in Anlehnung an Pearce / Robinson (2009, S. 251)*

Eine zentrale Voraussetzung für die Entwicklung einer erfolgreichen Differenzierungsstrategie ist die genaue Kenntnis der Kundenansprüche und der bestehenden Angebote von Wettbewerbern. So soll die Differenzierung nicht allein die möglichen Differenzierungsquellen berücksichtigen, sondern die relevanten Differenzierungsmerkmale aus Kundensicht ermitteln und ausgestalten. Die Differenzierung aufgrund besonderer Leistungsmerkmale ist damit auf die Herausbildung einer Kundenpräferenz ausgerichtet und somit verbunden mit einer Reduktion der Preissensibilität, d. h. verminderte Preiselastizität der Nachfrage.[10] Ausgeprägte Kundenpräferenzen reduzieren gleichzeitig die Verhandlungsmacht der Kunden und den Wettbewerbsdruck in der Branche sowie die Gefahr von Substituten und neuen Wettbewerbern. Selbst bei starken Preisunterbietungen der Wettbewerber bleibt eine hohe Kernnachfrage nach dem Produkt erhalten und damit auch die Profitabilität. Diese Situation wird auch als **monopolistische Konkurrenz** bezeichnet. Eine überdurchschnittliche Profitabilität erhöht den preispolitischen Spielraum gegenüber Zulieferern und Kunden gleichermaßen. Der zentrale Wettbewerbsvorteil der Differenzierung liegt damit in der Abschirmung gegen die fünf Wettbewerbskräfte.

10 Vgl. Porter (2013), S. 77.

Differenzierung schafft Eintrittsbarrieren durch Markenbekanntheit sowie Kundenpräferenz und -loyalität. Allerdings ist es für einen dauerhaften Differenzierungsvorteil entscheidend, dass Wettbewerber die Quelle der Differenzierung nicht schnell imitieren können, wie in *Kapitel 2.3 Ressourcen und Kernkompetenzen analysieren* erklärt wird.

Während die Produkteigenschaften in der Regel ein relativ einfaches Einfallstor für Imitatoren darstellen, liegen insbesondere in der Produkt- und Leistungskomplexität sowie in der Markenidentität zentrale Differenzierungsquellen, die bereits eine kostenintensive Barriere darstellen. In Anlehnung an den ressourcenorientierten Ansatz stellen die Differenzierungsmerkmale einen nachhaltigen Wettbewerbsvorteil dar, weil diese selten und schwierig zu imitieren sind, da sie z. B. in der spezifischen Organisationsstruktur und den betrieblichen Prozessen und Funktionen des Unternehmens verankert sind.[11] Beispiele solcher schwer imitierbaren Differenzierungsquellen sind:

- **Prozessintegration:** Die Verknüpfungen von Differenzierungsquellen zwischen betrieblichen Funktionen entlang der Wertkette stellen einen schwer imitierbaren Wettbewerbsvorteil dar. So kann z. B. eine herausragende Kundenorientierung in unterschiedlichen Wertaktivitäten ansetzen und sich in einem besonderen Kundenservice oder kundennahen Entwicklungsleistungen zeigen. Die Integration von Differenzierungsquellen verknüpft sämtliche Differenzierungsquellen, die zu einer herausragenden Kundenorientierung beitragen, und verankert diese in einem funktionsübergreifenden Prozess. So können beispielsweise die Kundendienstaktivitäten mit den Distributionsaktivitäten aufeinander abstimmt werden, damit minimale Wartezeiten und optimale Garantieleistungen realisiert werden, oder der technische Service ist in die Produktentwicklungsaktivitäten integriert und stellt die kundennahe Spezifikation oder Adaptation von Produktlösungen in Abstimmung mit der zentralen Entwicklungsabteilung sicher.

Exkurs: Qualität als Wettbewerbsfaktor

Die Verankerung von Qualität als zentrales Managementprinzip geht von der Annahme aus, dass sowohl effizienzsteigernde als auch serviceorientierte Leistungsverbesserungen möglich sind. Ein geringerer Ausschuss in der Produktion oder verlässlichere Lieferzeiten stellen gleichermaßen Verbesserungen im Sinne des Qualitätsmanagements dar. Ein geringerer Ausschuss wirkt kostenreduzierend, da keine Nacharbeiten in der Produktion anfallen. Ein verbesserter Service, z. B. durch Einhaltung von Lieferzeiten, erhöht die Kundenzufriedenheit.

Total Quality Management (TQM) ist ein ganzheitliches Qualitätsmanagement. Es verankert Qualitätsziele in der Unternehmensphilosophie, in den Zielsetzungen und den Strategien. Dabei werden konkrete Qualitätsziele bis auf die Organisationsebene von Funktionen und Abteilungen formuliert, sodass TQM auf dezentralen Verantwortlichkeiten aufbaut. Gleichzeitig erweitert der Ansatz die Qualitätsanforderungen auf die externen Partner im Wertschöpfungsnetzwerk. Insbesondere Zulieferer werden in die Zielformulierungen und Maßnahmen zur Qualitätsverbesserung einbezogen.

Six Sigma führt den TQM-Gedanken weiter und bezieht alle Unternehmensprozesse in die Analyse und Optimierung ein. Der Ausdruck Six Sigma drückt in Anlehnung an die Statistik die maximal zulässige Fehlerzahl in einem Prozess aus. Dies bedeutet, dass in einem Produktionsprozess, der Six Sigma-Anforderungen erfüllt, maximal 3,4 fehlerhafte Teile auf eine Million gefertigter Teile kommen dürfen.[12]

---

11 Vgl. Barney (2011), S. 195.

12 Vgl. Meier (2005), S. 725 ff.

- **Vertriebskanäle:** Die Wahl der Vertriebskanäle und die Festlegung der Vertriebskonditionen sowie die Verbindungen zwischen den einzelnen Vertriebskanälen können einen schwer imitierbaren Wettbewerbsvorteil darstellen. Die Verbindung von beispielsweise online- und offline-basierten Absatzwegen im Einzelhandel kann kundennahe Standorte in zentraler und attraktiver Lage in hochfrequentierten Geschäftsstraßen mit effizienter und komfortabler Online-Bestellung und Versandhandel koppeln. Der besondere Kundennutzen kann in der kombinierten Nutzung der Vertriebskanäle liegen, d. h. ein stationär gekauftes Produkt kann zurückgesendet oder ein online gekauftes Produkt kann im Geschäft vor Ort umgetauscht werden. Dieser Ansatz wird als *Click-and-Mortar-Strategie* bezeichnet und findet im Einzelhandel Anwendung.
- **Timing:** Der Zeitpunkt für die Einführung von innovativen Produkten relativ zum Wettbewerb und die Zeitdauer für deren Entwicklung ist von zentraler Bedeutung für den Wettbewerbserfolg eines Unternehmens. Somit wird der Zeitfaktor zu einer wesentlichen Differenzierungsquelle für die Innovationsaktivitäten und begründet die Wichtigkeit von zeitorientierten Innovationsstrategien.[13]

  Die Festlegung des Zeitpunkts relativ zu den Wettbewerbern, wann ein Unternehmen Innovationen tätigt und wann es diese in den Markt einführt, bestimmt sowohl die strategische Festlegung als auch die Wahrnehmung durch Kunden und Konsumenten als Innovationsführer (**Pionierstrategie**) oder Innovationsfolger. Innovationsfolger können in modifizierende bzw. innovative und imitierende Folger unterschieden werden.[14] Modifizierende Folger entwickeln die Produktinnovation, die durch einen Innovationsführer in den Markt eingeführt wurde, technologisch weiter. Imitierende Folger beschränken sich hingegen auf das Kopieren einer Produktinnovation, sogenannte Me-Too-Produkte.[15]
- **Innovationsrate:** Die Fähigkeit, in regelmäßigen und relativ zum Wettbewerb kürzeren Zeitabständen neue Produkte in den Markt einzuführen, stellt ebenfalls eine Differenzierungsquelle dar, die eine Optimierung der Zeitdauer von Innovationsprozessen erfordert. Dabei wird die Zeitspanne zwischen dem Anfangszeitpunkt definierter Entwicklungsschritte und dem Endzeitpunkt mit Erreichung des marktreifen Produkts im Innovationsprozess festgelegt. Die Festlegung der Zeitdauer orientiert sich an dem angestrebten Innovationsgrad sowie dem Markteintrittszeitpunkt und an der erwarteten Zeitspanne des Produktlebenszyklus. Zu den Gründen für eine Zeitdauerverkürzung gehören unter anderem die Fragmentierung von Märkten mit spezifischen und sich schnell verändernden Kundenanforderungen, die Beschleunigung des technischen Fortschritts und verkürzte Produktlebenszyklen mit in der Folge geringeren Marktabschöpfungszeiten. Die Entscheidung für ein Timing erfordert die Ausrichtung und Abstimmung einer Vielzahl von Wertaktivitäten entlang des Innovationsprozesses. Die hohe Relevanz des Zeitfaktors als Differenzierungsvorteil kommt in dem Begriff *Time-Based Competition* zum Ausdruck.[16] Die strategischen Optionen und Maßnahmen, die zur Verbesserung der Prozessgeschwindigkeit insgesamt beitragen, sind unter dem Ansatz des Business Process Reengineering, der in *Kapitel 2.2 Organisation strukturieren* dargestellt ist, zusammengefasst.

Die Differenzierungsstrategie erscheint insbesondere dann sinnvoll, wenn Skalen- und Verbundeffekte in reifen Märkten weitgehend ausgeschöpft sind sowie das Inno-

13 Vgl. Vahs/Burmester (2005), S. 68.
14 Vgl. Gerpott (2005), S. 217.
15 Vgl. Macharzina/Wolf (2012), S. 297 ff. für eine ausführlichere Darstellung von Timing-Strategien.
16 Vgl. Stalk (1988), S. 41 ff.

vationspotenzial als niedrig anzunehmen ist.[17] Außerdem bietet sich die Differenzierung bei größeren Preissetzungsspielräumen aufgrund geringerer Preiselastizität an, sofern die Marktleistungen noch ein deutliches Verbesserungspotenzial aufweisen.[18] Schließlich ist die Differenzierungsstrategie sinnvoll, wenn ein Produkt oder eine Leistung derart komplex ist, dass eine Standardisierung unmöglich ist.[19]

4.1.3 Marktnischen fokussieren

Während die Wettbewerbsstrategien Kostenführerschaft und Differenzierung auf die Bearbeitung des Gesamtmarkts ausgerichtet sind, konzentriert sich die Nischenstrategie auf ausgewählte und sorgfältig abgegrenzte Marktsegmente. Damit begrenzt ein Unternehmen die Breite der Produkt- und Marktaktivitäten zugunsten der Tiefe durch Spezialisierung. Der Fokus auf eine Marktnische dient der präziseren bzw. günstigeren Erfüllung von Ansprüchen und Bedürfnissen einer speziellen Zielgruppe gegenüber solchen Wettbewerbern, die den Gesamtmarkt bedienen.[20] Da die Nischenstrategie als Kostenführer sowie als Differenzierer verfolgt werden kann, stellt sie eine Modifizierung der beiden generischen Wettbewerbsstrategien nach Porter dar.[21]

Es sind unterschiedliche Ausprägungen der **Nischenstrategie** denkbar. In einer Regionalnische richtet ein Unternehmen beispielsweise sein Angebot auf einem eindeutig regional abgegrenzten Markt an einer spezifischen Kundengruppe aus und konzentriert sich auf regionale Kundenpräferenzen.

Beispiel 4.1 **Mikrobrauereien**

Beispiele für eine erfolgreiche Nischenstrategie bietet die deutsche Brauwirtschaft, die mit mehr als 1.000 regionalen Biermarken von meist kleinen und mittelständischen Brauereien eine hohe Differenzierung aufgrund regionaler Präferenzen aufweist. Die Akquisitionen im internationalen Brauereigewerbe, wie etwa durch die weltweiten Marktführer Heineken und Interbrew, haben allerdings auch auf dem deutschen Biermarkt zu einer zunehmenden Konzentration geführt. Die auf große Produktionsvolumina gerichteten Expansionsstrategien bedeutet für viele Nischenanbieter eine substanzielle Bedrohungssituation.

Inzwischen haben Mikrobrauereien attraktive regionale Marktnischen besetzt und wählen mit differenzierten Spezialbiersorten eine exklusive Nischenpositionierung. Im Vergleich zu dem Industriebier von Heineken und Interbrew, das geschmacklich aufgrund von standardisierten Einsatzstoffen und kostenoptimierten Brauverfahren wenig differenziert ist und vor allem über den Markenauftritt emotional aufgeladen wird, zeigen die Spezialbiersorten erhebliche geschmackliche Unterschiede bei den Hopfensorten und anderen Zutaten sowie im Ablauf und in der Dauer des Brauprozesses.

17 Vgl. Steinmann/Schreyögg (2005), S. 229.
18 Vgl. Macharzina/Wolf (2012), S. 291.
19 Vgl. Müller-Stewens/Lechner (2011), S. 261.
20 Vgl. Porter (2013), S. 77.
21 Vgl. Porter (2013), S. 78.

Die Mikrobrauereien produzieren kleine Mengen, die aufgrund kürzerer Haltbarkeit im Vergleich zu den Industrie- und Exportbiersorten vor allem für den sofortigen und damit lokalen oder bestenfalls regionalen Konsum in Frage kommen. Die Spezialisierung und Differenzierung des Brauprozesses kann dabei als Wettbewerbsvorteil der Mikrobrauereien bewertet werden, da Großbrauereien aufgrund der optimierten und standardisierten Produktionsprozesse und Kostenstrukturen keine derartigen Anpassungen vornehmen können.

Da zunächst die Frage nach dem Wettbewerbsfokus im Mittelpunkt der Strategieformulierung steht, stellt die Nischenstrategie kein eigenständiges Strategiemuster im engeren Sinne dar.[22] Allerdings gewinnen Nischenstrategien in einem besonderen Marktumfeld wie z. B. im *Merger Endgame* an Bedeutung und werden daher in *Kapitel 4.6 Im Merger Endgame überleben* ausführlicher dargestellt.

Exkurs: Zwischen den Stühlen

Entsprechend der **Unvereinbarkeitsprämisse** ist eine eindeutige Entscheidung zwischen den generischen Wettbewerbsstrategien notwendig, um nachhaltigen Unternehmenserfolg und Wertschaffung zu realisieren.[23] Die folgenden Annahmen liegen dieser Auffassung zugrunde:

- **Konvexitätsannahme:** In vielen Branchen wird ein Zusammenhang zwischen Marktanteil und Profitabilität unterstellt, der einen konvexen Kurvenverlauf zeigt. Dieser Zusammenhang besagt, dass eine hohe Profitabilität sowohl von kleinen als auch von großen Unternehmen erreicht werden kann. Es unterstellt weiterhin, dass die Kostenführerschaft einen hohen Marktanteil aufweist, der für die Realisierung von Skaleneffekten Voraussetzung ist. Die Differenzierungs- und Nischenstrategie ist aufgrund von Exklusivität und Marktabgrenzung zwar mit einem kleineren Marktanteil verbunden, allerdings aufgrund von Präferenzen und geringerer Preissensibilität mit höherer Profitabilität.
- Eine Situation, in der weder ausreichend große Produktions- und Absatzmengen zur Realisierung von Skaleneffekten noch die Ansprache exklusiver Kundengruppen mit differenzierten Angeboten möglich ist, wird aufgrund geringer Profitabilität als **Stuck-in-the-Middle**, also zwischen den Stühlen, bezeichnet.[24]

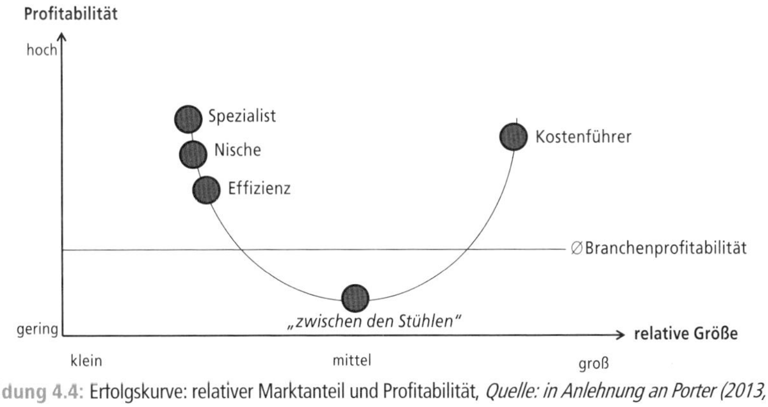

Abbildung 4.4: Erfolgskurve: relativer Marktanteil und Profitabilität, *Quelle: in Anlehnung an Porter (2013, S. 83)*

22 Vgl. Porter (1980), S. 38 ff.
23 Vgl. Porter (2013), S. 81 ff.
24 Vgl. Porter (2013), S. 81.

- **Konsistenzannahme:** Die strategischen Optionen und Maßnahmen sind bei der Realisierung einer Wettbewerbsstrategie ab einem bestimmten Punkt nicht mehr konsistent, d. h. miteinander vereinbar. Die Strategie der Kostenführerschaft ist inkonsistent zur Strategie der Differenzierung, da durch Differenzierungsentscheidungen Kosten verursacht werden, die im Rahmen einer Kostenführerschaft nicht oder nur unzureichend gedeckt werden können. Umgekehrt sind die Kostensenkungspotenziale eines differenzierten Unternehmens sehr begrenzt, da Kostensenkungen eine Leistungsreduktion erfordern und damit die Alleinstellung bzw. Differenzierung grundsätzlich aufheben oder verringern.[25]
- **Konzentrationsannahme:** Die Ausrichtung aller Ressourcen, Strukturen und Prozesse im Unternehmen auf den angestrebten Wettbewerbsvorteil ist erforderlich, da die entstehenden Inkonsistenzen der strategischen Maßnahmen zum Verlust von Wettbewerbsvorteilen und rückläufiger Profitabilität führen.[26] Die Gefahr für Unternehmen, die ihre Anstrengungen auf die konsequente Effizienz- und Kostenoptimierung in allen Wertaktivitäten und gleichzeitig auf eine einzigartige Leistungserstellung richten, in keiner der beiden Strategien aus einer mittelmäßigen Wettbewerbsposition herauszukommen, wird daher als hoch bewertet.[27]

4.2 Hybride Wettbewerbsstrategien entwickeln

Eine **hybride Wettbewerbsstrategie** verfolgt gleichzeitig eine relativ hohe Differenzierung eines Produkts oder einer Leistung aus der Kundenperspektive sowie eine preisliche Positionierung unterhalb der relevanten Wettbewerbsangebote. Hybrid bedeutet in diesem Sinne eine Mischform aus den generischen Wettbewerbsstrategien zur Realisierung einer überlegenen Wettbewerbsposition gegenüber der Kostenführerschaft und der Differenzierung. Die Realisierung dieser sog. **Outpacing-Position** widerspricht der Konsistenz- und Konzentrationsannahme von Porter grundlegend. Hybride Wettbewerbsstrategien lassen sich wie in Abbildung 4.5 gezeigt in drei grundsätzliche Klassen einteilen.

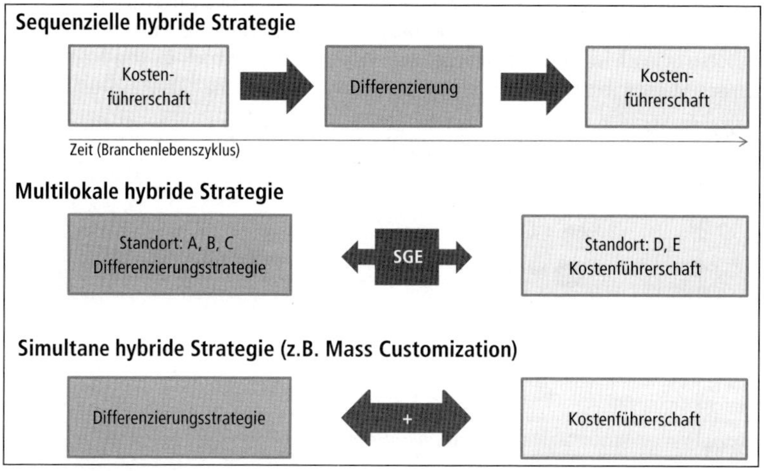

Abbildung 4.5: Hybride Wettbewerbsstrategien

25 Vgl. Porter (2010), S. 46.
26 Vgl. Porter (2010), S. 44.
27 Vgl. Simon (1988), S. 461 ff.

Sequenzielle Hybridstrategie: Eine zeitliche Entkopplung von Kostenführerschaft und Differenzierung kann entweder durch einen zeitlich nachgeordneten Ablauf oder eine wechselseitige Abfolge umgesetzt werden.[28] Nachdem ein Unternehmen sich zunächst für eine Kostenstrategie oder eine Differenzierungsstrategie entschieden hat, versucht es sukzessiv, die andere strategische Option auszubauen.

Ein Kostenführer, der aufgrund seines Preisvorteils eine relativ große Nachfrage auf sich zieht und ein überdurchschnittliches Wachstum realisiert, kann dadurch in Differenzierungsquellen investieren und die Wahrnehmung seiner Produkte oder Leistungen z. B. durch Markenaufbau verbessern und sich somit vom Wettbewerb weiter abheben. Diese sequenzielle Hybridstrategie kann insbesondere bei Unternehmen beobachtet werden, die sog. *Value-for-Money* bieten.[29] So verfolgte der schwedische Möbelhersteller IKEA zunächst eine Kostenführerschaftsstrategie, die auf der Reduktion aller kostenintensiven Produkt- und Dienstleistungen beruhte, und hat im Zeitablauf durch einen langfristig konsequenten Markenaufbau sowie stets aktuelle und wechselnde Produktdesigns eine Differenzierungsposition gegenüber anderen Wettbewerbern im Niedrigpreissegment vorgenommen. Im Ergebnis hat IKEA damit eine vorteilhafte Wettbewerbsposition erreicht, die eine überdurchschnittliche Profitabilität realisiert.

Ein differenziertes Unternehmen kann seine Differenzierungsquellen und -merkmale sukzessiv auf weitere Produkte, Varianten und ggf. Marktsegmente ausdehnen, damit eine wachsende Nachfrage und größere Produktions- und Absatzmengen zu Skaleneffekten und Kostenreduktion führen. Diese erhöhen den Preisspielraum und ermöglichen einen Kostenvorteil gegenüber anderen differenzierten Unternehmen. Inwieweit daran anschließende Preissenkungen die bestehende Differenzierung aus Kundenperspektive allerdings gefährden, ist umstritten.[30]

Diese sog. *Strategy Shifts* sind im Verlauf der Branchenentwicklung, z. B. zwischen Innovatoren (*First Mover*) und Imitatoren (*Fast Follower*), festzustellen. Entlang des Lebenszyklus werden Innovatoren zunehmend um Kostensenkungen bemüht sein, um preislich mit den Imitatoren mithalten zu können, während diese von der Kostenführerschaftsposition heraus zunehmend differenzieren, um zusätzliches Wachstum durch eine Ausweitung des Angebots und Erhöhung des preispolitischen Spielraums zu realisieren. Entsprechend dieses Verlaufs befinden sich die meisten Unternehmen am Ende eines Branchenlebenszyklus in einer hybriden Wettbewerbsposition.[31]

Multilokale Hybridstrategie: Eine räumliche Entkopplung von Kostenführerschaft und Differenzierung kann aufgrund geografischer Gegebenheiten bzw. regionaler Marktunterschiede erfolgen. Bei einer räumlichen Strategietrennung werden Kostenvorteile und Differenzierungsvorteile an unterschiedlichen Orten realisiert, sodass insgesamt ein Wettbewerbsvorteil entsteht.[32] Im Rahmen sog. dualer Internationalisierungsstrategien können Unternehmen durch globale Produktionsstrukturen einen Kostenvorteil erlangen und im Rahmen lokaler Sortiments- und Markenanpassungen eine differenzierte Marktbearbeitung, z. B. in Wachstumsmärkten, umsetzen.[33]

28 Vgl. Gilbert/Strebel (1987), S. 28ff
29 Vgl. Hungenberg (2012), S. 206.
30 Vgl. Hungenberg (2012), S. 207.
31 Vgl. Welge/Al-Laham (2012), S. 537.
32 Vgl. Fleck (1995), S. 60 ff.
33 Vgl. Fleck (1995), S. 71 ff.

Simultane Hybridstrategie: Die gleichzeitige Kombination von Kostenführerschaft und Differenzierung erfordert von Beginn an Wettbewerbsvorteile entlang beider Wettbewerbsdimensionen, um mit den besten Unternehmen der Branche mitzuhalten. Dies kann nur dann gelingen, wenn ein von den Wettbewerbern bisher nicht erkannter oder genutzter Differenzierungsvorteil zugrunde gelegt wird und gleichzeitig effizientere Produktions-, Distributions- oder Vermarktungsmethoden verwendet werden.[34]

Kritische Würdigung: Obgleich empirische Studien die Existenz von Hybridstrategien belegen, ist der nachhaltige Erfolg hybrider Wettbewerbsstrategien noch nicht auf einer breiten Grundlage bestätigt.[35] Die generischen Wettbewerbsstrategien, die sich in ihren strategischen Optionen zumindest teilweise widersprechen, stellen bei gleichzeitiger Realisierung ein Spannungsfeld dar, das kontextabhängig stets neu bewertet und ausgestaltet werden muss.

Eine Systematik der generischen Wettbewerbsstrategien entlang der Dimensionen Leistung und relativer Preis erlaubt die Bewertung der hybriden Wettbewerbsstrategie als den generischen Wettbewerbsstrategien Kostenführerschaft und Differenzierung überlegen. In einer Situation geringer Leistung zu einem relativ hohen Preis kann ein Unternehmen nur unter besonderen strukturellen Voraussetzungen erfolgreich operieren, wie z. B. in einer Monopolsituation.

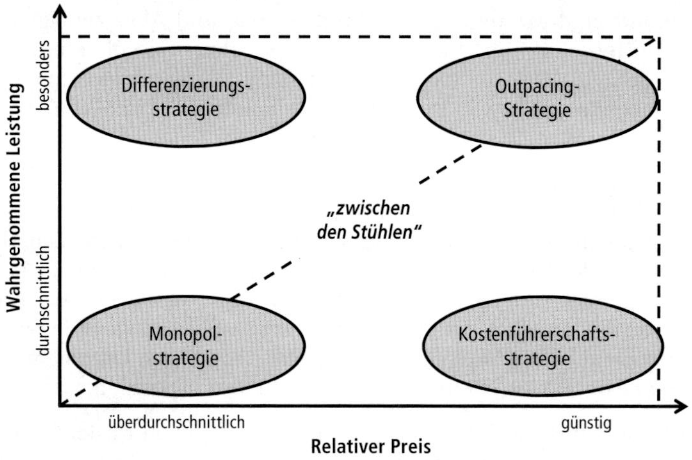

Abbildung 4.6: Systematik von Wettbewerbsstrategien, *Quelle: in Anlehnung an Hungenberg (S. 210)*

Der strategische Imperativ der Kostenführung und Differenzierung ist außerdem insofern zu relativieren, als dass eine ökonomische Differenzierung und keine absolute Differenzierung zu verfolgen ist. Das bedeutet, dass der Maßstab der Wirtschaftlichkeit sowie einzuhaltende Mindeststandards bei der konsequenten Verfolgung der generischen Wettbewerbsstrategien nicht außer Acht gelassen werden dürfen.[36]

34 Vgl. Hungenberg (2012), S. 207.

35 Vgl. Jenner (2000), S. 36.

36 Vgl. Steinmann/Schreyögg (2005), S. 233.

4.3 Risiken streuen: Diversifikationsstrategie

Die **Diversifikation** umfasst strategische Optionen zur Ausweitung der Marktabdeckung und des Produktprogramms in neue Geschäftsfelder. Das betreffende Unternehmen tritt entsprechend der **Produkt-Markt-Matrix** in einen für das Unternehmen sachlich und räumlich von seinen bisherigen Geschäftsfeldern abgegrenzten und unterscheidbaren Markt.[37]

Produkte / Märkte	bestehende	neue
bestehende	Marktdurchdringung	Produktentwicklung
neue	Marktentwicklung	Diversifikation

Abbildung 4.7: Produkt-Markt-Matrix, *Quelle: Ansoff (1988, S. 109)*

Die Motive für eine Diversifikation sind in Abhängigkeit des Unternehmens- und Branchenkontexts zu unterscheiden:

Die **Risikostreuung** durch Geschäftsaktivitäten auf unterschiedlichen Geschäftsfeldern wird vor allem dann verfolgt, wenn die Cashflows der verschiedenen Geschäftsfelder miteinander negativ korreliert sind, sodass eine gegenseitige Kompensation der volatilen Zahlungsströme erreicht und finanzielle Risiken so reduziert werden können. So kann der Ausgleich saisonaler Nachfrageunterschiede durch Diversifikation erreicht werden, wie beispielsweise in der Sportartikelindustrie, in der viele Anbieter sowohl über ein Wintersportsortiment als auch über ein Sortiment für Sommersportarten wie Tennis oder Golf verfügen. Ebenso als Reaktion auf einen schrumpfenden Markt kann die Diversifikation den langfristigen Unternehmenserhalt sichern und rechtzeitig neue bzw. alternative Geschäftsfelder aufbauen.[38]

Die **Effizienzsteigerung** durch Synergien insbesondere **Verbundeffekte** (*Economies of Scope*) basieren auf ungenutzten Ressourcen oder übertragbaren Kompetenzen, die in den neuen Geschäftsaktivitäten verwendet werden können.[39] Dabei werden materielle und immaterielle Synergien unterschieden. Materielle Synergien lassen sich vor allem in der Beschaffung, in der Produktion und im Vertrieb realisieren. Immaterielle Synergien entstehen in den Funktionen Management, Controlling und Finanzwirtschaft.

37 Vgl. Ansoff (1988), S. 109.
38 Vgl. Welge/Al-Laham (2012), S. 593.
39 Vgl. Collings/Montgomery (1997).

Die Steigerung der **Marktmacht** kann durch die Verrechnung von Gewinnen und Verlusten in den verschiedenen Geschäftsfeldern erreicht werden. Das betreffende Unternehmen hat fortan die Möglichkeit, Verluste in einem Geschäftsfeld, das z. B. durch intensiven Preiswettbewerb gekennzeichnet ist, über einen längeren Zeitraum im Vergleich zu Wettbewerbern zu kompensieren.

Ein **Finanzierungsvorteil** aus der Diversifikation entsteht dadurch, dass interne Finanz- und Investitionsmittel zwischen den Geschäftsaktivitäten verteilt und umgeschichtet werden können, sodass nur eingeschränkt auf den externen Kapitalmarkt zurückgegriffen werden muss. So kann die Abhängigkeit gegenüber externen Kapitalgebern verringert werden. Die Reinvestition von Gewinnen in neue und attraktive Geschäftsfelder stellt insbesondere in inhaber- und familiengeführten Unternehmen ein grundsätzliches Motiv dar. Insofern kann die Diversifikation auch zur Kapitalanlage dienen.

Die unterschiedlichen Motive der Diversifikation finden in den verschiedenen idealtypischen Diversifikationstypen Ausdruck:[40]

Die **verbundene Diversifikation** (*Related Diversification*) stellt eine Ausweitung der Marktabdeckung und des Produktprogramms unter Verwendung der wesentlichen Ressourcen, Fähigkeiten oder Aktivitäten entlang der Wertkette in den bestehenden Geschäftsfeldern dar. Die Geschäftsaktivitäten werden auf der Basis der gleichen Wertschöpfungsprozesse erbracht und bedienen grundsätzlich die gleichen Kunden. Sie befinden sich daher in einem vergleichbaren Markt- und Wettbewerbsumfeld. Insofern hat die Diversifikation einen strikten Fokus auf die unmittelbar benachbarten Geschäftsaktivitäten und vollzieht sich schrittweise ausdehnend, wie in konzentrischen Kreisen um das bestehende Geschäft. Daher wird dieser Typ auch als konzentrische Diversifikation bezeichnet. Aus der Gleichartigkeit der Geschäftsaktivitäten werden Effizienz- und Kompetenzvorteile gegenüber dem Wettbewerb realisiert sowie die Marktmacht gesteigert.[41]

Die **relationale Diversifikation** umfasst die Ausweitung der Aktivitäten auf Geschäftsfelder mit unterschiedlichen Produkten und Märkten oder Leistungsprozessen. Dabei bestehen Ähnlichkeiten hinsichtlich der Anforderungen an die Unternehmensführung und -steuerung aufgrund von Gemeinsamkeiten im marktlichen bzw. wirtschaftlichen Umfeld. Diese Gemeinsamkeiten zwischen den Geschäftsfeldern kann durch einen Transfer von Kompetenzen, Wissen sowie Kapital zu einem Wettbewerbsvorteil führen.[42]

Die **unverbundene** oder **konglomerate Diversifikation** (*Conglomerate Diversification*) beschreibt die Ausdehnung auf Geschäftsfelder, die voneinander unabhängig sind. Die Leistungsprozesse, Produkte und Märkte unterscheiden sich gänzlich. Die Unterschiede im wirtschaftlichen Umfeld stellen mitunter vollkommen unterschiedliche Anforderungen an die Unternehmensführung. Die Verbindungen zwischen den Geschäftsfeldern beschränken sich auf allgemeine Verwaltungsfunktionen und finanzwirtschaftliche Beziehungen. Dieser Diversifikationstyp dient vor allem einer Risikostreuung auf unterschiedliche Geschäftsfelder.[43]

---

40 Die ersten ausführlichen Klassifikationen von Diversifikation gehen auf Ansoff (1965) und Rumelt (1974) zurück.

41 Vgl. Hungenberg (2012), S. 497.

42 Vgl. Hungenberg (2012), S. 498.

43 ebenda.

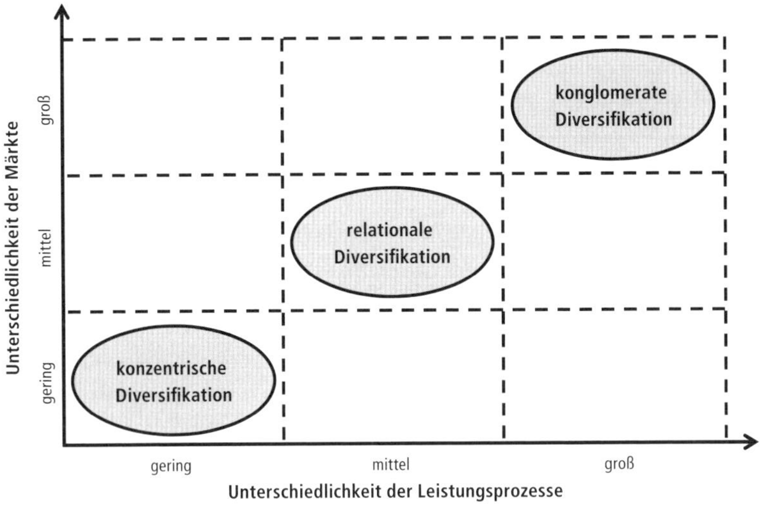

Abbildung 4.8: Diversifikationstypen

Die Diversifikation kann auch hinsichtlich ihrer Richtung unterschieden werden und stellt eine strategische Alternative zur Gestaltung des Wertschöpfungsnetzwerks, wie in *Kapitel 2.1 Unternehmensgrenze und Wertnetzwerk definieren* erläutert, dar. Die **vertikale Diversifikation** stellt die Ausweitung der Geschäftstätigkeit auf vor- oder nachgelagerte Wertschöpfungsstufen dar. Sie unterscheidet sich von der vertikalen Integration in einem wesentlichen Merkmal. Während die vertikale Integration eine ausschließlich interne Erweiterung der Wertschöpfungsaktivitäten beschreibt, die der Verbesserung der Kostenstruktur oder Sicherung der Rohstoff- und Absatzbasis dient, wird bei der vertikalen Diversifikation auf der neuen Wertschöpfungsstufe eine selbstständige Markttätigkeit etabliert, sodass die vertikal integrierte Geschäftsaktivität als neues Geschäftsfeld fortan eigenständig auf dem Markt als Anbieter auftritt.[44] Insbesondere bei vertikaler Diversifikation kann dieser Diversifikationstyp zu einer Steigerung der Marktmacht beitragen. Die **horizontale Diversifikation** betrifft den fokussierten Aufbau neuer Geschäftsfelder auf der gleichen Wertschöpfungsstufe in engerer oder weiterer Distanz zu den bestehenden Geschäftsaktivitäten und damit in jedem Fall in einem sachlichen Zusammenhang.

Das Ausmaß einer Diversifikationsstrategie kann anhand des Diversifikationsgrads mit unterschiedlichen Messkonzepten ermittelt werden. Die quantitativ-kontinuierlichen Messkonzepte ordnen Unternehmen auf einem Kontinuum von nicht diversifiziert bis hoch diversifiziert ein. Dazu werden zunächst die unterschiedlichen Geschäftsaktivitäten auf der Basis einheitlicher Klassifikationsschemata ermittelt. Hierbei dienen Branchenkennziffern wie z. B. die *Standard Industry Classification* (SIC) in den USA, die statistische *Systematik der Wirtschaftszweige in der Europäischen Gemeinschaft* (NACE) oder die *International Standard Industrial Classification of all Economic Activities* (ISIC) der Vereinten Nationen. Die Geschäftsaktivitäten mit einer eigenen Branchenkennziffer bilden eigenständige bzw. voneinander abgegrenzte und somit diversifizierte Aktivitäten.

Der Diversifikationsgrad kann dann mittels unterschiedlicher Verfahren näher bestimmt werden.

44 Vgl. Steinmann/Schreyögg (2005), S. 241.

Der **Berry-Herfindahl-Index** wird in Analogie zum Hirschmann-Herfindahl-Index (HHI), wie in *Kapitel 1.2.5 Marktphasen und Lebenszyklus bestimmen* erklärt, als Komplement der Summe der quadrierten Umsatzanteile aller eigenständigen Geschäftsaktivitäten eines Unternehmens berechnet.[45]

$$D_B = 1 - \sum_{i=1}^{n} p_i^2$$

mit: D_B = *Diversifikationsmaß nach Berry*

p_i = *Umsatzanteil der Geschäftsaktivität i am Gesamtumsatz*

n = *Anzahl der diversifizierten (eigenständigen) Geschäftsaktivitäten*

Der Werteraum liegt zwischen [0] und [1]. Der Wert [0] bedeutet, dass ein Unternehmen vollkommen spezialisiert in einem einzigen Geschäftsfeld aktiv ist. Der Indexwert nähert sich umso mehr dem Wert [1] an, je stärker die Geschäftsaktivitäten diversifiziert sind. Die Schwäche dieses Ansatzes liegt in der unzureichenden Berücksichtigung von Geschäftsaktivitäten mit einem kleinen Umsatzanteil aufgrund deren quadratischer Gewichtung.

Das **Entropiemaß** berücksichtigt eine höhere Sensibilität in den Randbereichen, d. h. bei Geschäftsaktivitäten mit kleinem Umsatzanteil. Deshalb wird nicht mehr der Umsatzanteil selbst gewichtet, sondern der natürliche Logarithmus seines Kehrwerts.[46]

$$D_E = \sum_{i=1}^{n} p_i \cdot \ln\left(\frac{1}{p_i}\right)$$

mit: D_E = *Entropiemaß*

p_i = *Umsatzanteil der Geschäftsaktivität i am Gesamtumsatz*

n = *Anzahl der diversifizierten (eigenständigen) Geschäftsaktivitäten*

Der Werteraum ist zwischen [0] für nicht diversifizierte Unternehmen und maximal durch den Wert des Logarithmus der Anzahl der Produkte (bei Gleichverteilung der einzelnen Produkte gemäß des Absatzanteils) definiert, d. h. theoretisch mit [∞] beschrieben und daher schlecht greifbar.

Kritische Würdigung: Die grundsätzliche Schwäche der quantitativ-kontinuierlichen Messkonzepte liegt darin, dass sie für die Berechnung ausschließlich auf die unterschiedlichen Branchenkennziffern der diversifizierten Geschäftsaktivitäten zurückgreifen. Dagegen werden die gemeinsame Ressourcen- und Kompetenzbasis sowie die Verwandtschaft von Produktionsprozessen oder Einsatzstoffen, d. h. die Homogenität bzw. Heterogenität der Aktivitäten nicht hinreichend erfasst.

Die diskret-kategorialen Messkonzepte versuchen eine Unterscheidung in diskrete Diversifikationsklassen nach der Verwandtschaft ihrer bearbeiteten Märkte, angebotenen Produkte und angesprochenen Kunden sowie der zugrunde liegenden Leistungsprozesse aufzuzeigen.[47] Diese Messkonzepte lassen allerdings subjektive Bewertungsspielräume zu, wodurch die Ergebnisse abhängig von Präferenzen, Erfahrungen und Wahrnehmung sind, sodass sie unter Umständen durch kognitive Verzerrungen beeinflusst sind.

45 Vgl. Berry (1971), S. 371 ff.
46 Vgl. Jacquemin/Berry (1979), S. 359.
47 Vgl. Hungenberg (2012), S. 496.

Der Erfolg von Diversifikationsstrategien ist umstritten und die Beschäftigung mit dieser Problemstellung stellt ein Evergreen der betriebswirtschaftlichen Forschung dar. Eine der ersten und umfangreichsten Analysen kommt zu dem Ergebnis, dass horizontale oder verwandte Diversifikation am erfolgreichsten ist, gefolgt von vertikaler und konglomerater Diversifikation.[48] Zahlreiche weitere empirische Arbeiten haben diese Ergebnisse nur teilweise bestätigen können. Daher muss insgesamt festgehalten werden, dass in der Grundtendenz eine zunehmende Ähnlichkeit der Geschäftsfelder den Diversifikationserfolg erhöht.[49]

Die Grenzen der Diversifikationsstrategie liegen in den begrenzten Möglichkeiten, Synergien zu realisieren und diversifizierte Geschäfte zu koordinieren:

Grenzen von Synergien: Synergien treten nicht als Gesetzmäßigkeit auf, sondern die Synergiepotenziale müssen gehoben werden. Dies ist in der Regel mit einer Reihe von Widerständen und Kosten verbunden. Widerstände gegen die Realisierung von Synergien beginnen bei den Mitarbeitern, die sich vor Mehrarbeit, Machtverlust in der Organisation oder Arbeitsplatzverlust fürchten, und setzen sich über die Bereichsegoismen bis hin zu einer Silodenkweise in den Abteilungen fort. Die Kosten für die Realisierung von Synergien entstehen aufgrund von Koordinationsaufwand und Umstrukturierung verbunden mit Schulungen, Trainings und gegebenenfalls Entlassungen und Abfindungen, sodass sich Synergien in der Regel mit erheblicher zeitlicher Verzögerung einstellen. Die grundsätzliche Schwierigkeit, Synergieeffekte zu erzielen, zeigt sich darin, dass nur rund ein Drittel der untersuchten diversifizierten Unternehmen ihre Synergieziele erreichen, wie zahlreiche empirische Studien feststellen.[50]

Grenzen der Koordination: Eine Diversifikationsstrategie erhöht die Anzahl an Geschäftsfeldern und damit verbunden die Anzahl der zu koordinierenden Ziele. Die Beziehungen zwischen den Zielen können komplementär, neutral oder konkurrierend sein. Insbesondere im Fall konkurrierender Ziele, die sich gegenseitig negativ beeinflussen, steigen der Koordinationsaufwand und die Komplexität sowohl hinsichtlich der strategischen Formulierung als auch der Umsetzung der Ziele. Vertreter dieser Auffassung bevorzugen den strategischen Gegenentwurf einer Fokussierung auf Kernkompetenzen.

4.4 Ressourcen auf das Kerngeschäft fokussieren

Die Diversifikation von Unternehmen in neue Geschäftsfelder ist mit einem hohen Risiko verbunden. Empirische Studien ermitteln, dass bis zu 90% der Diversifikationsstrategien von Unternehmen scheitern und Shareholder Value vernichtet wird.[51] Der Einfluss von Diversifikation auf den Shareholder Value ist umfassend unter dem Gesichtspunkt der **Refokussierung** untersucht worden.[52] Unter Refokussierung wird die unternehmerische Entscheidung verstanden, die Anzahl und den Umfang der Geschäftsaktivitäten einzuschränken, um sich auf das **Kerngeschäft** zu konzentrieren. Damit wird der Diversifikationsgrad reduziert.

48 Vgl. Rumelt (1974).
49 Vgl. Welge/Al-Laham (2012), S. 612 ff.
50 Vgl. Porter (1987), S. 44 ff. sowie ausführlich Porter (2013), S. 420 ff.
51 Exemplarisch für die Vielzahl an Studien sei auf Bain & Company 2010 verwiesen.
52 Vgl. Markides (1995).

Die Grundannahme der Refokussierung auf das Kerngeschäft als Quelle profitablen Wachstums wird durch die Ressourcenallokation auf die profitabelsten Geschäfte, in denen Marktführerschaft besteht, begründet.[53] Das strategische Konzept **Wachstum aus dem Kerngeschäft** beschreibt einen mehrstufigen Wachstumszyklus.

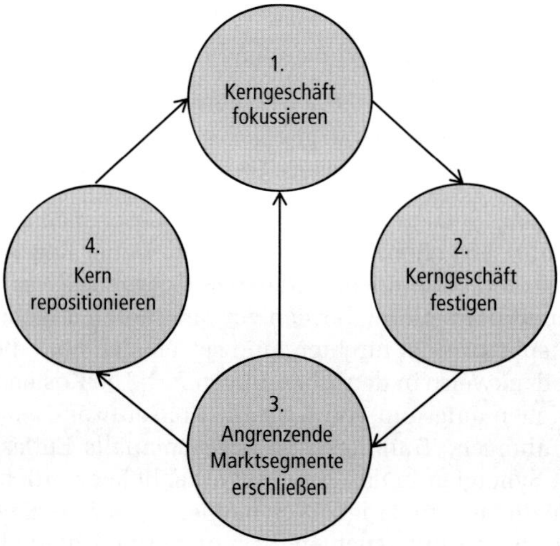

Abbildung 4.9: Wachstumszyklus aus dem Kerngeschäft, *Quelle: in Anlehnung an Zook / Allen (2010)*

1. Das Kerngeschäft fokussieren

Eine Wachstumsstrategie sollte schrittweise auf den bestehenden Kompetenzen, Kapazitäten und Vertriebskanälen aufbauen, um das vorhandene Wissen über Kunden und Wettbewerber zu nutzen und die profitabelsten Geschäftsaktivitäten auszubauen. Auf der ersten Stufe wird das Kerngeschäft definiert und von angrenzenden Geschäftsfeldern (*Adjacencies*), die im Rahmen einer Wachstumsstrategie erschlossen werden können, schrittweise abgegrenzt. Dies erfolgt auf der Basis einer detaillierten Analyse aller Geschäftsaktivitäten entlang der folgenden vier Dimensionen, die auf ihre Gemeinsamkeiten und Synergien hin untersucht werden:

- **Kunden:** Es wird untersucht, welche gemeinsamen Abnehmer bzw. Kundengruppen zwischen den Geschäftsaktivitäten im Portfolio bestehen und welche Vertriebskanäle oder Marken gemeinsam genutzt werden. Die Geschäftsfelder, in denen eine überdurchschnittliche Kundenbindung existiert, gehören zum Kerngeschäft.
- **Kosten:** Es wird ermittelt, welche Kosten zwischen allen Geschäftsaktivitäten geteilt werden, ohne Berücksichtigung bestehender organisatorischer Grenzen, d. h. zwischen Geschäftsbereichen oder Unternehmensfunktionen. Die Geschäftsfelder, in denen Skaleneffekte durch gemeinsame Ressourcennutzung realisiert werden, gehören zum Kerngeschäft.
- **Kompetenzen:** Es wird analysiert, welche gemeinsamen Fähigkeiten und Technologien entlang der Aktivitäten in der Wertkette bestehen, die zu einer Differenzierung bzw. zur Wertschaffung in besonderem Maße beitragen. Die Geschäftsfelder, in denen ein eindeutiger Wettbewerbsvorteil durch Differenzierung hinsichtlich Qualität,

53 Vgl. Zook/Allen (2001), S. 45 ff.

Dienstleistung etc. besteht und die auf gemeinsam genutzten oder verbundenen Kompetenzen basieren, gehören zum Kerngeschäft.

- **Wettbewerber:** Es wird festgestellt, welche Unternehmen auf den Wertschöpfungsstufen oder Vertriebskanälen zu den bestehenden Geschäftsaktivitäten im Wettbewerb stehen. Die Geschäftsfelder, in denen Marktführerschaft besteht, gehören zum Kerngeschäft.

Das Kerngeschäft wird demnach verstanden als eine Kombination von profitablen Geschäftsaktivitäten, die eine gemeinsame Kundenbasis bedienen, über gemeinsame Kompetenzen für eine differenzierte Angebotserstellung verfügen und nach dem Prinzip der Teilbarkeit die damit verbundenen Kosten teilen und gleiche Wettbewerber entlang der Wertkette aufweisen.[54]

Auf der Basis dieser einheitlichen und umfassenden Bewertung interner und externer Faktoren wird ein hohes Maß an Transparenz im Portfolio der bestehenden Geschäftsaktivitäten realisiert, sodass die Ressourcen in den folgenden Schritten auf das Kerngeschäft allokiert werden können. Dabei hilft auch die Erkenntnis, dass bestimmte Geschäftsfelder nicht zum Kerngeschäft gehören.

2. Das Kerngeschäft festigen und ausbauen

Auf dieser Stufe stehen Entscheidungen zur Stärkung des Kerngeschäfts im Mittelpunkt. Dies wird durch kontinuierliche Reinvestitionen in das Kerngeschäft erreicht, um dessen Potenzial voll auszuschöpfen und damit steigende Erträge aus dem nachhaltigen Aufbau von Marktführerschaft zu realisieren. Dies umfasst strategische Maßnahmen zur Verteidigung oder zum Ausbau der Wettbewerbsposition, zur Beeinflussung der Marktdynamik und zur Stärkung der Finanzkraft für die Finanzierung von Wachstumsmaßnahmen in angrenzende Marktsegmente.

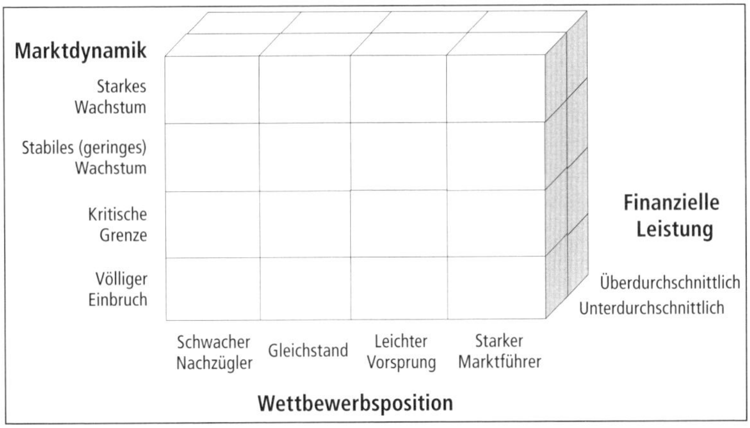

Abbildung 4.10: Performancemessung im Kerngeschäft, *Quelle: in Anlehnung an Zook / Seidensticker (2010, S. 108)*

Entlang der beschriebenen Dimensionen stärken die Investitionen in das Anlagevermögen, in die Forschung und Entwicklung, in die Werbung und in den Markenaufbau das langfristige profitable Wachstum im Kerngeschäft. Die relative Investitionsrate kann als Indikator für die Wettbewerbsdynamik in einer Branche herangezogen wer-

54 Vgl. Zook/Allen (2010), S. 59 sowie ausführlich Zook/Allen (2012), S. 52 ff.

den. Überdurchschnittliche Investitionen in die Kerngeschäfte können als Quelle nachhaltiger Shareholder-Value-Maximierung dienen.[55]

Die Wettbewerbsposition wird dabei als zentraler Ansatzpunkt für den Zugriff auf das Gewinnreservoir, sog. *Profitpool,* der Branche betrachtet.[56] Entsprechend dem Verständnis des Wertnetzwerks wird das Kerngeschäft im Beziehungsgeflecht aus Zulieferern auf unterschiedlichen Wertschöpfungsstufen sowie Kunden, Wettbewerbern und Querverbindungen zwischen diesen Akteuren im Wertnetzwerk verortet. Sämtliche Verbindungen können Quellen für eine überlegene Wertschöpfung darstellen. Eine Wettbewerbsposition als Marktführer im Kerngeschäft hat einen zentralen Einfluss auf die Gestaltung der Beziehungen im Wertnetzwerk und damit eine gewisse Kontrolle über den Profitpool der Branche.

Zur Bestimmung der erforderlichen Investitionen in das Kerngeschäft und zur Ressourcenallokation können Schwellenwerte auf der Basis von Benchmarkinganalysen oder Clusteranalysen festgelegt werden. Diese umfassen u. a. Umsatz, Umsatzwachstum, Deckungsbeitrag, relativen Marktanteil und Marktanteilsveränderung. Die Darstellung der Geschäftsfelder kann in einer multifaktoriellen Portfoliomatrix erfolgen.

Die Beurteilung der vollen Ausschöpfung des Potenzials wird anhand unterschiedlicher Indikatoren vorgenommen. Ein abnehmender Ausgabenanteil am zur Verfügung stehenden Budget des Kunden, sog. *Share of Wallet,* bei den wichtigsten Kundengruppen signalisiert Sättigung. Eine steigende relative Investitionsquote oder zunehmende Marktanteile der Wettbewerber deuten auf eine Gefährdung bzw. Schwächung des Kerngeschäfts hin. Die Steigung der Erfahrungskurve bei den Stückkosten kann als Indikator für die Möglichkeiten oder Grenzen des weiteren Wachstums herangezogen werden. Eine zunehmende Komplexität der Produkte oder der Prozesse kann einen Hinweis auf eine Verwässerung des Kerngeschäfts darstellen.[57]

3. Angrenzende Marktsegmente aus starkem Kern erschließen

Erst nachdem das Kerngeschäft definiert und gefestigt worden ist, kann eine profitable Expansion in angrenzende bzw. verwandte Geschäfte erfolgen, die auf der gemeinsamen Wachstumsplattform des Kerngeschäfts basiert. Je größer und dynamischer das Kerngeschäft aufgestellt ist, desto vielfältiger sind in der Regel die Möglichkeiten, in angrenzende Marktsegmente zu expandieren. Daher ist eine systematische Klassifikation der in Betracht kommenden angrenzenden Marktsegmente notwendig. Eine hilfreiche Form stellt die grafische Darstellung mittels Karten oder Netzwerkstrukturen dar. Die Expansionsalternativen werden dabei als Verzweigungen in den Knotenpunkten entlang möglicher Wachstumspfade aus dem Geschäftskern heraus dargestellt.[58] Der grundlegende Gedanke des Kerngeschäftsansatzes ist der Vorstoß in angrenzende Marktsegmente durch organische Wachstumsmaßnahmen, d. h. auf der Basis bestehender und für die Erweiterung geeigneter Ressourcen und Kompetenzen. Eine alternative Möglichkeit besteht auch in der Akquisition komplementärer Geschäfte in den angrenzenden Marktsegmenten, sog. *Bolt-on-Acquisitions.*

55 Vgl. Zook/Allen (2010), S. 82.

56 Eine ausführliche Erläuterung und Beispiele zur Identifikation und Analyse von Gewinnreservoiren finden sich in *Kapitel 2.1 Unternehmensgrenze und Wertnetzwerk definieren.*

57 Vgl. Zook (2004), S. 133.

58 Vgl. Zook/Allen (2010), S. 106 ff.

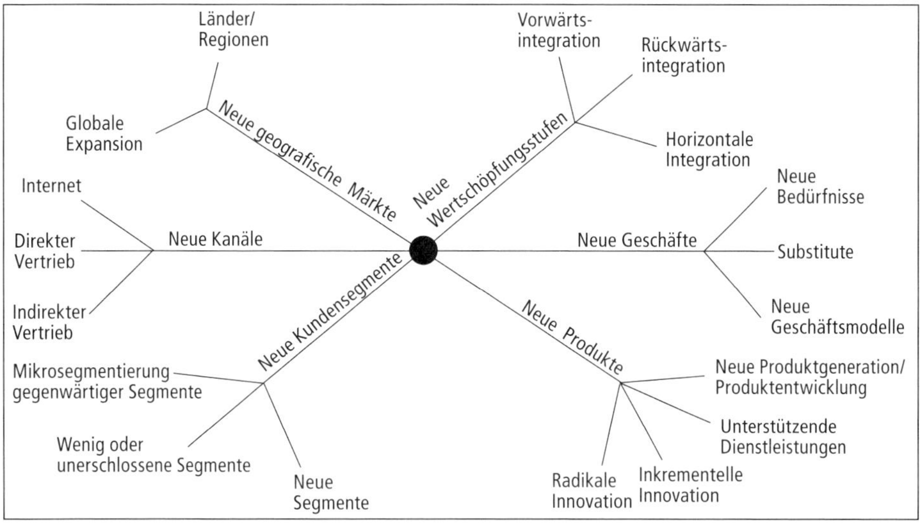

Abbildung 4.11: Netzwerkdarstellung angrenzender Marktsegmente, *Quelle: Zook / Allen (2001, S. 107)*

Diese systematische Bestandsaufnahme bildet den Raum strategischer Wachstumsoptionen umfänglich ab. Beispielsweise können in den Dimensionen angrenzende Kundensegmente, Produktsegmente, Vertriebskanäle, geografische Märkte, Wertschöpfungsstufen oder Geschäftsaktivitäten die bestehenden Optionen abgetragen werden. Eine weitere Möglichkeit bietet die Darstellung der Alternativen entsprechend ihrer Distanz zum Kerngeschäft. Dabei kann die Analyse der Gemeinsamkeiten als Indikator für die Distanz der Geschäftsaktivitäten bzw. den Integrationsgrad herangezogen werden, sodass unterschiedliche Entfernungscluster, z. B. geringe, mittlere und hohe Entfernung, differenziert werden. Die Distanz ist umso geringer, je umfangreicher die gemeinsame Basis an Kunden, Kosten, Vertriebskanälen, Fähigkeiten und Wettbewerbern ausfällt.

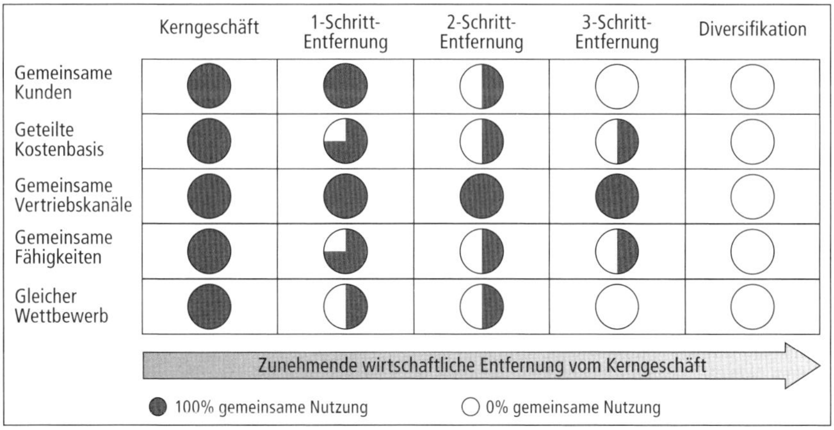

Abbildung 4.12: Distanz zum Kerngeschäft, *Quelle: Bain (2010, S. 10)*

Eine profitable Expansion aus dem Kerngeschäft erfolgt nach dem Prinzip der Wiederholbarkeit von Geschäftsaktivitäten im Kerngeschäft. Die Auswahl der angrenzenden Geschäftsfelder für die Expansion erfolgt mittels Prioritätenlisten auf der Basis von qualitativen und quantitativen Bewertungskriterien wie etwa die potenzielle Segmentgröße, die Ausprägung und Stärke der Wettbewerbsvorteile, den Offensiv- oder Defensivcharakter für das Kerngeschäft, die Langzeitperspektive sowie daraus folgende Optionen für eine mehrstufige Expansionsstrategie aus dem Kern.

Die Beurteilung der eigenen existierenden bzw. aufzubauenden Fähigkeiten in den angrenzenden Geschäftsfeldern ist von zentraler Bedeutung und folgt dem Gedanken, auch dort mittelfristig die Marktführerschaft zu erlangen. Im Sinne einer nachhaltigen, kontinuierlichen und vor allem konsistenten Expansionsstrategie sollen die Investitionen in angrenzende und neue Marktsegmente, neue geografische Märkte, oder technische Innovationen und Vertriebskanäle nur dann erfolgen, wenn ein Geschäfts- und Markterfolg auf der Basis gemeinsamer Kompetenzen wiederholbar erscheint.

4. Kerngeschäft repositionieren

In regelmäßigen Abständen und in Abhängigkeit der Markt- und Geschäftsentwicklung ist zu überprüfen, ob das Kerngeschäft repositioniert werden muss. Dabei ist situativ zu unterscheiden, ob es sich um eine grundlegende Veränderung des Geschäftsmodells im Kerngeschäft handelt und daher eine sofortige Anpassung erfordert, oder um neue Geschäftsfeldgrenzen und -definitionen, die beispielsweise für Kunden wichtiger und für das Unternehmen profitabler werden und eine schrittweise Anpassung ermöglichen.

Das Spektrum der Ansätze zur Repositionierung des Kerngeschäfts reicht in Abhängigkeit der konkreten Situation von vollständiger Integration neuer Geschäftsfelder in den Kern bis hin zu Separation oder Desinvestition von Geschäften. Eine Integration von Geschäftsfeldern in das Kerngeschäft empfiehlt sich bei verfügbaren Kompetenzen und Wissen, einer kontrollierbaren Kannibalisierung neuer Geschäfte mit dem Kerngeschäft oder einer mittel- bis langfristigen Anpassungs- bzw. Integrationsgeschwindigkeit.[59]

Kritische Würdigung: In der langfristigen Betrachtung ist davon auszugehen, dass eine strukturelle Repositionierung des Kerngeschäfts zwangsläufig notwendig wird aufgrund der Markt- und Wettbewerbsdynamik. Daher müssen sich kontinuierliche Anpassungen an neue Rahmenbedingungen und Veränderungen des Branchenumfelds in den Investitionsentscheidungen wiederfinden.[60]

4.5 Dynamische Strategien entwickeln

Das Wettbewerbsumfeld ist in zahlreichen Branchen zunehmend durch Unsicherheit, Komplexität und eine wachsende Dynamik gekennzeichnet. Somit wird der Wettbewerbszyklus, der die Abfolge von Handlungen der Wettbewerber beschreibt, intensiver und schneller. Diese Entwicklung drückt sich z. B. in aggressivem Wettbewerbsverhalten bei der Preissetzung und verkürzten Reaktionszeiten auf Verhaltensweisen von Wettbewerbern aus. Bestehende Marktpositionen und Eintrittsbarrieren sind permanent angreifbar. Die Eskalation von Wettbewerbsinteraktionen erfolgt entlang eines mehrstufigen Prozesses. Dabei verschieben sich zunächst die Wettbewerbsparameter und schließlich wird die gesamte Branchenstruktur durch den **Hyperwettbewerb** umgewälzt.[61]

59 Vgl. Zook/Allen (2010), S. 188.
60 Vgl. Johnson/Scholes/Whittington (2011), S. 114.
61 Vgl. D'Aveni (1995), S. 47 ff.

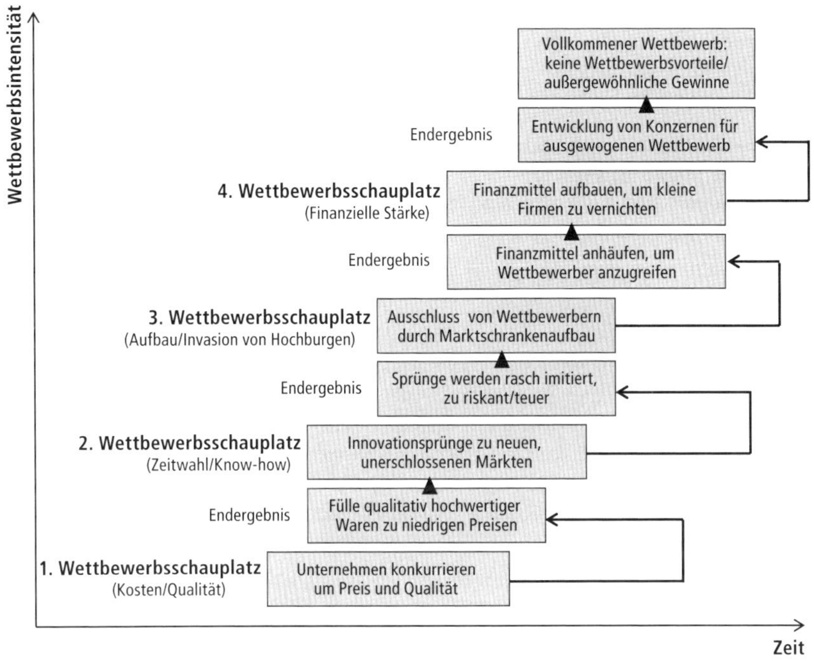

Abbildung 4.13: Wettbewerbsschauplätze im Hyperwettbewerb, *Quelle: in Anlehnung an D'Aveni (1995, S. 48)*

In der Ausgangssituation konvergiert das Wettbewerbsverhalten von **Kosten- und Qualitätsführerschaft** schrittweise zu einem hoch qualitativen und ausdifferenzierten Angebot auf einem gleichzeitig niedrigen Preisniveau. Diese Entwicklung beginnt, sobald die Produktqualität in einer reifen Branche ein relativ vergleichbares Niveau erreicht hat und in der Folge Marktanteilsgewinne ausschließlich durch aggressive Preissenkungen errungen werden. Diese Interaktion initiiert eine Preis-Qualitäts-Spirale, die durch gleichzeitige Preisreduktionen und Qualitätssteigerungen in einem intensiven Wettbewerbsprozess gekennzeichnet ist und im Ergebnis eine sinkende Profitabilität für alle Beteiligten bedeutet.

Auf der folgenden Stufe verlagert sich das Wettbewerbsverhalten auf **Innovationen** zur Erlangung von Wettbewerbsvorteilen in bereits existierenden oder neuen Marktsegmenten. Die Reaktion der Wettbewerber erfolgt schnell durch Imitation, um den Innovationsgewinn des *First Mover* zu begrenzen. Die Wettbewerber konzentrieren sich darauf, als *Second Mover* in kürzester Zeit ein gegebenenfalls leicht verbessertes, aber grundsätzlich ähnliches Angebot auf den Markt zu bringen. Die kurze Reaktionszeit und die gegenseitigen Nachahmungszyklen führen zu einer beschleunigten Angleichung der Wettbewerbspositionen, sodass die Innovation als solche keinen Wettbewerbsvorteil mehr darstellt. Stattdessen besteht der Wettbewerb im Aufbau einer Ressourcenbasis und Unternehmensorganisation, die es zum richtigen Zeitpunkt und in kürzester Zeit ermöglicht, entweder als Erstanbieter oder als Imitator zu agieren.

Daran schließt sich der **Aufbau von Marktschranken** auf dem Gesamtmarkt an, mit dem Ziel, potenzielle Wettbewerber auszugrenzen.[62] Marktschranken werden in dem Hyper-

62 Eine umfassende Darstellung zum Aufbau von Marktschranken findet sich in *Kapitel 1.2.2 Marktschranken identifizieren*.

wettbewerbsansatz als dynamisch unterstellt und erodieren im Zeitablauf, sodass sie nur temporär wirksam sind. In der Zeit, in der Marktschranken bestehen, werden vor allem finanzielle Ressourcen angesammelt, um die Marktposition von Wettbewerbern anzugreifen oder selbst eine starke und verteidigungsfähige Position aufzubauen.

Auf der letzten Stufe werden die vorhandenen finanziellen Ressourcen genutzt, um den **Markt zu konsolidieren** und vor allem kleinere und mittlere Wettbewerber aus dem Markt zu drängen oder diese aufzukaufen. Im Ergebnis stehen sich große Unternehmen auf einem globalen Markt gegenüber.

Entlang des Eskalationspfads ist die Branchenstruktur nicht stabil, sondern einem fortlaufenden und sich beschleunigenden Wandel unterworfen. Damit einhergehend erodieren langfristige Wettbewerbsvorteile zunehmend und stellen bestenfalls temporäre Vorteile dar. Aus diesem Notstand strategischer Planung macht D'Aveni eine Tugend und greift in einem solchen hyperkompetitiven Wettbewerbsumfeld auf das Konzept der kreativen Zerstörung im Sinne Schumpeters zurück: „*Statt nach dauerhaften Wettbewerbsvorteilen zu suchen, konzentrieren sich Strategen im neuen Wettbewerbsumfeld nun auf den Aufbau einer Reihe temporärer Vorteile. Statt Stabilität und Gleichgewicht wird nun die Erschütterung des Status Quo zum strategischen Ziel.*"[63]

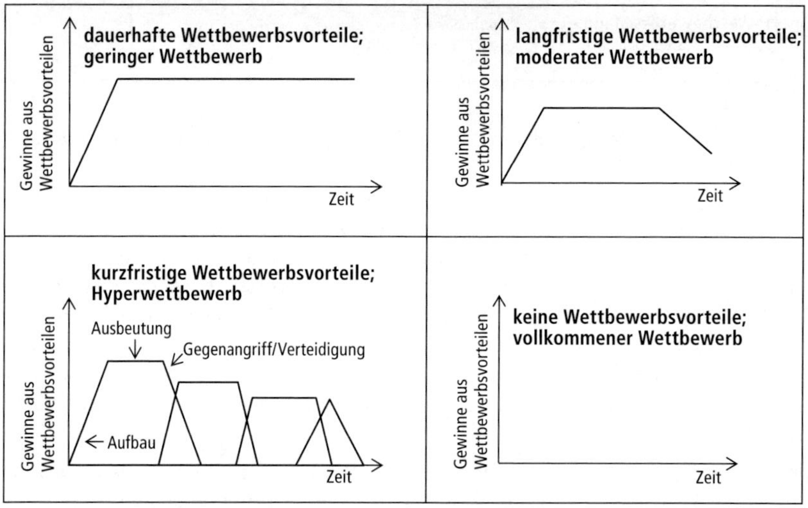

Abbildung 4.14: Dauerhaftigkeit von Wettbewerbsvorteilen

Nur solange der Wettbewerbsvorteil zu überdurchschnittlichen Gewinnen beiträgt, wird eine Strategie auf dieser Grundlage realisiert. Bei Angriffen auf diese Wettbewerbsvorteile werden diese zerstört und parallel neue bzw. andere Wettbewerbsvorteile aufgebaut. Ebenso werden Vorteile der Wettbewerber gezielt angegriffen, um die Gewinngrundlage zu zerstören. Dieser strategische Ansatz stellt damit eine langfristige, d. h. statische Strategieformulierung in Frage und empfiehlt generell **dynamische Strategien** auf der Grundlage der folgenden zentralen Voraussetzungen:[64]

- hervorragende Prognosefähigkeiten zukünftiger Wettbewerbsdynamik;
- frühzeitige Beeinflussung des Wettbewerbsprozesses;

63 D'Aveni, (1995), S. 26.
64 Vgl. D'Aveni (1995), S. 284 ff.

- hohe Veränderungsbereitschaft und Anpassungsfähigkeit der Organisation;
- effiziente Prozesse für eine zeitnahe und effektive Implementierung.

Kritische Würdigung: Dieser Ansatz beschreibt eine Entwicklung, die vor allem in stagnierenden Branchen zu beobachten ist, und berücksichtigt in hohem Maße die kreativen und temporären Aspekte der Strategieentwicklung in Abhängigkeit von strategischen Interaktionen im Wettbewerbsumfeld. Allerdings fehlen diesem Ansatz konkrete Gestaltungsempfehlungen. Die Notwendigkeit strategischer Anpassung und der Einsatz von möglichen Methoden und Instrumenten werden in den folgenden Kapiteln beschrieben.

4.6 Im Merger Endgame überleben

Zahlreiche Branchen weisen im Zeitablauf ein ähnliches Entwicklungsmuster auf, das von zunehmender Konsolidierung durch Fusionsaktivitäten geprägt ist und sich durch die *Merger-Endgame-Kurve* beschreiben lässt.[65] Auf der Abszisse wird der Zeitverlauf abgetragen und auf den Ordinaten die Konzentrationsrate in der Branche gemessen an der CR3 sowie am HHI.[66] Auf der Basis des empirisch ermittelten Zusammenhangs von Konzentrationsrate und Zeitverlauf werden Handlungsempfehlungen und Verhaltensweisen in Abhängigkeit des Branchenlebenszyklus abgeleitet.

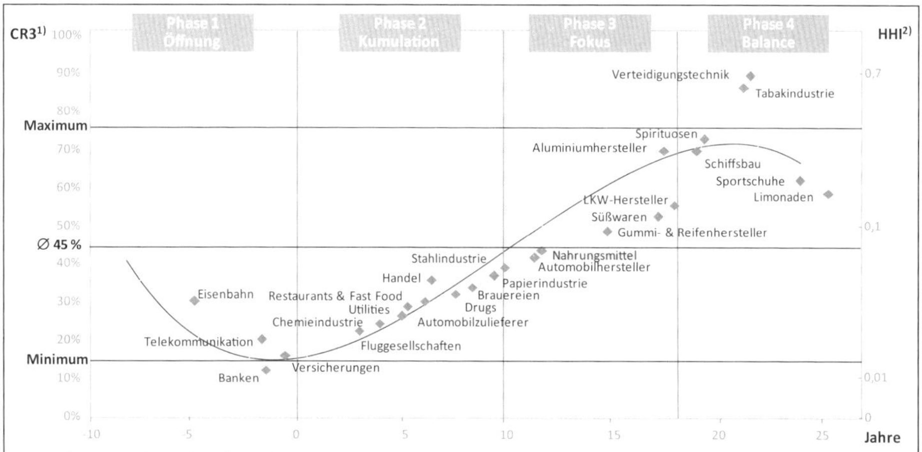

1) CR3 = Marktanteil der drei größten Unternehmen gemessen mit der Value-Building-Growth Datenbank (25.000 Unternehmen)
2) HHI = Herfindahl-Hirschmann-Index

Abbildung 4.15: Merger-Endgame-Kurve, *Quelle: Kröger et al. (2002)*

In der Öffnungsphase (*Opening*) ist die Branche in der Regel nicht oder nur geringfügig konzentriert. Entweder handelt es sich um tatsächlich neue bzw. junge Branchen oder gerade deregulierte Branchen. In dieser Phase sollten sich die Unternehmen auf die attraktivsten Marktsegmente konzentrieren und Wettbewerbsvorteile aggressiv aufbauen und schnell wachsen.

65 Basierend auf einer umfangreichen Untersuchung von 25.000 Unternehmen unterschiedlicher Branchen über einen Zeitraum von zwanzig Jahren haben Deans et al. (2002) die *Merger-Endgame-Kurve* ermittelt.

66 Die Konzentrationsmaße CR3 und HHI werden in *Kapitel 1.2.5 Marktphasen und Lebenszyklus bestimmen* erläutert.

Die Kumulationsphase (*Scale*) zeichnet sich durch ein ausgeprägtes Konsolidierungsverhalten aus und in der Folge zeigt sich eine zunehmende Konzentrationsrate. Überdurchschnittliches Wachstum durch Expansion und Akquisition werden empfohlen, um Marktanteile zu erobern und Skaleneffekte zu realisieren. In der Folge scheiden Unternehmen aus einem sich intensivierenden Wettbewerb aus, indem sie Nischen besetzen oder akquiriert werden.

In die Fokusphase (*Focus*) gelangen nur die Unternehmen, die den aggressiven Wettbewerb der Kumulationsphase überstanden haben. Diese Unternehmen müssen sich auf die Realisierung von Skaleneffekten festlegen und die realisierten Akquisitionen integrieren und konsolidieren, sodass die Ressourcen kostenoptimal eingesetzt werden.

Die Balancephase (*Balance*) beschreibt eine ausgewogene Wettbewerbssituation von wenigen großen Unternehmen, die einen globalen Markt innerhalb eines engen Oligopols unter sich aufteilen und größtmögliche Gewinne realisieren.

Dieser Ansatz nimmt an, dass grundsätzlich alle Branchen langfristig eine Entwicklung, die durch Konsolidierung getrieben ist, durchlaufen. Auf Basis dieses deterministischen Zusammenhangs sowie der durch den Konzentrationsgrad beschriebenen Entwicklungsstufe empfiehlt der Ansatz einen Wettbewerb um absolute und relative Unternehmensgröße. Dieses *Race for Size* wird vor allem durch externe Wachstumsquellen entschieden. Akquisitionen stellen damit einen zentralen Bestandteil der Konsolidierungsstrategie dar, die sich aufgrund des Kapitalbedarfs insbesondere für die großen Unternehmen in einer Branche empfiehlt.

Als Alternative zur **Akquisitionsstrategie** werden in Abhängigkeit der Branchenentwicklung unterschiedliche Nischenstrategien empfohlen, die nicht nur für kleine und mittlere Unternehmen anwendbar sind, sondern auch für diversifizierte und große Unternehmen eine Option darstellen.[67]

Nischenstrategien erlauben in der Logik des *Merger Endgame* per se keine stabilen und nachhaltigen Wettbewerbsvorteile, sondern stellen lediglich Zeitfenster im Verlauf des Merger Endgame dar, d. h. eine temporäre Basis für Wettbewerbsvorteile. Dazu werden neun unterschiedliche Nischenstrategien empfohlen, die zwei grundsätzliche strategische Ausrichtungen für die langfristige Ausrichtung ermöglichen.

Eine **sequenzielle Nischenstrategie** erfordert einen unterschiedlichen Fokus und damit eine strategische Neuausrichtung in Zeitabständen von etwa jeweils fünf bis sechs Jahren und kommt für solche Unternehmen in Frage, die nicht zu den Konsolidierungsgewinnern zählen. Alternativ kann im Sinne eines Portfoliomanagements der optimale Zeitpunkt zur **Desinvestition** oder zum **Marktaustritt** bestimmt werden. Insofern trägt dieser strategische Ansatz zur weiteren Konsolidierung in der Branche bei. Die Nischenstrategien sollen so überdurchschnittlichen Wertzuwachs generieren und dabei helfen, den optimalen Zeitpunkt zum Marktaustritt zu bestimmen.

67 Vgl. Kröger et al. (2006), S. 31 ff.

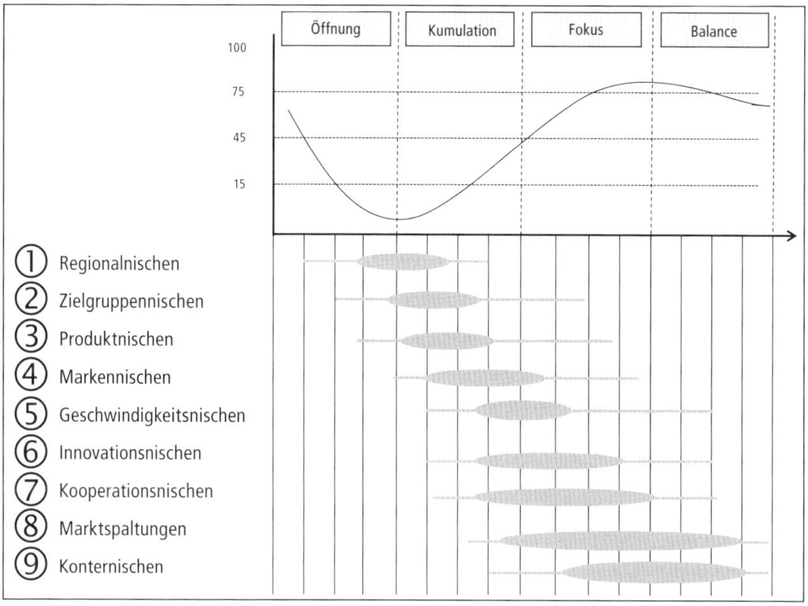

Abbildung 4.16: Nischenstrategien im Merger Endgame, *Quelle: in Anlehnung an Kröger et al. (2006)*

Kritische Würdigung: Eine zunehmende Konsolidierung ist im Zeitverlauf tatsächlich in den meisten Branchen zu beobachten. Die daraus entwickelten Gesetzmäßigkeiten und Handlungsempfehlungen der *Merger-Endgame-Kurve*, die eine solche Entwicklung für jede Branche in einem Zeitraum von 20 bis 25 Jahren prognostiziert und der sich entsprechend dem Ansatz kein Unternehmen entziehen kann, sind deterministisch und strukturalistisch:[68]

„Nachdem wir die Gesetzmäßigkeiten der Industriekonsolidierung erkannt haben, können wir langfristige Voraussagen über Fusionen treffen, und noch konkreter können wir vorhersagen, welche Unternehmen als Übernahmekandidaten gelten. Wir können berechnen, welche Unternehmen in welchem Zeitraum konsolidiert werden. Aber dieses Muster zu erkennen, ist erst der Anfang. Die wichtigste Entdeckung ist die, dass Unternehmen mit der Endgames-Kurve in die Zukunft blicken können. Damit können Unternehmen die Gesetzmäßigkeiten der Endgames-Kurve nutzen, um selbst zu den Gewinnern zu gehören.“[69]

Demnach wird es kaum einem Unternehmen möglich sein, durch eine organische Wachstumsstrategie im *Merger Endgame* zu überleben, da es sonst selbst akquiriert würde. Diesem Sachzwang können wiederum in der Realität zahlreiche Beispiele vor allem familiengeführter Unternehmen entgegengestellt werden, die führende Marktpositionen halten, ohne jemals eine Akquisition getätigt zu haben, wie z. B. das Unternehmen Teekanne. Darüber hinaus ist der Ansatz strukturalistisch, weil ausschließlich die Konzentrationsrate als Branchenstrukturmerkmal herangezogen wird. Die Vielzahl an Wettbewerbsparametern wird ausgeblendet und die bewusste Brechung der *Endgame-Logik* durch die Veränderung von Wettbewerbsparametern und das Schaffen von

68 Vgl. Kirsch et al. (2009), S. 200 ff.
69 Deans et al. (2002), S. 22 ff.

strategischen Freiräumen wird nicht in Betracht gezogen. Insofern stellt der *Merger-Endgame-Ansatz* eine Handlungsempfehlung für Unternehmen dar, die in einer bestehenden strategischen Gruppe in einem entwickelten Markt die Konsolidierung vorantreiben, und kann denjenigen Unternehmen als Analyseinstrument dienen, die rechtzeitig neue strategische Freiräume entwickeln wollen oder müssen.

4.7 Strategische Freiräume schaffen: Blue Ocean

In zahlreichen Märkten ergibt sich im Zeitverlauf eine deutliche Konvergenz zu einem ähnlichen Wettbewerbsverhalten vieler Unternehmen. Dieses entsteht durch die konsequente Fokussierung von Unternehmen auf die unmittelbaren Wettbewerber und die kontinuierliche Optimierung der in der Branche allgemein bestehenden Wettbewerbsparameter. In einem stagnierenden oder rückläufigen Markt mit einem ausdifferenzierten Produktsortiment ist häufig eine hohe Wettbewerbsintensität verbunden mit starkem Preisdruck und hohen Werbebudgets festzustellen. Die Branchenstruktur scheint zwischen den Unternehmen, die z. B. aufgrund ihrer Umsatzgröße einen erheblichen Einfluss auf den Markt und die Wettbewerbsparameter ausüben, voll ausdefiniert. In der Logik des *Tit-for-Tat* reagieren die Unternehmen in einem solchen Marktumfeld immer wieder auf dieselben Wettbewerbsparameter und erhöhen beständig den Preis- und Werbedruck, um relativ einen kurzzeitigen Vorteil zu erzielen, obwohl diese Wettbewerbsparameter bereits vollständig ausgereizt sind. Diese beschriebene Marktsituation erinnert an einen roten Ozean (*Red Ocean*), der durch verlustreichen Wettbewerb mit tiefroten Zahlen auf der Ergebnisseite und das Ausscheiden von Unternehmen aus dem Wettbewerb gekennzeichnet ist.[70] Strukturalistische Strategiekonzepte wie das *Merger Endgame* scheinen plausibel und richtig, da nur eine aktive Konsolidierung und die Realisierung von Größenvorteilen und Marktmacht zu einem nachhaltigen Wettbewerbsvorteil gereicht.

Dagegen stellt die systematische Identifikation und Entwicklung von **strategischen Freiräumen** einen vollkommen anderen strategischen Ansatz dar. Die strategischen Freiräume werden als blaue Ozeane (*Blue Ocean*) beschrieben und stellen Lücken zwischen den strategischen Gruppen in der Branche dar.[71] Diese strategischen Lücken werden von den Wettbewerbern aus unterschiedlichen Gründen nicht ausgenutzt; sei es mangels Marktforschung zu den relevanten Kundenbedürfnissen, unzureichenden Kompetenzen oder kognitiven Verzerrungen aufgrund reflexhaften Verhaltens vis-à-vis den direkten Wettbewerbern in der strategischen Gruppe. Der *Blue-Ocean-Ansatz* empfiehlt, diese Freiräume in der Branche zu erkennen und systematisch zu besetzen und zu entwickeln. Auf diese Weise können unbesetzte Felder auf der strategischen Karte mit geringer Wettbewerbsintensität besetzt und die Wettbewerbsparameter der Branche verändert werden. Blaue Ozeane stellen somit unberührte und neue Märkte dar, in denen es signifikant weniger Wettbewerb gibt, weil relativ große Unterschiede zwischen den Organisationen und Geschäftsmodellen gegenüber den Wettbewerbergruppen bestehen.[72]

70 Vgl. Kim/Mauborgne (2005), S. 4.

71 Das Konzept der strategischen Gruppen ist in *Kapitel 1.2.3 Strategische Gruppen identifizieren* dargestellt.

72 ebenda.

Die Identifikation dieser strategischen Freiräume erfolgt im ersten Schritt mittels einer sog. **strategischen Leinwand** (*Strategy Canvas*). Der Begriff wurde in die betriebswirtschaftliche Literatur für ein Instrument zur qualitativen Positionierung eingeführt.[73] Auf der strategischen Leinwand kann zunächst die relative Leistung von Unternehmen aus der Kundensicht anhand kritischer Erfolgsfaktoren vergleichbar gemacht werden, wie in der Abbildung am Beispiel eines Vergleichs von einem Discountfriseur gegenüber traditionellen Coiffeuren verdeutlicht.

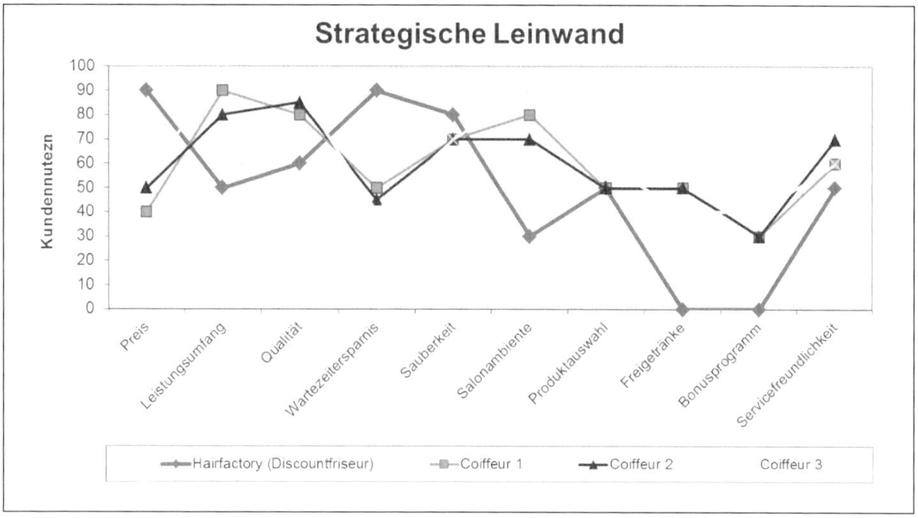

Abbildung 4.17: Strategische Leinwand

Die kritischen Erfolgsfaktoren umfassen Produkteigenschaften bzw. Leistungsdimensionen, die von einer relevanten Kundengruppe als besonders wichtig eingeschätzt werden oder einen möglichen Kostenvorteil darstellen können. Diese Erfolgsfaktoren können im Markt bereits gegenwärtig als Wettbewerbsparameter bedeutsam sein und oder ein noch unbefriedigtes Kundenbedürfnis darstellen. Die Bewertung aus Kundensicht erfolgt anhand von Nutzenkurven, die zur Visualisierung dienen und die Wahrnehmung der relativen Leistungen je Wettbewerber für alle kritischen Erfolgsfaktoren einzeln beschreiben. Die vollständige Kenntnis und Bewertung dieser Erfolgsfaktoren bildet das Fundament für den Aufbau eines Wettbewerbsvorteils.

In einem zweiten Schritt werden die **Nutzenprofile** der Wettbewerber und des betreffenden Unternehmens verglichen, mit dem Ziel, sogenannte Nutzeninnovation zu identifizieren. Der Grundgedanke besteht darin, den gleichzeitigen Wettbewerb auf allen kritischen Erfolgsfaktoren zu vermeiden und stattdessen den Fokus auf wenige entscheidende und idealerweise neue Erfolgsfaktoren zu konzentrieren. Diesem Ansatz folgend bieten sich die nachfolgend abgebildeten Hebel an.

---

73 Vgl. Kim/Mauborgne (2005), S 25. In der Malerei ist die Leinwand das Gewebematerial, das als Farbträger dient. In der Schneiderei ist der Canvas das Gerüst, auf dem ein Maßanzug aufgebaut wird. Dieser wird dem Träger auf den Leib geschneidert und trägt den sichtbaren Außenstoff sowie das Innenfutter. Er ist für die perfekte Passform des Anzugs verantwortlich. Um ein natürliches Fließen des Außenstoffs zu erreichen, werden dieser und das Innenfutter von Hand an den Canvas angenäht.

Hebel	Wettbewerb in roten Ozeanen		Schaffung blauer Ozeane
Branchenabgrenzung	Fokus auf direkte Wettbewerber innerhalb der Branche	→	Chancen in angrenzenden Substitutsbranchen ermitteln
Gruppenzugehörigkeit	Fokus auf einen Wettbewerbsvorteil in der bestehenden strategischen Gruppe	→	Freiräume zwischen strategischen Gruppen in der Branche identifizieren
Kundensegmentierung	Fokus auf besseren Service für die bestehende Käufergruppe	→	Kundensegmente und Vertriebskanäle neu abgrenzen oder definieren
Leistungsumfang	Fokus auf maximalen Wert des Leistungsangebots in den bestehenden Grenzen	→	Komplementärprodukte oder -dienstleistungen anbieten
Bedürfnisorientierung	Fokus auf verbessertes Preis-Leistungs-Verhältnis bei gegebenen Bedürfnissen	→	Kritische Erfolgsfaktoren bedürfnisorientiert neu gestalten
Zeit	Fokus auf Anpassung an externe Trends bei Unausweichlichkeit	→	Trends im Zeitablauf frühzeitig erkennen und aktiv mitgestalten

Abbildung 4.18: Hebel zur Schaffung blauer Ozeane, *Quelle: in Anlehnung an Kim / Mauborgne (2005, S. 79)*

Die systematische Angebotsanpassung bzw. -erweiterung in Richtung von Substitutsbranchen oder Komplementärprodukten und -dienstleistungen kann die Bedeutung und Gewichtung der Wettbewerbsparameter in der Branche verändern. Ebenfalls von zentraler Bedeutung können eine neue Abgrenzung von Kundensegmenten oder die Rekonfiguration von Vertriebskanälen sein. Im Laufe der Zeit können auch Markttrends zielgerichtet und von Beginn an mitgestaltet werden. Ein wesentlicher Hebel zur Identifikation neuer Markträume liegt darin, herausragende Leistungen bei bestehenden Erfolgsfaktoren oder auf neue kritische Erfolgsfaktoren, die einen bisher unerkannten oder unerfüllten Kundennutzen befriedigen, zu fokussieren.

Damit die kritischen Erfolgsfaktoren nutzenorientiert gestaltet werden können, empfiehlt sich eine Analyse der wesentlichen Werttreiber entlang des Kauferfahrungsprozesses.[74] Auf jeder Stufe der Kauferfahrung, die in einer zeitlich gestaffelten Abfolge vom Kauf bis zur Entsorgung reicht, müssen die Qualität der Kundenerfahrung sowie die Hemmnisse maximalen Kundennutzens ermittelt werden, damit ein außergewöhnlicher Kundennutzen geschaffen werden kann. Insbesondere sollten die größten Hemmnisse für einen höheren Kundennutzen untersucht werden, da diese gleichzeitig das größte Potenzial für Verbesserung und Differenzierung bieten.

Die sechs Stufen der Kauferfahrung

Die sechs Wettbewerber	1. Kauf	2. Lieferung	3. Nutzung	4. Zubehör	5. Instandhaltung	6. Entsorgung
Funktionsnutzen	***Worin bestehen die größten Hemmnisse in Bezug auf den Funktionsnutzen bei Kauf, ...?***					
Einfachheit	***Worin bestehen die größten Hemmnisse in Bezug auf die Einfachheit bei Kauf, ...?***					
Komfort	***Worin bestehen die größten Hemmnisse in Bezug auf den Komfort bei Kauf, ...?***					
Risiken	***Worin bestehen die größten Hemmnisse in Bezug auf die Risiken bei Kauf, ...?***					
Unterhaltung	***Worin bestehen die größten Hemmnisse in Bezug auf die Unterhaltung bei Kauf, ...?***					
Nachhaltigkeit	***Worin bestehen die größten Hemmnisse in Bezug auf die Nachhaltigkeit bei Kauf, ...?***					

Abbildung 4.19: Werttreiber im Kauferfahrungsprozess, *Quelle: in Anlehnung an Kim / Mauborgne (2005, S. 124)*

74 Vgl. Kim/Mauborgne (2000), S. 131.

In einem dritten Schritt kann eine **differenzierte strategische Leinwand** erarbeitet und die Akzeptanz an wichtigen Kunden, Zulieferern und auch neuen Zielgruppen getestet werden. Ein Unternehmen, das die erfolgskritischen Gestaltungsparameter derart orchestriert, sodass eine differenzierte und klar profilierte Nutzenkurve entsteht, und dabei neue Gestaltungselemente in die Branche einführt, kann zentrale Grundannahmen und Wettbewerbsverhalten in der Branche verändern und so einen Wettbewerbsvorteil erlangen. Die Schwerpunkte sollten gleichzeitig als werterhöhend und kostensenkend gesetzt werden und sich konsequent am Kundennutzen orientieren. Eine Struktur zur systematischen Entwicklung von neuen Märkten bietet der folgende Handlungsrahmen, der die Beantwortung zentraler Fragen zu den bestehenden **Gestaltungsparametern** des Produkt- und Leistungsangebots in der Branche stellt[75]:

- **Weglassen:** Welche Gestaltungsparameter, die in der Branche bisher als allgemein gültig erachtet wurden, sollten weggelassen werden, um veränderte Kundenbedürfnisse besser und differenziert zu erfüllen?
- **Reduzieren:** Welche Gestaltungsparameter sollten auf ein Niveau unterhalb des Branchenstandards reduziert werden, um eine kostenintensive bzw. irrelevante Differenzierung zu vermeiden?
- **Steigern:** Welche Gestaltungselemente sollten auf ein Niveau deutlich oberhalb des Branchenstandards erhöht werden, damit eine klare und differenzierte Profilierung gegenüber Wettbewerbern erkennbar ist?
- **Erschaffen:** Welche vollständig neuen Gestaltungselemente, die in der Branche bisher keine Bedeutung hatten, sollten in das Produkt- bzw. Leistungsangebot integriert werden?

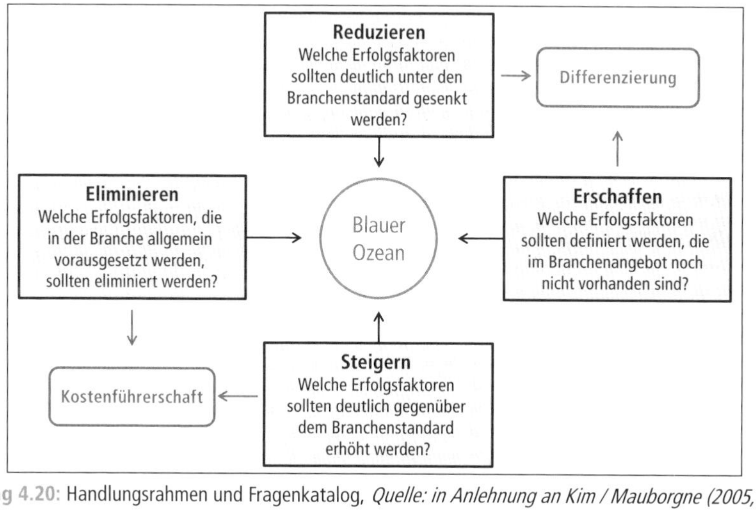

Abbildung 4.20: Handlungsrahmen und Fragenkatalog, *Quelle: in Anlehnung an Kim / Mauborgne (2005, S. 29)*

Im abschließenden vierten Schritt sollten die **Veränderungen im Nutzenprofil** auf der strategischen Leinwand dokumentiert werden und dabei diejenigen strategischen Optionen kombinieren, die zur Realisierung eines differenzierten Nutzenversprechens beitragen. Das **Nutzenversprechen** (*Value Proposition*) umfasst eine bedürfnisorientierte Kombination von differenzierenden Leistungsdimensionen entlang des Kauferfahrungsprozesses an eine abgegrenzte Zielgruppe.

75 Vgl. Kim/Mauborgne (2005), S. 29.

Die strategische Leinwand sollte zur Formulierung einer differenzierten und umsetzungsfähigen Strategie zusätzlich zu dem Nutzenversprechen um ein **Gewinnversprechen** (*Profit Proposition*) und ein **Gesellschaftsversprechen** (*People Proposition*), z. B. im Hinblick auf Nachhaltigkeit oder Umweltverträglichkeit, ergänzt werden, sodass die Finanzierungs- und Ertragsquellen zwecks Ressourcenausstattung und die Mitarbeiterperspektive zwecks glaubwürdiger Implementierung berücksichtigt werden.[76] Diese zentralen Aussagen repräsentieren bereits wesentliche Elemente des Geschäftsmodells.[77]

Bei der Auswahl der strategischen Optionen zur Gestaltung blauer Ozeane sind im Wesentlichen drei **Gestaltungsprinzipien** zu beachten:

Die **Fokussierung** (*Focus*) als erstes Gestaltungsprinzip beruht auf der Konzentration auf die wesentlichen kritischen Erfolgsfaktoren, in denen das betreffende Unternehmen als signifikant besser wahrgenommen wird im Vergleich zu den Wettbewerbern. In anderen kritischen Erfolgsfaktoren wird dagegen bewusst und geplant ein nur durchschnittliches oder ausreichendes Leistungsniveau erbracht, um die Unternehmensressourcen zu konzentrieren und effizient einzusetzen.

Die **Divergenz** (*Divergence*) als zweites Gestaltungsprinzip orchestriert die Gestaltungsparameter zu einer Gesamtleistung, die signifikante Leistungsunterschiede in dem Profil der Teilleistungen ermöglicht. Die einzigartige Kombination der Teilleistungen ergibt eine Profilierung, die im Vergleich zum Wettbewerb wahrnehmbar und eindeutig differenziert ist.

Die **Botschaft** (*Compelling Tagline*) als drittes Gestaltungsprinzip formuliert die Differenzierungsmerkmale als unmissverständliches und authentisches Versprechen an die Kunden.

Beispiel 4.2 Kundeninnovation bei Starbucks

Der Geschäftserfolg von Starbucks lässt sich mit Hilfe des Instrumentariums der *Blue-Ocean-Strategie* analysieren. Im Vergleich zu herkömmlichen Cafés eliminiert Starbucks gezielt einige Leistungsdimensionen, wie z. B. die Bedienung durch geschultes Personal am Tisch, und reduziert damit die Kosten. Hinsichtlich der Auswahl klassischer Kuchen, Torten und süßen Gebäcks reduziert das Unternehmen die Auswahl erheblich und damit ebenfalls die Komplexität und Kosten. Gleichzeitig erschafft Starbucks neue Leistungsdimensionen, wie z. B. das Angebot hochwertiger Kaffeesorten, die durch geschulte Barristas zubereitet werden und in einer gemütlichen Wohnzimmeratmosphäre getrunken werden können. Die Kundeninnovation führt damit neue Leistungsparameter in den Markt ein.

Kritische Würdigung: Es geht zwar auch in diesem Ansatz um Differenzierung vom Wettbewerb und um die Fokussierung der Unternehmensressourcen auf relevante Nutzendimensionen. Allerdings werden die Erkenntnisse aus der Branchenstrukturanalyse,

---

76 Vgl. Kim/Mauborgne (2009), S. 76 ff.

77 Eine ausführliche Erklärung der Geschäftsmodellkonzeption erfolgt in *Kapitel 6.3. Geschäftsmodell konzipieren.*

dem Benchmarking und der Ressourcenanalyse nicht per se als Aufforderung zur Verbesserung aller Erfolgsdimensionen gegenüber den Wettbewerbern herangezogen, sondern es werden gezielt die strategischen Lücken als Differenzierungspotenziale erkannt und besetzt. Der Konflikt von Fokussierung und Divergenz wird in diesem strategischen Konzept aufgehoben, in dem die Perspektive von den bestehenden Erfolgsfaktoren auf neue Wettbewerbsparameter gelenkt wird. Damit können durch Innovationen neue Märkte geschaffen und ein Ausweichen aus der bestehenden Wettbewerbsarena ermöglicht werden. Erfolgreiche Innovationen sind wertschaffend (*Value Innovation*) in dem Sinne, dass werterhöhende und kostensenkende Schwerpunkte kombiniert werden. Innovationen müssen dabei nicht zwangsläufig auf technologischen Neuerungen beruhen, sondern können in einer neuartigen Gestaltung des Gesamtangebots, wie z. B. einer Neudefinition des Markts oder der Kundensegmentierung, bestehen. Damit gewährt dieser strategische Ansatz einen neuen Blickwinkel auf einige der vorgestellten strategischen Konzepte und Managementinstrumente.

ZUSAMMENFASSUNG

Die Umsetzung von Strategien setzt eine kontextabhängige Strategieformulierung, eine rationale Strategieauswahl und eine umfassende Planung der Implementierung voraus. **Strategien** werden auf der Basis verschiedener strategischer Ansätze und Konzepte **formuliert**, die in Abhängigkeit des Branchenkontexts eine unterschiedliche Wirksamkeit entfalten und im Rahmen der anschließenden Strategieauswahl abgewogen werden müssen:

- Die **generischen Wettbewerbsstrategien** beschreiben eine grundsätzliche und ausschließliche strategische Stoßrichtung mit einem dominierenden und langfristigen Schwerpunkt für die Ressourcenallokation und die Wettbewerbspositionierung. Entsprechend der Quelle des Wettbewerbsvorteils können die Kostenführerschafts-, Differenzierungs- und Nischenstrategie unterschieden werden. Eine gleichzeitige Realisierung mehrerer strategischer Stoßrichtungen wird als *Stuck-in-the-Middle* bezeichnet und nicht empfohlen.
- Die **hybride Wettbewerbsstrategie** ist auf die gleichzeitige Realisierung von Kostenführerschafts- und Differenzierungsstrategie ausgerichtet und strebt damit nach einer *Outpacing-Position*, welche zu einer überlegenen Wettbewerbsposition in den zentralen Dimensionen Leistung und Kosten führt. Die *Outpacing-Position* kann sequenziell, multilokal oder simultan erreicht werden. Unter bestimmten strukturellen Marktbedingungen kann die hybride Wettbewerbsstrategie relevant und vorteilhaft sein.
- Die **Diversifikationsstrategien** umfassen strategische Optionen zur Ausweitung der Marktabdeckung und der Ausdehnung des Produkt- oder Leistungsprogramms in neue Geschäftsfelder. Damit werden bestehende Risiken gestreut und neue Wachstumschancen erschlossen. Die Diversifikationstypen können nach ihrer Diversifikationsrichtung in horizontal, vertikal und lateral unterschieden werden sowie nach ihrem Geschäftsbezug in verbundene und unverbundene Diversifikation.
- Die **Kerngeschäftsstrategie** setzt an den Grenzen der Diversifikation an und strebt nach einer Allokation der Ressourcen auf sog. Kerngeschäfte, d. h. Geschäftseinheiten, die auf der Basis gemeinsamer Kunden, geteilter Kosten, gebündelter Kompetenzen und führenden Markt- und Ertragspositionen in besonderer Weise zum langfristigen Unternehmenserfolg beitragen. Die Festigung und der Ausbau dieser Kerngeschäfte wird der Erschließung neuer angrenzender Geschäftsfelder, sog. *Adjacencies*, vorgezogen, da im Kerngeschäft die bestehenden Wettbewerbsvorteile zu einer überlegenen Marktposition und höheren Profitabilität führen.

- Im **Hyperwettbewerb** findet eine zunehmend intensive und sich beschleunigende Interaktion von Wettbewerbern entlang eines Eskalationspfads statt mit dem Ergebnis des Verlusts nachhaltiger Wettbewerbsvorteile. Als verbleibender Ausweg wird ein kontinuierlicher Zerstörungsprozess von Wettbewerbsvorteilen, gefolgt von einem raschen Aufbau neuer Wettbewerbsvorteile empfohlen. Dies setzt eine entsprechende Ressourcenbasis und organisatorische Fähigkeiten voraus, die eine permanente Anpassung und hohe Flexibilität an rechtzeitig erkannte Veränderungen in der Wettbewerbsdynamik ermöglichen.
- Im **Merger Endgame** nimmt die Wettbewerbsintensität aufgrund des Konsolidierungsdrucks im Verlauf des Branchenlebenszyklus stetig zu und erfordert entweder die Teilnahme am *Race for Size* und damit eine Beschleunigung der Konsolidierung mit dem Ergebnis, zu den größten Unternehmen in der Branche zu gehören. Alternativ wird eine Abfolge spezifischer Nischenstrategien vorgeschlagen, um dem Wettbewerbs- und Kostendruck der großen Wettbewerber auszuweichen.
- Die **Blue Ocean Strategy** empfiehlt einen Diagnose- und Handlungsrahmen für die Identifikation und Entwicklung strategischer Freiräume auf der Basis einer kontinuierlichen Orientierung am Kundennutzen bei gleichzeitiger Balance von kostenreduzierenden und wertschaffenden Maßnahmen. Die Gestaltungsparameter werden auf der strategischen Leinwand abgebildet und durch Elimination, Reduktion, Steigerung oder Erschaffung neu orchestriert. Sie dienen dabei dem Aufbau einer differenzierten Wettbewerbsposition.

Strategie auswählen

5

ÜBERBLICK

Lernziele

Nach der Lektüre dieses Kapitels sollen Sie in der Lage sein,

- strategische Handlungsoptionen mit Hilfe wertorientierter Messkonzepte zu bewerten und auszuwählen;
- Vorteile und Grenzen unterschiedlicher wertorientierter Messkonzepte zu beschreiben und derartige Messkonzepte branchen- und unternehmensspezifisch auszugestalten;
- strategische Hebel zur Wertsteigerung abzuleiten und zu definieren;
- strategische Handlungsoptionen auf Konsistenz zu prüfen und die Wertbeiträge und Risiken zu messen.

Das Ergebnis der vorausgegangenen Strategieformulierung besteht in alternativen strategischen Handlungsoptionen bzw. strategischen Programmen, die vollständig ausformulierte Strategien umfassen und deren Auswirkungen transparent darstellen. Die Aufgabe der Strategiebewertung und -auswahl besteht darin, die ausformulierten Strategiealternativen aus dem Strategiespektrum miteinander zu vergleichen und für die anschließende Implementierung auszuwählen. Dazu werden die Auswirkungen der Strategiealternativen auf die Unternehmensziele sowie die daraus abgeleiteten Geschäftsbereichsziele aufgezeigt und diejenigen Strategien mit der höchsten Zielwirksamkeit aus dem Spektrum aller formulierten Strategiealternativen ausgewählt.

Die Strategieauswahl ist somit direkt von den festgelegten Unternehmenszielen abhängig und auf die Zielhierarchie abzustimmen. Insofern sind unterschiedliche Bewertungskriterien entsprechend der Zielsetzungen denkbar, die sowohl qualitative Kriterien, wie z. B. Kunden- und Mitarbeiterzufriedenheit oder ökologische Verantwortung, als auch quantitative Kriterien, wie z. B. Marktanteile, Kosten und Gewinn, umfassen. Sämtliche Bewertungskriterien stehen in einer mittelbaren oder unmittelbaren Beziehung zum Unternehmenserfolg.

Da alle Strategiealternativen zum langfristigen Unternehmenserfolg beitragen sollen, ist allerdings nicht nur eine Bewertung der Strategien auf Basis von Umsatz, Kosten oder Gewinn erforderlich, sondern auch eine Berücksichtigung der Kosten des im Unternehmen eingesetzten Kapitals.[1] Solche Bewertungskonzepte, die eine langfristige Steigerung des Unternehmenserfolgs unter Berücksichtigung der Kapitalkosten verlangen, werden als **wertorientiert** bezeichnet und versuchen den Unternehmenswert zu maximieren. Daher werden im Folgenden wertorientierte Messkonzepte zur Strategiebewertung und -auswahl vorgestellt.

5.1 Rahmenbedingungen ausgestalten

Das Konzept wertorientierter Planung und Steuerung ist originär zur Bewertung von Wachstumsstrategien und Kapazitätserweiterungen entwickelt worden. Dabei stehen folgende Fragen im Vordergrund:

1 Vgl. Wehrheim/Schmitz (2001), S. 495 und ausführlich Rappaport (1999), S. 23.

- Welche Strategien schaffen den höchsten Unternehmenswert?
- Wie wirkt sich eine strategische Option auf den Unternehmenswert aus?
- Wie tragen unterschiedliche Geschäftseinheiten zum Unternehmenswert bei?
- Welche Investitionen schaffen bzw. vernichten Unternehmenswert?
- Welche Unternehmenswertsteigerung kann durch eine Akquisition erfolgen?

Es gibt eine Vielzahl wertorientierter Methoden, die sich in zwei grundsätzlich verschiedene Verfahren unterscheiden lassen:

- **Cashflow-orientierte Verfahren** sind an Zahlungsgrößen, d. h. Ein- und Auszahlungen, ausgerichtet und verwenden zur Bewertung die Kapitalwertmethode. In der betrieblichen Praxis wird häufig der Wert eines Geschäfts als diskontierter Wert zukünftiger betrieblicher Cashflows, sog. Barwert, ermittelt; dieses Verfahren wird als *Discounted Cashflow-Methode* (DCF-Methode) bezeichnet.[2] Nach diesem Verfahren wird die Strategiealternative ausgewählt, die den größten Wertzuwachs für den Gegenwartswert eines Geschäftsfelds realisiert.
- **Buchwertorientierte Verfahren** basieren auf bilanziellen Größen, d. h., die Daten der externen Rechnungslegung werden für die Ermittlung der Wertveränderung herangezogen. Die Wertveränderung wird als Differenz zwischen einer betrieblichen Gewinngröße einer Geschäftseinheit und ihren Kapitalkosten ermittelt. Eine in der Unternehmenspraxis häufig angewandte Methode ist die Bewertung mittels des *Economic Value Added* (EVA).[3]

Beide Verfahren sind für eine wertorientierte Strategiebewertung geeignet und werden nachfolgend ausführlich dargestellt. Die Festlegung auf eines der Verfahren hat einen erheblichen Einfluss auf die zu verwendenden Auswahlkriterien.

5.1.1 Zielsystem festlegen

Im Folgenden werden zwei der in der betrieblichen Praxis am häufigsten Verwendung findenden wertorientierten Ansätze zur systematischen Strategiebewertung dargestellt.

Strategiebewertung mittels Discounted Cashflow-Methode

Die **Barwertmethode** bzw. **DCF-Methode** bewertet Strategien auf der Basis der in einem Geschäft frei verfügbaren und erwarteten Zahlungsströme, sog. *Free Cash Flow*. Dazu werden die freien Cashflows (CF) aller zukünftigen Planungsperioden mit dem Diskontierungszinssatz i auf den Zeitpunkt t abgezinst. Die Summe der diskontierten Zahlungsströme wird als **Nettobarwert,** sog. *Net Present Value* (NPV), bezeichnet und errechnet sich nach folgender Formel:[4]

$$NPV = \frac{CF_1}{1+i} + \frac{CF_2}{(1+i)^2} + \ldots + \frac{CF_T}{(1+i)^t} = \sum_{t=1}^{T} \frac{CF_t}{(1+i)^t}$$

Die diskontierten Zahlungsströme sind nun vergleichbar und ermöglichen dadurch eine Bewertung von Strategiealternativen auf der Basis des Gegenwartswerts ihrer

2 Vgl. Rappaport (1999), S. 24 ff.
3 Vgl. Stewart (1991), S. 83 ff.
4 Die Formel entspricht der Berechnungsvariante mittels des Entity-Ansatzes; vgl. Hungenberg (2012), S. 288 ff. für detaillierte Ausführungen.

Zahlungsströme. Eine strategische Alternative ist nur dann positiv zu bewerten, wenn sie mindestens ihre Kapitalkosten abdeckt, d. h. einen positiven NPV ausweist.

Ausgehend von dem NPV, der sich aus der gegenwärtigen strategischen Ausrichtung einer Geschäftseinheit ergibt, müssen für die Bewertung und Auswahl aller zur Verfügung stehenden strategischen Handlungsoptionen jeweils die Wertbeiträge der einzelnen Strategiealternativen ermittelt werden. Dies geschieht auf der Grundlage der freien Cashflows für alle Perioden im Planungshorizont und des Endwerts einer jeden strategischen Alternative sowie der Kapitalkosten.

- **Freie Cashflows planen**

Der **freie Cashflow** resultiert aus dem Saldo der Ein- und Auszahlungen einer Planungsperiode abzüglich des Investitionssaldos in derselben Periode. Für die Bewertung einer Strategiealternative müssen die Auswirkungen auf die Ein- und Auszahlungen sowie die Investitionen oder Desinvestitionen durch die Realisierung einer Strategie berücksichtigt und in der formulierten Strategie ausgewiesen werden. Die Höhe der Ein- und Auszahlungen ist Ausdruck des Wettbewerbsvorteils, der durch die Realisierung einer bestimmten Strategiealternative erreicht wird, und lässt sich auf der Grundlage der Annahmen über z. B. Absatzmengen, Preise, Produktionsfaktorkosten oder Vermarktungsaktivitäten bestimmen.[5] Die direkte Ermittlung der freien Cashflows beginnt mit den Ein- und Auszahlungen. Alternativ kann die Ermittlung der freien Cashflows indirekt bei dem betrieblichen Ergebnis beginnen, wie nachfolgend dargestellt ist.[6]

Direkte Ermittlung	Indirekte Ermittlung
Umsatzeinzahlungen (aus Absatz)	**Ergebnis vor Zinsen und Steuern (EBIT)**
+ Sonstige betriebliche laufende Einzahlungen + Nichtbetriebliche laufende Einzahlungen - Betriebliche laufende Auszahlungen (für Material, Energie, Dienstleistungen, Informationen, Personal) - Nichtbetriebliche laufende Auszahlungen - Steuerauszahlungen (bei Eigenfinanzierung)	- Steuern (bei Eigenfinanzierung) +/- Abschreibungen/Zuschreibungen +/- Erhöhung/Verringerung von Rückstellungen
= Brutto-Cashflow	**= Brutto-Cashflow**
-/+ Investitionen/Desinvestitionen Anlagevermögen -/+ Erhöhung/Verringerung des Netto-Umlaufvermögens (Working Capital)	-/+ Investitionen/Desinvestitionen Anlagevermögen -/+ Erhöhung/Verringerung des Netto-Umlaufvermögens (WorkingCapital)
= Freier Cashflow	**= Freier Cashflow**

Abbildung 5.1: Ermittlung des freien Cashflows, *Quelle: Hungenberg (2012, S. 291)*

Zur Planung der freien Cashflows innerhalb des Planungshorizonts hilft die Verwendung von Wertgeneratoren. Dabei handelt es sich um die wesentlichen Einflussgrößen auf den freien Cashflow: Umsatzwachstum, Umsatzrendite, Nettoinvestitionen in das Anlage- und das Umlaufvermögen, Kapitalkosten und Steuern. Der Zusammenhang zwischen den Wertgeneratoren lässt sich im sog. **Shareholder-Value-Netzwerk** abbilden.[7] Die Wertgeneratoren beeinflussen die Bewertungskomponenten, die sich auf den Shareholder Value auswirken.

5 Vgl. Hungenberg (2012), S. 290.
6 Vgl. Hahn/Hungenberg (2001), S. 179.
7 Vgl. Rappaport (1999), S. 68 ff.

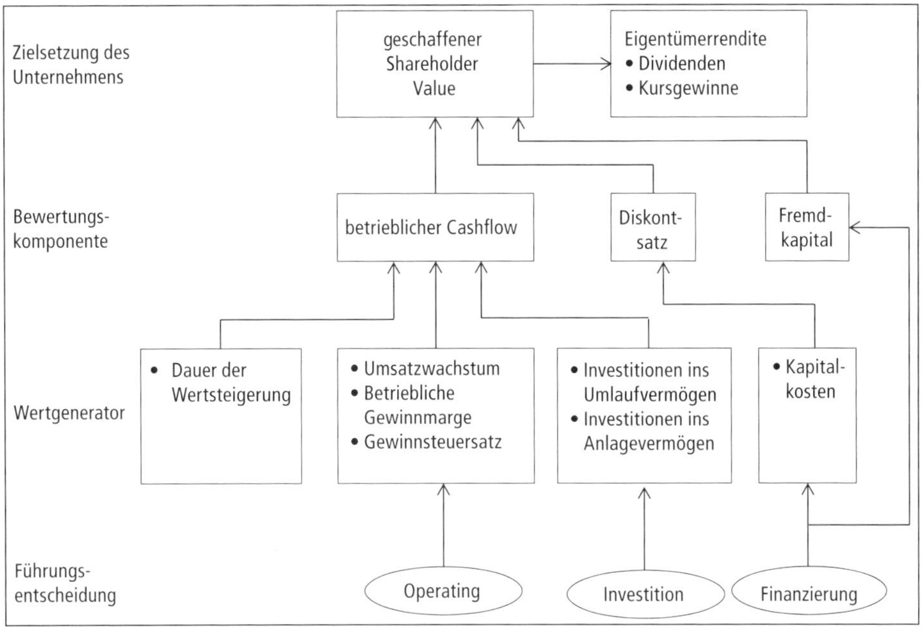

Abbildung 5.2: Wertgeneratoren im Shareholder-Value-Netzwerk, *Quelle: in Anlehnung an Rappaport (1999, S. 68) sowie Horváth (2013, S. 449)*

Die Planung auf der Basis von Wertgeneratoren ermöglicht es, Sensitivitätsanalysen durchzuführen und so die erfolgskritischen Wertgeneratoren zu identifizieren, die den strategischen Alternativen zugrunde liegen.

Planungshorizont festlegen

Der **Planungshorizont** beschreibt den Zeitraum, in dem der Cashflow periodenweise geplant wird. Nach dem Ende des Planungszeitraums werden vereinfachende, d. h. fortschreibende Annahmen getroffen, da aufgrund der weitreichenden Frist eine erhöhte Planungsunsicherheit bzw. -ungenauigkeit eintritt und eine verlässliche Planung nicht mehr möglich ist. Bei hoher Volatilität im Unternehmensumfeld und kurzen Produktlebenszyklen sollte der Planungshorizont entsprechend verkürzt werden. Als Empfehlung gelten Planungshorizonte von fünf bis maximal zehn Jahren, die allerdings nach Möglichkeit deckungsgleich mit dem Zeithorizont der zu bewertenden Strategiealternative sein sollten.[8]

Endwert ermitteln

Der **Endwert** bzw. *Terminal Value* (TV) oder synonym Restwert dient als Ersatzgröße für die freien Cashflows, die nach dem Ende des Planungshorizonts realisiert werden. Eine vereinfachende Annahme lautet, dass der freie Cashflow konstant auf dem Niveau der letzten Planungsperiode verbleibt. Dies würde bedeuten, dass zukünftige Investitionen genau ihre Kapitalkosten decken und die verfolgte Strategie am Ende des Planungshorizonts nicht mehr die Realisierung weiterer Wettbewerbsvorteile ermöglicht, d. h., die Wettbewerbsvorteile aus der Strategie erodieren mit der Zeit. Diese Annahme lässt sich dadurch rechtfertigen, dass Wettbewerber einen Wettbewerbsvorsprung durch eigene strategische Maßnahmen aufholen oder kompensieren.

8 Vgl. Rappaport (1992), S. 237 ff.

Abweichend dazu können auch spezifische Annahmen für die Entwicklung der freien Cashflows nach dem Planungshorizont getroffen werden. Solche Annahmen werden durch den Wachstumsfaktor g berücksichtigt, der sowohl weiteres Wachstum der freien Cashflows als auch eine rückläufige Entwicklung abbilden kann, da er sowohl positive als auch negative Werte annehmen kann. Der Endwert wird daher grundlegend durch das Ausmaß und die Nachhaltigkeit der realisierbaren Wettbewerbsvorteile einer Strategiealternative beeinflusst und errechnet sich wie folgt:

$$TV = \frac{CF_t \cdot (1+g)}{WACC - g}$$

mit CF_t als dem freien Cashflow der letzten Planungsperiode t und g der erwarteten Wachstumsrate des CF nach dem Planungshorizont.

Kapitalkosten ermitteln

Die **Kapitalkosten** berücksichtigen die Kapitalstruktur und werden als gewichteter Durchschnittskostensatz aus den anfallenden Kosten k für das investierte Eigenkapital (EK) und Fremdkapital (FK) errechnet. Daher werden sie als *Weighted Average Cost of Capital* (WACC) bezeichnet und nach folgender Formel ermittelt:

$$WACC = \frac{EK}{GK} \cdot k_{EK} + \frac{FK}{GK} \cdot k_{FK}$$

Dabei geben EK/GK den Eigenkapitalanteil und FK/GK den Fremdkapitalanteil an, wobei die Summe aus EK und FK vereinfachend als Gesamtkapital (GK) bezeichnet wird. Die Kapitalstruktur, d. h. das Verhältnis von EK und FK, muss in Abhängigkeit der jeweiligen Kapitalkostensätze optimiert werden.

Der **Eigenkapitalkostensatz** k_{EK} ergibt sich aus dem geltenden Zinssatz für eine risikolose Anlage r_F (z. B. deutsche Staatsanleihen) zuzüglich einer Risikoprämie. Diese ist einerseits abhängig von dem Markt, in dem ein Unternehmen aktiv ist, und andererseits von der unternehmensspezifischen Situation. Die Marktrisikoprämie R_M kann aus den Renditen des Aktienmarkts abgeleitet oder durch Vergleiche mit speziellen Fonds und Indexwerten ermittelt werden. Das unternehmensspezifische Risiko wird durch einen sogenannten Beta-Faktor β abgebildet, der anzeigt, ob das Unternehmen im Vergleich zum Gesamtmarkt risikobehafteter ($\beta > 1$) oder weniger risikobehaftet ist ($\beta < 1$). Bei Unternehmen mit mehreren Geschäftsbereichen in sehr unterschiedlichen Geschäftsfeldern mit heterogenem Risikoprofil lassen sich auch geschäftsbereichsspezifische Beta-Faktoren ermitteln. Dies bedeutet dann differenzierte Mindestverzinsungsansprüche für die Geschäftsbereiche. Die Risiken lassen sich z. B. an der Entwicklung des Aktienkurses im Vergleich zur Entwicklung des Marktindexes oder Branchenindexes ermitteln. Der Eigenkapitalkostensatz lässt sich somit wie folgt berechnen:

$$k_{EK} = r_F + \beta \cdot (R_M - r_F)$$

Der **Fremdkapitalkostensatz** k_{FK} ergibt sich unmittelbar aus den Zinsen, die ein Unternehmen für Anleihen oder Kredite zahlen muss.

Die **Kapitalstruktur** ist ein zentraler Gestaltungsparameter, da der Fremdkapitalkostensatz in der Regel unter dem Eigenkapitalkostensatz liegt und folglich die Kapitalkosten bis zu einem gewissen Verschuldungsgrad sinken, wodurch der Wertbeitrag erhöht wird. Das Verhältnis von FK/EK wird als **Verschuldungsgrad** bezeichnet und ist ein Indikator für das Finanzierungsrisiko des Unternehmens. Je niedriger der Anteil des Eigenkapitals am Gesamtkapital ist, desto höher ist das Finanzierungsrisiko.

Auf der Grundlage der freien Cashflows für alle Perioden im Planungshorizont und des Endwerts sowie der Kapitalkosten lässt sich der Wert aller Strategiealternativen für die Geschäftsfelder ermitteln. Im folgenden Schritt müssen die Werte aller strategischen Alternativen miteinander verglichen werden.

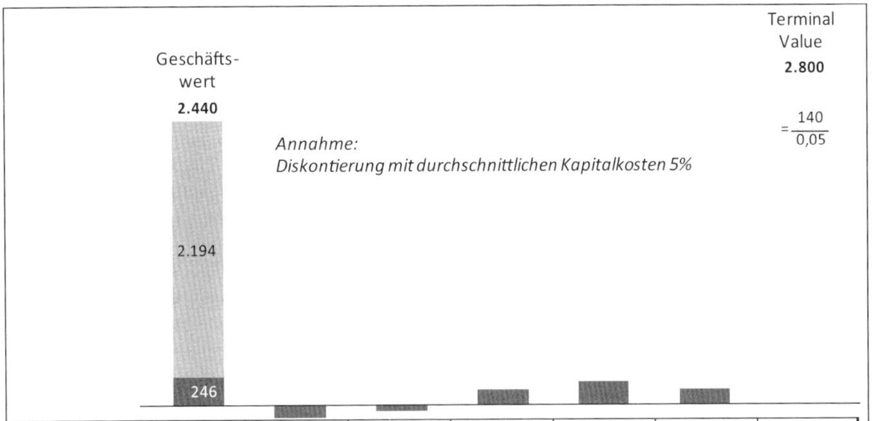

	Jahr	1	2	3	4	5	6 - ∞
FCF		-100,00	-50,00	130,00	200,00	140,00	2.800,00
FCF *(t=0)*	245,94	-95,24	-45,35	112,30	164,54	109,69	
TV *(t=0)*							2.193,87
Geschäftswert	2.439,82						

Abbildung 5.3: Geschäftswertberechnung auf Basis der DCF-Methode, *Quelle: Horváth (2013, S. 448)*

Kritische Würdigung: Der Ansatz ist in besonderem Maß zur finanziellen Bewertung von einzelnen Strategiealternativen, z. B. von Projekten oder Investitionsprogrammen, geeignet. Insgesamt fußt dieser Ansatz auf einer Reihe von Annahmen, die dem Vorbehalt der Prognoseunsicherheit unterliegen. Dabei hängt das Ausmaß der Unsicherheit u. a. von den Spezifika des Geschäftsmodells und der Branchenentwicklung ab. Eine besondere Bedeutung erlangen die Annahmen für die Berechnung des Endwerts. Da die Bedeutung des Endwerts für die Berechnung des Geschäftswerts erheblich größer sein kann als die Bedeutung der freien Cashflows im Planungshorizont, haben die Annahmen, die der Endwertberechnung zugrunde liegen einen erheblichen Einfluss auf die Beurteilung der Strategie.[9] Insofern liegt in der Qualität der getroffenen Annahmen der Schlüssel für eine erfolgreiche Bewertung und Auswahl von Strategiealternativen.

Strategiebewertung mittels Economic Value Added

Der Geschäftswertbeitrag, sog. *Economic Value Added* (EVA), ist ein sog. Übergewinnkonzept, das die buchhalterische Gewinnschwelle um die Renditeansprüche der Eigenkapitalseite erhöht.[10] Der EVA ergibt sich somit als Differenz zwischen dem operativen Ergebnis nach Steuern (*Net Operating Profit after Taxes*) und den Kapitalkosten, die als das Produkt von eingesetztem Kapital (*Capital Employed*, CE) und gewichtetem Kapitalkostensatz (WACC) definiert sind:

$$EVA = NOPAT - WACC \cdot CE$$

9 Vgl. Copeland/Koller/Murrin (2005), S. 275.
10 Vgl. Stewart (1991) sowie Horváth (2013), S. 449.

Der *Net Operating Profit after Taxes* (NOPAT) stellt den betrieblichen Gewinn nach Abzug von Steuern dar. In der betrieblichen Praxis wird als Gewinngröße häufig auch der EBIT (*Earnings before Interest and Taxes*) oder der EBITDA (*Earnings before Interest, Taxes, Depreciation, and Amortization*) anstelle des NOPAT verwendet. Im ursprünglichen Konzept wird der NOPAT herangezogen, da dieser aus Sicht der Kapitalgeber den bereits versteuerten und zur Ausschüttung stehenden Gewinn umfasst. In der betrieblichen Praxis werden allerdings die steuerlichen Einflüsse von der Strategiebewertung und -auswahl meist losgelöst betrachtet, sodass die Verwendung einer Gewinngröße vor Steuern sinnvoll erscheint, insbesondere bei der Beurteilung von Strategien auf der Ebene der Geschäftseinheiten.

Die Herausrechnung der **Kapitalkosten** bezweckt die Gleichbehandlung von Eigen- und Fremdkapital. Die Ermittlung des WACC erfolgt analog der Vorgehensweise wie bei der zuvor dargestellten DCF-Methode beschrieben.

Das **Capital Employed** (CE) besteht aus dem betriebsnotwendigen Vermögen, das sich aus dem Anlage- und Umlaufvermögen zu Buchwerten zusammensetzt. Diese Vermögenswerte werden um die betriebsnotwendigen Vermögensgegenstände erweitert, die nicht aktiviert sind (z. B. geleaste Anlagen und Gebäude). Außerdem werden aktivierte Vermögensgegenstände herausgerechnet, die nicht betriebsnotwendig sind (z. B. Aktien). Die Herleitung des CE kann aus der Bilanzsumme oder aus den Vermögenswerten der Bilanz erfolgen.

Der **EVA** stellt eine absolute finanzielle Kennzahl dar, die periodisch, d. h. für Geschäftsquartale oder Geschäftsjahre berechnet wird. In der Analyse wird die periodenbezogene Veränderung des EVA betrachtet, um zu ermitteln, welchen zusätzlichen Wert eine Strategiealternative in voneinander abgegrenzten zukünftigen Perioden voraussichtlich schaffen wird. Wenn der EVA in einer Periode positiv ist, wird Wert geschaffen, und wenn er negativ ist, wird Wert vernichtet.

- $EVA > 0$: Das Kapital, das vom Unternehmen historisch in das betrachtete Geschäft investiert wurde, hat sich in der Betrachtungsperiode angemessen verzinst, d. h., es erfüllt den Mindestverzinsungsanspruch und deckt damit die Kapitalkosten. Diese Bedingung ist notwendig für den langfristigen Erhalt des Unternehmens, da sonst das im Unternehmen investierte Kapital vernichtet wird, aber sie ist nicht hinreichend dafür, dass der Unternehmenswert im Zeitablauf, d. h. im Periodenvergleich gesteigert wurde.

Als weiteres Kriterium für die langfristige Wertschaffung ist erforderlich, dass im Periodenvergleich ein Zuwachs des EVA verzeichnet wird:

- $EVA_{t+1} - EVA_t > 0$: Das investierte Kapital hat im Periodenvergleich einen höheren Geschäftswertbeitrag erzielt. Dies ist die notwendige Bedingung für eine Wertsteigerung, die sich für Anteilseigner auch als Börsenkurssteigerung niederschlägt und den Unternehmenswert erhöht.

Der Periodenbezug unterscheidet das EVA-Konzept grundlegend von der Lebensdauerbetrachtung des DCF-Konzepts. Für die Strategiebewertung ist allerdings nicht nur die Periodenbetrachtung von Interesse, sondern die Abschätzung des zukünftigen EVA über mehrere Perioden. Analog zur DCF-Methode können die zukünftigen EVA-Werte für die Strategiealternativen je Periode für den Planungshorizont ermittelt und mit dem Kapitalkostensatz abgezinst werden. Die Summe der zukünftigen EVA-Werte wird als **Market Value Added** (MVA) bezeichnet und mit folgender Formel berechnet:

$$MVA_0 = \sum_{t=1}^{\infty} \frac{EVA_t}{\left(1+WACC_t\right)^t}$$

Der MVA gibt den zusätzlichen Wert an, den eine Geschäftseinheit zukünftig auf der Basis einer realisierten Strategiealternative beitragen wird, und ist damit ein wichtiges Beurteilungskriterium für die Strategieauswahl.

Der *Return on Capital Employed* (ROCE) errechnet sich aus der betrachteten Gewinngröße im Verhältnis zum eingesetzten Kapital und stellt damit eine relative Renditekennzahl dar, die den EVA ergänzt und sich wie folgt berechnet: [11]

$$ROCE = \frac{NOPAT}{CE}$$

Der ROCE muss den Mindestverzinsungsanspruch der Kapitalgeber erfüllen und damit über dem gewichteten Kapitalkostensatz liegen. In diesem Sinne lässt sich die Formel für den ROCE nach dem NOPAT auflösen und der resultierende Term in die Formel für die Berechnung des EVA einsetzen. Der EVA lässt sich sodann mit dem sog. **Differenzansatz**, der den Mindestverzinsungsanspruch durch den WACC berücksichtigt und den Übergewinn als Differenz aus ROCE und WACC wiedergibt, berechnen:

$$EVA = \left(ROCE - WACC\right) \cdot CE$$

Dieser Zusammenhang zwischen EVA und ROCE kann auch grafisch dargestellt werden. In einem Koordinatensystem, das auf der Abszisse das CE (M€) und auf der Ordinate den ROCE (%) abträgt, stellt der EVA grafisch eine Fläche dar, die durch Strategien bzw. Geschäftseinheiten realisiert wird. Das in den Geschäftseinheiten gebundene bzw. durch die Strategien investierte Kapital erhöht das CE, das weiterhin finanziert werden und den Mindestverzinsungsanspruch erfüllen muss. Letzterer wird durch den WACC als sog. *Hurdle Rate* (Mindestschwelle) festgelegt. In der nachstehenden Abbildung werden somit solche Strategien realisiert bzw. Geschäftseinheiten geführt, die eine Kapitalbindung maximal bis zum Punkt CE_1 erfordern.

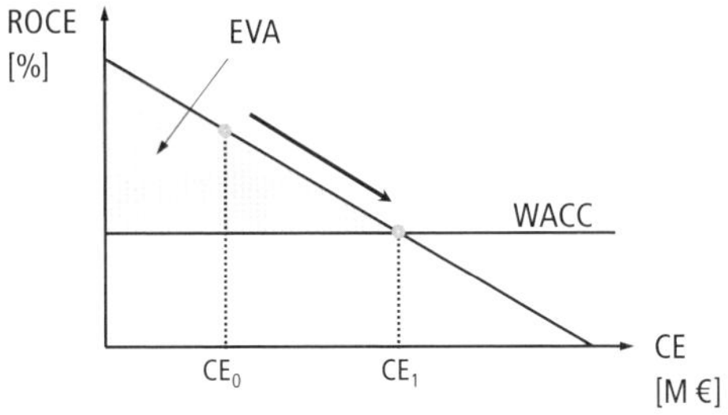

Abbildung 5.4: Zusammenhang zwischen EVA und ROCE

In der Unternehmenspraxis wird der beschriebene EVA-Ansatz häufig adaptiert und unternehmensindividuell definiert. So wird der EVA u. a. bei Siemens als Geschäftswertbeitrag, bei RWE als Wertbeitrag oder bei ThyssenKrupp als TKVA bezeichnet.

11 Die Multiplikation der obenstehenden Formel mit 100 ermöglicht es, den ROCE als Prozentzahl anzugeben.

Kritische Würdigung: Für die Strategiebewertung auf der Basis des EVA-Ansatzes müssen ebenfalls eine Reihe von Annahmen getroffen werden, sodass die an der DCF-Methode angebrachte Kritik hinsichtlich der Planungsunsicherheit auch hier grundsätzlich ihre Gültigkeit besitzt. Da allerdings kein Restwert ermittelt wird, entfällt diese methodische Anfälligkeit der DCF-Methode.

Der EVA-Ansatz ermöglicht insbesondere eine Kontrolle realisierter Strategien, da nicht nur zukünftige Wertzuwächse, sondern auch realisierte Wertzuwächse vergangener Perioden berechnet werden können. Im Sinne einer ex-post Kontrolle stellt dies einen Vorteil dar, der in *Kapitel 7 Strategie kontrollieren* thematisiert wird.

5.1.2 Strategische Hebel definieren

Die wertorientierten Steuerungskonzepte bewerten Strategien anhand ihres Beitrags zur Wertsteigerung. Die unterschiedlichen strategischen Hebel zur Wertsteigerung müssen dazu aus den Strategien und im Rahmen der gewählten wertorientierten Methode zur Strategiebewertung abgeleitet und definiert werden. Es lassen sich vier grundsätzliche strategische Hebel zur Wertsteigerung unterscheiden.[12]

1. **Umsatzrendite:** Eine Steigerung der Profitabilität bei gleicher Kapitalbasis führt zu einem positiven Wertbeitrag. Solche Strategien, die z. B. Maßnahmen für die Verbesserung der operativen Kostenstruktur oder für innovative und hochpreisige Produkte umfassen, fokussieren auf eine erhöhte Umsatzrendite als strategischer Hebel zur Wertsteigerung.

2. **Umsatzwachstum:** Eine Erhöhung des Umsatzes bei mindestens gleicher Kapitalrendite führt ebenfalls zu einem positiven Wertbeitrag. Das Umsatzwachstum darf allerdings nicht zu einer Erhöhung der Kapitalbasis führen. Dafür sind solche Strategien und Geschäftseinheiten auszuwählen, die Wachstumsmaßnahmen ohne erheblichen Investitionsaufwand realisieren können.

3. **Kapitalstruktur:** Eine Verminderung der Kapitalkosten bei gleichbleibender Profitabilität leistet einen positiven Wertbeitrag. Dazu kann eine Optimierung der bestehenden Kapitalstruktur, d. h. eine kapitalkostensenkende Veränderung des Verhältnisses aus Eigen- und Fremdkapital, vorgenommen werden. Außerdem kann durch eine Verringerung des Umlaufvermögens der Kapitalbedarf insgesamt reduziert werden. Im Rahmen des sog. *Working Capital Management* wird das Umlaufvermögen durch Vorratsreduzierung, Verkürzung der Forderungslaufzeiten oder Erhöhung der Verbindlichkeiten bzw. ihrer Laufzeiten gesenkt und damit der Kapitalbedarf reduziert, sodass die Kapitalkosten sinken.

4. **Risikostruktur:** Die Geschäftseinheiten eines Unternehmens unterliegen den spezifischen Marktrisiken, die durch das Branchenumfeld, in denen sie aktiv sind, definiert werden. Das Unternehmen weist somit ein Unternehmensrisiko aus, das maßgeblich durch die Zusammensetzung seiner Geschäftseinheiten bestimmt ist und eine risikoadäquate Verzinsung aus Sicht der Kapitalgeber erfordert. Eine Veränderung der Risikostruktur durch ein verändertes Portfolio an Geschäftseinheiten kann den Ausgleich geschäftsspezifischer Risiken herbeiführen und somit indirekt auf die Kapitalkosten einwirken.

12 Vgl. Coenenberg/Salfeld (2007), S. 101 ff.

Exkurs: Iso-Rentabilitätsdiagramm

Die Kennzahl **ROCE** lässt sich in Anlehnung an das ROI-Kennzahlensystem auch als Spitzenkennzahl einsetzen, d. h. als zentrale und höchste Steuerungsgröße verwendet werden. ROCE kann als Funktion von Umsatzrendite und Kapitalumschlag definiert werden. Dies lässt sich veranschaulichen, indem die Berechnungsformel für den ROCE um den Term $Umsatz/Umsatz$ erweitert und so umgeformt wird, dass sich die zentralen Hebel Umsatzrendite bzw. *Return on Sales* (ROS) und Kapitalumschlag bzw. *Capital Turnover* (CT) isolieren lassen:

$$ROCE = \frac{NOPAT}{CE} \cdot \frac{Umsatz}{Umsatz} = \frac{NOPAT}{Umsatz} \cdot \frac{Umsatz}{CE} = ROS \cdot CT$$

Die Umsatzrendite setzt die betriebliche Ergebnisgröße (z. B. EBIT oder NOPAT) in das Verhältnis zum Umsatz. Der Kapitalumschlag setzt den Umsatz ins Verhältnis zum eingesetzten Kapital.

Dieser Zusammenhang ist auch im Rahmen von Wettbewerbsanalysen interessant. Anhand der Informationen aus den Geschäftsberichten von Wettbewerbern lassen sich die erforderlichen Kennzahlen ermitteln und im sogenannten Iso-Rentabilitätsdiagramm als Finanzprofil der Wettbewerber abtragen. Eine **Isolinie** ist als der geometrische Ort von Kombinationen zweier Merkmale mit gleichen Merkmalswerten definiert. Dies ermöglicht die zweidimensionale Abbildung eines dreidimensionalen Sachverhalts bzw. die Darstellung des Interaktionspotenzials zweier Einflussfaktoren. So beschreiben die x-, y-Koordinaten in der nachfolgenden Abbildung den Kapitalumschlag und die Rentabilität. Die Verbindungslinie dieser Merkmalskombinationen (Isolinie) steht für ein bestimmtes ROCE-Niveau, das durch eine Vielzahl unterschiedlicher Merkmalskombinationen, d. h. ROS oder CT, erreicht werden kann.

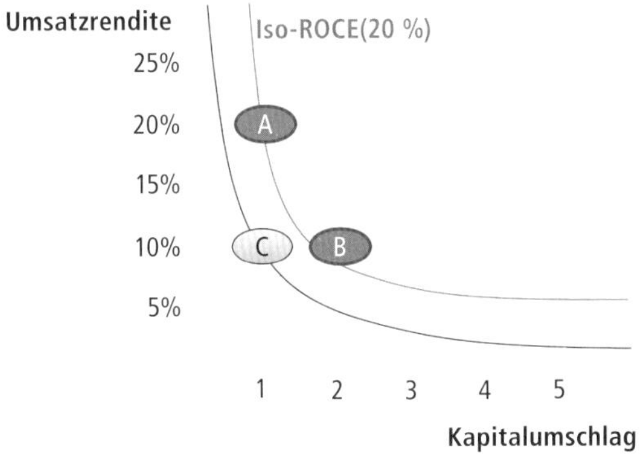

Abbildung 5.5: Iso-Rentabilitätsdiagramm

Der direkte Vergleich der Rentabilität von Wettbewerbern ermöglicht es, die strategischen Hebel für eine profitable Wachstumsstrategie zu identifizieren. So lässt sich feststellen, ob Wettbewerber über die Umsatzrendite oder den Kapitalumschlag eine hohe Kapitalrentabilität erreichen bzw. hebeln.

Die Grafik zeigt, dass Unternehmen die gleiche Kapitalrendite mittels unterschiedlicher strategischer Hebel realisieren. Unternehmen A und B weisen zwar jeweils einen ROCE von 20% auf und liegen damit auf einer Isoquante. Allerdings erreicht das Unternehmen A dieses Ergebnis durch eine höhere Umsatzrendite gegenüber Unternehmen B, das über einen höheren Kapitalumschlag eine gleich hohe Kapitalrentabilität erreicht. Das Unternehmen C weist einen Kapitalumschlag in etwa auf gleichem Niveau wie Unternehmen A und eine Umsatzrendite auf dem Niveau von Unternehmen B auf, zeigt allerdings eine geringere Umsatzrendite und liegt daher auf einer niedrigeren Isoquante.

Die Wahl der strategischen Hebel spielt dabei eine erhebliche Rolle, da diese mitunter eine langfristige Bindung von Kapital in Vermögenswerten, z. B. im Rahmen einer Akquisitionsstrategie oder durch den Aufbau von Anlagen, darstellen können. Insofern kann die Strategiewahl einen Einfluss auf die Steuerung durch einen bestimmten oder bevorzugten Hebel, z. B. Umsatzrendite, haben.

In Anlehnung an die Ausführungen zum Portfoliomanagement in *Kapitel 3.2 Portfolio analysieren und planen* lassen sich die Grundüberlegungen für einen Ansatz des wertorientierten Portfoliomanagements nutzen und erweitern. Ein wertorientierter Portfolioansatz orientiert sich an den Dimensionen Kapitalrendite (ROCE) und Wertbeitragsänderung (ΔEVA) und verwendet als Untersuchungsobjekte Geschäftseinheiten bzw. vergleicht Geschäftseinheiten auf der Basis unterschiedlicher Strategiealternativen. Die Kapitalrendite kann entweder größer oder kleiner als die Kapitalkosten (Mindestverzinsungsanspruch) sein und die Wertbeitragsänderung positiv oder negativ. Aus dieser Überlegung ergibt sich eine Vier-Felder-Matrix mit den folgenden Normstrategien:[13]

- **Wertzerstörer (*Value Destroyer*):** Wertzerstörer sind nicht in der Lage, ihre Kapitalkosten zu erwirtschaften, und weisen im Zeitablauf eine negative Wertentwicklung auf, d. h., Unternehmenswert wird zerstört. Als Normstrategie empfiehlt sich ein Rückzug aus diesem Geschäft durch Desinvestition oder eine umfangreiche Restrukturierung oder Sanierung.
- **Wertnachholer (*Value Backlogger*):** Wertnachholer verzeichnen dagegen eine positive Wertentwicklung. Sie erwirtschaften zwar noch nicht ihre Kapitalkosten, können aber z. B. durch eine Verbesserung des operativen Ergebnisses oder eine Reduktion der Kapitalbasis den negativen Wertbeitrag verringern und holen somit bei der Wertschaffung auf. Dafür sind weitere Investitionen erforderlich.
- **Wertabschmelzer (*Value Melter*):** Wertabschmelzer umfassen solche Geschäftsbereiche, die eine über den Kapitalkosten liegende Rendite und einen abnehmenden Wertbeitrag aufweisen. Dieser signalisiert eine negative Wertentwicklung, die aus unrentablen Investitionen oder sinkenden Umsätzen bzw. steigenden Kosten resultieren kann. Als Normstrategien werden analoge Maßnahmen wie beim Wertnachholer empfohlen.
- **Werterzeuger (*Value Creator*):** Werterzeuger realisieren attraktive Renditen, die über ihren Kapitalkosten liegen, und steigern den Unternehmenswert. Diese Geschäfte sind zu bewahren und durch Investitionen auszubauen.

13 Vgl. Günther (2013), S. 361.

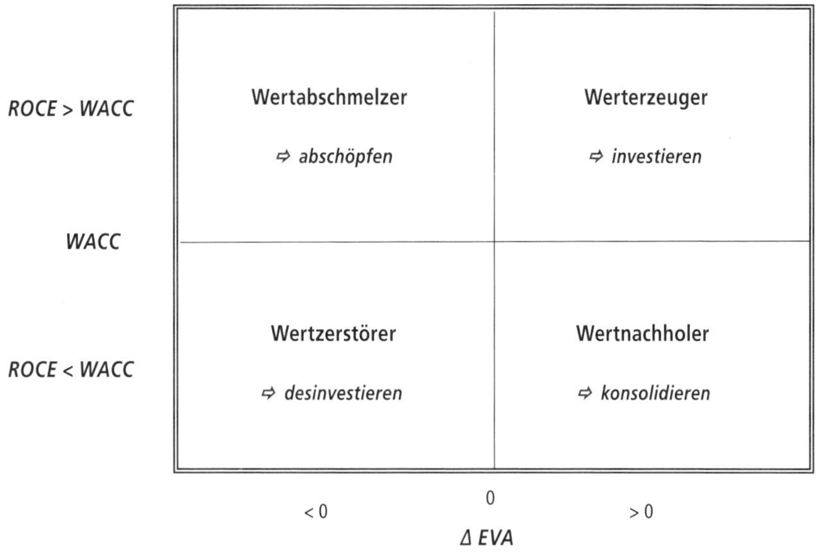

Abbildung 5.6: Kapitalrendite-Wertbeitragsmatrix, *Quelle: in Anlehnung an Günther (2013, S. 361)*

Die Optimierung der Portfoliostruktur hat ein ausgewogenes Verhältnis von Werterzeugern und Wertnachholern zum Ziel. Strategien für die Entwicklung der Geschäftseinheiten können anhand von Schwellenwerten ausgewählt und in die Matrix zur Entwicklung der Geschäftseinheiten eingeordnet werden.

5.2 Strategische Entscheidungen treffen

Die endgültige strategische Entscheidung erfordert eine abschließende Prüfung der strategischen Alternativen auf Plausibilität, strategischen Fit und Realisierbarkeit sowie eine Abwägung von Wertbeitrag und Risiko.

5.2.1 Strategische Optionen auf Konsistenz prüfen

Eine grundsätzliche Plausibilitätsprüfung der strategischen Optionen ist zwar bereits im Rahmen der Portfolioanalyse erfolgt, allerdings ohne Prüfung der Voraussetzungen und Rahmenbedingungen, um überhaupt einen Wertbeitrag zu leisten. Insofern steht die Prüfung noch aus, ob die Strategiealternativen in diesem Sinne konsistent mit den Unternehmenszielen sind. Dazu ist es erforderlich, die folgenden Prüfschritte zu durchlaufen:[14]

- **Plausibilität** der Strategiealternative: Annahmen über die wesentlichen Einflussgrößen und Erfolgsfaktoren, die im Rahmen der Strategieformulierung getroffen worden sind, müssen auf ihre Nachvollziehbarkeit und Begründbarkeit hin überprüft werden. Insbesondere sind subjektive und kognitive Verzerrungen aufgrund von Geschäftsbereichsinteressen oder persönlichen Präferenzen bzw. Wahrnehmungsmustern zu eliminieren.

14 Vgl. Hungenberg (2012), S. 286.

- **Realisierbarkeit** der Strategiealternative: Es muss geprüft werden, ob das Unternehmen auf der Basis seiner Ressourcenausstattung und Fähigkeiten in der Lage ist, die Strategiealternative zu realisieren, bzw. ob fehlende Ressourcen in geeigneter Qualität und in vertretbarer Zeit bzw. zu akzeptablen Kosten beschafft oder aufgebaut werden können. Insbesondere sind dabei die Auswirkungen auf die Kapitalstruktur und die Kapitalkosten zu beachten.
- **Strategischer Fit** zwischen den Strategiealternativen und Unternehmenszielen: Die Konsistenz einer Strategiealternative mit den Anforderungen der Unternehmensumwelt muss sichergestellt werden, d. h. eine Prüfung, ob die Strategie die zentralen Einflussgrößen und Entwicklungen berücksichtigt, die in der Umweltanalyse herausgearbeitet worden sind. Insbesondere sind die strategischen Werttreiber konsistent aufeinander abzustimmen.
- Darüber hinaus muss die **Konsistenz der strategischen Alternativen** untereinander und mit den normativen Anforderungen an das Unternehmen abgeglichen werden. Wenn z. B. Strategiealternativen zu nicht vertretbaren Konsequenzen führen, die im Widerspruch zu Unternehmenszielen stehen, muss eine derartige Strategiealternative überarbeitet oder eliminiert werden. Würde etwa ein organisatorischer Umbau oder ein radikaler kultureller Wandel im Konflikt zu der Unternehmensvision stehen, wäre die Strategiealternative nicht widerspruchsfrei.

Die Untersuchung des strategischen Fits ermittelt, zu welchen wesentlichen strategischen Hebeln die Strategiealternativen zugeordnet werden können. Eine übersichtliche Darstellung ist mit Hilfe der **Strategiewahlmatrix** (*Strategy Selection Matrix*) möglich.[15]

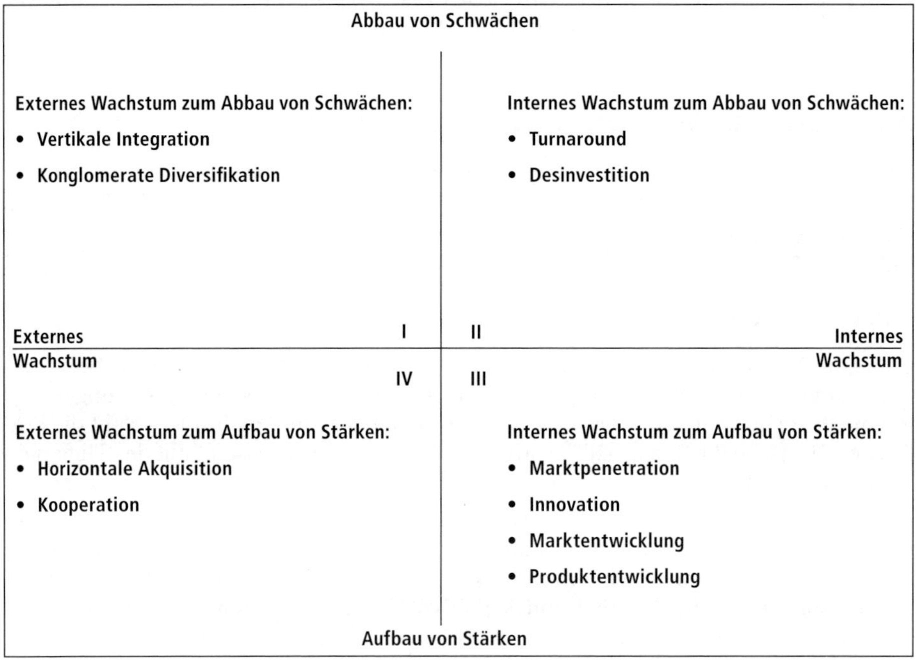

Abbildung 5.7: Strategiewahlmatrix

15 Vgl. Pearce/Robinson (2013), S. 251 ff.

Die grundlegende Idee dieser Vier-Felder-Matrix beschreibt die Strategiewahl als Entscheidung der strategischen Stoßrichtung basierend auf den vorhandenen Ressourcen und Fähigkeiten und damit verbunden mit der Bedeutung von internen oder externen Quellen für profitables Wachstum. So werden horizontal die Wachstumsquellen abgetragen. Wachstum, das sich aus unternehmensinternen Quellen speist, wird auch als organisches Wachstum bezeichnet. Es bedeutet, dass ein Unternehmen aus eigener Kraft auf der Basis der vorhandenen Fähigkeiten, Kompetenzen, Ressourcen, Produkte und Leistungen in bestehenden oder neuen Märkten wächst. Das schließt jedoch nicht aus, dass die bestehende Ressourcenverteilung zwischen den Geschäftseinheiten im Unternehmen verändert wird. Externe Wachstumsquellen werden außerhalb der bestehenden Unternehmensgrenzen identifiziert und im Rahmen einer externen Wachstumsstrategie internalisiert, d. h., sie werden mittels Akquisition oder Kooperation in die Geschäftsaktivitäten eingebunden und Bestandteil des Unternehmens.

Auf der vertikalen Achse werden die Rahmenbedingungen im Unternehmen für die Implementierung der Strategie als Stärken oder Schwächen vermerkt, die auch als strategische Fitness bezeichnet werden können. Sie zeigt auf, wie umfangreich die vorhandenen Ressourcen und Fähigkeiten bereits ausgeprägt und vorhanden sind bzw. inwieweit die Strategien dem Abbau von Schwächen oder dem Aufbau von Stärken dienen.

Im ersten Quadranten werden Strategiealternativen eingeordnet, die auf externe Wachstumsquellen zum Abbau von Schwächen zurückgreifen:

- **Vertikale Integrationsstrategien** dienen der Risikoreduktion hinsichtlich des Zugriffs auf Produktionsfaktoren und Einsatzstoffe sowie des Zugangs zur Distribution und sollen das bestehende Kerngeschäft stärken. Solche Strategiealternativen versuchen die Wertschaffung z. B. von Wertgeneratoren durch die Absicherung zukünftiger Zahlungsströme zu erhalten.
- **Konglomerate (laterale) Diversifikationsstrategien** verfolgen eine Risikoverteilung auf unterschiedliche Geschäftsfelder, die häufig keine Verbindungen miteinander haben, wodurch allerdings neue Risiken für das Unternehmen mangels Kompetenzen in den neuen Geschäftsfeldern entstehen können. Die Wertschaffung erfolgt bei diesen Strategiealternativen durch eine Verbesserung der Risikostruktur.

Im zweiten Quadranten werden interne Quellen zum Abbau von Schwächen herangezogen, um am bestehenden Geschäft festzuhalten. Diese Strategiealternativen umfassen vor allem Maßnahmen, welche die Fokussierung auf das Kerngeschäft sicherstellen sollen:

- **Turnaround-Strategien** erfordern eine Veränderung der Ressourcenallokation zwischen Geschäftseinheiten und gehen häufig mit Restrukturierungsmaßnahmen oder sogar umfassenden Sanierungsmaßnahmen einher, um bestehende Ineffizienzen abzubauen und das Geschäft zurück in die Erfolgsspur zu bringen. Der zentrale Werthebel derartiger Strategiealternativen besteht in der Verbesserung zukünftiger Cashflows.
- **Desinvestitionsstrategien** bedeuten den Verkauf eines Geschäfts, der dann notwendig wird, wenn die Investitionen und der Ressourceneinsatz für einen Turnaround nicht die erforderlichen Cashflows generieren, um den Mindestverzinsungsanspruch zu erfüllen. Die Geschäftsauflösung bzw. Stilllegung ist dann erforderlich, wenn es keinen Käufer für ein schwaches und ressourcenintensives Geschäft gibt.

Im dritten Quadranten werden die vorhandenen Stärken genutzt bzw. auf der Basis interner Wachstumsquellen weiter ausgebaut. Die folgenden Strategien können dazu dienen, Größen- und Kostenvorteile zu erlangen und damit die Wettbewerbsposition zu stärken:

- **Marktpenetrationsstrategien** fokussieren auf die bestehenden Märkte und das gegebene Produktsortiment. Die Strategiealternativen, die hier zugeordnet werden, reinvestieren die Ressourcen in bestehende Geschäfte und verstärken bestehende Marktpositionen im Kerngeschäft, sodass zukünftige Cashflows abgesichert werden.
- **Innovationsstrategien** bauen auf überdurchschnittlichen Kompetenzen im Bereich der Forschung und Entwicklung auf. Strategien, die auf den Auf- oder Ausbau von technologischen Wettbewerbsvorteilen gerichtet sind, können hier zugeordnet werden. Die Strategiealternativen zielen auf die mittel- bis langfristige Realisierung überdurchschnittlicher Cashflows zur Wertsteigerung ab, bedingen aber gleichzeitig Investitionen, die den Cashflow zunächst vermindern.
- **Markt-** und **Produktentwicklungsstrategien** erweitern die bestehenden Geschäftsaktivitäten auf neue Märkte oder in angrenzende Produktkategorien. Die Entwicklung vollzieht sich vom **Kerngeschäft** aus in die sog. *Adjacencies*, wie in *Kapitel 4.4. Ressourcen auf das Kerngeschäft fokussieren* beschrieben wird. Solche Strategien, die bestehende Kompetenzen oder Produkte in neue angrenzende Geschäftsfelder weiterentwickeln, können häufig zu einer Beschleunigung des Wachstums beitragen und die Zahlungsströme überdurchschnittlich erhöhen. Derartige Strategiealternativen setzen meist eine exzellente Organisation und effiziente Geschäftsprozesse voraus.

Im vierten Quadranten liegt die strategische Stoßrichtung auf einer Beschleunigung der Wachstumsaktivitäten durch die umfangreichen Erweiterungen der Geschäftsbasis und der damit verbundenen Skalen- und Verbundeffekte. Dazu können die folgenden Strategiealternativen eingeordnet werden:

- **Horizontale Akquisitionsstrategien** bedeuten den Zukauf von Geschäftsaktivitäten derselben Wertschöpfungsstufe und erhöhen unmittelbar den Output im Kerngeschäft. Das ermöglicht meist die Eliminierung von Redundanzen durch die Zusammenlegung von Geschäftsaktivitäten. Außerdem wird durch den Kauf eines Wettbewerbers der Markt konsolidiert, die Marktposition ausgebaut und die Verhandlungsposition gegenüber Lieferanten und Zulieferern kann gestärkt werden. Solche Strategiealternativen versuchen meist mehrere Werttreiber gleichzeitig zu hebeln, d. h. sowohl das Umsatzwachstum zu erhöhen, die operative Umsatzrendite zu erhöhen und durch Zusammenlegung von Standorten die Kapitalbindung zu reduzieren. Zunächst bedeutet eine solche Strategie jedoch eine erhebliche Investition, die erst einmal finanziert werden muss.
- **Kooperationsstrategien** umfassen die Bildung von Gemeinschaftsunternehmen (*Joint Ventures*) oder strategischen Allianzen (*Strategic Alliance*). Der Aufbau von Kompetenzen und Ressourcen gemeinsam mit externen Kooperationspartnern setzt komplementäre Ressourcen bei den Partnern voraus und reduziert dann in der Regel den Investitionsbedarf und teilt die Risiken. Insofern versuchen solche Strategiealternativen einerseits über den Werttreiber Risikostruktur zu hebeln und andererseits die Ressourcenbasis bei gleichbleibender Kapitalstruktur auszubauen.

Die ausformulierten und mit Hilfe von wertorientierten Messkonzepten bewerteten Strategiealternativen lassen sich in der Strategiewahlmatrix transparent und übersichtlich abbilden. Der Fit aller strategischen Maßnahmen sollte auf der Ebene der

Geschäftseinheiten und des Unternehmens geprüft werden. Dabei ist insbesondere auf die konsistente Abstimmung der strategischen Werttreiber aufeinander zu achten.

5.2.2 Wertbeitrag und Risiko abwägen

Die Bewertung und Auswahl basiert zwangsläufig auf Annahmen über zukünftige Entwicklungen und deren Implikationen für das Unternehmen in einem dynamischen Markt- und Branchenumfeld. Die Strategieauswahl ist damit wesentlich von der Qualität der zugrunde liegenden Annahmen abhängig.

Abweichungen von den getroffenen Annahmen sind während der Umsetzung einer Strategie die Regel und nicht die Ausnahme. Wenn sich eine Marken- oder Preispositionierung aufgrund von Kundenreaktionen oder geänderten wirtschaftlichen Rahmenbedingungen nicht realisieren lässt, kann dies einen elementaren Einfluss auf die Ein- und Auszahlungen haben und wird damit den Geschäftswertbeitrag verändern. Daraus kann sich das Risiko ergeben, dass die gewählte Strategie nicht mehr die gesetzten Ziele erfüllt und auch nicht zum Unternehmenserfolg beiträgt. Allerdings können sich auch neue strategische Möglichkeiten ergeben, die eine Anpassung einer gewählten Strategie sinnvoll erscheinen lassen.

Da derartige Abweichungen unvermeidlich sind, müssen organisatorische Strukturen und Ressourcen im Unternehmen fortlaufend an neue Situationen angepasst werden, ohne den langfristigen Unternehmenserfolg zu gefährden. Dazu ist eine Fähigkeit erforderlich, die als **strategische Flexibilität** bezeichnet wird.[16] Diese ist umso wichtiger, je grundlegender die Auswirkungen der Strategiealternativen sind, je dynamischer und komplexer das Umfeld und je länger der Planungshorizont sind.

Daher sind bei der Strategiebewertung und -auswahl neben der wertorientierten Analyse auch die Risiken, die sich während der Strategieumsetzung ergeben, zu beachten. Dazu sind im Vorfeld die ausformulierten Strategiealternativen dahingehend zu diskutieren, inwiefern geänderte Annahmen zum Misserfolg einer Strategiealternative führen oder ob Anpassungen einer Strategie mit vertretbarem Aufwand möglich sind.

Die Risikoabschätzung kann mittels einer **Sensitivitätsanalyse** durchgeführt werden. Die Sensitivitätsanalyse hinterfragt die Annahmen einer Strategie und testet die Robustheit bei unterschiedlichen Variationen der Annahmen.[17] Die Analyse vollzieht sich in den folgenden Schritten:[18]

1. Zunächst werden die **Grundannahmen** ermittelt. Die Benennung der wesentlichen Annahmen, z. B. in Bezug auf die Zahlungsströme, ermöglicht die Fokussierung auf die wichtigsten Einfluss- und Erfolgsfaktoren einer Strategiealternative.

2. Anschließend werden **Abweichungen** in den Grundannahmen simuliert und berechnet. Ausgehend von erwarteten Abweichungen aufgrund von Expertenschätzungen oder Erfahrungswerten können auch maximal tolerierbare Abweichungen getestet werden, um zu prüfen, wie sich die Ergebnisse einer geplanten Strategie bei diesen extremen Abweichungen verändern.

16 Vgl. Grant (2004), S. 230.
17 Vgl. Johnson/Scholes/Whittington (2011), S. 473.
18 Vgl. Hungenberg (2012), S. 310.

So kann z. B. bewertet werden, ob eine Marktpenetrationsstrategie robust ist, wenn bei Variationen der Marktwachstumsannahmen lediglich geringe Ergebnisabweichungen festzustellen sind.

Faktoren	Risiko	Konsequenzen
• Produktkosten	Steigerung von bis zu X % p. a. (*Best Case*)	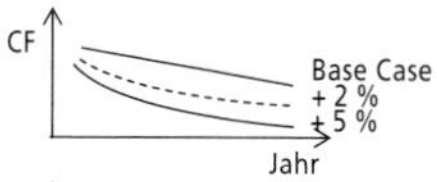
• Kapazitätsauslastung	Rückgang bis auf X % (*Worst Case*)	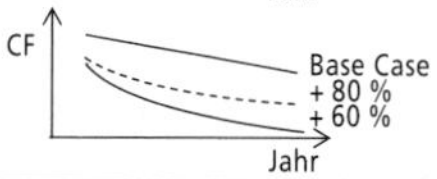

Abbildung 5.8: Sensitivitätsanalyse, *Quelle: in Anlehnung an Hungenberg (2012, S. 311)*

3. Abschließend werden die **operativen Hebel** systematisch abgebildet und analysiert. Es bietet sich dafür an, die in den Rahmenbedingungen festgelegten Zielgrößen und Messkonzepte, wie z. B. EVA oder ROCE, mittels Werttreiberbäumen zu verwenden.

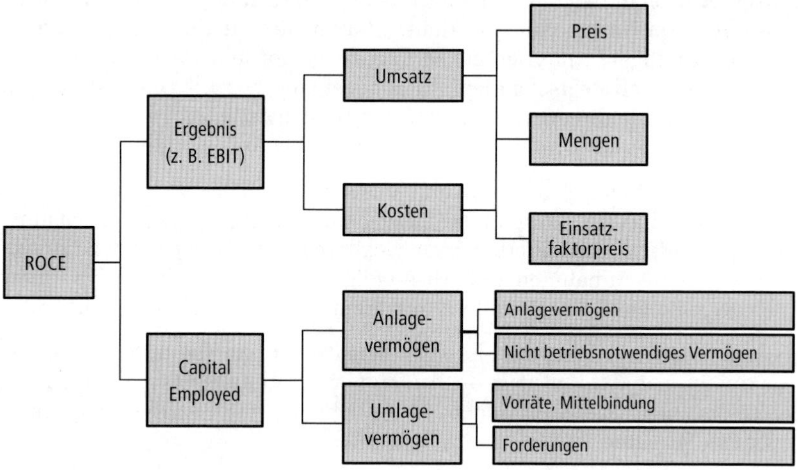

Abbildung 5.9: ROCE-Werttreiberbaum

So können die Beziehungen zwischen den operativen Werttreibern und dem Geschäftswert bei variierenden Annahmen ermittelt werden. Die Darstellung der Veränderungen in einem Treiberbaum erlaubt eine einfache und transparente Übersicht des Einflusses wesentlicher Stellgrößen.

Beispiel 5.1 Beiersdorf vs. Unilever

Die nachfolgende schematische Darstellung der Werttreiber von ausgewählten Unternehmen aus der Konsumgüterindustrie zeigt deutlich die unterschiedlichen strategischen Hebel und daraus abgeleitete zur Verfügung stehende Maßnahmen einer Wachstumsstrategie.

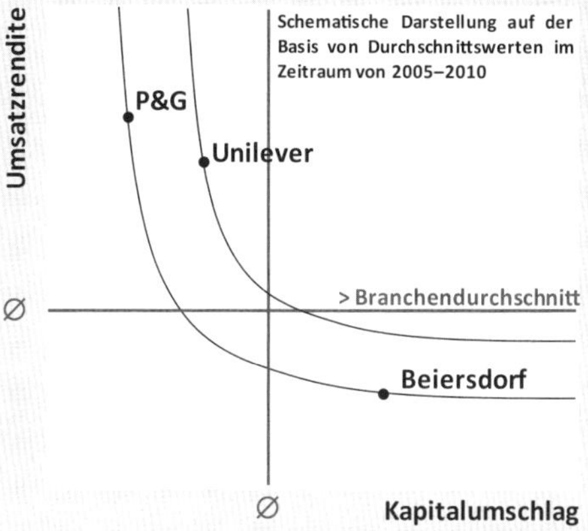

Abbildung 5.10: Iso-Rentabilitätsdiagramm für ausgewählte Konsumgüterhersteller

Unilever und Procter & Gamble fokussieren auf eine überdurchschnittliche Umsatzrendite im Branchenvergleich zur Wertsteigerung. Die Unternehmensgröße erlaubt die Realisierung von Skaleneffekten durch z. B. Produktionsgrößenvorteile oder Volumeneffekte im Einkauf. In der Folge fallen geringere Stückkosten an. Im Fokus einer Wachstumsstrategie stehen einerseits Akquisitionen, die zur Realisierung weiterer Größenvorteile genutzt werden können, und andererseits die Optimierung der Kapitalstruktur, z. B. durch den Abbau des Umlaufvermögens.

Der strategische Hebel zur Wertsteigerung liegt für Beiersdorf in einem hohen Kapitalumschlag. Die Beschleunigung organischen Wachstums durch Marktinvestitionen in starke Marken und innovative Produkte, die ein Preispremium im Absatzmarkt rechtfertigen, stehen dafür im Fokus der Wachstumsstrategie und erlauben einen hohen Umsatz mit einer vergleichsweise geringen Kapitalbasis. Die Umsatzrendite ist vor allem aufgrund geringerer Skaleneffekte geringer ausgeprägt. Ein derartiger grafischer Wettbewerbsvergleich ermöglicht somit eine Analyse und Interpretation der unterschiedlichen Wettbewerbsstrategien.

Ein Beispiel zur Sensitivitätsanalyse mittels ROCE wird auf der Basis der Wertreiber Kapitalrendite und Kapitalumschlag in nachfolgender Abbildung dargestellt. Wenn ein kapitalintensives Unternehmen unterstellt wird, können in der Regel nur geringe Verbesserungen beim Kapitalumschlag erreicht werden. In einem solchen Fall stellt sich die Umsatzrendite als zentraler strategischer Hebel zur Wertschaffung dar.

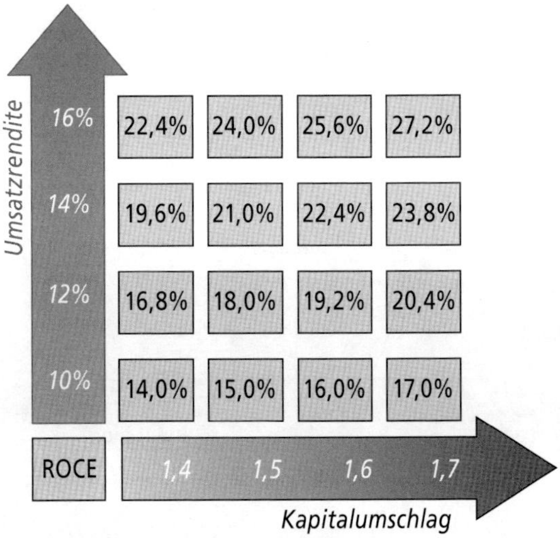

Abbildung 5.11: Beispiel zur Werttreibersensitivität mittels ROCE

Die Sensitivitätsanalyse liefert Informationen, die eine wertorientierte Strategiebewertung ergänzen und gegebenenfalls korrigieren können. Insbesondere erlaubt es der Unternehmensführung eine Diskussion über die Risiken, die mit den Strategiealternativen verbunden sind und kann eine Entscheidung entsprechend der Risikopräferenz der Unternehmensleitung, die als risikoavers, risikoneutral oder risikoorientiert beschrieben werden kann, unterstützen. Das Risiko, das durch die Wahl der Strategie unmittelbar beeinflusst wird, kann als **strategisches Risiko** bezeichnet werden.[19] Schließlich ist auch eine Erarbeitung von vorbeugenden Maßnahmen (*Mitigation Strategies*) oder Rückzugsoptionen (*Fallback Options*) im Falle der Wahl von besonders risikoreichen Strategiealternativen möglich.

19 Vgl. Kaplan/Mikes (2012), S. 48 ff.

ZUSAMMENFASSUNG

Im Rahmen der **Strategieauswahl** werden die ausformulierten strategischen Optionen miteinander verglichen, deren Auswirkungen und Beiträge für die Erreichung der Unternehmensziele bewertet und schließlich ausgewählt. Unterschiedliche Messkonzepte stehen dafür zur Auswahl, die eine gezielte Darstellung der strategischen Hebel ermöglichen und die vorausgewählten strategischen Optionen auf Konsistenz prüfen.

- **Cashflow-orientierte Verfahren** nehmen die Bewertung der strategischen Optionen auf der Basis der Kapitalwertmethode vor, die den diskontierten Wert zukünftiger betrieblicher Cashflows ermittelt. Auf der Basis des *Discounted Cashflow* wird die Strategiealternative ausgewählt, die den größten Wertzuwachs realisiert. Dafür sind die freien Cashflows für alle Perioden im Planungshorizont und der Endwert einer jeden strategischen Alternative sowie die Kapitalkosten erforderlich.
- **Buchwertorientierte Bewertungsverfahren** basieren auf bilanziellen Werten. Der Wertbeitrag von strategischen Optionen wird als Differenz zwischen einer betrieblichen Gewinngröße und ihren Kapitalkosten ermittelt, wie z. B. mit dem *Economic Value Added*. Die Berücksichtigung der Kapitalkosten folgt der Grundlogik, dass ein Geschäft nicht nur seine operativen Kosten decken muss, sondern den Mindestfinanzierungsanspruch der Kapitalgeber, die nach Eigen- und Fremdkapitalgebern differenziert werden, erfüllen muss.
- **Strategische Hebel** zur Wertsteigerung, die sich mittels dieser Bewertungsansätze ermitteln lassen, sind die Umsatzrendite, das Umsatzwachstum, die Kapitalstruktur sowie die Risikostruktur. Im Iso-Rentabilitätsdiagramm lassen sich die zentralen Hebel grafisch darstellen. Diese können mittels Werttreiberbäumen bis auf die operativen Einflussfaktoren heruntergebrochen werden.
- Die **Konsistenzprüfung** der vorausgewählten strategischen Optionen erfolgt anhand ihrer Plausibilität, Realisierbarkeit und ihres strategischen Fits. Die Strategiewahlmatrix hilft bei einer übersichtlichen Darstellung der strategischen Handlungsoptionen. Die abschließende Auswahl sollte ebenfalls den Wertbeitrag und das immanente Risiko einer strategischen Option abwägen. Dies kann mittels einer Sensitivitätsanalyse erfolgen.

Strategie planen und implementieren

6

ÜBERBLICK

Lernziele

Nach der Lektüre dieses Kapitels sollen Sie in der Lage sein,

- die grundsätzlichen Anforderungen und Zusammenhänge eines Steuerungskonzepts zu formulieren;
- ein Steuerungskonzept zur Strategieimplementierung mit Hilfe der Balanced Scorecard zu erarbeiten und die Strategieformulierung auf der Basis von Zielen, Kennzahlen und strategischen Maßnahmen zu operationalisieren und mittels einer Strategy Map zu visualisieren;
- das Geschäftsmodell auf der Basis eines differenzierten Nutzenversprechens, eines Erlösmodells und eines Wertschöpfungsmodells zu formulieren;
- den strategischen Wandel durch eine konsistente Verknüpfung von intendierten und emergenten Strategien zu gestalten und Implementierungsstrategien situationsspezifisch auszuwählen.

Eine formulierte Strategie erfordert zu ihrer Implementierung eine grundsätzliche Planung, die eine fortlaufende Steuerung und Erfolgsmessung erlaubt und die den strategischen Wandel in der Organisation nachhaltig gestaltet. Die Strategieumsetzung umfasst damit die koordinierte Bestimmung und planvolle Ausführung operativer Maßnahmen zur Zielerreichung.

Im Allgemeinen bestehen in der Unternehmenspraxis erhebliche Probleme bei der Strategieumsetzung, die das Strategieverständnis, die Zielhierarchien, die Wirkungszusammenhänge, die Ressourcenallokation und die Operationalisierung betreffen.

Eine uneindeutige und unpräzise Strategieformulierung sowie eine mangelhafte Kommunikation der Strategie im Unternehmen lassen Interpretations- und Gestaltungsmöglichkeiten zu, sodass ein unvollständiges, unklares oder sogar inkonsistentes Strategieverständnis von Führungskräften und Mitarbeitern im Unternehmen entstehen kann.

Ein diffuses Strategieverständnis kann leicht zu inkonsistenten Ziel- und Strategieformulierungen auf unterschiedlichen organisatorischen Hierarchieebenen führen. In der Folge sind Konflikte bezüglich der Ziele und strategischen Maßnahmen festzustellen. Ein unvollständiges Strategieverständnis steht in der Gefahr, wesentliche Zielrelationen sowie Wirkungsbeziehungen zwischen strategischen Maßnahmen nicht zu berücksichtigen. Dies kann zu einer einseitigen Umsetzung bestimmter strategischer Maßnahmen führen und die Ressourcenallokation verzerren.

Schließlich stellt die Operationalisierung von unvollständigen oder diffusen Strategien ein grundsätzliches Problem für die Umsetzung und die Erfolgskontrolle des aktuellen Implementierungsstands dar, da gegebenenfalls eine unvollständige Auswahl an Kennzahlen zur Kontrolle ausgewählt wurde.

Die Planung und Implementierung von Strategie wird daher auf der Grundlage eines geplanten und umfassenden Steuerungskonzepts beschrieben, das eine konsistente Ableitung der Planungsvorgaben in das operative Geschäft ermöglicht, konkrete Handlungsmaßnahmen definiert und die fortlaufende Kontrolle gewährleistet.

6.1 Steuerungskonzept installieren

Eine Vielzahl an Steuerungskonzepten für das Management umfasst eine ausformulierte Strategie, deren Planung, Umsetzung und Kontrolle sowie gegebenenfalls persönliche Leistungsanreize zur Zielerreichung für die an der Umsetzung beteiligten Mitarbeiter. Im Mittelpunkt derartiger Steuerungskonzepte stehen das Budget und die Ressourcenallokation. Die Strategie gilt dabei als Ausgangspunkt für die Planung und Ressourcenzuweisung. Die Verwendung der Ressourcen zur Strategieumsetzung wird durch eine Budgetkontrolle überwacht und kann bei Erfolg mit persönlichen Leistungszulagen belohnt werden.

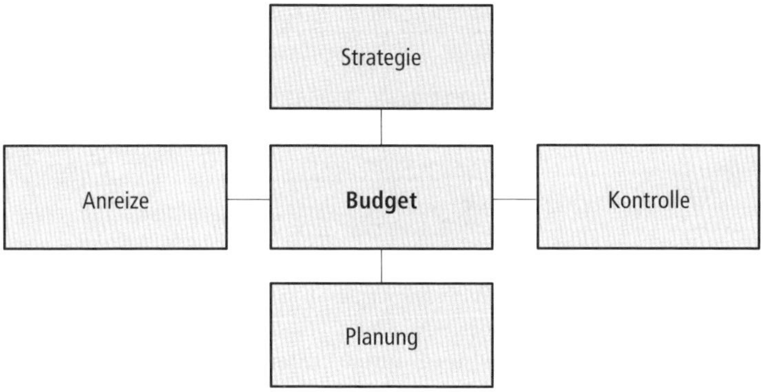

Abbildung 6.1: Generisches Steuerungskonzept, *Quelle: Kaplan / Norton (2001, S. 23)*

Verteilungskonflikte zwischen Geschäftsbereichen und Funktionen sind dabei vorprogrammiert und meist auf den Budgetzugriff gerichtet. Viele Steuerungskonzepte verwenden dabei die finanziellen Kennzahlen als einzig relevante Steuerungs- und Messgrößen. Ein derartiges Steuerungskonzept dient daher einer finanzorientierten Steuerung und Kontrolle mit einem meist kurzfristigen Realisierungshorizont. Dagegen erfordern die Planung und Umsetzung einer formulierten Strategie einen kontinuierlichen und integrieren Steuerungs- und Führungskreislauf, der durch einen Regelkreis dargestellt werden kann. Kaplan und Norton entwerfen einen derartigen Regelkreis, der ein konsistentes strategisches Verständnis im Unternehmen sichert, die Strategie kommuniziert und operationalisiert.[1] Darüber hinaus wird über einen Rückkopplungsprozess organisationales Lernen im Unternehmen stimuliert und als Katalysator für strategischen Wandel installiert.

Dieses **strategische Führungssystem** zur Strategieimplementierung ist in vier Phasen gegliedert. Den Ausgangspunkt stellt eine eindeutige Beschreibung der Strategie dar, sodass diese als Referenzpunkt für eine ganzheitliche Unternehmensführung in betrieblicher und personeller Hinsicht verwendet werden kann. Sie bildet eine gemeinsame Basis sowie ein einheitliches Verständnis hinsichtlich der Annahmen und Ausprägungen der Strategieformulierung.

1 Vgl. Kaplan/Norton (1996), S. 77.

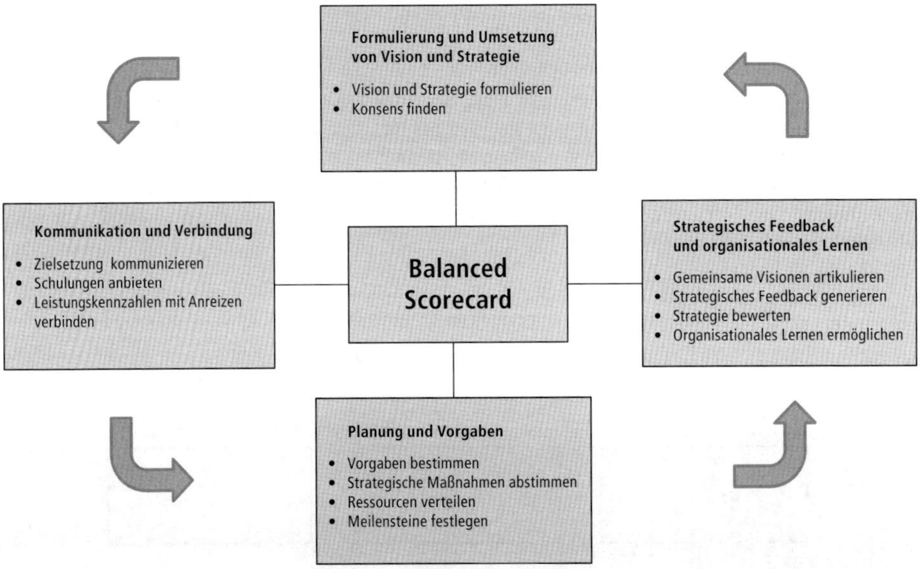

Abbildung 6.2: Steuerungs- und Regelkreis zur Strategieimplementierung, *Quelle: Kaplan / Norton (1997, S. 10)*

Auf dieser Basis wird die Strategie im gesamten Unternehmen durch ausführliche Information (*Top-down*) kommuniziert und es werden konkrete Ziele für Geschäftseinheiten, Abteilungen und Mitarbeiter aus den strategischen Unternehmenszielen abgeleitet. Die Ziele können mit dem Leistungsanreizsystem verknüpft werden. Daran schließen sich die Ableitung und die Festlegung von strategischen Maßnahmen in den einzelnen Geschäftsbereichen verbunden mit entsprechenden Ressourcenzuweisungen im Sinne der Strategie an.

Die kontinuierlichen Veränderungen im Wettbewerbsumfeld können eine Anpassung von Strategien erfordern. Daraus folgt eine laufende Messung der Strategieumsetzung und ihrer Effektivität bzw. Validität unter den gegebenen Rahmenbedingungen als zentrale Anforderung an das strategische Steuerungs- und Führungssystem. Abweichungen und unerwartete Ergebnisse werden zur Prüfung auf entsprechende Anpassungen als Rückkopplung im Führungsprozess verarbeitet. Die Rückkopplung dient der kritischen Prüfung der zentralen Annahmen hinsichtlich der Unternehmensumwelt und des Unternehmens, auf denen die Strategieformulierung basiert. In diesem Sinne werden organisationales und strategisches Lernen in der strategischen Steuerung und Führung zentral verankert.[2] In *Kapitel 7 Strategie kontrollieren* werden Ansätze vorgestellt, die zur fortlaufenden Kontrolle und Bewertung von Strategien geeignet sind.

6.2 Strategie operationalisieren

Die Planung und Operationalisierung von Strategien auf der Basis eines geschlossenen Steuerungs- und Regelkreises liegt in der Konzeption der **Balanced Scorecard** vor. Diese ist zur organisatorischen Implementierung um das Konzept der **Strategy Map** erweitert worden. Die Konzeptionen bauen aufeinander auf und ermöglichen die unternehmens-

2 Vgl. Dillerup/Stoi (2013), S. 396 ff.

spezifische Ausgestaltung eines umfassenden Kennzahlensystems unter Berücksichtigung von vielfältigen Wirkungsbeziehungen.

6.2.1 Balanced Scorecard erarbeiten

Die Balanced Scorecard bietet einen multidimensionalen Handlungsrahmen zur integrierten und koordinierten Strategieumsetzung auf der Basis der folgenden vier Perspektiven:[3]

- Die **finanzielle Perspektive** stellt auf die zentralen finanziellen Ergebnisziele ab, die durch die Umsetzung der Unternehmensstrategie erreicht werden sollen. Die finanziellen Kennzahlen setzen sich aus Umsatz- und Rentabilitätsmessgrößen (z. B. Kapitalrendite, Unternehmenswert) zusammen und sind nachlaufende Indikatoren, da sie von der Strategieumsetzung und von den Verbesserungen in den anderen Perspektiven mittelbar und unmittelbar abhängig sind. In Abhängigkeit von der Lebenszyklusphase eines Unternehmens können sich die Auswahl und die Ausprägung der finanziellen Kennzahlen im Zeitablauf verändern, da sich die entsprechende Strategieformulierung in aggressivem Wachstum und Marktanteilsgewinn bis hin zur Restrukturierung oder Geschäftsaufgabe ausdrücken kann. In Abhängigkeit der Lebenszyklusphase bestehen somit z. B. ein unterschiedlich hoher Kapitalbedarf für Investitionen und damit ein im Zeitablauf veränderter Kapitalfluss.
- Die **Kundenperspektive** zielt auf eine differenzierte Kundenwertschöpfung als Quelle von Wettbewerbsvorteilen ab, die zur finanziellen Zielerreichung beiträgt. Diese Perspektive bildet die relevanten Kunden- und Marktsegmente ab. Die Kennzahlen beinhalten zentrale Messgrößen wie z. B. Kundenzufriedenheit, Kundenakquisition, Kundenbindung und Kundenrentabilität sowie Marktanteile, die als Nachlaufindikatoren Information über die Wirkung der segmentspezifischen Leistungstreiber geben. Ergänzend können Vorlaufindikatoren wie z. B. Durchlaufzeiten, Liefertreue und Kundenserviceleistungen verwendet werden. Die Auswahl der Kennzahlen und die Definition der Zielgrößen in qualitativer und quantitativer Hinsicht ermöglichen die präzise Ausgestaltung und Umsetzung der Strategie im Marktumfeld und nehmen Bezug auf den Marketingmix.
- Die **interne Perspektive** bildet die Prozesse ab, die zur Erfüllung der Kundenerwartungen und der finanziellen Ziele beitragen. Die Kennzahlen konzentrieren sich daher auf die Prozesse mit der höchsten Relevanz für die Erfüllung des Kundennutzens und umfassen qualitätsorientierte Prozesskennzahlen (z. B. Ausschuss, Fehlerquote, Reaktions- und Rüstzeiten) ebenso wie innovationsorientierte Kennzahlen (z. B. Entwicklungszeiten, Innovationsrate). Verbesserungen in den Kennzahlen interner Prozesse sind ein Vorlaufindikator für Verbesserungen bei Kunden- und Finanzkennzahlen. In dieser Perspektive geht es jedoch nicht ausschließlich um die Kontrolle und Verbesserung bestehender Prozesse, sondern auch um die Identifikation neuer Prozesse, die auf die bestmögliche Erfüllung der Kunden- und Finanzziele ausgerichtet werden, sowie um die Integration von Innovationsprozessen in die interne Prozessperspektive.
- Die **Lern- und Entwicklungsperspektive** erfasst die grundlegende Infrastruktur bestehend aus Mitarbeitern, Technologien und Systemen sowie der Organisationskultur. Die Kennzahlen beinhalten Personalkennzahlen und allgemeine Wirkungskennzahlen, wie z. B. die Mitarbeiterzufriedenheit, Betriebszugehörigkeit, Trainingsmaßnahmen oder Qualifikation in Kombination mit spezifischen Erfolgsfaktoren für die

3 Vgl. Kaplan/Norton (1997), S. 20 ff.

interne Perspektive und die Kundenperspektive. Die Verbesserungen bei den Lern- und Entwicklungskennzahlen sind Vorlaufindikatoren für die Leistung in den anderen Perspektiven der Balanced Scorecard.

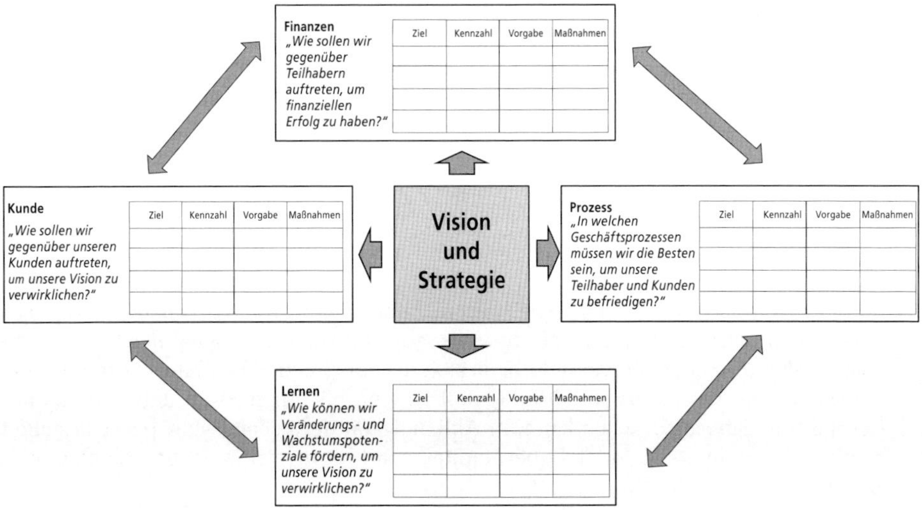

Abbildung 6.3: Grundprinzip der Balanced Scorecard, *Quelle: in Anlehnung an Kaplan / Norton (1997, S. 9)*

Die vier dargestellten Perspektiven stellen in mehrfacher Hinsicht ein ausgewogenes Ziel- und Steuerungssystem dar. Darin werden sowohl die Interessen und Erwartungen unternehmensinterner als auch externer Anspruchsgruppen berücksichtigt. Dabei werden außerdem quantitative und qualitative Kennzahlen kombiniert. Schließlich werden gleichzeitig kurz- und langfristige Ziele bzw. Kennzahlen miteinander verbunden, sodass die zeitliche Verzögerung von unternehmerischen Handlungen und deren wirtschaftlichem Erfolg durch die ausgewogene Verwendung von Vor- und Nachlaufindikatoren berücksichtigt wird. Insofern steht die Balanced Scorecard für einen generalistischen Managementansatz, der sich von einem reinen finanzorientierten Ansatz grundsätzlich unterscheidet. Finanzorientierte Ansätze sind zur Strategieumsetzung nur sehr bedingt geeignet, da sie die operativen Gestaltungsmöglichkeiten stark aggregiert wiedergeben und für Führungskräfte und Mitarbeiter im Hinblick auf die Maßnahmen zur Zielerreichung meist schwer verständlich und unzureichend spezifiziert sind.

Den Ausgangspunkt für die Strategieumsetzung auf der Basis der Balanced Scorecard stellt die formulierte und ausgewählte Unternehmensstrategie dar. Die Strategie kann anhand der folgenden Schritte in die Struktur der Balanced Scorecard überführt werden:

1. **Perspektiven festlegen und aufteilen:** Die vier vorgestellten Perspektiven dienen als grundsätzliche Schablone für eine Umsetzung mit der Balanced Scorecard und nicht als strikte Vorgabe. Die Ausgestaltung ist abhängig von der Branche, der Strategie, den Geschäftseinheiten und dem definierten Geschäftsmodell, sodass stets eine unternehmensspezifische Ausgestaltung erfolgen muss. Entsprechend der relevanten Erfolgsfaktoren und Steuerungsgrößen können gegebenenfalls andere oder zusätzliche Perspektiven in die Balanced Scorecard integriert werden. Wenn beispielsweise wesentliche Wertschöpfungsbeiträge aus einer strategischen Kooperation wie etwa im Fall der Star Alliance erbracht werden, kann eine zusätzliche Perspektive, z. B. eine Kooperationsperspektive, in der Balanced Scorecard ergänzt werden.

2. **Ziele ableiten:** Aus der Strategie werden für jede Perspektive mehrere spezifische Ziele abgeleitet. Diese Ziele fokussieren auf einen bestimmten Gestaltungsbereich und stehen gleichzeitig in Beziehung zur Unternehmensstrategie.

3. **Kennzahlen bestimmen:** Die Ziele werden durch quantitative und qualitative Kennzahlen konkretisiert. Das Steuerungskonzept der Balanced Scorecard verlangt, dass jede ausgewählte Kennzahl in eine kausale Wirkungskette integriert ist, die unmittelbar zur Erreichung der spezifischen Ziele einer Perspektive dient und mittelbar zur finanziellen Zielerreichung beiträgt.

4. **Zielwerte festlegen:** Die Ausgangsgrößen für die Kennzahlen werden ermittelt und die Zielwerte werden entsprechend der Strategie diesen gegenübergestellt. Im Rahmen der Umsetzung kann eine fortlaufende Kontrolle der Strategieumsetzung mittels Soll-Ist-Vergleich erfolgen.

5. **Strategische Maßnahmen zuordnen:** Jedem Ziel werden strategische Maßnahmen bzw. Maßnahmenbündel zugeordnet, die einen unmittelbaren Einfluss auf das entsprechende Ziel und die Kennzahl haben. Diese Maßnahmen werden durch Verantwortlichkeiten, Ressourcenzuweisung und Terminierung präzisiert.

Das dargestellte Vorgehen leitet mittels eines *Top-down-Ansatzes* aus der entwickelten Strategie für jede Perspektive konsequent Ziele, Kennzahlen und messbare Zielwerte ab und ordnet konkrete strategische Maßnahmen zu. Diese systematische Ableitung ermöglicht trotz der Vielzahl von strategischen Zielen in den unterschiedlichen Perspektiven eine hohe Zielfokussierung und stellt sicher, dass in den Perspektiven nur solche Ziele formuliert und Maßnahmen festgelegt werden, die in einer Wirkungsbeziehung zu der Strategie und den finanziellen Zielen stehen.

Abbildung 6.4: Ableitung von strategischen Zielen, *Quelle: in Anlehnung an Kaplan / Norton (2001, S. 67)*

Die Ableitung von Zielen und Messgrößen einer Balanced Scorecard beginnt an der Unternehmensspitze und kann konsistent auf sämtliche Stufen der Unternehmenshierarchie heruntergebrochen und für einzelne Abteilungen oder Funktionen konkretisiert werden. Dabei ändert sich jeweils der Betrachtungsbereich der Balanced Scorecard, nicht aber ihre grundsätzliche Struktur und die Vorgehensweise. Die strategischen Ziele inklusive der entsprechenden Kennzahlen und Maßnahmen sind somit auf den unterschiedlichen Hierarchieebenen und in den Geschäftsbereichen durch eine Vielzahl von Ursache-Wirkungs-Ketten miteinander verbunden, sodass erst die Gesamtheit der Zielbeziehungen die Strategie vollständig abbildet.

Beispiel 6.1 Balanced Scorecard bei Fischer

Die fischerwerke Artur Fischer GmbH & Co. KG gehören weltweit zu den bekanntesten und führenden Markenherstellern für Befestigungssysteme im professionellen und privaten Bereich. Die Unternehmensgruppe ist in mehrere Geschäftsbereiche unterteilt. Der größte Geschäftsbereich (Befestigungssysteme) entwickelt, produziert und vertreibt Verankerungen und Befestigungen auf chemischer und mechanischer Basis sowie unterschiedlicher Materialien wie Metall, Kunststoff oder Holz. Der zweitgrößte Unternehmensbereich, Fischer automotive systems GmbH & Co. KG, entwickelt und fertigt Interieurkomponenten für die Erstausrüstung von Automobilen aus Kunststoff und Metall.

Im zunehmend globalen Wettbewerb stellte sich für die fischerwerke bereits in den 1990er-Jahren heraus, dass die Unternehmensgröße und die damit verbundenen Skaleneffekte in der Produktion sowie die Verbundeffekte in der Forschung und im Vertrieb eine zunehmende Bedeutung als Wettbewerbsfaktor erlangen. Daher formulierte das Unternehmen im Jahr 1997 eine ambitionierte Wachstumsstrategie mit dem Fokus auf organisches Wachstum durch Produkt- und Marktentwicklungsstrategien. Die Produktentwicklungsstrategie definierte Produkt- und Verfahrensinnovationen als zentralen Hebel für eine herausragende Produktleistung. Die Marktentwicklungsstrategie sah vor, mittels sukzessiver Markteintritte in neue Marktsegmente und regionale Märkte vorzustoßen.

Die Implementierung der formulierten Wachstumsstrategie im gesamten Unternehmen erforderte eine konsistente Ausrichtung aller Geschäftsbereiche und Gesellschaften auf die formulierte Strategie. Dazu passte das Unternehmen den methodischen Rahmen der Balanced Scorecard an die strategischen Anforderungen an. So wurden die vier Perspektiven um eine explizite Mitarbeiterperspektive ergänzt, da in den Mitarbeitern ein zentraler Erfolgsfaktor für die fischerwerke besteht. Sowohl in der Forschung und Entwicklung als auch im Vertrieb stellen die Mitarbeiter die wesentliche Geschäftsgrundlage dar. Die in der Balanced Scorecard definierte Kundenperspektive wurde zur Marktperspektive erweitert, sodass wettbewerbsrelevante Einflussfaktoren in dem Steuerungskonzept abgebildet werden können.

Der Aufbau der Balanced Scorecard für eine unternehmensweite Steuerung folgt einem Top-down-Ansatz. Die für die Unternehmensgruppe definierte Scorecard wird in die einzelnen Geschäftsbereiche heruntergebrochen. Die Geschäftsbereiche und die Abteilungen leiten daraus Einzelscorecards ab. Für jeden Verantwortungsbereich entsteht eine Scorecard mit rund 20 Steuerungsgrößen, die untereinander und entlang der Scorecard-Hierarchie in Ursache-Wirkungs-Beziehungen stehen und zur Realisierung der Wachstumsstrategie beitragen.

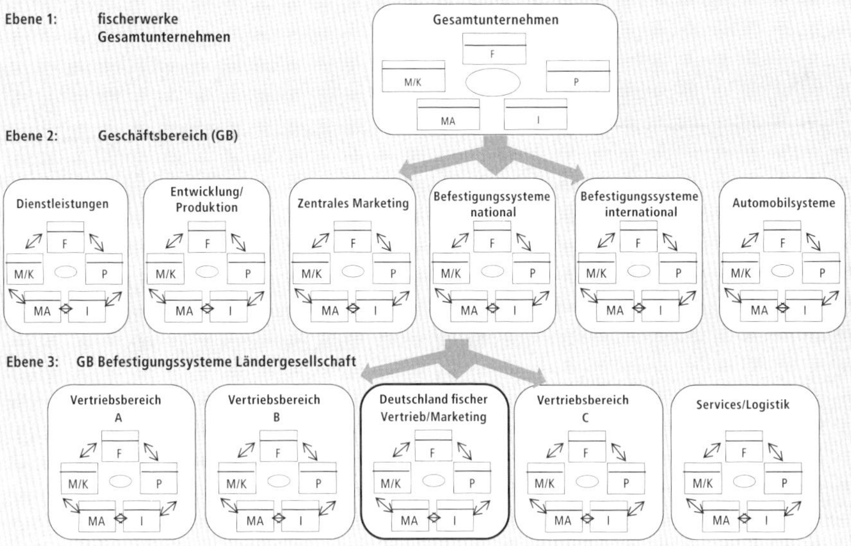

Abbildung 6.5: Balanced-Scorecard-Hierarchie der fischerwerke, *Quelle: Fink / Grundeler (1998)*

Die Unternehmensgruppe verzeichnete seit dem Jahr 1997 ein durchschnittliches Umsatzwachstum von jährlich rund 5% und erwirtschaftet im Jahr 2012 mit rund 3.900 Mitarbeitern weltweit einen konsolidierten Umsatz von 618 Mio. Euro, wovon rund 75% im Ausland erzielt werden. Im Kerngeschäft Befestigungssysteme ist fischer Marktführer in Europa.

Insgesamt lassen sich vier Arten von Wirkungsbeziehungen unterscheiden:

- **Horizontale und vertikale Wirkungsbeziehungen:** In horizontaler Beziehung stehen Kennzahlen innerhalb einer Perspektive, wie z. B. Frühindikatoren und Ergebniskennzahlen in der Finanzperspektive oder die Produktionskostenreduktion und Synergierealisierung in der Prozessperspektive. In vertikaler Perspektive werden Kennzahlen unterschiedlicher Perspektiven miteinander verknüpft.
- **Wechselseitige und einseitige Wirkungsbeziehungen:** Die Beziehungen zwischen den Zielen, Erfolgsfaktoren und Kennzahlen in und zwischen den betrieblichen Perspektiven können einen komplementären oder konkurrierenden Charakter besitzen. Der Ausgleich konkurrierender Zielbeziehungen kann u. a. mit der Hilfe von Strategy Maps erfolgen, die im nachfolgenden *Kapitel 6.2.2 Strategy Map visualisieren* dargestellt werden.
- **Generische und spezifische Beziehungen:** Die grundsätzlichen Beziehungen, die aus der Theorie und Empirie für alle Unternehmen gleichermaßen abgeleitet werden können, lassen sich leicht in der Balanced Scorecard abbilden. Unternehmensspezifische Wirkungsbeziehungen müssen zunächst ermittelt werden. Dazu können durch das Management Wirkungshypothesen aufgestellt werden.

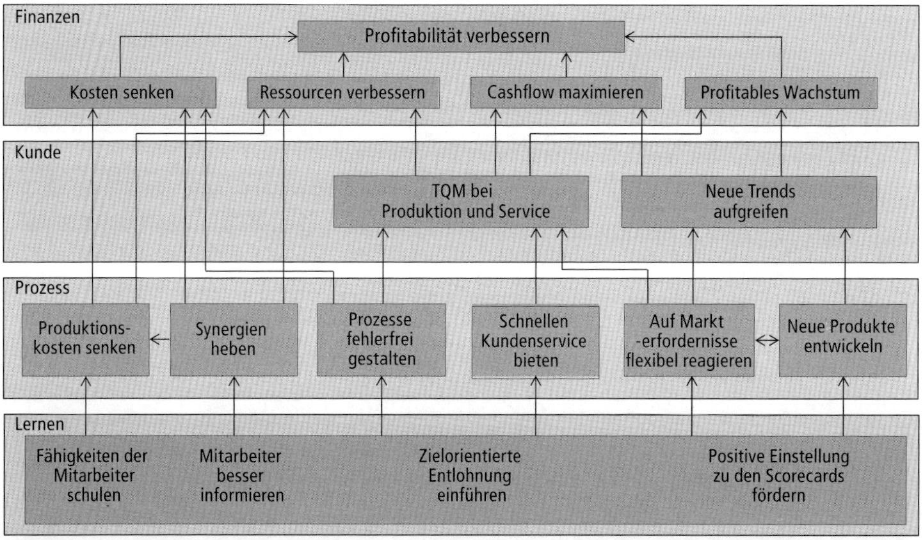

Abbildung 6.6: Ursache-Wirkungs-Beziehungen in der Balanced Scorecard, *Quelle: Hungenberg (2012, S. 322)*

Kritische Würdigung: Die Balanced Scorecard ermöglicht eine transparente und übersichtliche Darstellung der Ziele und der strategischen Maßnahmen zur Zielerreichung sowie geeigneter Kennzahlen zur Fortschrittskontrolle. Durch die übersichtliche Darstellung können Zielkonflikte zwischen den unterschiedlichen Perspektiven und Hierarchieebenen, Abteilungen oder Funktionen transparent gemacht werden. Die Balanced Scorecard ist allerdings nicht dazu geeignet, derartige Zielkonflikte zu lösen. Die Integration von unternehmensspezifischen Ursache-Wirkungs-Beziehungen auf der Basis von Hypothesen ist aufgrund der Komplexität und Validität als problematisch anzusehen.

Die Balanced Scorecard ist als Instrument zur strategischen Steuerung und Führung von Unternehmen konzipiert. Eine erfolgreiche Implementierung sollte die Balanced Scorecard daher auch als ein Führungsinstrument im Unternehmen implementieren und nicht als ein System zur ausschließlichen Leistungsmessung und Kontrolle. Dabei ist eine unternehmensindividuelle Anpassung der Scorecard-Struktur möglich, wie das Beispiel der fischerwerke zeigt. Die Priorisierung von Kennzahlen und deren Integration in das Reporting und Controlling sind Voraussetzung für ein systematisches Management mittels der Scorecard.[4]

6.2.2 Strategy Map visualisieren

Die strategisch relevanten Ursache-Wirkungs-Ketten einer Balanced Scorecard können mit Hilfe einer **Strategy Map** herausgearbeitet und visualisiert werden. Die vier Perspektiven der Balanced Scorecard bleiben dabei erhalten und werden um eine Darstellung der zeitbezogenen Dynamik im Rahmen der Strategieumsetzung ergänzt. Die Entstehung unternehmerischen Erfolgs wird in einer Strategy Map über Ursache-Wirkungs-Ketten erklärt. Dabei geht es nicht um die Darstellung aller denkbaren oder tatsächlichen Wirkungszusammenhänge, sondern ausschließlich um die Herausarbeitung der erfolgskritischen Beziehungen zwischen den strategischen Zielen und Erfolgsfaktoren.

4 Vgl. Paul (2002), S. 52 ff.

Die folgenden Grundüberlegungen bilden das Fundament für die Visualisierung mittels einer Strategy Map.[5] Eine Strategie gleicht grundsätzlich konkurrierende Kräfte aus und muss diesen *Trade-Off* in der Strategieumsetzung berücksichtigen. Die Investitionen in den Aufbau von immateriellen Vermögenswerten mit dem Ziel des Umsatzwachstums stehen in der Regel den Maßnahmen zur Kostenreduktion mit dem Ziel der Wirtschaftlichkeit entgegen. Das Hauptziel der nachhaltigen Steigerung des Unternehmenswerts entsprechend des *Shareholder-Value-Ansatzes* kann nur durch den Ausgleich und die Verbindung zwischen den Wachstums- und Wirtschaftlichkeitszielen erreicht werden.

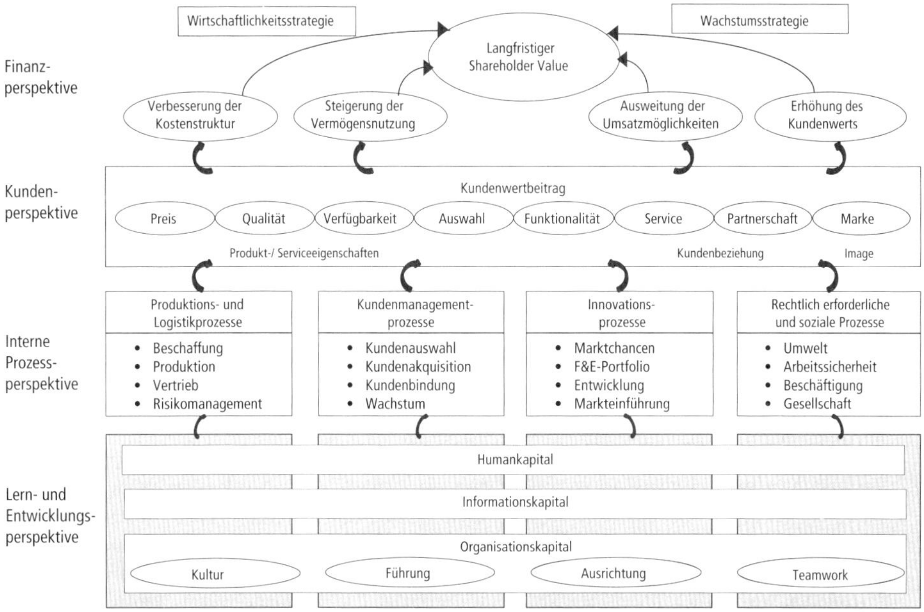

Abbildung 6.7: Wertschöpfungsbeziehungen in der Strategy Map, *Quelle: Kaplan / Norton (2004, S. 10)*

Die langfristige Steigerung des Unternehmenswerts basiert auf einer differenzierten Wettbewerbsposition. Diese bedingt eine überlegene Kundenwertschöpfung gegenüber dem Wettbewerb. In der Strategieumsetzung sind daher die zentralen Werttreiber und Qualitätsmerkmale in Abhängigkeit der Zielkunden und Marktsegmente zu spezifizieren. Der Kundenwertbeitrag wird, wie in Abb. 6.7 dargestellt, anhand der wesentlichen Produkt- und Serviceeigenschaften wie Preis, Qualität, Funktion, Verfügbarkeit und Sortimentsauswahl sowie durch die Ausgestaltung der Kundenbeziehung und die Markenwahrnehmung geschaffen.

Die formulierte Wettbewerbsstrategie definiert die Spezifikation der Produkt- und Serviceeigenschaften, die einen herausragenden Kundenbeitrag schaffen. Dafür sind in der Leistungserstellung aufeinander abgestimmte interne Geschäftsprozesse erforderlich. Die folgenden vier generischen Prozessgruppen tragen zur Kundenwertschöpfung bei:[6]

5 Vgl. Kaplan/Norton (2004), S. 9 ff.
6 Vgl. Kaplan/Norton (2004), S. 57 ff.

- **Produktions- und Logistikprozesse:** Die Beschaffung, die Produktion und der Vertrieb von Produkten oder Dienstleistungen stellen eine elementare Prozessgruppe zur Wertschöpfung dar. Das Risikomanagement fokussiert auf das finanzielle, operative und technologische Risiko der Transaktionen in den Wertschöpfungsprozessen. Der Kundenwertbeitrag wird durch Qualitätsaspekte und wettbewerbsfähige Preise direkt beeinflusst. Die Priorisierung der Prozesse und Aktivitäten auf qualitätssteigernde oder kostensenkende Maßnahmen dient der Differenzierung und muss mit der Wettbewerbsstrategie konsistent sein.
- **Kundenmanagementprozesse:** Der Aufbau und die Pflege von Kundenbeziehungen setzen zunächst die gezielte Auswahl von Kundengruppen in abgegrenzten Marktsegmenten voraus. Entlang des Kundenbeziehungszyklus werden Kunden systematisch angesprochen, gebunden und entwickelt.[7] Die Auswahl der Instrumente für die Gestaltung der Kundenbeziehung und die Kundenentwicklung können zur Differenzierung in der Kundenwertschöpfung beitragen. So erfordern Prozesse zur Bereitstellung eines exzellenten Services (z. B. Online-Shopping) oder vollständiger Problemlösung (z. B. schlüsselfertiges Bauen für individuelle Kunden) gänzlich andere Prozessdefinitionen und Kennzahlen im Vergleich zum Einzelhandel oder zu traditionellen Bauunternehmen.
- **Innovationsprozesse:** Die Entwicklung innovativer Produkte, Dienstleistungen und Prozesse unter konsequenter Orientierung an Kundenbedürfnissen und Kundenerwartungen stellt die Grundlage für die Realisierung von Marktchancen dar. Dafür ist eine konsequente Nutzung der Portfoliotechnik, z. B. als Innovations- oder Technologieportfolio, hilfreich. Entwicklungsprozesse, die einen zeitlichen Vorsprung bei der Markteinführung realisieren, können durch Pioniervorteile und überlegene Produktleistungen einen differenzierten Kundenwert schaffen.
- **Rechtlich erforderliche und soziale Prozesse:** Neben den unmittelbaren gesetzlichen und rechtlichen Vorschriften und Normen, die ein Unternehmen erfüllen muss, gehört zu dieser Prozessgruppe auch die Verantwortung des Unternehmens gegenüber Mitarbeitern, Bürgern und Gemeinschaften. Dieses auch als *Corporate Social Responsibility* (CSR) definierte Selbstverständnis des Unternehmens kann beispielsweise durch die konsequente Ausrichtung von Prozessen auf die Umweltverträglichkeit differenzierend wirken und einen Wertbeitrag für bestimmte Kundengruppen darstellen. Insbesondere die Kundengruppe der LOHAS legt einen hohen Wert auf Produkte aus nachhaltiger biologischer Produktion und einen Prozess, in dem der Energie- und Ressourcenverbrauch, die Wasser- und Bodenverschmutzung sowie die Entsorgung ökologisch verträglich organisiert und dokumentiert sind.

Jede Prozessgruppe verfügt ihrerseits über Subprozesse, die an der Wertschöpfung beteiligt sind. Die exakte Ausgestaltung und Abstimmung dieser Prozesse wird im Geschäftsmodell vorgenommen, das im Rahmen der Geschäftsplanung definiert wird, wie nachfolgend in *Kapitel 6.3 Geschäftsmodell konzipieren* dargestellt. In der Strategy Map werden nur die Prozesse bzw. Subprozesse aufgeführt, die erfolgsrelevant für eine differenzierende Kundenwertschöpfung sind. Die Beziehungen zwischen diesen erfolgsrelevanten Prozessen werden in der Strategy Map visualisiert. Die Prozesse tragen meist zu unterschiedlichen Zeitpunkten und in unterschiedlicher Art und Weise zur Wertschöpfung bei. So können Verbesserungen in bestimmten Subprozessen im Bereich von Kundenbeziehungen erst nach einigen Quartalen einen positiven Wertbeitrag leisten, bis sie sich in einem überdurchschnittlichen Umsatzwachstum oder einer höheren Umsatzrendite

7 Vgl. Bruhn (2013), S. 65 ff.

niederschlagen. Dagegen führen Verbesserungen in den Produktions- und Logistikprozessen zeitnah zu messbaren Kosteneinsparungen oder Qualitätsverbesserungen. Insofern sind die strategischen Ziele in den Prozessgruppen zeitlich zu staffeln und somit als komplementär für die Strategieumsetzung und Zielerreichung zu berücksichtigen.

Die formulierte Wettbewerbsstrategie bestimmt den grundsätzlichen Wert und die Relevanz der immateriellen Vermögenswerte, die ebenfalls indirekt auf den Kundenwertbeitrag einwirken und ihren Wert in Verbindung mit den materiellen Vermögenswerten und dem organisationalen Kontext entfalten. Die Lern- und Entwicklungsperspektive beschreibt dabei die Rolle der immateriellen Vermögenswerte innerhalb der Organisation und ihre Funktion zur Erreichung der strategischen Ziele. Sie können in drei Komponenten unterschieden werden:

- Das **Humankapital** umfasst die Fähigkeiten, das Wissen und die Motivation der Mitarbeiter. Für die Implementierung der Strategie sind insbesondere die Ausrichtung der Fähigkeiten auf die formulierte Strategie sowie die Bereitschaft zur Umsetzung zu schaffen. Dies geschieht in der Regel durch die Förderung und die Entwicklung von Mitarbeitern, die Schaffung von expliziten und impliziten Netzwerken sowie einer transparenten Agenda für den organisationalen Wandel.
- Das **Informationskapital** beinhaltet die Datenarchitektur, die Informationssysteme, die Netzwerke und die technologische Infrastruktur. Die Strategieumsetzung erfordert die Ausgestaltung der Transaktionsprozesse, Anwendungen und Schnittstellen mit geeigneten und effizienten Systemen.
- Das **Organisationskapital** beschreibt die Organisationskultur und den Führungsstil sowie formelle und vor allem informelle Koordinationsmechanismen. Die Gestaltung des organisationalen Wandels im Zuge der Strategieumsetzung erfordert ein ausgeprägtes Bewusstsein und die Internalisierung von Mission, Vision und Strategie bei den Mitarbeitern. Die Unternehmensführung muss die Organisation zur Zielerreichung mobilisieren und durch Abteilungs-, Team- und Individualziele strategisch ausrichten.

Die konsequente Ausrichtung dieser drei Komponenten an der Strategie erhöht die Bereitschaft, den strategischen Wandel einzuleiten und aufrechtzuerhalten. Die Erarbeitung einer Strategy Map empfiehlt sich daher durch interdisziplinäre Arbeitsgruppen, welche auch in die operative Umsetzung der Strategie einbezogen sind und so frühzeitig ein gemeinsames Verständnis über die strategischen Handlungsfelder und die wechselseitigen Beziehungen erlangen.

Die grundsätzliche Logik einer Strategie zur Wertschaffung im Sinne von Verbindungen und Wirkungszusammenhängen wird in der Strategy Map dargestellt und gleichzeitig in ihrer Komplexität reduziert, sodass die visualisierte Strategie für die Kommunikation im Unternehmen geeignet ist, um ein gemeinsames Verständnis und eine konsistente Umsetzung der Strategie zu ermöglichen.

Kritische Würdigung: Die Balanced Scorecard visualisiert die Zielbeziehungen zwischen den verschiedenen Perspektiven. Die Strategy Map systematisiert diese Beziehungen nach den Prozessen und Treibern für die Kundenwertschöpfung und erleichtert den Ausgleich konkurrierender Ziele. Dabei gilt es jedoch zu beachten, dass die für die Balanced Scorecard getroffenen Annahmen über Wirkungsbeziehungen in einer Strategy Map übernommen und fortgeschrieben werden. Hierbei getroffene fehlerhafte Annahmen über unternehmensspezifische Wirkungsbeziehungen setzen sich im weiteren Strategieprozess und insbesondere in der Geschäftsmodellkonzeption fort.

6.3 Geschäftsmodell konzipieren

Auf der Basis eines grundsätzlichen Steuerungskonzepts und einer Operationalisierung der Strategie und einer Abbildung zentraler Aktivitäten in der Strategy Map kann nun eine umfassende Darstellung des Geschäftsmodells erfolgen.

Ein **Geschäftsmodell** „*beschreibt eine (modellartige) Abbildung der geschäftlichen Aktivitäten eines Unternehmens unter Berücksichtigung seiner Beziehungen zu Lieferanten, Kunden und Wettbewerb und unter Berücksichtigung der jeweiligen Form der Erlöserzielung und der Finanzierung des Unternehmens.*“[8]

Die grundlegenden Perspektiven für die Abgrenzung und Definition eines Geschäftsmodells bestehen in dem Vergleich der Unternehmensleistungen (*Resource-Based View*) gemessen an den Markt- und Wettbewerbsanforderungen (*Market-Based View*) sowie dem mit dem Leistungsversprechen realisierten Wertbeitrag (*Value-Based View*).[9] Daraus ergeben sich die folgenden Leitfragen für die Geschäftsmodellanalyse:

- **(1) Nutzenversprechen** (*Value Proposition*): Welchen Nutzen stiftet das Unternehmen für die angesprochene Kundenzielgruppe?
- **(2) Wertschöpfungsmodell** (*Value Architecture*): Wie wird der Kundennutzen zu wettbewerbsfähigen Kosten erbracht?
- **(3) Erlösmodell** (*Profit Proposition*): Wie und von wem wird das Unternehmen für seine Leistungen bezahlt?

(1) Das **Nutzenversprechen** eines Geschäftsmodells beschreibt den Wert aus der Perspektive der Kunden oder der Wertschöpfungspartner, den diese durch das Geschäftsmodell erhalten:

- Aus Kundenperspektive stellt das Nutzenversprechen eine Problemlösung oder eine Bedürfnisbefriedigung dar und geht damit über eine reine Produkt- oder Dienstleistungsbeschreibung hinaus. Die Festlegung auf die Kundenbedürfnisse dient dem Unternehmen als Orientierung für den Fokus auf die Aktivitäten, die für die Realisierung des Nutzenversprechens relevant sind.
- Aus der Sicht der Wertschöpfungspartner stellt das Nutzenversprechen nicht nur die Beschreibung des Nutzens für die Endkunden, sondern auch den Nutzen für die beteiligten Partner, wie z. B. Lieferanten oder Lizenznehmer, die in den Wertschöpfungsprozess eingebunden sind, dar und bedeutet daher eine umfassende Positionierungsentscheidung des Unternehmens im Wertnetzwerk.[10]

Die Definition eines Nutzenversprechens umfasst die Ausgestaltung der zentralen **produktpolitischen Gestaltungsfelder.**[11] Dazu gehören die Definition der fundamentalen Eigenschaften eines Produkts oder einer Dienstleistung sowie der Zusatzeigenschaften, die Gestaltung des tangiblen Umfelds sowie die Markendefinition.

Die **fundamentalen Eigenschaften** definieren den Produktkern und stellen den **funktionalen Nutzen** dar. Dieser resultiert aus den physikalisch-funktionellen Attributen eines Produkt- oder Dienstleistungsangebots und stellt die primäre Zweckerfüllung sicher.

8 Hungenberg (2011), S. 257.
9 Vgl. Dillerup/Stoi (2013), S. 261.
10 Vgl. Tomczak/Kuß/Reinecke (2004), S. 170 ff.
11 Vgl. Homburg (2012), S. 545 ff.

Die **Zusatzeigenschaften** beschreiben zusätzliche Nutzenkategorien, die nicht zwangsläufig eine Kaufvoraussetzung darstellen, allerdings relevante Kundenbedürfnisse umfassender befriedigen, sodass für deren Erfüllung ein Kunde eine höhere Zahlungsbereitschaft zeigt. Solche Zusatzeigenschaften stellen für Unternehmen und Kunden somit einen zusätzlichen Wert (*Value Added*) dar. Diese Zusatzeigenschaften erfordern, dass sie im Wertschöpfungsmodell zu wettbewerbsfähigen Kosten erbracht werden und im Erlösmodell aufgrund einer höheren Zahlungsbereitschaft von Kunden zu höheren Erlösen führen. Es lassen sich die folgenden Nutzenkategorien unterscheiden:

- Der **ökonomische Nutzen** findet im Preis-Leistungs-Verhältnis von dem Produkt- bzw. Leistungsangebot und den aus der Nutzung resultierenden finanziellen und ökonomischen Konsequenzen für den Nachfrager Ausdruck und wird als das „*wirtschaftliche Grundmotiv des homo oeconomicus*" bezeichnet.[12] Insbesondere bei einer ausreichenden Erfüllung des funktionalen Nutzens kann der ökonomische Nutzen die Kaufentscheidung signifikant beeinflussen.
- Der **soziale Nutzen** ist nicht produkt- oder funktionsbezogen, sondern wirkt ausschließlich extrinsisch in Bezug auf eine mit dem Produkt verbundene Gruppenzugehörigkeit sowie hinsichtlich einer externen Wertschätzung durch Differenzierung im sozialen Umfeld oder durch Selbstdarstellung.
- Der **ästhetische Nutzen** beschreibt ein Erleben ästhetischer und sensorischer Qualitäten, die z. B. haptisch, audiovisuell oder geschmacklich erfahrbar sind und sich im Produktdesign oder der Verarbeitungsqualität ausdrücken können.
- Der **hedonistische Nutzen** fokussiert auf die intrinsischen, persönlichkeitsbezogenen und emotionalen Nutzenaspekte, die z. B. in der Selbstverwirklichung, im Individualitätsstreben oder im Wunsch nach Abwechslung und Vielfalt durch stimulierende Erlebnisse Ausdruck finden können.[13]
- Der **prozessbezogene Nutzen** kann in einer herausragenden Prozessintegration eines Produkts, eines Moduls oder einer Dienstleistung in bestehende Herstellungsprozesse bestehen, wie z. B. die effiziente Gestaltung von Lagerbeständen und Produktionsprozessen im Rahmen von *Just-in-Time-Lieferungen*.

Die **Gestaltung des tangiblen Umfelds** betrifft die physischen Eigenschaften der Produktverpackung sowie die Gestaltung der Verkaufsräumlichkeiten im Sinne einer Verpackung von Dienstleistung.

Die **Marke** stellt die im Bewusstsein des Kunden verankerte und differenzierte Vorstellung des Produkt- oder Dienstleistungsangebots eines Unternehmens im Vergleich zum Wettbewerb dar.[14] Dabei umfasst die Marke als Leistungsversprechen eine eindeutig identifizierbare, werthaltige und nutzenstiftende Kombination aus den Elementen der zuvor genannten Gestaltungsfelder. Im Markenmanagement sind Entscheidungen zur Markenstrategie, Markenpositionierung, Markenarchitektur sowie zu den Vermarktungsinstrumenten zu treffen.[15]

12 Vgl. Trommsdorff (2009), S. 115.
13 Vgl. Burmann/Meffert (2005), S. 55.
14 Vgl. Homburg (2012), S. 609.
15 Vgl. Homburg (2012), S. 609 ff. für eine umfassende Darstellung des Markenmanagements.

Exkurs: Nutzenversprechen als Winning Concept

Das Nutzenversprechen kann systematisch und strukturiert definiert werden. Dabei ist es unerheblich, ob es sich um ein Produkt oder eine Dienstleistung handelt. Es empfiehlt sich eine übersichtliche und kompakte Darstellung, die auf Anhieb verständlich und überzeugend ist. Dann handelt es sich um ein *Winning Concept*. Die folgende Struktur kann als Blaupause für die Formulierung eines Nutzenversprechens als Winning Concept verwendet werden:

- **Titel** (*Headline*): Der Name des Geschäftskonzepts, der Marke oder des Produkts überschreibt das Winning Concept.
- **Kundenproblem** (*Customer Insight*): Die Existenz und die detaillierte Kenntnis eines Kundenproblems bzw. eines echten Kundenbedürfnisses ist die Grundvoraussetzung für ein Winning Concept. Das Problem muss relevant für den Kunden oder Konsumenten sein. Dies erfordert ausführliche Marktforschung bzw. hervorragende Marktkenntnis. Das Kundenproblem muss aus Kundensicht formuliert werden.
- **Leistungsversprechen** (*Benefit*): Eine neue, innovative und differenzierte Antwort auf das Kundenproblem stellt den Kern des Leistungsversprechens dar. Diese Antwort hebt sich von den im Markt befindlichen Angeboten des Wettbewerbs deutlich ab.
- **Leistungsbegründung** (*Reason Why*): Die Begründung für die Leistung muss nachvollziehbar und realistisch sein. Sie darf keine unhaltbaren Versprechungen beinhalten. Einfache und verständliche Formulierungen erhöhen die Akzeptanz der Leistungsbegründung.
- **Botschaft** (*Claim*): Die Botschaft fasst die Hauptaussage zusammen.

Das Konzept sollte in weniger als einer halben Minute lesbar und verständlich sein.

(2) Das **Wertschöpfungsmodell** definiert, auf welcher Grundlage und Konfiguration von Wertaktivitäten ein Geschäftsmodell funktioniert. Geschäftsmodelle, die ein grundlegend anderes Markt- und Kundenverständnis gegenüber den aktuellen Branchenstandards aufweisen, beruhen meist auf einer disruptiven Innovation oder neuen Marktsegmentierung und ermöglichen so eine differenzierte Positionierung.[16] Bedingt durch neue Technologien, insbesondere in der Informationsverarbeitung und Kommunikation werden zunehmend neue Konfigurationen von Wertschöpfungsaktivitäten mit einem hohen Ausmaß an Flexibilität ermöglicht. Diese Auflösung von Branchengrenzen und bestehenden Wertschöpfungsarchitekturen wird als Dekonstruktion bezeichnet, d. h., einzelne Wertaktivitäten vormals integrierter Wertschöpfungsketten lösen sich aus dem integrierten Verbund heraus, werden autonom marktfähig und bilden die Basis einer neuen aktivitätszentrierten Wertschöpfungsarchitektur mit einer stärker vernetzten Arbeitsteilung.[17]

Die grundlegenden Fragen bei der Gestaltung der **Wertschöpfungsarchitektur** sind dabei:

- Welche Ressourcen, Kompetenzen und Prozesse auf den verschiedenen Stufen der Wertschöpfung sind erfolgskritisch? Die Antworten auf diese Frage sollten bereits im ersten Teil des Strategieprozesses in der Unternehmensanalyse gefunden worden sein, die in *Kapitel 2 Unternehmen analysieren* dargestellt ist.
- Welche Stufen der Wertschöpfung sollten verändert, d. h. übersprungen, zusammengefasst, eingefügt oder ausgelagert werden, um das Nutzenversprechen zu erfüllen?

16 Vgl. Hungenberg (2011), S. 258.
17 Vgl. Heuskel (1999), S. 35.

Die Antwort auf diese Frage wird in der Geschäftsplanung und insbesondere in der Gestaltung der Wertschöpfungsarchitektur gegeben.

Grundsätzlich werden die folgenden idealtypischen Wertschöpfungsarchitekturen unterschieden:

- **Schichtenspezialist:** In dieser Konfiguration von Wertaktivitäten konzentriert sich ein Unternehmen in der Regel auf eine Stufe der Wertschöpfungskette und bietet diese Aktivitäten über die bestehenden Branchengrenzen hinweg an. Die Spezialisierung auf diese Aktivitäten ermöglicht es, Skaleneffekte und Wissensvorteile in diesen Aktivitäten zu realisieren, die sich als Wettbewerbsvorteil in niedrigeren Kosten und einer höheren Qualität ausdrücken.
- **Pionier:** In der Regel basiert diese Wertschöpfungsarchitektur auf einer Prozessinnovation, die in mindestens einer Branche entweder eine neue Wertschöpfungsstufe schafft oder bestehende Wertschöpfungsstufen miteinander verbindet. Vielfach wird dabei ein neuer Standard gesetzt, der auf anderen Wertschöpfungsstufen und in angrenzenden Branchen mit vergleichbaren Verfahren oder Prozessen Anwendung findet.
- **Orchestrator:** Die Durchführung einer präzise abgegrenzten Wertaktivität innerhalb einer Branche bei gleichzeitiger Koordination der anderen Wertschöpfungsstufen konzentriert den Unternehmensfokus auf eine bestimmte Kernkompetenz. Die vor- und nachgelagerten Aktivitäten werden von Spezialisten durchgeführt. Das Unternehmen beschränkt sich auf die Steuerung dieser Spezialisten.
- **Integrator:** Die Konfiguration von vertikal integrierten Wertaktivitäten entlang aller Wertschöpfungsstufen minimiert den Fremdbezug und gewährt die größtmögliche Kontrolle über sämtliche Wertaktivitäten. Ein Unternehmen versucht durch die vertikale Integration, die Transaktionskosten zwischen den Wertschöpfungsstufen zu reduzieren. Diese Wertschöpfungsarchitektur ist insbesondere bei hohen Investitionen und erheblichen Risiken, z. B. in Bezug auf den Ressourcenzugriff oder den Distributionszugang, zu empfehlen.

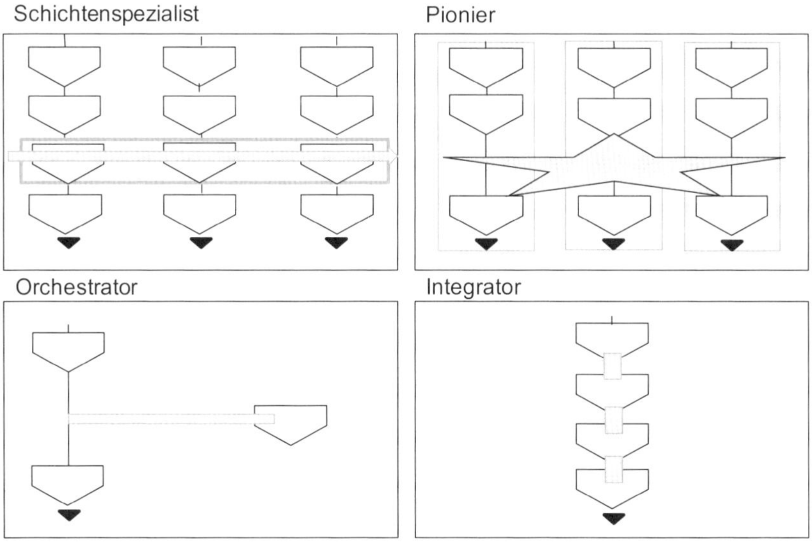

Abbildung 6.8: Wertschöpfungsarchitekturen, *Quelle: in Anlehnung an Heuskel (1999)*

Veränderte Wertschöpfungsarchitekturen sind in zahlreichen Branchen zu finden. Sie betreffen sämtliche Bereiche des Wertnetzwerks, von der Gestaltung der Beschaffungs- und Zuliefererstrukturen bis hin zur Auswahl und Verknüpfung von Distributionskanälen. Die Integration bisher getrennter Distributionskanäle mittels sog. *Cross-Channel-Strategien* findet insbesondere in der Mode- und Bekleidungsbranche Anwendung und verzahnt On- und Offline-Verkauf und -Service (*Click-and-Mortar-Strategy*). Eine weltweite Arbeitsteilung innerhalb einer Unternehmensorganisation und veränderte Aktivitäten zwischen Unternehmen und Lieferanten oder Kunden können sogar zentrale Unternehmensprozesse betreffen. Offene Innovations- und Entwicklungsprozesse (*Open Innovation*) binden Konsumenten, Kunden, Zulieferer oder Institute aktiv in den Produktentwicklungsprozess ein, wie z. B. bei Procter&Gamble im Rahmen der *Connect & Develop-Strategie*. Die Arbeitsteilung kann zu höherer Spezialisierung, zunehmender Vernetzung sowie Kooperation und ggf. zu virtuellen Unternehmen führen. Der Sportartikelhersteller PUMA bezeichnet sich als erstes virtuelles Unternehmen in seiner Branche und konzentriert sich ausschließlich auf die Forschung & Entwicklung sowie das Marketing. Alle weiteren Aktivitäten entlang der Wertschöpfungskette werden in einem Netzwerk orchestriert.

Beispiel 6.2 Integrierte Wertschöpfungskette

Das Unternehmen SCA bietet ein herausragendes Beispiel für eine vollständig integrierte Wertschöpfungsarchitektur. Die unternehmenseigenen Wertaktivitäten erstrecken sich von der Forstwirtschaft und der Auswahl geeigneter Holzfasern über den gesamten Produktionsprozess bis zum Vertrieb, Service und zur Entsorgung bzw. zum Recycling. SCA realisiert damit das Geschäftsmodell einer Kreislaufwirtschaft und folgt dabei den Prinzipien nachhaltigen Wirtschaftens. So ist der Wald als natürliche Ressource gemäß den Richtlinien des Forest Stewardship Councils zertifiziert. Externe Holzfaserlieferanten werden umfassend auf die Prinzipien nachhaltiger Forstwirtschaft geprüft. In den Produktionsstätten werden Zellstoffprodukte wie z. B. Papiertaschentücher (Tempo) und Küchenrollen (ZEWA) für Konsumenten, Papierspendersysteme (TORK) oder Schreib- und Zeitungsdruckpapiere, Verpackungen und Kartonagen für gewerbliche Kunden hergestellt. Neben der Herstellung von Markenprodukten produziert das Unternehmen auch Herstellermarken (*Private Label*) für Handelsunternehmen und realisiert auf diese Weise Skaleneffekte. Die Entsorgung benutzter Zellstoff- und Papierprodukte integriert SCA in den Zellstoff- und Papierproduktionsprozess, sodass rund 70% recycelte Fasern aus Altpapier in den Produktionsprozess einbezogen werden. Somit kontrolliert SCA den vollständigen Kreislauf von der Rohstoffgewinnung bis zum Recycling.

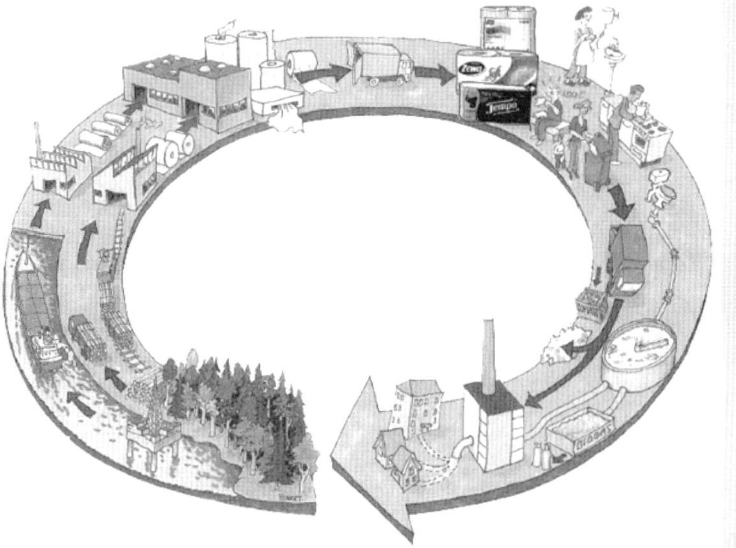

Abbildung 6.9: Integrierte Wertschöpfungskette am Beispiel von SCA, *Quelle: Unternehmensinformation*

Im Ergebnis optimiert SCA damit die Rohstoff- und Energiebilanz, sodass das Unternehmen im Jahr 2011 mit dem Energy Efficiency Award der deutschen Energie-Agentur ausgezeichnet wurde. So wurden global im Zeitraum von 2003 bis 2010 rund 1.200 Einzelprojekte in den unternehmenseigenen Produktionsstätten umgesetzt und damit etwa 240.000 t CO2-Emissionen pro Jahr und 63 Mio. Euro an Energiekosten eingespart. Thorsten Becherer, Energy Manager Tissue Europe, erklärt: „*Für uns ist Nachhaltigkeit ein wesentlicher Bestandteil unserer Unternehmensphilosophie und ein Teil unserer Wachstums- und Wertschöpfungsstrategie. Die kontinuierliche energieeffiziente Optimierung unserer Produktionsprozesse hat deshalb höchste Priorität für uns.*“[19] Der ganzheitliche Wertschöpfungsansatz verankert Energieeffizienz als integralen Bestandteil der täglichen Produktionsabläufe und der wertschöpfungsstufenübergreifenden Unternehmensentwicklung und des Benchmarking. Die Energieeffizienz stellt in der ausgesprochen energieintensiven Branche einen kostenorientierten Wettbewerbsvorteil dar.

Allerdings können Integratoren entsprechend der Branchen- und Unternehmensentwicklung auch Teilbereiche oder Stufen desintegrieren und den Fokus ihrer Aktivitäten entlang der Wertschöpfungskette verschieben. Dieses Vorgehen erlaubt die maximal Partizipation an den *Profit Pools* in der gesamten Branche, wie in *Kapitel 2.1 Unternehmensgrenze und Wertnetzwerk definieren* dargestellt ist. Insofern ist der schrittweise Ausbau des Geschäfts mit Zellstoffprodukten für Konsumenten u. a. durch die Akquisition der Marke Tempo im Jahr 2007 zu erklären.

Die zunehmende Veränderung der Wertschöpfungsarchitekturen schafft insbesondere im horizontalen Wettbewerb eine differenziertere und heterogene Ressourcenbasis,

18 DENA (2011), S 2.

die den Aufbau von Wettbewerbsvorteilen ermöglicht.[19] In einigen Branchen scheint sich sogar ein Wettbewerb der Geschäftsmodelle und Wertschöpfungsarchitekturen zu entwickeln.[20] Das Instrument der strategischen Leinwand bietet sich unter anderem für eine differenzierte Analyse der Wertschöpfungsbeiträge an.

(3) Das **Erlösmodell** legt die Grundsatzentscheidung über die Art und Weise der Finanzierung fest und betrifft daher die folgenden Teilbereiche[21]:

- Erlössystematik;
- Preis- und Konditionenpolitik.

Die **Erlössystematik** wird durch die Erlösformen und die Erlösquellen beschrieben. Es können direkte und indirekte Erlösformen unterschieden werden. Bei den direkten Erlösformen werden die Erlöse unmittelbar aus der Bezahlung von Kunden oder Nutzern eines Produkts oder einer Dienstleistung erwirtschaftet. Bei den indirekten Erlösformen werden die Erlöse aus den Zahlungen Dritter realisiert, die ein Interesse daran haben, dass die Kunden eine Leistung zur Verfügung gestellt bekommen, allerdings das Produkt oder die Dienstleistung nicht selbst nutzen.

Die Quellen direkter Erlösformen können nach der Nutzungsabhängigkeit unterschieden werden. Nutzungsabhängige Erlösquellen knüpfen die Realisierung von Erlösen an die Nutzung oder die Transaktion, d. h., ein Kunde bezahlt in Abhängigkeit der Nutzungsmenge oder der Nutzungsdauer. Nutzungsunabhängige Erlöse werden dagegen einmalig oder periodisch z. B. als einmalige Gebühren in Form von Anschlussgebühren oder als periodische Gebühren in Form einer Grundgebühr erzielt. Letztere haben eine hohe Relevanz in der Telekommunikationsbranche und generell in Franchise- oder Lizenzsystemen.

Die Quellen der indirekten Erlösformen können nach staatlichem und privatwirtschaftlichem Ursprung unterschieden werden. Der Staat kann in bestimmten Branchen durch Subventionen zur Erlössicherung beitragen wie etwa in der Landwirtschaft. Privatwirtschaftliche Erlösquellen wie etwa in der Medienbranche können durch Entgelte für Werbung, Datennutzung etc. zur Finanzierung eines Geschäftsmodells beitragen.

Eine alternative Kategorisierung von Erlösquellen kann nach der Art der Leistung erfolgen.[22] So können Erlösquellen nach Produktkategorien (z. B. Bücher, Musik), Kontaktformen (z. B. Banner, E-Mail, Kontakt) oder Informationskategorien (z. B. Nutzerprofil oder Paneldaten) differenziert werden.

19 Vgl. Proff (2007). S. 175.
20 Vgl. Heuskel (1999), S. 3 ff.
21 Vgl. Zerdick et al. (1999).
22 Vgl. Skiera/Lambrecht (2000).

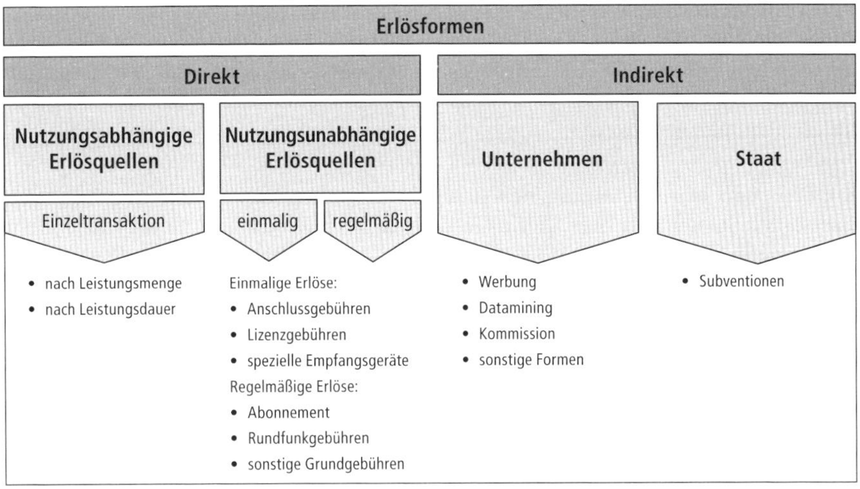

Abbildung 6.10: Erlössystematik am Beispiel der Medienbranche, *Quelle: Zerdick et al. (1999, S. 25)*

Die **Preis- und Konditionenpolitik** umfasst die grundsätzlichen Entscheidungen im Bereich der absatzpolitischen Maßnahmen, welche die monetäre Gegenleistung für die vom Unternehmen angebotenen Sach- und Dienstleistungen betreffen. Es können die folgenden Entscheidungs- und Gestaltungsfelder differenziert werden:

- **Preisbestimmung:** Die Festlegung von Preisen erfolgt grundsätzlich in Abhängigkeit des relevanten Produktprogramms, damit Verbundeffekte zwischen Produktgruppen, Produktlinien und Marken berücksichtigt werden und Kannibalisierung vermieden werden kann. Dies ist insbesondere bei der Einführung neuer Produkte oder dem Relaunch bestehender Produkte erforderlich. Bei der Neuprodukteinführung ist zusätzlich die Preisstrategie festzulegen, wobei grundlegend zwischen Skimmingstrategie und Penetrationsstrategie unterschieden wird.

  Bei der **Skimmingstrategie** werden die Produkte in der Einführungsphase zu hohen Preisen angeboten, um die insbesondere bei innovativen Produkten bestehende hohe Zahlungsbereitschaft abzuschöpfen. Der Preis wird erst im weiteren Produktlebenszyklus mit wachsendem Wettbewerbsdruck gesenkt. Bei der **Penetrationsstrategie** wird ein vergleichsweise niedriger Einführungspreis gesetzt, um eine schnelle Marktdurchdringung zu realisieren und Marktanteile zu gewinnen. Dies kann insbesondere bei Netzwerkeffekten bzw. bei der Durchsetzung technologischer Standards von Bedeutung sein.

  Die konkrete Preisfindung kann mittels Schätzung einer Preis-Absatz-Funktion erfolgen. Hierbei wird der Zusammenhang zwischen dem Preis und dem resultierenden Absatz ermittelt.[23] Die Preispositionierung kann mittels eines Portfolios abgebildet werden, in dem der relative Preis auf der Abszisse und die relative Leistung auf der Ordinate abgetragen werden.

- **Preisänderungen:** Im Wettbewerbsumfeld unterliegt die Preisgestaltung den Marktkräften und kann daher Preisänderungen im Verlauf des Produktlebenszyklus erfordern. Ein wichtiges Instrument zur Bewertung von Preisänderungen ist die Preiselastizität der Nachfrage, die in *Kapitel 1.1 Den Markt abgrenzen und segmentieren* beschrieben ist.

23 Vgl. Homburg (2012), S. 675 ff.

- **Preisdifferenzierung:** Produkte mit ähnlichen oder sogar gleichen Eigenschaften können in verschiedenen Kundensegmenten zu unterschiedlichen Preisen angeboten werden, sodass die Zahlungsbereitschaft eines jeden Kundensegments abgeschöpft wird. Dabei können räumliche und personenbezogene Differenzierungskriterien herangezogen werden, die bereits in der Marktabgrenzung ermittelt worden sind, wie ebenfalls in *Kapitel 1.1 Markt abgrenzen und segmentieren* erklärt ist.
- **Konditionen:** Die Gestaltung des Rabatt- und Bonussystems sowie der weiteren Geschäftsbedingungen betrifft die Gesamtheit aller Instrumente und Mechanismen zur Beeinflussung der Preistreppe. Diese bildet die Differenz zwischen Bruttopreis, Rechnungspreis und Nettopreis in Abhängigkeit von Faktoren wie Absatzmenge, Absatzhäufigkeit, Kundentreue, Zahlungsziel etc. ab.

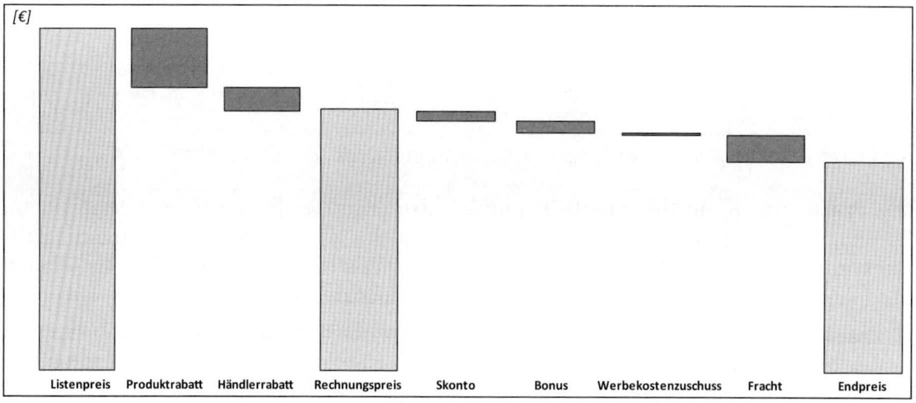

Abbildung 6.11: Preistreppe (schematische Darstellung), *Quelle: in Anlehnung an Kirsch / Trux (1981)*

- **Preisdurchsetzung:** Der Erfolg einer Preis- und Konditionenpolitik ist von ihrer Durchsetzbarkeit im Unternehmen und gegenüber Kunden abhängig. Die Schaffung von Anreizen und die Kontrolle der Umsetzung sind für die interne Durchsetzung förderlich. Die Durchsetzung gegenüber Kunden hängt unter anderem von der Kommunikation, Verhandlungsposition und den gewählten Distributionskanälen ab.

Die Ausgestaltung des Erlösmodells muss in Abstimmung mit dem Wertschöpfungsmodell und dem Nutzenversprechen erfolgen. Der nachfolgende Exkurs zeigt die Geschäftsmodelldefinition von Nespresso.

Beispiel 6.3 Geschäftsmodell Nespresso

Der Konsumgüterkonzern Nestlé hat mit der Markteinführung von Nespresso ein innovatives Geschäftsmodell für die Produktion und den Vertrieb von Kaffee an Endkunden konzipiert. Das Geschäftsmodell lässt sich anhand von Nutzenversprechen, Wertschöpfung- und Erlösmodell beschreiben.

- **Nutzenversprechen** (*Value Proposition*): Das Nutzenversprechen von Nespresso kann mit Hilfe des *Winning Concept* aus Kundensicht dargestellt werden:
  - **Customer Insight:** *„Ich möchte gerne hochwertige Kaffees mit echter Crema und vollem Aroma – wie ich sie aus guten Kaffeebars kenne – einfach und auf Knopfdruck zu Hause genießen."*[25]
  - **Benefit:** Nespresso bietet ausgewählte Spitzenkaffees (Grand Crus) in vorportionierten und edlen Aluminiumkapseln für die einfache Anwendung in formschönen Designmaschinen.
  - **Reason Why:** Nur die besten 1% der Kaffeebohnen werden für die Grand Crus verwendet und in der Maschine mit 17 Bar für die perfekte Crema und ein vollendetes Aroma aufbereitet.
  - **Claim:** *Nespresso – What else?*
- **Wertschöpfungsmodell** (*Value Architecture*): Das Wertschöpfungsmodell basiert auf einer hohen vertikalen Integration, die bei der sorgfältigen Auswahl der Kaffeebohnen auf den Plantagen durch eigene Experten erfolgt. Der Produktionsprozess liegt von der Aufbereitung über die Röstung bis zum Portionieren in den Kapseln in der direkten Unternehmensverantwortung von Nestlé. Dabei können Ressourcen und Kompetenzen aus dem Bereich der Kaffeeherstellung und -röstung gemeinsam für unterschiedliche Geschäftsbereiche wie z. B. für die Herstellung von Nescafé genutzt werden.

  Einzig die Produktion der Nespressomaschinen erfolgt nicht durch das Unternehmen Nestlé, sondern durch Markenhersteller, die mittels exklusiver Produktions- und Vertriebslizenzen gebunden werden, wie z. B. Krups in Deutschland oder Delonghi in Frankreich und Italien. Dabei wird die Preisgestaltung der Maschinen durch Nespresso bestimmt. Die patentierten Technologien für die Maschinen- und Kapselherstellung liegen ebenfalls bei Nestlé.

  Das Direktvertriebssystem an die Endkunden via Onlineshops und Flagshipstores verändert die traditionelle Wertschöpfungskette für den Verkauf von Kaffee an Endkunden. Indem die Absatzstufe des Handels gänzlich übersprungen wird, muss Nestlé für den Verkauf der Kaffeekapseln keine Konditionen und Vergünstigungen an den Handel gewähren. Dies hat direkten Einfluss auf das Erlösmodell und erhöht die Profitabilität.

24 Diese Aussage ist ein Beispiel für die von Testpersonen im Rahmen einer Fokusgruppenstudie angegebenen Bedürfnisse und Ansprüche im Hinblick auf den Kaffeegenuss zu Hause.

- **Erlösmodell** (*Profit Proposition*): Die Erlössystematik ist sehr einfach und transparent strukturiert. Die wesentliche Erlösform ist direkt und die Erlösquelle nutzungsabhängig, da die Endkunden für den Kauf und Konsum pro Kapsel zahlen. Der Preis für eine Kapsel liegt zwischen 0,35 € und 0,42 €, je nachdem, ob es sich um einen Espresso, Lungo oder eine Varietät (limitierte Sonderedition) handelt. Damit liegt der Preis für eine Tasse Kaffee für die Eigenzubereitung zu Hause eindeutig im Premiumbereich.

  Die Voraussetzung für den Genuss eines Nespresso in den eigenen vier Wänden ist die Mitgliedschaft im Nespressoclub, die durch Kundenservices wie regelmäßige Gutscheine für Maschinenpflegesets, z. B. für Entkalkung, attraktiv und darüber hinaus kostenlos ist. Daher werden keine regelmäßigen nutzungsunabhängigen Erlösquellen erschlossen. Der Nespressoclub bietet für das Unternehmen vielmehr die Möglichkeit einer detaillierten Analyse des Kundenbestellverhaltens und entsprechender Präferenzen, die wiederum in der Sortimentsgestaltung berücksichtigt werden.

  Eine einmalige nutzungsunabhängige Erlösquelle besteht beim Kauf der Nespressomaschine, wobei diese unter Lizenz von Markenherstellern hergestellt werden und diese Erlöse daher nur teilweise bei Nespresso anfallen.

Das Geschäftsmodell von Nespresso ist allerdings nicht von Anfang an erfolgreich gewesen. Nestlé hat mehrere Anläufe unternommen, bis das Nutzenversprechen und das Erlösmodell richtig konfiguriert waren. So wurde das Nespressosystem zunächst im Jahr 1982 für die Anwendung in der Gastronomie positioniert. Nach einer Testmarktstudie ist dieser Ansatz verworfen worden und in einem zweiten Anlauf sollten Geschäftskunden angesprochen werden. Eine Positionierung als ein Kaffeesystem für Unternehmen zum Gebrauch in Konferenzräumen oder als Kaffeeautomat im Büro sollte den Geschäftserfolg bringen. Der Verkauf der Maschinen verlief allerdings schleppend und damit auch der Kapselverkauf. Erst mit der beginnenden Veränderung der Konsumentengewohnheiten, d. h. weg vom Kaffeepott und hin zu einer Kaffeespezialität, wie sie in den allmählich in den Markt eintretenden Kaffeehausketten Starbucks, Costa Coffee u. a. erhältlich waren und Konsumenten begeisterten, rückten im Jahr 1989 private Konsumenten in den Fokus für das Nespressosystem. Allerdings benötigte es einige Zeit und Erfahrung, die richtige Preispositionierung für Kapseln und Kaffeemaschinen zu finden. Der Verkauf der Kapseln über den Handel wurde rasch verworfen, da hierdurch lediglich eine nachteilige Verschiebung der Erlösstruktur stattfinden würde. So wurde der Nespressoclub als direkter Vertriebskanal 1992 institutionalisiert und serviceorientiert gestaltet.

Das Beispiel zeigt, dass ein erfolgreiches Geschäftsmodell unter Umständen eine längere *Trial-and-Error-Phase* durchläuft und nicht ausschließlich auf einer strategischen Leinwand skizziert und sofort umgesetzt werden kann.

Kritische Würdigung: Der Begriff des Geschäftsmodells ist vor allem im Zuge der Analyse internetbasierter Geschäftsaktivitäten in die Diskussion und Literatur eingeführt worden.[25] Die Auffassungen zu den Merkmalen eines Geschäftsmodells unterscheiden sich dabei teilweise. Die Ausführungen in diesem Buch beziehen sich auf die weithin

25 Vgl. Wirtz (2001), S. 81 ff.

akzeptierten Merkmale von Geschäftsmodellen: Nutzenversprechen, Wertschöpfungsmodell und Erlösmodell.[26] Anhand dieser generischen Merkmale lässt sich der Geschäftsmodellbegriff aus dem Kontext des E-Commerce lösen und allgemein für die Geschäftsplanung nutzbar machen. Nach der Konzeption eines Geschäftsmodells muss dieses anschließend durch strategischen Wandel in der Organisation durchgesetzt und gefestigt werden.

6.4 Strategischen Wandel gestalten

Die Umsetzung von Strategien geschieht auf der Grundlage der Geschäftsplanung und der angepassten Organisationsstrukturen und Systeme. Im Zuge der Strategieimplementierung werden sich zwangsläufig das Unternehmen und seine Position im Markt- und Wettbewerbsumfeld verändern. Der Umgang mit dieser Veränderung ist durch das grundlegende Strategieverständnis geprägt. Grundsätzlich können zwei unterschiedliche Auffassungen differenziert werden, wonach Strategie einerseits als rational geplantes Maßnahmenbündel oder andererseits als grundsätzliches Entscheidungs- und Handlungsmuster verstanden werden kann.[27] In Abhängigkeit des Strategieverständnisses muss der Prozess strategischen Wandels (*Change Management*) gestaltet werden.

6.4.1 Geplante Strategien realisieren

Die erste Auffassung versteht Strategien als planbare Maßnahmenbündel und Einzelmaßnahmen zur Zielerreichung, die in einer eindeutigen Ursache-Wirkungs-Beziehung stehen. Diese Maßnahmen sind aufeinander abgestimmt und ergänzen bzw. verstärken sich. Aus diesem Verständnis resultieren die folgenden Grundauffassungen:

- Strategien werden aus der Analyse und Zielplanung systematisch abgeleitet, bewusst und rational geplant und vor der Realisierung der Maßnahmen formuliert.
- Strategien beschreiben die sukzessive und aufeinander aufbauende Umsetzung von Maßnahmen zur langfristigen Zielerreichung in unterscheidbaren und expliziten Implementierungsphasen.

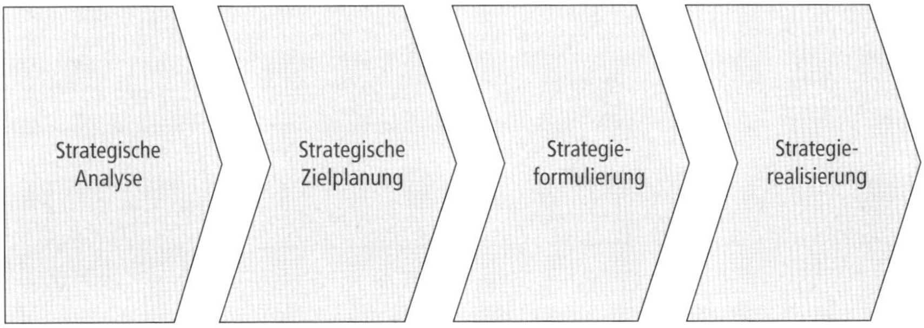

Abbildung 6.12: Strategie als geplantes Maßnahmenbündel

26 Eine alternative und umfassende Geschäftsmodelldefinition bieten Osterwalder/Pigneur (2010) mit dem Ansatz der Geschäftsmodellleinwand.

27 Vgl. Macharzina/Wolf (2012), S. 259.

Dieses Idealmodell strategischer Planung basiert auf der Grundannahme der analytischen Planungsschule, die Strategieprobleme als komplexe, hierarchische Systeme betrachtet. Eine vollständige Analyse erlaubt es, das Planungsproblem unter Berücksichtigung aller Interdependenzen zu dekomponieren und wieder zusammenzufügen, sodass eine Blaupause für die zukünftige Unternehmensentwicklung entworfen werden kann. Dieses formalisierte Prozessverständnis funktioniert nach einem hierarchischen Organisationsprinzip entsprechend der administrativen Managementtheorie.

Problematisch an diesem Versuch zur Programmierung der Zukunft sind die Unsicherheits- und Mehrdeutigkeitsprobleme, mit denen das Unternehmen im Markt- und Wettbewerbsumfeld konfrontiert ist. In der Regel ist die Realität von so hoher Komplexität, dass eine vollständige Analyse zur Paralyse des Unternehmens führen würde. Die hierarchische Ziel- und Strategiebildung kann darüber hinaus kontraproduktiv sein für den Prozess organisationalen Lernens und der kontinuierlichen Veränderung.

6.4.2 Emergente Strategien integrieren

Die Unternehmenspraxis zeigt, dass ein rein rational und mechanistisch geführter Strategieprozess und insbesondere der Begriff einer analytischen Strategieformulierung nicht der Unternehmensrealität entsprechen. Obwohl die strategische Analyse und Planung einen hohen Stellenwert für die Unternehmensführung besitzt, gibt es Entwicklungen im Strategieprozess, die nicht formal geplant und gesteuert werden, sondern sich als plötzliche Chancen oder Bedrohungen im Markt materialisieren. Solche unmittelbaren Chancen und Bedrohungen sind trotz der Umweltanalyse nicht identifiziert und daher nicht in der Strategieformulierung berücksichtigt worden. Dabei kann es sich z. B. um die gegebenenfalls einmalige Gelegenheit handeln, einen Wettbewerber zu akquirieren, dessen Akquisition bisher nicht möglich gewesen ist und daher in der Strategie unberücksichtigt blieb. Dennoch ist es gegebenenfalls strategisch sinnvoll oder opportun, diese sich herausbildenden strategischen Handlungen zu realisieren. Diese Handlungsweisen werden als emergente Strategien bezeichnet, die das Handlungsmuster eines Unternehmens ergänzen und prägen.

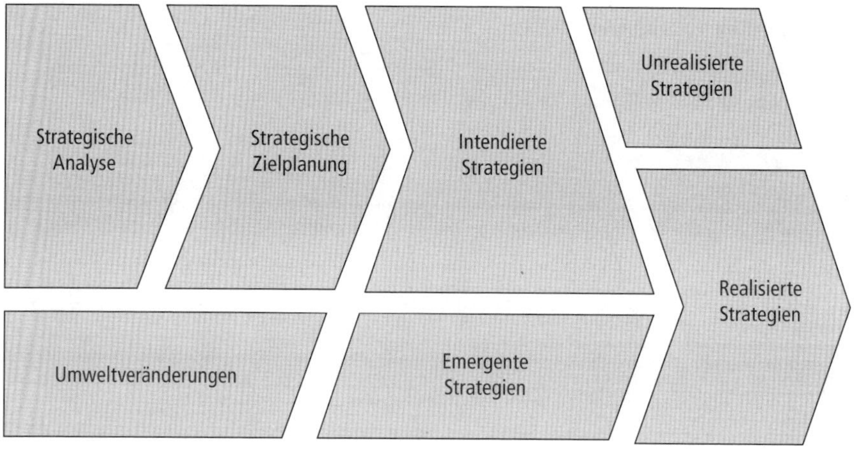

Abbildung 6.13: Strategie als Handlungsmuster

Die Akzeptanz von emergenten Strategien durch das Management sollte allerdings alles andere als opportunistisch erfolgen, sondern ist entsprechend der lernorientierten Strategieschule als ein gesteuerter Lernprozess zu verstehen. Die Aufgabe der Führung ist es demnach nicht, bewusste Strategien zu konzipieren und konsequent umzusetzen, sondern den Prozess des strategischen Lernens in der Organisation so zu gestalten, dass neue Strategien entstehen können. Dieses Verständnis erweitert auch den Strategiebegriff, wonach Strategie als Grundmuster im Strom der Entscheidungen oder Aktivitäten eines Unternehmens aufgefasst wird.[28]

Die Schwierigkeit für das Management besteht darin, eine ausreichende Konvergenz in Richtung einer klaren Strategie zu gestalten, sodass die formulierten und intendierten Strategien konsistent zu den emergenten Strategien realisiert werden. Nur diese geplanten und intendierten Strategien entsprechen der Auffassung der analytischen Planungsschule. Die realisierten emergenten Strategien sind nicht beabsichtigt oder geplant gewesen, sondern aus der Umwelt- oder Marktsituation heraus entstanden. Die nichtrealisierten Strategien sind zwar geplant und formuliert worden, haben sich aber im Zeitverlauf als nicht realisierbar erwiesen.

Der Strategieprozess wird dadurch aufwendiger und erfordert einen ständigen Abgleich und gegebenenfalls eine Überarbeitung von bestehenden Strategien. Dies kann insbesondere problematisch sein bei strategischen Entscheidungen unter Zeitdruck. Allerdings öffnet dieses Verständnis den Raum für strategischen Wandel im Unternehmen, der letztendlich den Fortbestand des Unternehmens sichert und eine kontinuierliche Weiterentwicklung ermöglicht.

Empirische Forschungsergebnisse zeigen, dass Unternehmen grundsätzliche Handlungsmuster aufweisen, die als eine Kombination aus intendierten und emergenten Strategien bestehen und als strategische Grundhaltung bezeichnet werden.[29] Die strategischen Grundmuster stellen das hinter den strategischen Entscheidungen der unterschiedlichen Bereiche und Funktionen, wie z. B. Geschäftsfeld-, Wettbewerbs-, Marketing- oder Personalstrategien, liegende Grundmuster dar.[30] Als wesentliche Typen **strategischer Grundhaltungen** können unterschieden werden:[31]

- **Verteidiger** verfügen über eine starke Wettbewerbsposition auf einem klar abgegrenzten Markt mit einem relativ konzentrierten Angebotsprogramm. Aufgrund sehr guter Marktkenntnis und Erfahrung wird ein hoher bzw. überdurchschnittlicher Leistungsstandard bei gleichzeitig niedrigen Kosten realisiert. Fundamentale strategische Veränderungen werden vermieden, stattdessen wird der Status quo gefestigt. Die strategische Priorität liegt auf der Marktdurchdringung.
- **Prospektoren** sind beständig auf der Suche nach neuen Chancen im Markt, insbesondere in angrenzenden oder sogar vollkommen neuen Marktsegmenten, die häufig als Pionier besetzt werden. Der Pioniervorsprung bzw. *First-Mover-Vorteil* soll realisiert werden. Dazu befinden sich Prospektoren kontinuierlich in einem Entwicklungszustand. Beständiger strategischer Wandel steht im Fokus der Unternehmensführung, die eine hohe Flexibilität in der Organisation und eine hohe Diversifikation der Kompetenzen und Ressourcen fördert.

28 Vgl. Mintzberg/McHugh (1985), S. 160 ff.
29 Vgl. Miles/Snow/Meyer/Coleman (1978) S. 547 ff.
30 Vgl. Macharzina/Wolf (2012), S. 265.
31 Die folgende Typologisierung basiert auf der modifizierten Weiterentwicklung der strategischen Grundhaltungen von Miles/Snow/Meyer/Coleman (1978) durch Kirsch/Trux (1981). Hierbei wird die Grundhaltung des Analysierers differenziert in Risikodiversifizierer, Architekt und Innovator.

- **Risikodiversifizierer** vereinen Merkmale des Verteidigers und des Prospektors, da sie sich breiter aufstellen als Verteidiger, allerdings die Marktsegmenterweiterung sorgfältig analysieren und es bevorzugen, als schneller Zweiter in einen Markt einzutreten. Hohe Risiken werden konsequent vermieden.
- **Architekten** stellen sich im Markt ebenfalls breit auf, allerdings wird dabei auf die Nutzung gemeinsamer Ressourcen und die Realisierung von Synergien geachtet. Eine umfassende Risikoabwägung ist Voraussetzung für den strategischen Wandel.
- **Innovatoren** verfügen über eine starke Wettbewerbsposition auf einem abgegrenzten Markt, die durch kontinuierliche Produkt- und Prozessinnovation beständig gefestigt und ausgebaut wird. Die Entwicklung neuer Technologien und die Bereitschaft, bestehende Produkte oder Lösungen grundsätzlich neu zu definieren, zeichnen den Innovator aus, der die Branchenentwicklung maßgeblich bestimmt.
- **Anpasser** verfolgen keine eigenständige Strategie, die aktiv gestaltet wird, sondern reagieren auf ihre Umwelt. Daher passen sie ihre Handlungsweise an die Veränderungen in der Unternehmensumwelt an. Dazu ist eine ausgeprägte Flexibilität erforderlich.

Die strategischen Grundhaltungen können entlang der Dimensionen Verhaltensweisen gegenüber Neuerungen und Grundhaltung zur Spezialisierung in einer Matrix verortet werden.[32]

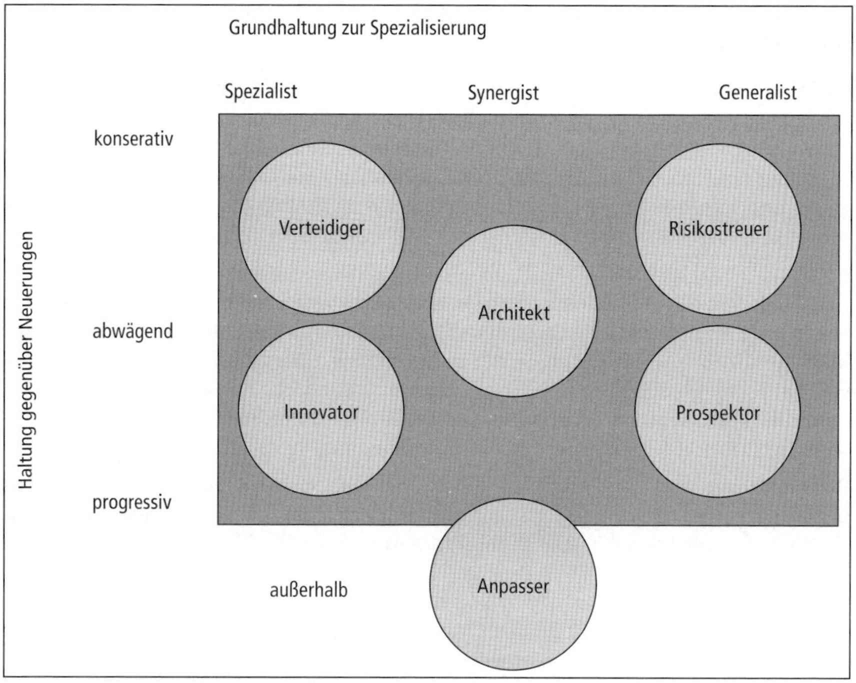

Abbildung 6.14: Strategische Grundhaltungen

Die unterschiedlichen strategischen Grundhaltungen finden sich häufig in der formulierten Strategie wieder. So entspricht eine Strategieformulierung mit Ausrichtung auf

32 Vgl. Kirsch/Trux (1981).

das Kerngeschäft grundsätzlich den Merkmalen eines Verteidigers. Der Prospektor zeigt dagegen eine hohe Affinität zu Strategien, welche die Schaffung neuer strategischer Freiräume formulieren. Diversifikationsstrategien werden von Risikodiversifizierern präferiert. Diese Zuordnungen sind nicht ausschließlich und eine fundamentale strategische Neuausrichtung kann eine bestehende strategische Grundhaltung radikal verändern, allerdings sind derartige fundamentale Veränderungen tendenziell selten. Vielmehr bestimmen die strategischen Grundhaltungen eine langfristige Abfolge von Entscheidungen und eine grundsätzliche Präferenz für bestimmte Strategiekonzepte.

6.4.3 Change Management stimulieren

Der Impulsgeber zur Veränderung kann einerseits die strategische Analyse und Planung sein, welche den Wandel rational plant, implementiert und kontrolliert, sog. **intendierter Wandel**, und andererseits die ungeplante und unvorhersehbare Anpassung an Impulse aus dem Unternehmen oder seiner Umwelt, sog. **emergenter Wandel**.[33] Sowohl die Umsetzung von geplanten und intendierten Strategien als auch die Realisierung bzw. Integration von emergenten Strategien erfordern eine Veränderung der Unternehmensorganisation. Da jede Organisation als ein komplexes sozio-ökonomisches Interaktionsgefüge unterschiedlicher Stakeholder mit verschiedenen Zielsetzungen besteht, befindet sich das Unternehmen in einem Feld gegensätzlicher und widerstreitender Kräfte.[34] Während die akzelerierenden Kräfte (*Driving Forces*) strategischen Wandel befördern, versuchen die retardierenden Kräfte (*Restraining Forces*) den Status quo zu bewahren und die Veränderungen zu blockieren oder zu behindern.[35]

Veränderungsprozesse werden grundsätzlich in einer Abfolge von Schritten strukturiert und beschreiben den strategischen Wandel, durch den die Leistungsfähigkeit des Unternehmens mittel- bis langfristig erhöht werden soll. Die Veränderungen erfordern allerdings zunächst den Einsatz von Ressourcen, um die Veränderung im Unternehmen zu gestalten, sodass die Leistungsfähigkeit in der Regel kurzfristig abnimmt.

Unternehmen werden entsprechend diesem prozessorientierten Verständnis nicht als statische Einheiten, sondern als sich permanent verändernde Systeme betrachtet. Die Aufgabe der Unternehmensführung ist es, die Veränderungsprozesse im Unternehmen in förderlicher Art und Weise zu gestalten und Widerstände gegen den intendierten Wandel abzubauen.

Das verantwortungsorientierte Verständnis des Wandels erweitert diese Perspektive und versucht, einen Ausgleich der Interessen aller betroffenen Anspruchsgruppen anzustreben und Veränderungen im Sinne eines *Responsible Change Management* verantwortlich umzusetzen.[36] Diesem Verständnis folgend versucht die Unternehmensführung, die erforderliche Veränderung maßvoll und in zumutbaren Schritten unter aktiver Einbeziehung der Betroffenen als Beteiligte zu gestalten, um gegebene Widerstände erfolgreich zu überwinden und erreichten Wandel zu festigen. Der strategische Wandel lässt sich entsprechend folgender Abbildung in fünf Schritte unterteilen.[37]

---

33 Vgl. Krüger (2009), S. 25.

34 Eine ausführliche Darstellung von Stakeholdern und ihre Bedeutung im Rahmen der strategischen Steuerung finden sich in *Kapitel 8.2 Stakeholder integrieren.*

35 Vgl. Krüger (2009), S. 26.

36 Vgl. Ungericht (2012), S. 364 ff.

37 Vgl. Krüger (2009), S. 68 ff.

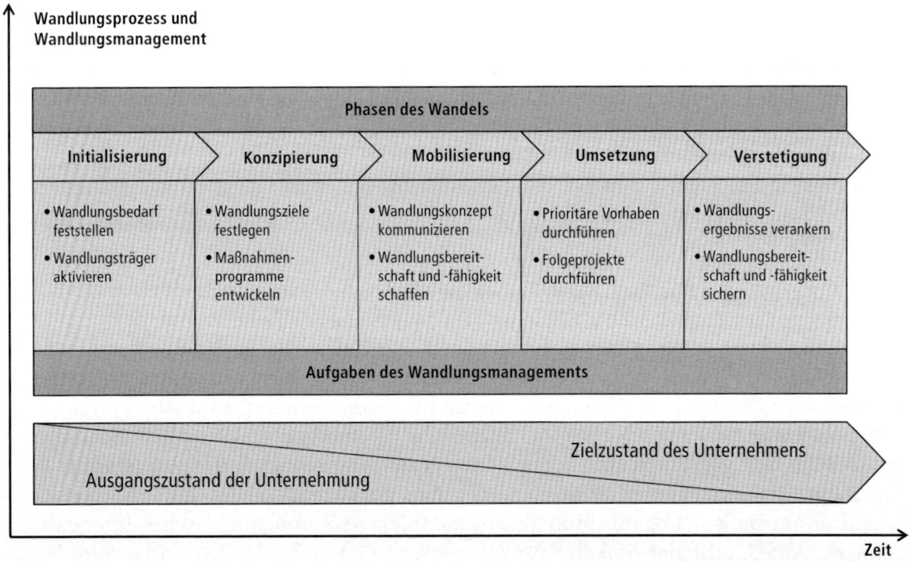

Abbildung 6.15: Prozessmodell des strategischen Wandels, *Quelle: in Anlehnung an Krüger (2009, S. 69)*

Der erste Schritt besteht darin, den **strategischen Wandel zu initialisieren**, in dem der Grund und die Dringlichkeit dafür allen Beteiligten erklärt und vermittelt werden. Die Analyse externer Einflussfaktoren und interner Erfolgsfaktoren bietet für die Unternehmensführung die zentrale Ausgangsbasis zur Identifikation potenzieller Bedrohungen oder Chancen sowie der bestehenden Stärken und vor allem Schwächen. Der Grund für den Wandel kann entweder in einer Umweltveränderung liegen und eine Anpassung des Unternehmens erfordern (reaktiver Wandel) oder in der Möglichkeit, in strategische Freiräume vorzudringen und einen Wettbewerbsvorteil zu erreichen (aktiver Wandel). Die Dringlichkeit für den Wandel ist abhängig von der Marktsituation des Unternehmens und dem entsprechenden Wettbewerbsdruck sowie den Erwartungen. Zur Initialisierung gehört es auch, eine durchsetzungsfähige Führungskoalition für den strategischen Wandel zu formieren. Einer Gruppe von akzeptierten und einflussreichen Personen, die durch Funktion, Expertise, Wissen, Ansehen oder Beziehungen legitimiert und geeignet sind, wird die Verantwortung für den Veränderungsprozess übertragen.

Im zweiten Schritt wird ein **Konzept für den strategischen Wandel erarbeitet**, d. h., konkrete Ziele werden abgeleitet und ein Maßnahmenprogramm wird festgelegt, das die Veränderungsrichtung für die Organisation verdeutlicht. Dieses kann z. B. als Ergebnis des bisherigen Strategieprozesses in Form der Strategieformulierung, Geschäftsplanung und Organisationsgestaltung vorliegen. Aus diesen Rahmenvorgaben werden nun für die verschiedenen Bereiche und Funktionen präzise Maßnahmen abgeleitet und verabschiedet.

Der dritte Schritt dient der **Mobilisierung der Organisation**. Diese erfolgt zunächst durch eine umfassende, differenzierte und glaubwürdige Kommunikation, die durch Worte und Taten (*Walk the Talk*), d. h. durch vorbildhaftes und konsistentes Verhalten der Führungskoalition, geschieht. Parallel dazu werden die Mitarbeiter auf breiter Basis zur Umsetzung befähigt und bestehende Hindernisse in den Strukturen, Systemen oder Arbeitsbedingungen beseitigt. Dazu ist es erforderlich, dass Handlungsspielräume geschaffen, neues Verhalten gefördert und Mitarbeiter ermutigt werden. Dies dient insbesondere dem proaktiven Abbau von Widerständen, die sowohl innerhalb und außerhalb des Unternehmens als auch offen und verdeckt auftreten können. Offener Widerstand kann sich in Form von Streik oder Kündigung äußern. Verdeckter Widerstand drückt sich z. B. in einem höheren Krankenstand oder einer inneren Einstellung von Dienst nach Vorschrift aus.[38]

Im vierten Schritt findet die **Umsetzung** statt. Da nicht alle Maßnahmen gleichzeitig umgesetzt werden können, empfiehlt es sich, strategische Maßnahmen zu priorisieren, Teilprojekte nach Kriterien zu strukturieren, wie etwa sachliche und zeitliche Abhängigkeiten, Risiken oder Ressourcenverfügbarkeit. Es ist für die Motivation förderlich, dass kurzfristig realisierte Erfolge nicht nur eingeplant, sondern auch kommuniziert werden und mit Auszeichnungen für den gelungenen Wandel in bestimmten Bereichen hervorgehoben werden. Dabei sollte der Zusammenhang zwischen dem erfolgten Wandel und dem Unternehmenserfolg herausgestellt werden, d. h. der Erfolgsbeitrag deutlich gemacht werden.

Abschließend erfolgen die **Verstetigung des strategischen Wandels** und die Konsolidierung der erreichten Erfolge. Die Aufmerksamkeit für die geplanten und realisierten Veränderungen muss aufrechterhalten werden, um die Gefahr des Rückfalls in alte Verhaltensweisen, Strukturen etc. zu verhindern. Schließlich wird die Verantwortung für den Wandel schrittweise von der Projektleitung und den Stabsstellen in die Linienverantwortung übergeben. Das gestiegene Vertrauen muss genutzt werden, um weitere Veränderungen konsequent voranzutreiben sowie neue bzw. anschließende Projekte frühzeitig zu planen.

Exkurs: Generische Implementierungsstrategien

In Abhängigkeit von der konkreten Situation und den Rahmenbedingungen des strategischen Wandels können verschiedene Implementierungsstrategien gewählt werden:[40]

Die **Bombenwurfstrategie** stellt ein strikt direktives *Top-down-Management* dar. Die Maßnahmen für den strategischen Wandel werden zentral von der Unternehmensführung vorgegeben. Die retardierenden Kräfte in der Organisation sollen durch einen Überraschungseffekt vermindert werden. Das Vorgehen wird durch den Aufbau möglicher Krisenszenarien als alternativlos dargestellt. Die Mobilisierung der Mitarbeiter wird hierbei nicht durch ausführliche Informationen und Einbindung erreicht, sondern durch konforme Einstellungen und Verhaltensweisen gefördert. Der Prozess des strategischen Wandels wird vollständig von der Unternehmensführung gesteuert und bestimmt. Insbesondere in Situationen mit hoher Dringlichkeit, in denen schnelles Handeln erforderlich ist, wie z. B. in einer Unternehmenskrise oder bei einer Akquisition, wird dieses Vorgehen gewählt. Problematisch bei dieser Implementierungsstrategie ist die Akzeptanz bei Mitarbeitern mangels positiver Einstellung.

Die **Schneeballstrategie** bindet Mitarbeiter in Schlüsselpositionen in die grundsätzliche Top-down-Implementierung aktiv ein und nutzt diese als Multiplikatoren. Dies soll die Kommunikation und das Verständnis des strategischen Wandels vereinfachen und die Veränderungsbereitschaft durch eine positive Einstellung in der gesamten Organisation erhöhen. Die Partizipation erfordert allerdings Zeit und Ressourceneinsatz und birgt außerdem die Gefahr, dass durch die aktive Teilnahme von Mitarbeitern in Führungspositionen das Konzept für den strategischen Wandel während der Umsetzung verändert wird und damit Inkonsistenzen auftreten.

38 Vgl. Staehle/Conrad/Sydow (1999), S. 977.
39 Vgl. Krüger (2009), S. 171 ff.

Die **Entrepreneur-Strategie** folgt einer *Bottom-up-Implementierung*, die aus der Unternehmensorganisation heraus initiiert wird. Die Voraussetzungen dafür sind unternehmerisches Denken der Mitarbeiter, Offenheit der Unternehmensführung und ein direkter Austausch zwischen Mitarbeitern und Unternehmensführung. Die Akzeptanz des Veränderungskonzepts und die Bereitschaft zur Umsetzung sind im Vergleich zu den anderen Strategien ungleich höher. Allerdings ist der Zeitbedarf erheblich und umso umfangreicher, je größer die Organisation ist. Es besteht außerdem die Gefahr, dass sich konkurrierende Vorhaben oder Maßnahmen von strategischem Wandel blockieren oder verschiedene Geschäftsbereiche sich in unterschiedliche und nicht vereinbare Richtungen entwickeln, sodass die Konsistenz der Strategie insgesamt gefährdet ist.

Neben der Dringlichkeit des Wandels und des organisationalen Kontexts spielt die Veränderungsrichtung des strategischen Wandels eine zentrale Rolle:[41]

- Der **Aufbau** neuer Erfolgspotenziale ist häufig mit Ressourcenengpässen z. B. im Hinblick auf qualifizierte Mitarbeiter oder notwendige Budgets verbunden. Dies erfordert eine hohe Veränderungsbereitschaft und Partizipation der Mitarbeiter.
- Der **Abbau** bestehender Strukturen ist in der Regel mit Personalfreisetzungen und Aufgabe von Standorten oder bestehenden Geschäftsaktivitäten verbunden. In Situationen mit hoher Dringlichkeit kann die Durchsetzung ein striktes *Top-down-Management* erfordern.
- Der **Umbau** besteht meist aus einer Kombination von Aufbau- und Abbaumaßnahmen, die eine neue Konfiguration von Geschäftsaktivitäten ermöglichen sollen. Ein partizipatives *Top-down-Management* stellt dabei die Zusammenarbeit von Unternehmensleitung und Mitarbeitern in Schlüsselpositionen sicher.

In der Regel sollte Organisationen grundsätzlich nur ein schrittweiser und begrenzter Wandel zugemutet werden, da betriebliche Ressourcen dafür gebunden sind und die Leistungsfähigkeit der Organisation meist kurzfristig reduziert wird. Bei einer zu hohen Veränderungsgeschwindigkeit kann allzu leicht Überforderung eintreten und damit das Risiko der Veränderung erhöht werden.

Ein geeignetes Instrument zur internen Risikomessung in Unternehmen stellt der *Risk Exposure Calculator* dar, der insbesondere die Druckpunkte (*Pressure Points*) in der Organisation, die durch Veränderung entstehen, berücksichtigt.[41] Der Ansatz fokussiert insbesondere auf Veränderungen in Organisationen in einem schnellen und dynamischen Wachstumsumfeld, d. h. auf den Aufbau und Umbau von Erfolgspotenzialen. Es werden drei Dimensionen mit jeweils drei internen Druckpunkten unterschieden.

Wachstumsdimension:

- **Erfolgsdruck:** Leistungsziele sind bewusst ambitioniert gesetzt und Mitarbeiter befürchten, dass das Verfehlen der Ziele ihren Status oder ihr Gehalt reduziert. Dieser Druck kann Mitarbeiter zu Verhaltensweisen veranlassen, die im Widerspruch zum formulierten *Code of Conduct* und den *Compliance-Regeln* stehen. Der Erfolgsdruck kann Mitarbeiterverhalten zu einem Risikofaktor für das gesamte Unternehmen machen.

40 Vgl. Krüger (2009), S. 60 ff.
41 Vgl. Simons (1999), S. 86 ff.

- **Wachstumsdruck:** Unternehmenswachstum verlangt unter Umständen einen schnellen und umfangreichen Ausbau von Produktionsanlagen und Vertriebsstrukturen, um Marktchancen wahrzunehmen und überdurchschnittlich zu wachsen. Dieser Druck kann zu einer überdimensionierten Organisations- und Infrastruktur führen, die durch Ineffizienzen und hohe Komplexität gekennzeichnet ist.
- **Erfahrungsdruck:** Der Ausbau von Strukturen und der Eintritt in neue Märkte oder Marktsegmente erfordern die Einstellung von neuen Mitarbeitern, denen Wissen und Erfahrung fehlen und die erst in die Unternehmensorganisation integriert werden müssen. Ein Abbau von Strukturen und Mitarbeitern kann ebenfalls zu einem Wissensverlust im Unternehmen führen.

Kulturdimension:

- **Veränderungsdruck:** In Prozessen strategischen Wandels können die akzelerierenden Kräfte einen hohen Druck zu einer beschleunigten Veränderung bewirken, indem Mitarbeiter für eine beschleunigte Umsetzung belohnt werden. Dies kann dazu führen, dass die Bereitschaft, höhere Risiken einzugehen, insgesamt steigt.
- **Kommunikationsdruck:** Der Umgang mit schlechten Nachrichten im Unternehmen ist von zentraler Bedeutung für den Prozess strategischen Wandels. Dabei steht die Unternehmensleitung in der Verantwortung, den Wandel ausreichend und verständlich zu kommunizieren, da andernfalls der Sinn und Zweck des Wandels nicht verstanden oder nicht geteilt werden. Die Rückkopplung mit der Organisation ist ebenfalls entscheidend. Wenn der Überbringer schlechter Nachrichten durch die Vorgesetzten sanktioniert wird, kann keine oder nur eine verzögerte oder verfälschte Rückkopplung erwartet werden, die den gesamten Veränderungsprozess gefährdet.
- **Interner Wettbewerbsdruck:** Erhöhte Rivalität zwischen Mitarbeitern oder Abteilungen kann zu Blockaden und Verzögerungen des Veränderungsprozesses führen, da wesentliche Informationen zurückgehalten werden, um die eigene Weiterentwicklung zu sichern.

Informationsdimension:

- **Zeitdruck:** Mitarbeitern fehlt die Zeit für eine gründliche Bewertung von Risiken oder für eine ausführliche Kontrolle von Arbeitsergebnissen. Die Komplexität von Produkten, Prozessen und Strukturen kann den Druck zusätzlich erhöhen.
- **Diagnosedruck:** Steuerungs- und Kontrollsysteme erfordern eine kontinuierliche Anpassung an die Geschäftsaktivitäten. Beschleunigter strategischer Wandel kann dazu führen, dass die Diagnosesysteme nicht mehr auf die existierenden Strukturen abgestimmt sind, wichtige Signale übersehen werden, falsche Kennzahlen betrachtet werden und Verzerrungen in der Diagnose auftreten.
- **Entscheidungsdruck:** Entscheidungsprozesse und Managementhierarchien unterliegen häufig ebenfalls einer Veränderung bei strategischem Wandel. Entscheidungen können hinausgezögert oder auf der falschen Managementebene getroffen werden, die nicht über ausreichende Informationen verfügt. Entscheidungsdruck kann die Veränderungsgeschwindigkeit beschleunigen oder verzögern.

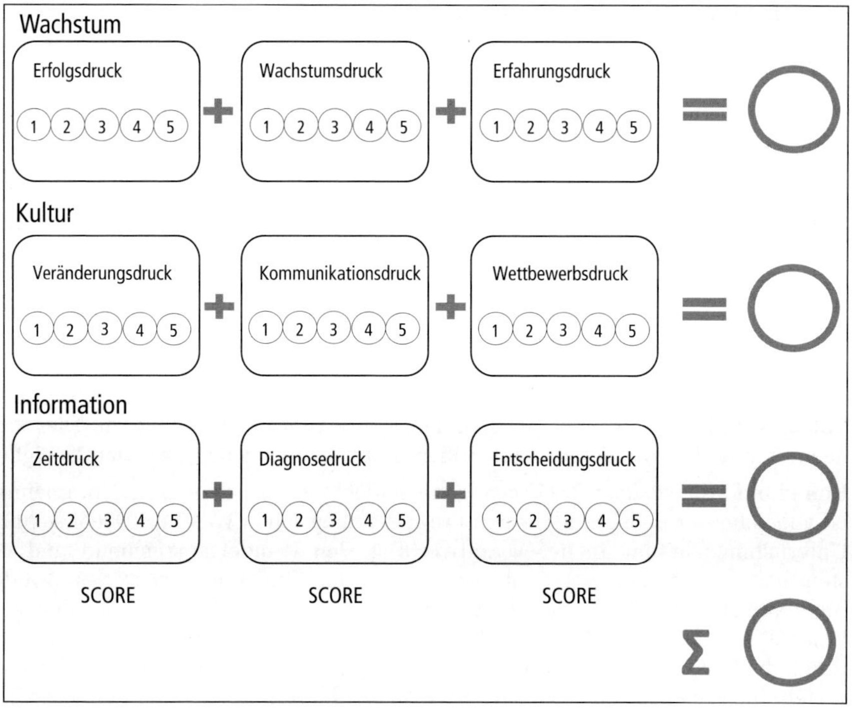

Abbildung 6.16: Risk Exposure Calculator, *Quelle: Simons, R. (1999)*

Jeder Druckpunkt wird fortlaufend beobachtet und die Intensität des Drucks wird durch Befragung ermittelt. Zur Messung wird eine fünfstufige LIKERT-Skala vorgeschlagen mit der Ausprägung [1] = sehr gering und [5] = sehr hoch. Die Bewertung auf der fünfstufigen Skala wird über alle neun Druckpunkte summiert und entsprechend einer der drei Risikoklassen zugeordnet.

Der **Sicherheitsbereich** liegt in dem Wertebereich [9 – 20]. Der Druck aus strategischem Wandel ist in den neun Druckpunkten insgesamt relativ niedrig. Zumindest aus der Veränderung ist kein Risiko zu erwarten, da die Organisation relativ stabil zu sein scheint. Allerdings sollte untersucht werden, ob der geringe Druck tatsächlich im gegebenen Markt- und Wettbewerbsumfeld angemessen und für die langfristige Unternehmensentwicklung zielführend ist.

Der **Vorsichtsbereich** liegt im Wertebereich [21 – 34]. Die Druckpunkte zeigen durchschnittlich mindestens eine mittlere Intensität an. Die Organisation zeigt somit eine Belastung aus aktuellen Veränderungsprozessen an. Insbesondere bei maximaler Intensität in mehreren Druckpunkten sollte allerdings geprüft werden, ob eine Verlangsamung der Veränderungsprozesse erforderlich ist.

Der **Gefahrenbereich** liegt im Wertebereich [35 – 45]. Die Mehrzahl der Druckpunkte zeigt eine erhöhte Intensität an. Dies kann eine Überhitzung des Veränderungsprozesses bedeuten. Eine kritische Überprüfung des *Change Management* sollte stattfinden.

Als Maßnahmen werden folgende Kontrollmechanismen vorgeschlagen:

- **Werte und Regeln:** Eine klare Kommunikation von Werten und akzeptierten bzw. gewünschten Verhaltensweisen, aber auch Grenzen kann das Bewusstsein für und das Vertrauen auf bestimmte Grundsätze und Prinzipien erhöhen und übermäßigen Erfolgs- und Veränderungsdruck reduzieren.
- **Diagnostische Kontrollmechanismen:** Die Beobachtung und Anpassung der Kennzahlen im Veränderungsprozess sollte mit den verantwortlichen Managern und Wissensträgern gemeinsam und rechtzeitig erfolgen und die für die Strategie zentralen Erfolgsfaktoren abbilden.
- **Interaktive Kontrollmechanismen:** Formelle und informelle Routinen und Prozesse können für den Austausch zwischen Abteilungen, Funktionen und Managementhierarchien geschaffen werden, die den Veränderungsprozess begleiten. Regelmäßige *Townhall Meetings* können z. B. für Transparenz und Austausch sorgen und internen Wettbewerbs- und Entscheidungsdruck abbauen helfen.

ZUSAMMENFASSUNG

Wenn **Strategien implementiert** werden sollen, ist zunächst ein übergeordnetes Steuerungskonzept erforderlich, das die Strategie auf der Basis von Zielen, Kennzahlen und Maßnahmen operationalisiert und für die Organisation überhaupt erst umsetzbar macht.

- Die **Balanced Scorecard** stellt ein Instrumentarium zur Strategieumsetzung dar. Die Strategie wird auf der Basis der finanziellen Perspektive, der externen Kundenperspektive, der internen Prozessperspektive und der Lern- und Entwicklungsperspektive beschrieben und anhand von spezifischen Zielen, entsprechenden Kennzahlen in diesen Perspektiven operationalisiert.
- Die **Strategy Map** stellt eine Methodik zur Messung, Steuerung und Kontrolle der Wertschöpfung im Unternehmen dar und bezieht dabei materielle und immaterielle Ressourcen als Quellen der Wertschöpfung ein. Sie dient insbesondere der Visualisierung der Beziehungen zwischen den operativen Hebeln im Rahmen der Strategieumsetzung. Ursache-Wirkungs-Ketten können transparent dargestellt werden und das Verständnis in der Organisation und die Erfolgsmessung verbessern.
- Das **Geschäftsmodell** definiert ein differenziertes Nutzenversprechen, ein nachhaltiges Erlösmodell und ein stabiles Wertschöpfungsmodell. Das Nutzenversprechen legt die produktpolitischen Gestaltungsentscheidungen mit Nutzenbezug für den Kunden bzw. Konsumenten fest. Das Erlösmodell umfasst die Beschreibung der Erlössystematik und der Preis- und Konditionenpolitik. Die Ausgestaltung des Wertschöpfungsmodells beschreibt die grundlegende Konfiguration der Wertschöpfungsarchitektur und geht damit insbesondere auf die *Make-or-Buy-Entscheidungen* ein.
- Die Gestaltung **strategischen Wandels** erfordert von der Unternehmensleitung die konsistente Verknüpfung von intendierten und emergenten Strategien. Um strategischen Wandel durchzusetzen und zu verstetigen, werden generische Implementierungsstrategien empfohlen. Strategischer Wandel erzeugt Veränderung und kann ein Risiko für die Unternehmensorganisation darstellen. Das Risiko kann mit dem *Risk-Exposure-Calculator* ermittelt und kontrolliert werden.

TEIL III

Strategie optimieren

Um **Strategien** zu bewerten und zu **optimieren,** sind eine fortlaufende Kontrolle sowie eine systematische und integrierte Steuerung erforderlich. Das Ziel der Strategieoptimierung besteht einerseits in einer effizienten Ressourcenallokation und andererseits in der Realisierung effektiver Strategien.

Die Kontrolle von Strategien, die sich in der Implementierung befinden, versucht die Effizienz der eingesetzten Ressourcen und der definierten Maßnahmen zu erhöhen. Dies geschieht auf der Basis von Kennzahlen, die bis in die operativen Bereiche heruntergebrochen werden. In **Kapitel 7: Strategie kontrollieren** werden die folgenden Leitfragen thematisiert:

- Wie werden ausformulierte und geplante Strategien systematisch operationalisiert?
- Welche Instrumente können für eine fortlaufende Kontrolle der Strategieumsetzung verwendet werden?
- Welche Möglichkeiten gibt es, kritische Entwicklungen durch eine strategische Frühaufklärung rechtzeitig zu erkennen?

In der Steuerung von Strategien sollen der nachhaltige Erfolg gefestigt und die wesentlichen Veränderungen und strategischen Hebel im Unternehmen verankert werden. Dabei können unterschiedliche Widerstände, sog. strategische Barrieren, entstehen, die durch die Einbindung von Anspruchs- und Interessengruppen reduziert werden können. Durch Rückkopplungen der Ergebnisse in die strategische Analyse und die Strategieformulierung soll organisationales Lernen gefördert werden. Eine Verstetigung des strategischen Wandels erfordert außerdem Systeme und Regeln der Kontrolle, Transparenz und Steuerung, die in den Grundsätzen der Corporate Governance festgelegt werden. Das **Kapitel 8: Strategie steuern** beschäftigt sich daher mit den folgenden Leitfragen:

- Wie können strategische Barrieren und ihre Ursachen identifiziert werden, um den strategischen Wandel zu verstetigen?
- Wie können Stakeholder systematisch in den Strategieprozess und die Strategieumsetzung integriert werden?
- Welche Grundsätze der Corporate Governance sind im Rahmen der strategischen Kontrolle und Steuerung zu beachten?

Strategie kontrollieren

7

ÜBERBLICK

Lernziele

Nach der Lektüre dieses Kapitels sollen Sie in der Lage sein,

- die ausformulierten und geplanten Strategien systematisch zu operationalisieren und für die Umsetzung der strategischen Maßnahmen mit detaillierten Kennzahlen auf die übergeordneten Ziele und Werttreiber abzustimmen;
- die operationalisierten Strategien fortlaufend zu kontrollieren und mittels Abweichungsanalysen rechtzeitig kritische Entwicklungen zu identifizieren, um Anpassungsmaßnahmen zu entwickeln;
- die Informationssysteme für eine Rückkopplung mit der strategischen Analyse auszugestalten und zu nutzen, um die Überprüfung strategischer Prämissen und die Identifikation schwacher Signale zu ermöglichen.

Die exzellente Umsetzung einer Strategie ist wesentlich für ihren Erfolg. A. G. Lafley, CEO von Procter & Gamble erklärt diesen Zusammenhang folgendermaßen: „*Execution is the only strategy that your consumer, your retailer, your competitor – the only strategy anybody on the outside – ever sees*“[1]. Eine wesentliche Voraussetzung für die exzellente operative Umsetzung einer Strategie ist eine fortlaufende Kontrolle aller strategischen Maßnahmen mit dem Ziel:

- einer **effizienten** Umsetzung, d. h. die strategischen Maßnahmen innerhalb des geplanten Zeitraumes mit den budgetierten Ressourcen zu implementieren;
- einer **proaktiven** Realisierung, d. h. eine fortlaufend und zukunftsorientierte Kontrolle bzw. Identifikation möglicher Abweichungen und Risiken in bzw. während der Durchführung;
- einer **effektiven** Durchführung, d. h. sicherzustellen, dass die vereinbarten Maßnahmen von den verantwortlichen Beteiligten durchgeführt werden und diese die erwarteten bzw. geplanten Zielvorgaben erfüllen.

Dazu erfordert es eine **umfassende** Implementierung, d. h. eine konsistente Umsetzung in allen für die Strategie relevanten Bereichen und auf allen hierarchischen Ebenen. Dabei helfen personenbezogene Verantwortlichkeiten, spezifische Mittelzuweisungen und konkrete Handlungsaufträge. Die Kontrolle der Strategie bzw. ihrer Umsetzung beinhaltet daher nicht nur umfassende Kennzahlensysteme, sondern vor allem Instrumente, die für eine effiziente und effektive Strategieimplementierung förderlich sind und die operativen Einheiten systematisch in die Implementierung und Kontrolle einbeziehen.

7.1 Strategie systematisch operationalisieren

Eine exzellente Umsetzung der formulierten Strategien erfordert eine strukturierte und systematische Operationalisierung. Darunter wird die konsistente Ableitung von Zielen, Strategien und Maßnahmen aus den übergeordneten Unternehmenszielen in die Organisation und ihre Teilbereiche verstanden. Zum Zwecke der operativen Umsetzung werden die Maßnahmen in klar voneinander abgegrenzte Maßnahmenpakete mit Organisationsbezug definiert, Verantwortlichkeiten und Budgets im Rahmen der Umsetzung transparent dokumentiert und Messgrößen zur fortlaufenden Kontrolle festgelegt.

1 Lafley (2006).

Die **Ziel-Strategie-Pyramide** ist ein Instrument, das diese Operationalisierung einheitlich und transparent ermöglicht und die fortlaufende Kontrolle und Steuerung von Strategien bzw. ihrer Umsetzung vereinfacht. Die grundsätzliche Logik der Ziel-Strategie-Pyramide besteht einerseits in der Kaskadierung der Ziele und Strategien bis auf die Ebene ausformulierter Geschäftspläne, sog. **Business Plan** (BP), und andererseits in der Verzahnung von qualitativen und quantitativen Ziel- und Strategieformulierungen.[2]

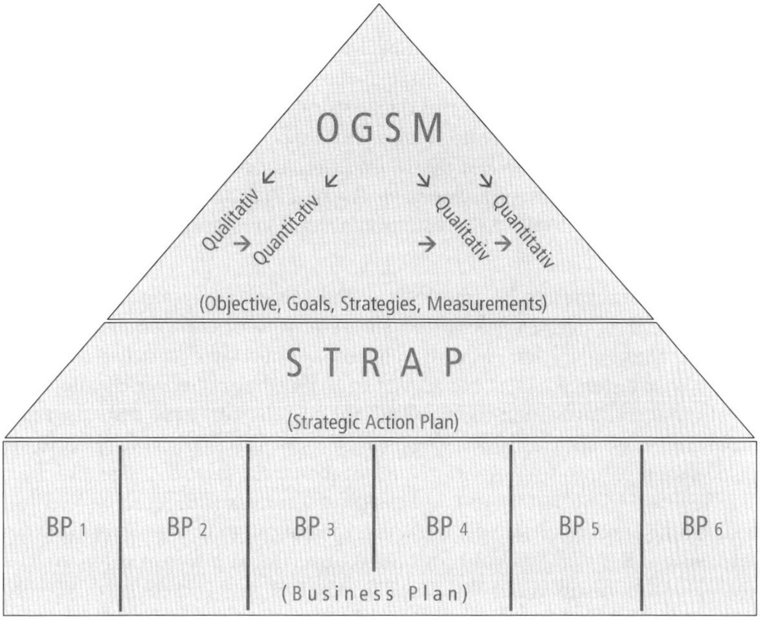

Abbildung 7.1: Ziel-Strategie-Pyramide

Der pyramidale Aufbau der nachfolgend beschriebenen Instrumente OGSM, STRAP und BP erlaubt es, die unternehmens- und bereichsbezogenen Strategien und Maßnahmen bis auf die Mitarbeiterebene hinunterzubrechen. Dieses wasserfallartige Vorgehen, sog. Kaskadierung, macht die konkreten Wertbeiträge der jeweiligen Organisationseinheit bis hin zum einzelnen Manager oder Mitarbeiter identifizierbar, messbar und kontrollierbar. Allerdings benötigt dieser mehrstufige und rückkoppelnde Prozess Zeit, bis alle Beteiligten im Unternehmen eingebunden sind.

Die Abfolge von qualitativen Formulierungen und deren Übersetzung in messbare quantitative Anforderungen und Bewertungskriterien dient einerseits dem Verständnis und der Identifikation der an der Umsetzung beteiligten Akteure mit den Zielen und Strategien und andererseits einer transparenten Fortschrittskontrolle sowie Präzisierung der strategischen Ambitionen. So können für die Erreichung von Zielsetzungen, wie z. B. ein führender Premiumanbieter oder Innovationsführer zu sein, die relevanten Steuerungs- und Messgrößen Preispositionierung, Innovationsrate, Marktanteil oder Kundenzufriedenheit konkret benannt werden. Diese dienen auch der Motivation und der Fokussierung aller Beteiligten auf die wesentlichen Ziele und Stellhebel zur Zielerreichung.

2 Der Aufbau dieser Ziel-Strategie-Pyramide wird von zahlreichen Unternehmen wie z. B. Clorox, General Electric, Henkel, Procter&Gamble verwendet und findet sich in vielen Beratungs- und Projektmanagementansätzen in ähnlicher Form wieder.

OGSM: *Objectives, Goals, Strategies, Measurements*

Das Akronym OGSM steht für die Begriffe *Objectives*, *Goals*, *Strategies*, *Measurements* und bietet eine einfache Struktur zur Fokussierung auf die wesentlichen Ziele und die konsistente Umsetzung der Strategien zur Zielerreichung, die auch eine Abstimmung der Organisation unter dem Gesichtspunkt einer fortlaufenden Überprüfung des Implementierungsfortschritts ermöglicht.[3]

- *Objectives*: Zielvorstellungen

  Die *Objectives* stellen die qualitative Beschreibung einer zukünftigen und langfristigen Zielvorstellung dar. Sie weist einen Bezug zu der Unternehmensvision auf und sollte für die Mitarbeiter eine Quelle der Inspiration und des Ansporns sein und dabei helfen, die unternehmerische Vision mit Leben zu füllen. Die Zielvorstellung zeigt einen klaren Bezug zum Zielmarkt und den anvisierten Kundengruppen. Sie ist das Kondensat, d. h. die Essenz, der strategischen Programme und Initiativen, sodass sie als diesen übergeordnet und zusammenfassend verstanden werden kann.

- *Goals*: Zielwerte

  Die *Goals* sind quantitative Zielwerte und übersetzen die qualitative Zielvorstellung in messbare Kennzahlen. Dabei sollten sie unterschiedliche Dimensionen abdecken, wie z. B. Finanzkennzahlen, Marktkennzahlen oder auch Prozesskennzahlen. Anhand der Kennzahlen werden der Erfolg und Wertbeitrag einer Strategie gemessen. Daher sollten die Kennzahlen die wesentlichen in der Strategie festgelegten Werttreiber umfassen, wie z. B. Cashflow, EVA, ROCE oder EBIT. Diese Zielwerte werden in den OGSM transparent dokumentiert und fließen auch in die Zielgespräche mit Führungskräften und Mitarbeitern ein, sodass diese Zielwerte allgemeine Verbindlichkeit besitzen. So können auch anspruchsvolle Zielsetzungen, sog. *Stretched Goals,* formuliert werden. Bei der Auswahl und Strukturierung der Kennzahlen ist es möglich, z. B. die vier Dimensionen der **Balanced Scorecard**, wie in *Kapitel 6.2 Strategie operationalisieren* gezeigt, zu verwenden und in diesen Ansatz zu integrieren.

- *Strategies*: Strategien

  Strategien werden als Maßnahmenbündel oder einzelne Maßnahmen zur Zielerreichung verstanden. Als qualitative Aussagen beschreiben sie in Worten, wie die strategischen Lücken geschlossen und Wettbewerbsvorteile bzw. Wertsteigerungen erreicht werden sollen. Unter Strategien werden auch die Schlüsselstrategien, sog. *Breakthrough Strategies,* subsumiert, die einen strategischen Wandel initiieren sollen und somit mittel- bis langfristig orientiert sind.

- *Measurements*: Messgrößen

  Die *Measurements* stellen quantitative Messgrößen dar, die den einzelnen Strategien oder strategischen Maßnahmenbündeln zugeordnet sind. Es empfiehlt sich, jeweils zwei bis drei spezifische Indikatoren, sog. *Measurements,* pro strategische Maßnahme zu definieren, die der Fortschrittskontrolle im Rahmen der Strategieumsetzung dienen. Sie sollten einfach zu ermitteln, für alle Beteiligten leicht verständlich und gut kommunizierbar sein. Eine zentrale Anforderung ist dabei, dass die Messgrößen nicht ausschließlich vergangenheitsbezogen, sondern gegenwarts- und zukunftsorientiert sind, damit sie rechtzeitig signalisieren, ob Strategien effektiv umgesetzt werden oder ob Anpassungsbedarf erforderlich ist. Bei diesen Messgrößen handelt sich nicht um die zentralen strategischen Kennzahlen wie etwa EVA oder ROCE, sondern um die operativen Steuerungsgrößen, wie z. B. Lagerbestand, Marktanteil oder Marketingbudget zur Beeinflussung der Werthebel.

3 Vgl. Frigo et al. (2010), S. 34.

Beispiel 7.1 OGSM eines Konsumgüterherstellers

Der strukturierte Aufbau der OGSM ermöglicht eine konsistente und übersichtliche Präzisierung und Ableitung von Zielen und Maßnahmen. Das nachfolgende Beispiel illustriert, wie aus der qualitativen Zielsetzung, ein führender Hersteller von Markenartikeln zu sein, präzise und messbare Zielwerte definiert werden, die für die fortlaufende Umsetzung und Kontrolle der Zielerreichung herangezogen werden. Die führende Marktstellung wird unter anderem an einem überdurchschnittlichen Marktwachstum oder dem Anteil an TOP1-Markenpositionen in den relevanten Märkten gemessen.

Objective	Goals	Strategies	Measurements
Als führender und präferierter Konsumgüterhersteller von Kunden und Konsumenten wahrgenommen zu werden	• x M€ Umsatz in 200X • x % Umsatzwachstum im Zeitraum 200X – 200Y (über Marktdurchschnitt) • x % der Marken mit einer TOP1-Platzierung im relevanten Marktsegment • x % Umsatzrendite im Jahr 200X • x % ROCE im Jahr 200X	1. Führende Marktpositionen mit starken Marken festigen und durch Innovationen ausbauen	1. • x % Marktanteil bei Top-Marken • x % Markenbekanntheit • x % Wiederkaufsrate • x % Innovationsanteil
		2. Umsatzwachstum durch geografische und sortimentsbezogene Wachstumsinitiativen generieren	2. • x % regionale Umsatzverteilung • x % Umsatzanteil von neuen Produktlinien, Sortimentserweiterung, Regionenerweiterung in x Jahren
		3. Unternehmensorganisation und Prozesse effizient gestalten	3. • x M€ Umsatz und Ergebnis je Mitarbeiter • x interne Auditierungen • x Bewertungen von Mitarbeitern und Führungskräften
		4. Kundenzufriedenheit signifikant steigern	4. • x % Kundenzufriedenheit • x % Kundenloyalität • …

Abbildung 7.2: OGSM

Jedem Zielwert sind strategische Maßnahmenbündel zugeordnet. Diese sind qualitativ formuliert und umfassen in der Regel mehrere strategische Optionen bzw. Einzelmaßnahmen, die zuvor aus der Synthese von externer und interner Analyse abgeleitet worden sind. Die Maßnahmenbündel sind mit einem Set an Messwerten verknüpft, die fortlaufend während der Strategieumsetzung gemessen und gegebenenfalls zu Anpassungen innerhalb der Maßnahmen herangezogen werden. Die führende Position starker Marken wird z. B. anhand von Markenbekanntheit und Wiederkaufsraten im Vergleich zum Wettbewerb bewertet.

STRAP: *Strategic Action Plan*

Für jede der in den OGSM dargestellten Strategien ist die Erstellung eines strategischen Maßnahmenplans, sog. *Strategic Action Plan,* erforderlich. Das Ziel dieser Maßnahmenpläne ist es, die Strategie in operative Begriffe und Handlungsanweisungen zu übersetzen, um die wachstumskritischen und wertschaffenden Elemente zu verdeutlichen.

Die Strategien umfassen die zentralen Maßnahmenbündel, die nachfolgend in Einzelmaßnahmen ausdifferenziert werden und mit den zur Durchführung verbundenen Kosten sowie den angestrebten Ergebnisbeiträgen spezifiziert werden. Die Angabe von Meilensteinen oder zeitlichen Fristen sowie die Zuordnung klarer Verantwortlichkeiten erleichtern die operative Durchsetzung der Strategien und Maßnahmen sowie die Identifikation der Mitarbeiter mit ihren Aufgaben. So lässt sich außerdem die Strategieumsetzung in die Verantwortung aller Mitarbeiter stellen.

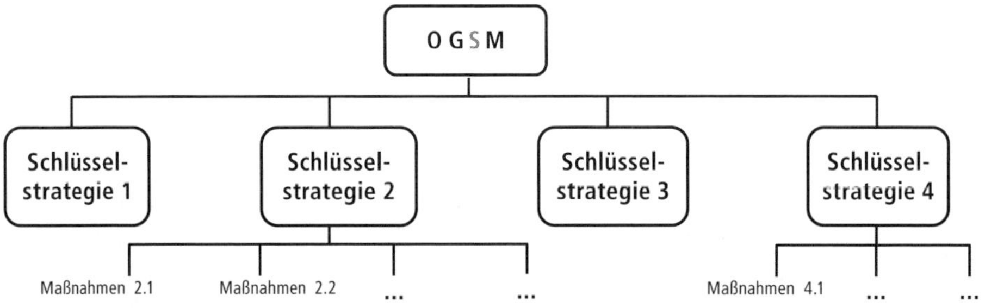

STRAP					
Schlüsselstrategie	Maßnahmen	Kosten	Nutzen	Meilensteine	Verantwortung
1.	1.1				
	1.2				
2.	2.1				
	...				

Abbildung 7.3: STRAP

Die strategischen Maßnahmenpläne sind insbesondere für die strategische Umsetzung und die strategische Kontrolle des Implementierungsfortschritts relevant. Daher sind sie auf der Ebene der Geschäftseinheiten, Landesgesellschaften, Produktgruppen oder betrieblichen Funktionen zu erstellen und leiten sich konsistent aus deren jeweiligen OGSM ab. Dabei ist auf die Konfliktfreiheit aller abgeleiteten Teilpläne mit dem Gesamtplan zu achten.

Wesentliche Anforderungen an die Formulierung der strategischen Maßnahmenpläne lauten, dass sie präzise formuliert sein müssen und konkrete Maßnahmen umfassen, die in der operativen Verantwortlichkeit der Durchführenden realisierbar und auf der Basis verständlicher Zielvorgaben einfach kontrollierbar sind.

Business Plan: Geschäftsplan

Die strategischen Maßnahmenpläne weisen den Einzelmaßnahmen durch festgelegte Budgets entsprechende Mittel zu und formulieren zugehörige Ergebnisziele. In Abhängigkeit von den zeitlichen Vorgaben und von der Komplexität der Einzelmaßnahmen ist ein Geschäftsplan erforderlich, der den Ressourceneinsatz im Zeitverlauf beschreibt und auf die wesentlichen Ergebnisgrößen abstimmt.

Der Geschäftsplan stellt das Kondensat der Erlössystematik aus der Geschäftsmodellbeschreibung dar, wie in *Kapitel 6.3 Geschäftsmodell konzipieren* ausgeführt. Die grundlegende Struktur besteht in der Gewinn- und Verlustrechnung, die je nach

Betrachtungsobjekt und Strategiewahl in einem detaillierten Aufriss oder in einer abstrakten Zusammenfassung erfolgen kann. Je nach Betrachtungsobjekt bzw. -ebene wird die Gewinn- und Verlustrechnung vollständig bis zum betrieblichen Ergebnis vor Steuern und Zinsen (EBIT), z. B. für eine Geschäftseinheit, oder nur bis zum Deckungsbeitrag, z. B. für eine Marke oder produktgruppenbezogene Geschäftsplanung, abgebildet.

	Kennzahlen	**2013**	**2014**	**2015**	**2016**	**2017**
Marktsegment	**Umsatz (M€)**					
Marktsegment	**Wachstum vs. VJ (%)**					
Marke	**Marktanteil**					
Preis	**∅ Regalpreis**					
Preis	**Nettopreis**					
Volumen	**Stück (in 1.000)**					
GuV	**Bruttoumsatz**					
GuV	- Rabatte/Konditionen					
GuV	**Nettoumsatz**					
GuV	- Herstellkosten					
GuV	- Transportkosten					
GuV	**Deckungsbeitrag I**					
GuV	- Marketing					
GuV	Marketing (Media)					
GuV	Marketing (Promotion)					
GuV	Marktforschung					
GuV	**Deckungsbeitrag II**					

Abbildung 7.4: Business Plan auf Markenebene (schematisch)

Der Geschäftsplan stellt von der Gewinn- und Verlustrechnung einen Bezug zur Marktentwicklung her und setzt die angestrebte Geschäftsentwicklung somit in einen konkreten Bezugsrahmen zur Unternehmensumwelt. Der Geschäftsplan vergleicht außerdem die Basisversion der zukünftigen Geschäftsentwicklung ohne strategische Maßnahmen und die Version einer Geschäftsentwicklung unter Berücksichtigung einer Implementierung strategischer Maßnahmen nebeneinander. Der Vergleich erfolgt anhand der Struktur einer Gewinn- und Verlustrechnung. Aus der Differenzbetrachtung lassen sich die inkrementellen, d. h. zusätzlichen Ergebnisbeiträge, beziffern und entsprechend in der Umsetzung kontrollieren. Die Identifikation der Abweichungen von diesen zusätzlichen Ergebnisbeiträgen ist im Rahmen der fortlaufenden Kontrolle wichtig, um den Erfolg von strategischen Maßnahmen zu gewährleisten.

7.2 Strategieumsetzung fortlaufend kontrollieren

Die drei Ebenen der Ziel-Strategie-Pyramide werden im Rahmen der Strategieumsetzung fortlaufend überwacht. Diese kontinuierliche Fortschrittskontrolle wird auch als **Monitoring** bezeichnet und beginnt auf der Ebene der Geschäftspläne mit den folgenden Zielen:

- die Ressourcenallokation und die Budgets zu verifizieren,
- die Gründe für mögliche Planabweichungen frühzeitig zu identifizieren
- und mögliche Anpassungsmaßnahmen zu erarbeiten.

Dazu kann in einem mehrstufigen Ansatz vorgegangen werden, der im Folgenden am Beispiel des Monitorings einer Produkteinführungsstrategie beschrieben wird.

Vor der Produkteinführung, d. h. zum Zeitpunkt der Strategieformulierung, wird bereits der Geschäftsplan für die Entwicklung der Produkteinführung in den nächsten drei Jahren inklusive einer Gewinn- und Verlustrechnung auf Marken- oder Produktebene erstellt. Dies bedeutet, dass wesentliche interne Kennzahlen wie Brutto- und Nettoumsatz, Herstellkosten und Marketingbudget konsistent mit den strategischen Zielen und Maßnahmen der Unternehmung abgestimmt werden, sodass die Produkteinführung einen messbaren Beitrag zu den strategischen Werttreibern, z. B. Umsatz- oder Ergebniswachstum, leisten. Ergänzend werden meist externe Kennzahlen zur Prüfung der Effektivität einer Strategie definiert. Bei der Markteinführung können als Kennzahlen z. B. Markenbekanntheit oder Wiederholungskäufe verwendet werden.

Zum Zeitpunkt der Produkteinführung wird ein detaillierter *Launchplan* für die ersten sechs bis zwölf Monate erstellt, der alle beteiligten Funktionen und Abteilungen verbindlich einbindet, die Budgets und Verantwortlichkeiten für alle marktbezogenen Maßnahmen der Produkteinführung und -positionierung festlegt sowie die Zielwerte und Anreize kommuniziert. Im *Launchplan* wird auf die wesentlichen internen und externen Kennzahlen des Geschäftsplans rekurriert.

Nach der Produkteinführung wird der Marketingmix auf wöchentlicher Basis analysiert und mit dem *Launchplan* abgeglichen. Die Effizienz der Marketingmaßnahmen wird im Wettbewerbsumfeld bewertet, damit der Marketingmix effektiv ausgesteuert werden kann und die Instrumente der Preissetzung oder Kommunikation, wie z. B. Promotion- und TV-Kampagnen, ideal aufeinander abgestimmt werden.

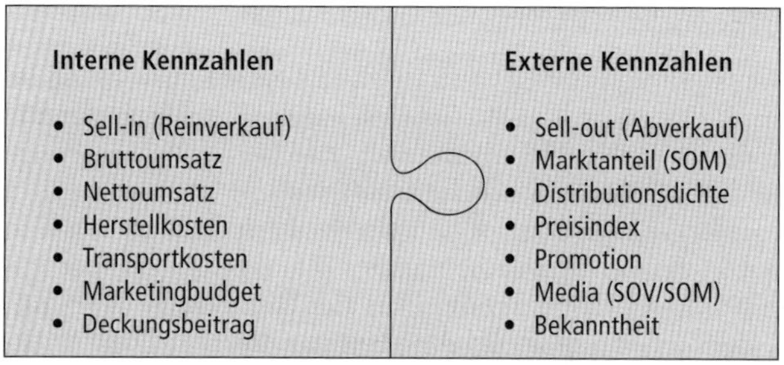

Abbildung 7.5: Interne und externe Kennzahlen zur strategischen Kontrolle

Im Rahmen des Monitorings ist eine integrierte Betrachtung der internen und externen Kennzahlen wichtig, um die Ergebnisbeiträge und den Ressourcenverbrauch sowie die Effektivität der eingesetzten Instrumente im Markt zu messen. Die internen Kennzahlen umfassen vor allem finanzorientierte Messgrößen aus der Gewinn- und Verlustrechnung, wie z. B. Umsatzgrößen, Marketingbudget oder Deckungsbeitrag. Ergänzend können warenflussorientierte Messgrößen wie z. B. der *Sell-in,* sog. Reinverkauf, d. h. Produkte, die ein Hersteller an den Handel und nicht direkt an den Konsumenten verkauft, verwendet werden. Die externen Kennzahlen sind vor allem markt- und kundenorientierte Kennzahlen, die aus externen Panels, z. B. Handels- oder Konsumentenpanels, gewonnen werden und die relevanten Instrumente aus dem **Marketingmix** abbilden:

- Kennzahlen über die **Leistungs- und Programmpolitik** (*Product*) umfassen u. a. die wert- und mengenmäßigen Abverkaufszahlen (*Sell-out*), die durchschnittliche Sortimentsbreite, die durchschnittliche Rotation pro Produktvariante, d. h. durchschnittlicher wöchentlicher Abverkauf in Stückzahlen pro Variante und Geschäft, sowie die Wiederkaufsrate.
- Kennzahlen zur **Preis- und Konditionenpolitik** (*Price*) beinhalten den Standardpreis, den Angebotspreis, den gewichteten Durchschnittspreis sowie Preisindizes und das Verhältnis von Standardabsatz zu Promotionsabsatz.
- Kennzahlen hinsichtlich der **Distributionspolitik** (*Place*) umfassen die Distributionsabdeckung, den Regalflächenanteil, das Verhältnis von *Sell-in* und *Sell-out* sowie die Vorräte und Lagerbestände.
- Kennzahlen zur **Kommunikationspolitik** (*Promotion*) betreffen das Mediabudget, d. h. die Ausgaben für Medialeistungen, den Anteil an den Mediaausgaben in der Branche oder Produktkategorie sowie die Markenbekanntheit.

Die interne und externe Perspektive sind in einer gemeinsamen und ausgewogenen Empfehlung zusammenzuführen, unter Berücksichtigung der bisher realisierten Geschäftsentwicklung und der Abweichung zu den Planwerten. In der Regel werden eine Vielzahl von Kennzahlen verwendet und fortlaufend in einem sog. *Dashboard* oder *Launch Monitor* analysiert.

Der Vergleich der aktuellen bzw. erwarteten Entwicklung mit den Planwerten basiert auf der Grundlogik einer Lückenanalyse, sog. **GAP-Analyse**. Diese quantitative Prognosemethode dient dazu, strategische und operative Probleme frühzeitig zu erkennen, und basiert auf Methoden der Trendextrapolation.

Bei der GAP-Analyse empfiehlt sich eine Vorgehensweise entsprechend dem folgenden Ablauf:

1. **Betrachtungsobjekte auswählen:**

   Als Betrachtungsobjekte können das gesamte Unternehmen, Geschäftsbereiche, Produktlinien oder einzelne Produkte herangezogen werden. Die Auswahl der Betrachtungsobjekte richtet sich nach der betreffenden Einheit, die in der zu kontrollierenden Strategie bzw. in dem strategischen Maßnahmenplan und Geschäftsplan beschrieben wird.

2. **Zielgrößen bestimmen:**

   In Abhängigkeit von dem gewählten Betrachtungsobjekt sind als Zielgrößen z. B. Umsatz, Deckungsbeitrag, Gewinn oder Wertbeitrag zu verwenden. Bei einer produktorientierten Strategie eignen sich z. B. Umsatz und Deckungsbeitrag, während bei einer wertorientierten Geschäftsbereichsstrategie z. B. EBIT und EVA Verwendung finden.

3. **Zielwerte** und **Zeithorizont festlegen:**

   Danach werden die quantitativen Zielsetzungen, d. h. Planwerte, festgelegt bzw. aus den formulierten Strategien oder den Maßnahmenplänen übernommen und für den entsprechenden Zeithorizont festgelegt. Dabei werden wertorientierte Strategien für das gesamte Unternehmen in der Regel einen längeren Zeithorizont beschreiben als Produkteinführungsstrategien in einem Geschäftsbereich. Grafisch wird eine ergebnisorientierte Zielgröße auf der Ordinate abgetragen und auf der Abszisse die Zeitdimension periodenweise dargestellt. Die Planwerte werden als Linie abgetragen und bilden die sog. **Entwicklungsgrenze** für das bestehende Geschäft.

4. Aktuelle Geschäftsentwicklung (IST-Werte) ermitteln und extrapolieren:

Die vergangene und gegenwärtige Geschäftsentwicklung wird entsprechend der Betrachtungsobjekte, der Zeitskala und den Erfolgskennzahlen ermittelt. Bei einer Produkteinführungsstrategie werden die IST-Werte z. B. wochenweise ermittelt und analysiert. Bei der fortlaufenden Kontrolle einer Geschäftsbereichsstrategie findet diese Analyse monats- und quartalsbezogen statt. Die Entwicklung wird für den gesamten Betrachtungszeitraum extrapoliert und als Linie in dem GAP-Diagramm abgetragen. Die aktuelle Geschäftsentwicklung stellt das **Basisgeschäft** dar.

5. Operative und strategische Lücke identifizieren:

Die Abweichung zwischen der extrapolierten Geschäftsentwicklung und den Planwerten kann nun identifiziert werden. Eine negative Abweichung bedeutet, dass die in der Umsetzung befindlichen Strategien nicht den geplanten Beitrag zur Zielerreichung leisten werden. Die Gründe können entweder auf eine unzureichende Effektivität in der Umsetzung geplanter Strategien hindeuten oder auf fehlerhafte Annahmen in der Strategieformulierung und -planung der Zielwerte zurückzuführen sein. Die genauen Ursachen müssen identifiziert werden und im folgenden Schritt bedarf es Anpassungsmaßnahmen, die entweder die Effektivität erhöhen oder die strategischen Maßnahmen verändern.

Eine positive Abweichung ist grundsätzlich erfreulich, da die Geschäftsentwicklung besser als geplant verläuft. Wenn die ermittelte Entwicklungsgrenze signifikant übertroffen wird, ist allerdings auch eine kritische Analyse erforderlich, da Planungsannahmen unter Umständen zu pessimistisch oder konservativ waren und die Entwicklungspotenziale zu gering eingeschätzt wurden. Im Folgenden sollten daher die Planungsannahmen überprüft werden, um künftige Strategien und Planungen präziser auszugestalten. Dabei muss auch geprüft werden, welche anderen strategischen Maßnahmen auf den gleichen Annahmen beruhen und gegebenenfalls sind weitere Anpassungen aufgrund von Konsistenzanforderungen der Strategie und Zielsetzung notwendig. Außerdem können Korrekturmaßnahmen für einen effizienteren Ressourceneinsatz erforderlich sein.

Wenn keine Lücke identifiziert wird, ist in der Regel keine weitere Maßnahmenplanung durchzuführen. Die Fortschrittskontrolle wird allerdings grundsätzlich beibehalten, während die Strategieumsetzung ohne Anpassungen fortgeführt wird und somit der Realisierung geplanter Strategien entspricht.

Sofern eine Lücke festgestellt wird, ist diese zwecks einer weiteren Analyse in eine operative und eine strategische Lücke zu differenzieren:

- Die **operative Lücke** entsteht durch die Abweichung der prognostizierten Entwicklung bei unverändertem Vorgehen in der Strategieumsetzung von der potenziellen Entwicklung bei optimalem Vorgehen.[4]
- Die **strategische Lücke** beschreibt die Abweichung, die nur durch grundsätzlich neue oder veränderte strategische Maßnahmen geschlossen werden kann.
- Die GAP-Analyse zeigt grafisch eine Ziellücke (*Gap*), die zwischen den Zielgrößen, also den anzustrebenden und vereinbarten Planwerten und den Zielerreichungsgraden, d. h. den in die Zukunft fortgeschriebenen Vergangenheits- bzw. Gegenwartswerten, unter der Annahme entsteht, dass keine zusätzlichen Maßnahmen realisiert werden. Dabei wird die Differenz von Planwerten und Prognosewerten dargestellt und somit werden zwei Zukunftsprojektionen miteinander verglichen.[5]

4 Vgl. Kerth/Stich/Asum (2011), S. 231.

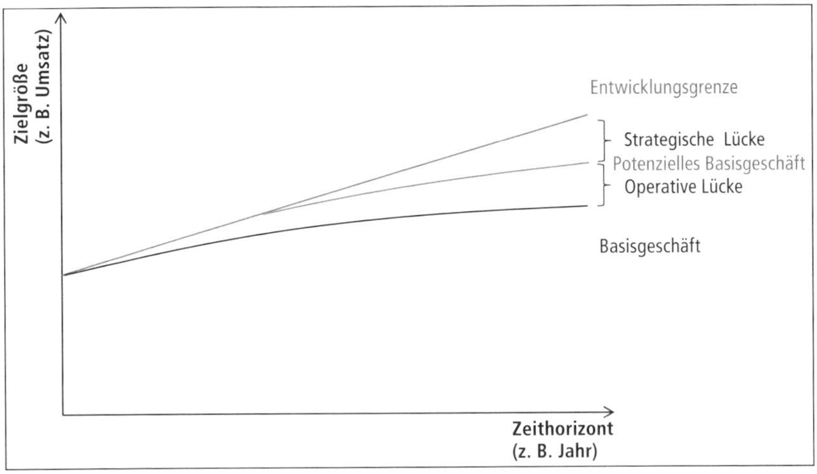

Abbildung 7.6: GAP-Analyse

6. **Maßnahmen zur Schließung der Lücke entwickeln:**

Je nach Ausprägung der operativen und strategischen Lücken kann es ausreichend sein, die bereits formulierten und in Umsetzung befindlichen Strategien zu optimieren und nicht grundlegend zu verändern bzw. neu zu formulieren.

7. **Optimierung bisheriger bzw. bereits formulierter Strategie:**

Das Basisgeschäft ist die aus dem Stammgeschäft resultierende Entwicklung der betrachteten Ergebnisgröße im Zeitverlauf, ohne Veränderung der formulierten und in der Implementierung befindlichen Strategien. Die Veränderung der Strategie durch eine verbesserte Umsetzung bestehender Erfolgsfaktoren erfolgt im Rahmen der operativen Marktbearbeitung und beinhaltet Anpassungen ohne Einfluss auf die bestehende Strategie. Sie umfasst im Rahmen einer Produkteinführungsstrategie alle Maßnahmen, die auf die kurzfristige Feinabstimmung einzelner Instrumente des Marketingmix ausgerichtet sind. Dazu zählen Maßnahmen, die einzelne Instrumente aufeinander und auf das Marktumfeld abstimmen, wie z. B. eine veränderte TV- oder *Promotion-Mixplanung*. Hierdurch kann die operative Lücke geschlossen werden.

Im Rahmen wertorientierter Wachstumsstrategien können solche Anpassungsmaßnahmen z. B. in der Optimierung der Kostenstruktur und diversen Maßnahmen zur Effizienzsteigerung bestehen, die nicht zu einer veränderten strategischen Ausrichtung führen, sondern eine effizientere Implementierung sicherstellen. Die definierten Anpassungsmaßnahmen rechtfertigen insgesamt unter einer Betrachtung von Kosten und Ergebnisbeitrag eine Fortführung der Strategieumsetzung.

8. **Reformulierung von Strategien oder neue Strategien formulieren:**

Die strategische Lücke erfordert grundlegende Veränderungen der gewählten Strategie, da die Wirksamkeit der umgesetzten Maßnahmen nicht ausreicht, um die Ziele, grafisch abgebildet durch die Entwicklungsgrenze, zu erreichen. Bei einer Produkteinführung kann diese geänderte Strategie z. B. in der Repositionierung einer Marke bestehen, die nicht nur Anpassungen auf der Ebene einzelner Marke-

5 Vgl. Kreikebaum (1997).

tinginstrumente erfordert, sondern eine grundlegende Veränderung der Imagedimensionen, der Produkteigenschaften oder der Zielgruppenauswahl.

Besteht keine Möglichkeit, die Lücke durch operative oder strategische Maßnahmen zu schließen, muss sich das Unternehmen von dem betreffenden Geschäft oder Produkt zurückziehen und die Ressourcen abziehen.

9. **Rückkopplung in den Strategieprozess sicherstellen:**

Die Anpassungen sind mit Veränderungen in der Ressourcenallokation und in der Regel veränderten Ergebnisbeiträgen verbunden. Diese Veränderungen müssen in den formulierten Strategien und Maßnahmen berücksichtigt und abgebildet werden. Daher sind die Anpassungsmaßnahmen im Rahmen einer GAP-Analyse nicht isoliert zu formulieren, sondern in den Strategieprozess zu integrieren und die Auswirkungen der Anpassungen auf die bestehenden Strategien zu berücksichtigen.

Die effizienzerhöhenden Maßnahmen zur Verringerung der operativen Lücke sollten die frei werdenden Ressourcen in der weiteren Planung berücksichtigen und die aktuelle Liste an strategischen Maßnahmen ergänzen. Die bestehenden strategischen Aktionspläne bedürfen daher in den wesentlichen Dimensionen wie z. B. Budgets, Meilensteine, Ergebnisse und Verantwortlichkeiten einer Aktualisierung.

Insbesondere die Maßnahmen zur Schließung der strategischen Lücke müssen auf die restlichen Strategien abgestimmt bzw. etwaige Konsequenzen müssen identifiziert werden, damit auch für die angepassten Strategien ein strategischer Fit sichergestellt wird.

Die GAP-Analyse wird häufig als ein Instrument strategischer Analyse an den Anfang des Strategieprozesses gestellt. Im Sinne einer zukunftsorientierten Abweichungsanalyse lässt sie sich hervorragend zur fortlaufenden Kontrolle der in der Umsetzung befindlichen Strategien einsetzen. Die Ergebnisse und Implikationen der GAP-Analyse dienen wiederum als Ausgangspunkt für strategische Anpassungen und nehmen daher eine zentrale Bedeutung als Bindeglied zwischen wiederholten Durchläufen des Strategieprozesses im Sinne eines fortlaufenden Kreislaufs ein.

In der Strategieprozessphase der strategischen Kontrolle wird besonders deutlich, dass Strategieentwicklung und -umsetzung keine lineareren und vollständig isoliert geplanten Prozessschritte sind, sondern durch Rückkopplungen im Strategieprozess die notwendigen Anpassungsmöglichkeiten schaffen müssen. Dies ist in Märkten mit zunehmender Dynamik und Unsicherheit von entscheidender Bedeutung. Die Entwicklung, Umsetzung und Kontrolle von Strategien werden somit zu einem kontinuierlichen Prozess, der auf den Aufbau strategischer Fähigkeiten ausgerichtet ist und besondere Flexibilität erfordert.

Das bedeutet jedoch keinesfalls, dass die Strategie fortlaufend geändert werden soll, da sich die Unternehmensleitung dadurch nicht nur unglaubwürdig machen und die Mitarbeiter verunsichern würde, sondern Ziele, Maßnahmen und Ressourcen ständig neu definieren und damit Wandel unter Umständen lähmen oder sogar verhindern würde. Die Herausforderung für die Realisierung strategischen Wandels liegt in dem Trade-off zwischen Stabilität und Anpassung.

Kritische Würdigung: Die Trendextrapolation, die der GAP-Analyse zugrunde liegt, basiert auf der sog. Zeitstabilitätshypothese, wonach die Annahmen und die Konstellation von Umwelt- und Unternehmensbedingungen als konstant betrachtet werden.[6] Diese Annahme ist in vielen Branchen aufgrund der hohen Umweltdynamik nicht haltbar. Viele Industrien sind durch Strukturbrüche und Unstetigkeiten, sog. Diskontinuitäten, gekennzeichnet, was dazu führt, dass Modellprognosen mit zunehmenden Unsicherheiten behaftet sind.

7.3 Strategische Frühaufklärung durchführen

In einer zunehmend dynamischen und komplexen Unternehmensumwelt, wie sie z. B. in dem strategischen Managementansatz des Hyperwettbewerbs oder der *Merger Endgames* beschrieben wird, gewinnt die frühzeitige Information über relevante Entwicklungen in der Unternehmensumwelt einen strategischen Wert für die Unternehmen.[7] Dabei geht es sowohl um die Identifikation von Chancen als auch um Bedrohungen, die sich im Rahmen der Strategieumsetzung ergeben. Eine systematische Identifikation, Sammlung, Verdichtung und Auswertung dieser Informationen geschieht mit der Hilfe strategischer Frühwarnsysteme. Die Entwicklungsstufen von Frühaufklärungssystemen können differenziert werden nach der Orientierung an Kennzahlen, Indikatoren oder Signalen.[8]

Orientierung an Kennzahlen und Hochrechnungen

Die einfachste Form eines Frühaufklärungssystems besteht in einer Auswahl an Steuerungsgrößen und **Kennzahlen**, für die **kritische Schwellenwerte** festgelegt werden. Sobald die aktuelle Geschäftsentwicklung oder erstellte Hochrechnungen auf der Basis der aktuellen Geschäftsentwicklung zu einem Über- oder Unterschreiten der Schwellenwerte führen, wird eine Warnung generiert und analog zur GAP-Analyse werden Anpassungsmaßnahmen entwickelt.

Kritische Würdigung: Die strategische Frühaufklärung wird in ihrer Aussagekraft stark eingeschränkt, da die Hochrechnungen auf vorhandenen Daten basieren und somit grundsätzlich eine Vergangenheitsorientierung aufweisen. Insbesondere bei der Trendextrapolation wie z. B. in der GAP-Analyse besteht eine hohe Abweichungsgefahr beim Auftreten von Trendbrüchen.[9]

Orientierung an Indikatoren

Unter dem zeitlichen Aspekt der Wahrnehmung von Entwicklungen und Ereignissen werden in der Literatur grundsätzlich drei Arten von Indikatoren unterschieden: **Spätindikatoren** sind nachlaufende Indikatoren (*Lagging Indicators*) und erfassen Veränderungen erst mit einer zeitlichen Verzögerung. Somit können Spätindikatoren Disruptionen nur ex post darstellen. **Präsenzindikatoren** sind gleichlaufende Indikatoren (*Coincident Indicators*) und ermöglichen eine zeitgleiche Erfassung und Abbildung von Veränderungen. **Frühindikatoren** stellen vorlaufende Indikatoren (*Leading Indicators*) dar und signalisieren schließlich die Entwicklung eines Ereignisses oder einer

6 Vgl. Wild (1982), S. 93 ff.
7 Die strategischen Managementansätze werden in Kapitel 4 ausführlich dargestellt.
8 Vgl. Welge/Al-Laham (2012), S. 433 ff.
9 Vgl. Neumann (2004), S. 84.

Entwicklung mit zeitlichem Vorlauf.[10] Die strategische Frühaufklärung betrachtet ausschließlich vorlaufende Indikatoren.

Vorlaufindikatoren werden oft als Ersatzgrößen zur Abschätzung von schwer prognostizierbaren Größen wie z. B. die Sortimentsbreite oder technologische Qualität eingesetzt. Solche vorlaufenden Indikatoren können beispielsweise erhöhte Ausgaben in der Forschung und Entwicklung in einer Branche sein, die z. B. auf eine zukünftige Neugestaltung oder Ausweitung des Produktprogramms hindeuten können.[11] Indikatoren sind im Gegensatz zu den Kennzahlen nicht ausschließlich quantitativer Natur, sondern können auf qualitativen Einschätzungen oder Stellungnahmen beruhen.

Kritische Würdigung: Die strategische Frühaufklärung wird möglicherweise eingeschränkt durch die Festlegung von Indikatoren in lediglich ausgewählten Beobachtungsbereichen. Selbst bei regelmäßiger und fortlaufender Erhebung der festgelegten Indikatoren werden dann Entwicklungen, die außerhalb dieser Beobachtungsbereiche stattfinden, nicht berücksichtigt. Dieser Umstand kann dazu führen, dass eine sog. **Frühwarnillusion** einritt. Ein Unternehmen unterliegt der vermeintlichen Vorstellung, frühzeitig durch die fortlaufende Beobachtung von Indikatoren auf kritische Entwicklungen vorbereitet zu sein, allerdings bilden die Indikatoren die Realität nur unvollständig ab und relevante Indikatoren bleiben möglicherweise unberücksichtigt.

Orientierung an schwachen Signalen

Das Konzept der schwachen Signale geht davon aus, dass diskontinuierliche Entwicklungen in der politischen, wirtschaftlichen, technischen oder sozialen Umwelt nicht zufällig stattfinden oder plötzlich eintreten, sondern langfristig von den latenten Interessen und Bedürfnissen der Menschen beeinflusst werden.[12] Insofern entstehen Diskontinuitäten im Zeitverlauf als eine Folge von Ursachen und nachgelagerten Wirkungen.[13] Die Phänomene, auf die sie hindeuten, treten erst mit einer erheblichen zeitlichen Verzögerung ein.

Schwache Signale sind in diesem Zeitverlauf zunächst wenig präzise und sehr frühe Hinweise auf zukünftige Ereignisse mit erheblichen Auswirkungen, von denen Chancen und Bedrohungen für ein Unternehmen oder eine gesamte Branche ausgehen können. Deren konkrete Ausprägung ist hingegen noch nicht bekannt. Solche schwachen Signale können insbesondere als Warnungen, Ereignisse, Nachrichten oder Entwicklungen auftreten, die für sich genommen unzureichend sind, um eine akkurate Abschätzung ihrer Wirkung zu erlauben oder eine Festlegung von Reaktionen, zum Beispiel strategische Anpassungen oder Gegenmaßnahmen, zu gestatten.[14] Beispiele für schwache Signale können z. B. die Verbreitung neuer Ideen und Ansichten in den Medien, die plötzliche Häufung ähnlicher bzw. vergleichbarer Ereignisse, Meinungen und Stellungnahmen von Experten, Meinungsführern, Schlüsselpersonen des öffentlichen Lebens, Organisationen und Verbände sowie Tendenzen in der Rechtsprechung oder Politik sein.[15] Häufig gehen schwache Signale in der Menge der Vielzahl an Nachrichten dem sog. Rauschen unter. Unternehmen, die solche Signale frühzeitig entdecken, richtig deuten und entsprechend handeln, können die Grundlage für zukünftige Wettbewerbsvorteile legen.

10 Vgl. Geißler (1995), S. 157 sowie Krystek/Müller-Stewens (2006), S. 79.
11 Vgl. Schröder et al. (2003), S. 35.
12 Vgl. Ansoff (1976).
13 Vgl. Bea/Haas (1994), S. 488.
14 Vgl. Hiltunen (2006) sowie Steinmüller (2008).
15 Vgl. Reich/Hillar (2006). S. 94.

Charakteristisch für schwache Signale ist, dass sie ungewöhnliche und überraschende Informationen beinhalten und somit in der Regel den bestehenden Erwartungen oder Interpretationsmustern zuwider laufen. Da sie zudem meist unstrukturiert vorliegen, ist die Identifikation schwierig und erfordert es, dass sie durch unterschiedliche Filter in die Unternehmensorganisation eindringen, um wahrgenommen zu werden und Anpassungsreaktionen hervorzurufen. Damit ein schwaches Signal den **Beobachtungsfilter** passiert, ist es erforderlich, dass die Quelle eines schwachen Signals überhaupt in die Beobachtung einbezogen wird. Der **Mentalitätsfilter** setzt voraus, dass ein Signal überhaupt registriert wird, obwohl es unter Umständen nicht in die vorhandenen Wahrnehmungsmuster und Routinen passt, d. h., die Organisation ist unsensibel gegenüber einem Signal. Damit ein schwaches Signal schließlich den **Machtfilter** passieren kann, dürfen es die Entscheidungsträger nicht als irrelevant oder unliebsam ignorieren.

Eine systematische Suche nach schwachen Signalen kann mit Hilfe eines zweistufigen Beobachtungsverfahrens erreicht werden.

Auf der ersten Stufe stellt das **Scanning** eine erste allgemeine Beobachtung entlang aller Dimensionen der globalen Umwelt und der unmittelbaren Unternehmensumwelt ähnlich einem 360° Radar dar und dient der Identifikation von Signalen. Dafür können die relevanten Umweltdimensionen auf der Basis der Analyseinstrumente, die in *Kapitel 1 Umwelt analysieren* beschrieben sind, verwendet werden. Darüber hinaus empfiehlt es sich, die Ansprüche und den Einfluss der Stakeholder systematisch zu verfolgen und zu beobachten.[16] Für das Scanning steht ein breites Spektrum an Instrumenten und Methoden bereit wie z. B. die Delphi-Befragung, die Medienanalyse, die Trendanalyse und das Text Mining.[17] Das Scanning muss stets ausgewogen sein. Wird die Anzahl an beobachteten Signalen zu groß, müssen die Filterkriterien verändert werden. Wird die Anzahl an beobachteten Signalen zu klein, muss das Suchfeld erweitert werden. Bei der Auswahl liegt ein wesentlicher Einfluss in der intuitiven Bewertung durch den Beobachter bzw. die Entscheider.

Auf der zweiten Stufe findet durch das **Monitoring** eine intensive und fortlaufende Überprüfung der auffälligen Signale statt. Dabei liegt ein zentraler Fokus auf der systematischen Identifikation von Mustern in der Vielzahl der Signale, die z. B. durch Korrelationsanalysen ermittelt werden können. Als Ergebnis liefert das Monitoring spezifische Beschreibungen von beobachtbaren Entwicklungen, die den Ausgangspunkt für die Formulierung von Hypothesen darstellen.

Für das Scanning und Monitoring können externe und interne Datenquellen verwendet werden. Als **externe Datenquellen** können Fach- und Branchenpublikationen, amtliche Statistiken oder Forschungsinstitute dienen. Ebenso können Informationsbroker, Scanningdienste und Experten herangezogen werden. **Interne Datenquellen** liegen insbesondere in internen Statistiken (z. B. Personalstatistik, Auftragsstatistik), Berichten aus den Controllingabteilungen und dem Rechnungswesen vor. Die Identifikation und Nutzung dieser Informationsquellen sollten in keinem Fall einmalig, sondern institutionalisiert, d. h. als kontinuierlicher Prozess unter Einbeziehung von Fachabteilungen, externen Experten und Dienstleistern, etabliert werden.

Die Auffälligkeiten und Muster, die in der Analyse erkennbar werden und eine strategische Relevanz besitzen, werden als *Strategic Issues* bezeichnet. Diese können nach

16 Vgl. Sepp (1996), S. 229.
17 Vgl. Schwarz (2009) sowie Hiltunen (2010).

ihrer Priorität z. B. anhand von zeitlicher Dringlichkeit, Auswirkungen etc. geordnet werden.[18] Die mögliche Entwicklung dieser *Strategic Issues* und ihre Auswirkungen auf die Unternehmensziele bzw. Strategien können im Rahmen einer Szenarioanalyse erarbeitet werden.

Exkurs: Szenarioanalyse

Ein Szenario stellt die Beschreibung einer möglichen zukünftigen Situation auf der Basis spezifischer und logischer Annahmen dar. Aus Szenarien lassen sich Schlussfolgerungen und Entwicklungsmöglichkeiten ableiten.

Das Vorgehen bei der **Szenarioanalyse** ist in vier Phasen einteilbar. Die **Analysephase** ermittelt zunächst die interne Ausgangssituation und legt den konkreten Bereich der Szenarioanalyse fest und erhebt die externen Einflussfaktoren. Diese Schlüsselfaktoren sollten aufgrund der Komplexität für jedes Szenario in einer überschaubaren Anzahl berücksichtigt werden. Die anschließende **Projektionsphase** ermittelt Trends auf der Basis von Messgrößen, die den aktuellen und zukünftigen Zustand der Schlüsselfaktoren beschreiben.

In der **Auswertungsphase** werden konsistente Gruppen von Schlüsselfaktoren in Abhängigkeit von ihren Ausprägungen gebildet und unterschiedlichen Szenarien zugeordnet. Die Szenarien werden hinsichtlich ihrer Chancen und Bedrohungen bewertet und bilden als Best-Szenario und Worst-Szenario den Szenariotrichter. Das Szenario, das auf der Basis einer Trendextrapolation eintreffen müsste, wird als Trendszenario bezeichnet. In der Szenarioanalyse können Alternativszenarien (A) untersucht und die Auswirkungen möglicher Störereignisse auf dieses Szenario ermittelt werden. Die Analyse beinhaltet auch die Erarbeitung von Maßnahmen, die ein Alternativszenario (A_1) nach dem Eintreten eines Störereignisses korrigieren und wieder zurück zu einer positiven Entwicklung führen sollen.

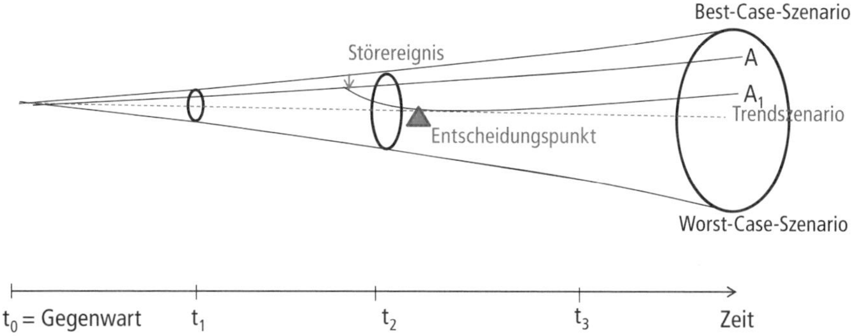

Abbildung 7.7: Szenariotrichter

Die **Umsetzungsphase** beinhaltet die Formulierung von Anpassungsmaßnahmen für beide Szenarien, die in der Strategieformulierung aktualisiert und anschließend implementiert werden.

Kritische Würdigung: Das Ausmaß an intuitiver Bewertung durch den Analysten oder die Beobachter ist bei diesem Ansatz vergleichsweise hoch, da die schwachen Signale sich vor allem in weichen Faktoren, Erfahrungen und intuitiven Urteilen niederschlagen.

18 Vgl. Sepp (1996), S. 274 ff.

ZUSAMMENFASSUNG

Die **Kontrolle** der in der Implementierung befindlichen Strategien setzt eine systematische Operationalisierung und konsistente Ableitung der Ziele und Strategien von der Unternehmens- und Geschäftsbereichsebene bis in die beteiligten Funktionen und operativen Abteilungen voraus. Außerdem ist neben der fortlaufenden Kontrolle eine strategische Frühaufklärung erforderlich, um rechtzeitig auf Veränderungen in der Unternehmensumwelt reagieren zu können.

- Die **systematische Operationalisierung** kann mittels der Ziel-Strategie-Geschäftsplan-Pyramide erfolgen. Die OGSM definieren die übergeordneten qualitativen Zielvorstellungen und leiten daraus quantitative Zielwerte ab, zu deren Erreichen qualitative strategische Maßnahmen mit quantitativen Kennzahlen zur Fortschrittskontrolle festgelegt werden. Die strategischen Maßnahmenpläne (STRAP) spezifizieren die konkreten Maßnahmen durch Mittelzuweisung, Verantwortlichkeiten und Zeitvorgaben. Der Geschäftsplan stellt das Kondensat der Erlössystematik dar und verbindet die kurz- und mittelfristige Perspektive in der Strategieumsetzung.
- Die **fortlaufende Kontrolle** der Strategieumsetzung soll die Ressourcenallokation und die Budgets der in Umsetzung befindlichen Strategien verifizieren, die Gründe für mögliche Planabweichungen identifizieren und frühzeitig erforderliche Anpassungen erarbeiten. Die Planabweichungen können mittels der *GAP-Analyse* identifiziert werden. Dabei können operative Lücken und strategische Lücken aus dem Vergleich der extrapolierten Geschäftsentwicklung mit den Planwerten unterschieden werden.
- Die **strategische Frühaufklärung** gewinnt in einer dynamischen und komplexen Branchenumwelt an Bedeutung und kann hinsichtlich ihrer Orientierung an Kennzahlen, Hochrechnungen, Indikatoren oder schwachen Signalen differenziert werden. Die Erfassung von schwachen Signalen erfordert einen zweistufigen Ansatz bestehend aus *Scanning* und *Monitoring*. Die Erkenntnisse aus der strategischen Frühaufklärung werden in die Analysephase des Strategieprozesses rückgekoppelt, d. h., Unternehmen warten nicht mit der Durchführung von Abweichungsanalysen bis zur abgeschlossenen Umsetzung einer Strategie, sondern versuchen permanent, die Chancen und Bedrohungen, die sich im Rahmen der Strategieumsetzung ergeben, im Strategieprozess zu berücksichtigen.

Strategie steuern

8

ÜBERBLICK

Lernziele

Nach der Lektüre dieses Kapitels sollen Sie in der Lage sein,

- strategische Barrieren zu identifizieren und ihre Ursachen zu erkennen und zu bewerten;
- Stakeholder zu analysieren und systematisch in den Strategieprozess zu integrieren;
- die Grundsätze einer guten Corporate Governance im Rahmen der strategischen Steuerung zu beachten.

Es gibt keinen allein gültigen Ansatz, um Strategien zu entwickeln, auszuwählen und umzusetzen, da sich unternehmens- und umweltspezifische Einflussfaktoren auf den strategischen Wandel auswirken, d. h. den Veränderungsprozess im Unternehmen zur Realisierung von Strategien beeinflussen. Aufgrund der Komplexität der Einflussfaktoren, z. B. hinsichtlich gesellschaftlicher, technologischer oder politischer Rahmenbedingungen, und der Vielzahl an Stakeholdern, also den Anspruchs- und Interessengruppen in der Unternehmensumwelt und im Unternehmen, kann nicht von einem linearen Veränderungsprozess ausgegangen werden. Die Steuerung von strategischen Veränderungen muss vielmehr von einer multipolaren Unternehmensumwelt und von multidirektionalen Prozessen ausgehen.

In Unternehmen bestehen heterogene Interessen zwischen Geschäftsbereichen, Funktionen oder Hierarchien, die zu Verteilungskonflikten um Ressourcen und Einfluss führen. Das bedeutet, dass der strategische Veränderungsprozess mit dem unternehmensinternen Veränderungsstreben durch einzelne Akteure oder Koalitionen von Führungskräften in Konflikt stehen kann. Diese unternehmenspolitischen, strukturellen und kulturellen Rahmenbedingungen sind in der Steuerung der Strategie allerdings zu berücksichtigen. Unternehmensorganisationen sind daher keine statischen Einheiten, sondern sich permanent verändernde dynamische Systeme, in denen Druck von außen und Rivalität im Inneren zu erheblichen Barrieren für die Umsetzung und Steuerung einer Strategie führen können. Die Art und Weise, wie mit diesen **strategischen Barrieren** umgegangen wird, hat einen entscheidenden Einfluss auf das Vertrauen aller Beteiligten in den Erfolg der Strategien und auf die damit verbundene Bereitschaft zur Unterstützung.

Dafür ist es zunächst notwendig, die Formen **strategischen Wandels** zu differenzieren. Dies kann nach der Art und der Tiefe des strategischen Wandels erfolgen. Nicht immer handelt es sich um einen fundamentalen strategischen Wandel, der grundlegende Veränderungen in einem Entwicklungsschritt vollzieht, sondern häufiger wird der Wandel in kleinen Schritten, sog. inkrementeller Wandel, vollzogen, z. B. durch neue Erfahrungen oder Erkenntnisse, die einen kontinuierlichen Einfluss auf die Veränderung haben und im Rahmen organisationalen Lernens im Unternehmen diffundieren. Die Tiefe des Wandels kann sich von einer sanften Anpassung, sog. Reorientierung, auf der Basis bestehender und gleichbleibender Grundauffassungen und strategischer

Ausrichtung bis zu einer Transformation erstrecken, d. h. einen umfassenden Paradigmenwechsel erfordern.

Ausmaß des Wandels

Art des Wandels

Strategischer Wandel	Neuausrichtung	Transformation
Inkrementell	*Adaption*	*Evolution*
Radikal	*Rekonstruktion*	*Revolution*

Abbildung 8.1: Formen des strategischen Wandels, *Quelle: in Anlehnung an Balogun / Hailey (2008, S. 13)*

Entsprechend dieser Einteilung können vier Grundformen des strategischen Wandels differenziert werden:[1]

- **Adaption** beschreibt eine stufenweise Veränderung unter Beibehaltung bestehender Grundauffassungen, Strukturen und Systeme. Sie stellt damit eine logische und nachvollziehbare Weiterentwicklung der aktuellen Strategie und Struktur dar. Es handelt sich um die in der betrieblichen Praxis am häufigsten anzutreffende Form strategischen Wandels. Dabei werden meist kleinere Kurskorrekturen vorgenommen, die kurzfristig umgesetzt werden müssen, aber keinen grundlegend neuen Kurs bedeuten. Solche strategischen Maßnahmen wie z. B. die kurzfristige Anpassung des Produktsortiments oder eine moderate Veränderung der Preispositionierung im Rahmen der Marktentwicklung fallen unter diese Form des strategischen Wandels. Ebenso kann die Anpassung des strategischen Fokus in der Abfolge unterschiedlicher Nischenstrategien im *Merger Endgame* hierunter verstanden werden.
- **Rekonstruktion** ist durch einen abrupten Wandel gekennzeichnet, der im Unternehmen eine schnelle Veränderung durchzusetzen versucht und durch die hohe Veränderungsgeschwindigkeit Widerstände verursachen kann. Die Veränderungen umfassen Eingriffe in bestehende Strukturen, aber bestehende Paradigmen, d. h. Grundauffassungen werden dabei nicht in Frage gestellt. Strategische Maßnahmen zur Kostenreduktion und Restrukturierungsprogramme können hierunter gefasst werden.
- **Evolution** meint einen tief greifenden Wandel, der sich über einen langen Zeitraum erstreckt und bestehende Grundauffassungen verändert. Dies bedeutet einen umfassenden Umbau des Unternehmens, der z. B. durch sich abzeichnende Umweltveränderungen langfristig angelegt ist und eine frühzeitige schrittweise Vorbereitung erfordert. Evolution drückt sich z. B. durch den nachhaltigen Aufbau neuer Kompetenzen, Fähigkeiten und Ressourcen aus. So können z. B. die Antizipation von demografischen Entwicklungen wie etwa eine alternde Gesellschaft oder gesellschaftlicher Wertewandel für Unternehmen zum Anlass genommen werden, das Leistungsspektrum und die Geschäftsfelder langfristig zu erweitern und sogar vollkommen umzubauen. Dies kann die langfristige Repositionierung des Kerngeschäfts zur Folge haben. Der evolutorische Wandel ist nicht von hoher Dringlichkeit gekennzeichnet.

1 Vgl. Ungericht (2012), S. 379 ff.

- **Revolution** beschreibt einen radikalen und plötzlichen Wandel mit tief greifenden Veränderungen in relativ kurzer Zeit. Diese Form des Wandels ist notwendig, wenn sich Umweltbedingungen derart plötzlich und meist radikal ändern bzw. wenn die Veränderung zu spät festgestellt wurde, sodass die Existenz des Unternehmens bedroht ist. Die Notwendigkeit des Wandels ist daher besonders hoch und die Dringlichkeit der Durchsetzung der formulierten Strategien macht die strategischen Maßnahmen meist alternativlos.

Die Art und Weise des strategischen Wandels hat einen erheblichen Einfluss auf die Widerstände und Barrieren im Unternehmen und in seiner Umwelt. Daher legt dieses Kapitel den Schwerpunkt auf den Umgang mit strategischen Barrieren.

8.1 Strategische Barrieren reduzieren

Die strategische Steuerung beinhaltet neben der Umsetzung von konkreten strategischen Maßnahmen auch die Gestaltung des strategischen Wandels und damit verbunden den Abbau von entgegenstehenden Barrieren, d. h. Widerständen in der Organisation, die häufig nicht direkt in den einzelnen strategischen Maßnahmen berücksichtigt und artikuliert werden. Diese Widerstände können auf drei elementaren Ebenen existieren und müssen durch ergänzende Maßnahmen die Strategieumsetzung absichern:[2]

- Kultur: Verhaltensbarrieren abbauen;
- Politik: politische Barrieren entschärfen;
- Struktur: Systembarrieren abbauen.

Obwohl eine konsistente Strategie formuliert und unter Abwägung ausgewogener Kriterien beurteilt und ausgewählt worden ist, können die genannten Barrieren der Strategieumsetzung entgegenstehen und sie im schlechtesten Fall verhindern. Daher ist es für eine nachhaltige Strategieumsetzung wichtig, derartige strategische Barrieren zu analysieren und zu reduzieren.

Kultur: Verhaltensbarrieren vermindern

Verhaltensbarrieren sind vor allem in der Unternehmenskultur verwurzelt. Sie gründen sich auf über einen langen Zeitraum als gegeben hingenommenen und von den Mitgliedern einer Organisation geteilten Annahmen und Grundauffassungen, sog. Paradigma.[3] Die Verhaltensweisen drücken sich in Routinen aus, die viele Abläufe und Aktivitäten im operativen Tagesgeschäft beherrschen. Die Routinen entstehen auf der Basis von Erfahrungen, die wiederum die Verhaltensweisen nicht nur als angenehm, weil gelernt, sondern als erfolgreich und damit unantastbar rechtfertigen können. Auf diese Weise festigen sich Überzeugungen im Unternehmen. Insofern ist Kultur vor allem durch die mit ihr verbundenen Verhaltensweisen eine meist unbeabsichtigte Kraft in der Strategiesteuerung.

Das **kulturelle Netz** erlaubt eine Analyse dieser Widerstände auf der Basis von physischen, symbolischen und verhaltensbezogenen Ausdrucksweisen der Unternehmenskultur.[4]

2 Vgl. Ungericht (2012), S. 375.
3 Vgl. Johnson/Scholes/Whittington (2011), S. 251.
4 Vgl. Johnson (1992), S. 28 ff.

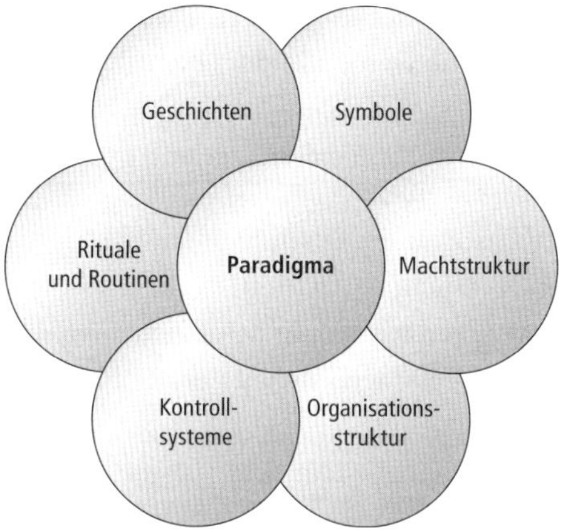

Abbildung 8.2: Kulturelles Netz, *Quelle: in Anlehnung an Johnson / Scholes / Whittington (2011, S. 259)*

Das kulturelle Netz besteht im Kern aus dem Paradigma, das Grundüberzeugungen und Annahmen beschreibt, die überliefert und gelernt sind und somit eine kollektive Erfahrung darstellen. Auf diese Grundüberzeugungen wird kontinuierlich von allen Mitarbeitern im Unternehmen bewusst oder unbewusst zurückgegriffen und sie werden als selbstverständliche Grundlage allen Handelns im Unternehmen betrachtet.

Die **Routinen und Rituale** umfassen zentrale verhaltensbezogene Ausdrucksweisen der Unternehmenskultur. Während Routinen eingespielte und alltägliche Arbeitsabläufe bezeichnen, stellen Rituale besondere formelle oder informelle Aktivitäten oder Ereignisse dar, die wichtige Kernüberzeugungen hervorheben. Sie lassen sich mit folgendem Fragenkatalog strukturieren:

- Welche Routinen und Rituale sind besonders wichtig?
- Welche Routinen und Rituale sind in der Unternehmenstradition verwurzelt?
- Welche Verhaltensweisen werden dadurch gefördert?
- Wie leicht lassen sich Routinen und Rituale verändern?

Die **Geschichten**, die in einem Unternehmen über wichtige Ereignisse oder Personen erzählt werden und diese als Erfolge oder Niederlagen, Helden oder Versager klassifizieren, drücken indirekt aus, worauf es im Unternehmen ankommt. Sie dienen gewissermaßen als Projektionsfläche und lassen sich mit Hilfe der folgenden Fragen ermitteln:

- Welche Kernüberzeugungen spiegeln sich in den Geschichten wieder?
- Worauf beziehen sich die Geschichten?
- Wie werden die Protagonisten und die Ereignisse bewertet?
- Welche Normen und Erwartungen leiten sich daraus ab?

Die **Symbole** sind vor allem physische Artefakte und Objekte, die eine besondere Bedeutung haben, welche über den funktionalen Zweck hinausgeht. Aber auch Verhaltensweisen, Ereignisse und Begrifflichkeiten können eine symbolische Bedeutung haben. Die nachfolgenden Fragen helfen bei der Ermittlung dieser Symbole:

- Welche besonderen Symbole kennzeichnen die Organisation?
- Welche Symbole drücken Status und Macht aus?

- Welche Begriffe und (Fach-)Sprache werden verwendet?
- Welche Aspekte der Strategie werden in der Öffentlichkeit hervorgehoben?

Die **Machtstrukturen** beschreiben den direkten und indirekten Einfluss der zentralen Verantwortlichkeiten in den Geschäftsbereichen und Funktionen und lassen sich mit folgenden Fragen näher beschreiben:

- Welche Machtzentren bestehen im Unternehmen?
- Wie ist die Macht im Unternehmen verteilt?
- Welche Grundüberzeugungen werden in den Machtzentren vertreten?
- Welche dieser Grundüberzeugungen stehen der Strategie entgegen?

Die **Organisationsstruktur** spiegelt die Rollen und Beziehungen sowie wesentliche Steuerungsprinzipien im Unternehmen wider. Die Ausgestaltung der Aufbauorganisation hinsichtlich der Komplexität z. B. durch einfache oder mehrfache sowie direkte und indirekte Berichtslinien und die Anzahl an Hierarchieebenen sind zentrale Gestaltungsfelder, die im Rahmen der strategischen Steuerung berücksichtigt werden müssen. Folgender Fragenkatalog kann dazu Verwendung finden:

- Wie flach bzw. hierarchisch ist die Organisation aufgebaut?
- Wie formell oder informell sind die Organisationsstrukturen?
- Wie förderlich sind die Organisationsstrukturen für die Zusammenarbeit?
- Welche Machtstrukturen werden dadurch gefördert?

Die **Kontrollsysteme** umfassen die Ausgestaltung und die Messverfahren für die zentralen Wettbewerbsparameter, auf welche das Unternehmen ausgerichtet ist. Diese sind unter Umständen im Rahmen einer geänderten oder neuen Strategie anzupassen. Die nachfolgenden Fragen helfen bei der Analyse:

- Welche Objekte und Prozesse werden in der Kontrolle erfasst?
- Welche Messgrößen werden verwendet?
- Wird vergangenheits- oder zukunftsorientiert kontrolliert?
- Wie hoch sind die Kontrollintensität und der damit verbundene Aufwand?

In einer abschließenden Zusammenführung der Analyse aller Dimensionen sollten die **Gemeinsamkeiten** dieser Kulturdimensionen im Hinblick auf den Einfluss der Strategieumsetzung und -steuerung identifiziert werden. Folgende Fragen können dabei unterstützen:

- Welche gemeinsamen Grundüberzeugungen können identifiziert werden?
- Wie kann die dominante Kultur beschrieben werden?
- Welche Kulturdimensionen befördern oder behindern die Strategie?
- Wie leicht lässt sich diese Kultur verändern?

Die erfolgreiche und nachhaltige Umsetzung einer Strategie erfordert die Schaffung eines größtmöglichen gemeinsamen Bewusstseins für die Notwendigkeit der Strategieumsetzung und eine Bereitschaft zur Veränderung von Verhaltensweisen. Die Geschwindigkeit und die Intensität dieser Veränderungen werden maßgeblich durch die Form des strategischen Wandels bestimmt.

Allerdings können in einem Unternehmen in den verschiedenen Geschäftsbereichen, Ländergesellschaften oder Funktionen unterschiedliche Einstellungen oder Erfahrungen gemacht werden, sodass nicht zwangsläufig von einer homogenen Unternehmenskultur auszugehen ist. Daher ist eine kulturelle Analyse in Abhängigkeit des strategischen Fokus auszugestalten.

Politik: politische Barrieren entschärfen

Die Umsetzung und Steuerung von Strategien erfolgt in einem bestehenden Geflecht aus Interessen, Macht- und Einflussstrukturen und damit verbundener Rivalität im Unternehmen. Die strategische Veränderung kann durch die unterschiedlichen Interessen von Geschäftsbereichen, Funktionen, Abteilungen sowie durch persönliche Ambitionen der Führungskräfte beeinflusst, d. h. beschleunigt oder verzögert bzw. blockiert werden.

So vollziehen sich in der betrieblichen Praxis parallel zum Strategieprozess, der bisher als eine integrierte Abfolge von systematischen Analysen, formaler Bewertung, rationaler Entscheidung und strukturierter Umsetzung beschrieben worden ist, politische Prozesse, die aus Verhandlungen zwischen einflussreichen Interessengruppen bestehen. Insofern sind diese rationalen und analytischen Prozesse häufig von dem Kalkül um Einfluss und Ressourcenverfügung, d. h. Macht und damit verbundenes Prestige geprägt.

Dazu werden Koalitionen von Gruppen mit kompatiblen oder gleichen Interessen gebildet und Verhandlungsstrategien entworfen. Informationen werden zu einer strategischen Ressource und entweder hervorgehoben oder heruntergespielt bzw. unter Umständen sogar zurückgehalten, sodass der Strategie- oder Verhandlungsprozess im eigenen Interesse gelenkt wird. Daher ist es umso wichtiger, die entscheidungsrelevanten Informationen und die zugrunde liegenden Annahmen z. B. von Geschäftsentwicklungen transparent zu dokumentieren und im Sinne einer Rationalitätssicherung in der Strategieentwicklung genauestens zu prüfen.

Aus der Analyse des kulturellen Netzes können vor allem die Ergebnisse hinsichtlich der Macht- und Organisationsstrukturen Aufschluss über die wesentlichen politischen Machtzentren, die am Prozess partizipieren und ihn beeinflussen, sowie über die Konflikte im Unternehmen geben. Es sei nochmals darauf hingewiesen, dass die Macht- und Organisationsstrukturen nicht zwangsläufig deckungsgleich sein müssen. Zum Ziel der strategischen Steuerung ist es mitunter erforderlich, auf die Machtzentren in der Unternehmensorganisation einzuwirken.

Struktur: Systembarrieren abbauen

Strukturelle Widerstände bestehen in der Struktur, die in organisationaler Hinsicht die Aufbau- und Ablauforganisation umfasst. Während die **Aufbauorganisation** bereits unter dem Gesichtspunkt der Macht- und Organisationsstrukturen im kulturellen Netz auf mögliche Widerstände untersucht worden ist, soll nun der Fokus auf der **Ablauforganisation** liegen. Dazu werden die Steuerungsprozesse analysiert.

Steuerungsprozesse können nach der **Kontrollperspektive** in input- und outputorientierte Steuerung unterschieden werden. **Inputorientierte Steuerungsprozesse** konzentrieren sich auf die für die Strategieumsetzung erforderlichen Ressourcen. **Outputorientierte Steuerungsprozesse** fokussieren sich auf die Erreichung der geplanten Ziele, d. h., die Ergebnismessung steht im Vordergrund.

Ein weiteres Differenzierungsmerkmal ist die **Steuerungsintensität**. **Direkte Steuerung** greift unmittelbar in die Prozesse ein und erfordert eine vollständige Kontrolle. **Indirekte Steuerung** legt lediglich die Rahmenbedingungen fest, die zu gewünschten Ergebnissen führen sollen, und überträgt die konkrete Ausgestaltung und Umsetzung den mit der Durchführung betrauten Geschäftsbereichen oder Funktionen bzw. ihren

Managern. Somit können anhand einer Vier-Felder-Matrix die folgenden grundlegenden Steuerungsprozesse unterschieden werden.

Prozessformen	Input	Output
Direkt	• Direkte Überwachung • Planungsprozesse	• Leistungsziele
Indirekt	• Kulturelle Prozesse • Selbstkontrolle	• Interne Märkte

Abbildung 8.3: Steuerungsprozesse, *Quelle: in Anlehnung an Johnson / Scholes / Whittington (2011, S. 550)*

Planungsprozesse versuchen die Strategieumsetzung durch eine planvolle Ressourcenallokation und die systematische Umsetzung strategischer Maßnahmen zu steuern. Den Schwerpunkt stellt die exakte Kontrolle von betrieblichen Ressourcen sowie von Plan- und Ist-Werten dar. Die Kontrolle wird meist durch relativ direkte Steuerung und Eingriffe seitens der Unternehmensleitung oder durch Führungskräfte realisiert. Dieser Ansatz kann bei einer hohen Rivalität um die Allokation begrenzter Ressourcen zwischen Geschäftsbereichen oder Funktionen zu intensiven Kämpfen führen, allerdings nach erfolgter Ressourcenallokation auch für Transparenz und Stabilität sorgen. Planungsprozesse sind generell auf relativ stabile und einfache Umweltbedingungen angewiesen.

Kulturelle Steuerungsprozesse gründen sich auf die Prinzipien persönlicher Motivation und Selbstkontrolle und bedürfen daher als effektiver Kontrollansatz unter anderem standardisierter Normen und geteilter Werte als gemeinsame Handlungsbasis. Die kulturellen Steuerungsprozesse setzen den Mitarbeitern attraktive Rahmenbedingungen und versuchen, eine für die Strategiesteuerung förderliche Kultur zu schaffen, indem sie im Rahmen des Personalmanagements die bestehenden Mitarbeiter entwickeln und vor allem durch die Auswahl geeigneter Bewerber im Recruiting-Prozess die für den strategischen Wandel passenden Mitarbeiter bereitstellen. Im Weiteren stellt die Sozialisierung, d. h. die Integration neuer Mitarbeiter z. B. durch Mentorenprogramme oder Teambuilding-Events, einen wichtigen Steuerungsprozess dar, der sowohl informelle als auch formelle Steuerungsmechanismen verwendet. Schließlich kann durch die Anerkennung angemessenen Verhaltens ebenfalls kulturell gesteuert werden, z. B. in Form finanzieller Prämien, Beförderungen oder symbolischer Prozesse bei strategiekonformem Verhalten oder bei Zielerfüllung.

Leistungsorientierte Steuerungsprozesse basieren auf Ergebnissen, die ein Unternehmen oder ein Geschäftsbereich erzielt, und sind damit eindeutig outputorientiert. Die vereinbarten Zielvorgaben umfassen dabei einige zentrale Schlüsselindikatoren, die sowohl quantitative als auch qualitative Messgrößen verwenden können, wie dies z. B. in der *Balanced Scorecard* angelegt ist.[5] Diese Steuerungskonzepte erfordern, dass die Zielgrößen von den aggregierten Unternehmenszielen auf die einzelnen Teilbereiche heruntergebrochen und in Ursache-Wirkungs-Zusammenhängen dargestellt werden. Diese Steuerungskonzepte wirken vor allem integrierend und ausgleichend durch die Berücksichtigung unterschiedlicher Perspektiven. Somit können Verteilungskonflikte zwischen Geschäftseinheiten entschärft und Beiträge transparent gemessen werden.

Marktprozesse bestehen auf einem formalisierten System aus Verträgen oder Vereinbarungen zwischen Geschäftseinheiten, Funktionen oder Landesgesellschaften, welches die Bereitstellung und den Austausch von Betriebsfaktoren oder Dienstleistungen

5 Eine ausführliche Beschreibung des *Balanced-Scorecard-Ansatzes* findet sich in *Kapitel 6.2 Strategie operationalisieren.*

sowie die dafür erforderliche Kompensation regelt. Auf diese Weise entsteht ein interner Markt für den Austausch bestimmter Leistungen, der anstatt auf direkter Steuerung durch die Unternehmensleitung oder eine Stabsfunktion einen Koordinationsmechanismus auf der Basis von Angebot und Nachfrage etabliert. Solche internen Märkte sind unter anderem dann zu empfehlen, wenn eine direkte Kontrolle aufgrund hoher Komplexität nicht zu vertretbaren Kosten durchführbar ist. Eine Marktlösung fördert grundsätzlich den Wettbewerb zwischen Geschäftseinheiten oder Funktionen und sorgt dadurch generell für effiziente und innovative Lösungen.

Beispiel 8.1 Marktprozesse bei Procter & Gamble

Die Institutionalisierung interner Märkte im Unternehmen kann anhand der **Global Business Services Organisation** von *Procter & Gamble* nachvollzogen werden. Die Global Business Services (GBS) Organisation ist eine Geschäftseinheit, die als eine **Shared Service Organisation** vollumfängliche Dienstleistungen in den Bereichen IT, Finanzen, Einkauf, HR und Geschäftsanalysen für die operativen Geschäftseinheiten und Ländergesellschaften anbietet. Dabei muss sich die GBS-Organisation in ihren Qualitäts-, Leistungs- und Kostendimensionen nicht nur mit externen Dienstleistern messen, sondern orientiert ihr gesamtes Leistungsangebot an einer marktbasierten Lösung, d. h., unternehmensinterne Nachfrager und die GBS vereinbaren die Leistungen und Kosten bilateral.

Die GBS bestehen aus einer Vielzahl von Prozessen und Aktivitäten, die vormals in den operativen Geschäftseinheiten und Ländergesellschaften verantwortet wurden und sukzessiv herausgelöst worden sind. Die Standardisierung, Zentralisierung und Zusammenfassung dieser Aktivitäten in der GBS-Organisation schafft Skaleneffekte und damit Kosteneinsparungen, die das Unternehmen auf jährlich rund 800 Mio. US$ beziffert.[9]

Allerdings stellen die Prozessumstellungen zunächst tiefe Eingriffe in die Prozesshoheit der operativen Geschäftseinheiten dar. Wie sollte die Unternehmensleitung die Verantwortlichen zu diesem Schritt überzeugen und motivieren? Die Kosteneinsparungen auf Unternehmensebene haben dazu nicht ausgereicht. Die marktbasierte Lösung basiert auf einem internen Kundenfokus, der die operativen Geschäftseinheiten zu echten Nachfragern und die GBS zu einem echten Anbieter im Wettbewerb mit externen Anbietern macht. Dadurch hat die GBS einen nachhaltigen Anreiz, bessere Dienstleistungen als ihre externen Wettbewerber anzubieten, wozu sie ihr gesamtes Wissen und Erfahrungen als Unternehmenseinheit nutzen muss, um einen Wertbeitrag für die Geschäftseinheiten zu schaffen. Die Expertise und das Wissen der GBS stellen die Basis für differenzierte Dienstleistungsangebote und Prozessinnovationen dar, die für die internen Kunden erstellt werden. Dieser Wertbeitrag wird nicht durch Größenvorteile, sondern durch differenzierte und bessere Leistungsdimensionen erreicht, die durch wettbewerbsintensive Marktprozesse gefördert werden.

6 Vgl. P&G (2010) S. 1.

8.2 Stakeholder integrieren

Der Begriff **Stakeholder** schließt alle Anspruchsgruppen ein, die von den Entscheidungen und Handlungen eines Unternehmens mittelbar oder unmittelbar betroffen sind und die versuchen, Einfluss auf die unternehmerischen Gestaltungsparameter zu nehmen.[7]

Diese umfassende Definition zeigt, dass die Bedeutung über die ökonomisch definierten Stakeholder weit hinaus geht und umfangreiche Interessen und Ansprüche an ein Unternehmen berücksichtigt werden müssen. **Stakeholder-Management** bedeutet, einen Ausgleich im Spannungsfeld der Interessen und Ansprüche zu schaffen, um die Funktionsfähigkeit des Unternehmens zu gewährleisten.[8] Dazu ist es erforderlich, dass die Stakeholder zunächst inventarisiert, analysiert und schließlich bewertet werden.

Stakeholder inventarisieren

Ein **Stakeholder-Inventar** setzt die Identifikation und die Klassifikation von Stakeholdern voraus. Die systematische Identifikation relevanter Anspruchs- und Interessengruppen kann ausgehend von der umfassenden Definition des Stakeholder-Begriffs anhand der folgenden Differenzierungen erfolgen:

- **Relevanz für die Leistungserstellung:** Im Hinblick auf den Bezug und die Bedeutung für betriebliche Leistungserstellung können primäre und sekundäre Stakeholder unterschieden werden. **Primäre Stakeholder** haben rechtlich begründete Ansprüche gegenüber dem Unternehmen und sind für den Fortbestand des Unternehmens von grundlegender Bedeutung wie etwa die Eigentümer oder Fremdkapitalgeber. **Sekundäre Stakeholder** sind mittelbar betroffene Interessenvertreter, die in der Regel einen Einfluss auf primäre Stakeholder ausüben und somit indirekten Einfluss auf die Strategiesteuerung nehmen.
- **Unternehmenszugehörigkeit:** Entsprechend der Unternehmenszugehörigkeit können **interne Stakeholder,** z. B. Mitarbeiter oder Betriebsrat, und **externe Stakeholder** wie etwa Lieferanten, Kunden, Kapitalgeber voneinander separiert werden.
- **Macht und Einfluss:** Hinsichtlich der Einflussnahme können dominante und dependente Stakeholder differenziert werden. **Dominante Stakeholder** besitzen erhebliche Macht, z. B. durch ihren Einfluss aufgrund von Reputation oder finanziellen Mitteln. Ihre Zustimmung ist in vielen strategischen Entscheidungen und bei der Strategieumsetzung notwendig. Sie scheuen nicht davor zurück, die Macht einzusetzen und die Interessensdurchsetzung gegen die Unternehmensleitung zu forcieren. **Dependente Stakeholder** sind von den Entscheidungen und Handlungen des Unternehmens zwar betroffen, können diese aber nicht maßgeblich beeinflussen, wie z. B. kleinere Lieferanten und Kunden.
- **Konfliktpotenzial:** Die Unterscheidung nach dem Konfliktpotenzial zwischen Unternehmensleitung und Stakeholdern differenziert diskretionäre und dissonante Stakeholder. **Diskretionäre Stakeholder,** wie z. B. Hochschulen oder Vereine, empfangen freiwillige Zuwendungen vom Unternehmen und weisen in der Regel ein geringes Konfliktpotenzial auf, da die Zuwendungen häufig für die Durchführung gleichgerichteter und zielkonformer Maßnahmen stattfinden. **Dissonante Stakeholder** vertreten Ziele und Interessen, die zu den Unternehmenszielen im offenen Konflikt oder direkten Widerspruch stehen.

7 Vgl. Freeman (1984), S. 46.
8 Vgl. Ungericht (2012), S. 286.

- **Kooperationspotenzial:** Im Hinblick auf das Kooperationspotenzial können unterstützende von unkooperativen Stakeholdern unterschieden werden. **Unterstützende Stakeholder** leisten einen Beitrag zur Realisierung der Unternehmensstrategien, wie z. B. Branchenverbände oder Multiplikatoren. **Unkooperative Stakeholder** sind an keiner Unterstützung interessiert, d. h., im besten Fall sind sie neutral oder aber sie tendieren unter Umständen dazu, die Strategierealisierung zu verhindern.

Stakeholder analysieren

In der **Stakeholder-Analyse** werden die spezifischen Merkmale der Stakeholder, insbesondere ihre Interessen, Ziele und Macht, eingehend untersucht, um einen geeigneten **Stakeholder-Dialog** vorzubereiten und zu gestalten. Die Kenntnis über die Interessen und Ziele der Stakeholder hilft dabei, ihre Strategien und mögliche zukünftige Verhaltensweisen zu erkennen sowie potenzielle Angebote in einem Dialog vorzuschlagen oder zu erarbeiten. Grundsätzlich können materielle, politische, gesellschaftliche und ethische Interessen oder Ziele unterschieden werden.

Das Wissen über die Machtbasis der Stakeholder erlaubt es, ihre organisationalen Besonderheiten, wie z. B. den Organisationsgrad und die Organisationsgröße, die Beziehungen zu anderen Stakeholdern, die finanzielle Basis, zu berücksichtigen und den Stakeholder-Dialog entsprechend zu gestalten. Hinsichtlich der Machtbasis können die folgenden Ausprägungen unterschieden werden:

- **Formale Macht** erlaubt die direkte Einflussnahme auf strategische Entscheidungen durch rechtlich-formale Rahmenbedingungen, wie z. B. auf der Basis von Stimmrechten als Aktionär auf der Hauptversammlung, als Arbeitnehmervertreter im Aufsichtsrat oder als bestellter Wirtschaftsprüfer.
- **Wirtschaftliche Macht** stellt den Einfluss auf Unternehmensentscheidungen durch die Beeinflussung ökonomischer Gestaltungsparameter dar, wie etwa mittels Kaufentscheidungen als Kunde oder durch die Gestaltung von Konditionen als Lieferant oder Kapitalgeber.
- **Politische Macht** umfasst ein Arsenal an Instrumenten zur Einflussname auf Unternehmensentscheidungen durch Gesetze, Richtlinien, Normen oder Subventionen, die z. B. durch Parlamente bzw. Regierungen beschlossen werden.
- **Öffentliche Macht** fasst die Möglichkeiten der Einflussnahme auf Unternehmensentscheidungen zusammen, die durch die Schaffung einer medienwirksamen Öffentlichkeit insbesondere durch Berichterstattung und damit verbundene öffentliche Reputation entsteht, z. B. durch sog. Nichtregierungsorganisationen (NGO) oder durch Medienvertreter.

In Abhängigkeit der Ziele und der Machtbasis können die Stakeholder in unterschiedlicher Art und Weise in einen Dialog eingebunden werden. Stakeholder mit formaler Macht können proaktiv über anstehende Entscheidungen informiert und in den Entscheidungsfindungsprozess eingebunden werden. Dagegen lassen sich Stakeholder mit politischer Macht durch Lobbying gezielt ansprechen.

Stakeholder bewerten

Die Bewertung der Stakeholder ist die Voraussetzung für die Entwicklung von Interaktions- und Verhandlungsstrategien im Stakeholder-Dialog. Dies kann anhand unterschiedlicher Kriterien erfolgen. Insbesondere eignet sich eine Bewertung anhand der Kriterien Interesse und Macht. [9]

9 Vgl. Eden/Ackermann (1998), S. 122 ff.

Die Dimension **Stakeholder-Interesse** bedeutet, dass Stakeholder bestimmte Ergebnisse einer Strategie präferieren. Die Annahme lautet, dass Stakeholder mit wachsendem Interesse versuchen werden, ihren Einfluss auf die Unternehmensziele und -strategien zu erhöhen. Im engeren Sinne ist nur bei ausreichend hohem Interesse überhaupt von einem Stakeholder zu sprechen.

Die **Machtdimension** bildet die Möglichkeit der direkten oder indirekten Einflussnahme auf die Ergebnisse einer Unternehmensstrategie ab.

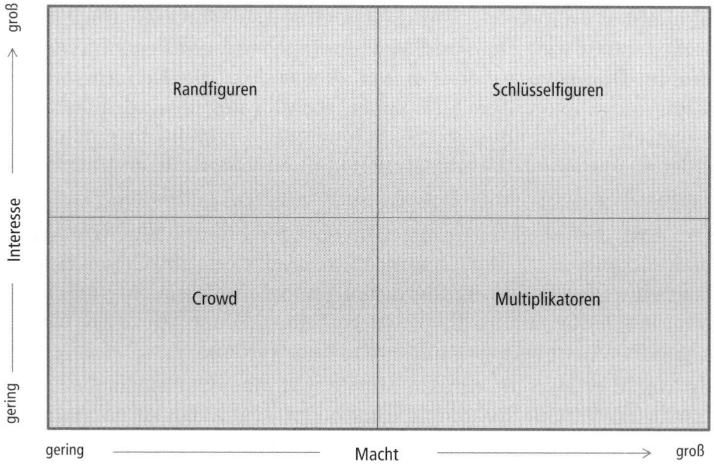

Abbildung 8.4: Stakeholder-Matrix, *Quelle: in Anlehnung an Eden / Ackermann (1998, S. 122)*

In einer Vier-Felder-Matrix werden die Stakeholder entsprechend ihrer Macht und ihres Interesses eingeordnet. Zusätzlich ist deren Einstellung z. B. zu einer in der Implementierung befindlichen Strategie als positiv (+), neutral (o) oder negativ (-) zu qualifizieren. Die folgenden Stakeholder-Kategorien können unterschieden werden:

- **Schlüsselfiguren (*Player*):** Diese Stakeholder verfügen über große Macht und ein großes Interesse an der Strategieumsetzung. Es handelt sich um einflussreiche Anspruchsgruppen oder Interessenvertreter, die eine umfassende Aufmerksamkeit und nachhaltige Berücksichtigung durch die Unternehmensleitung erfordern. Ein intensiver und proaktiver Stakeholder-Dialog für den Aufbau und die Pflege guter Beziehungen ist wesentlich.
- **Randfiguren (*Subjects*):** Diese Stakeholder besitzen geringe Macht, aber ein großes Interesse. Aufgrund ihres Interesses können sie bestrebt sein, Koalitionen zu bilden, um ihre eigenen Ziele und Vorstellungen besser durchsetzen zu können. Im Hinblick auf die Gestaltung eines Dialogs mit dieser Gruppe an Stakeholdern kann empfohlen werden, die Macht bzw. Einflussnahme positiv eingestellter Stakeholder zu fördern, z. B. durch Koalitionen oder proaktive Einbindung. Mit negativ eingestellten Stakeholdern sollte vorsichtig umgegangen werden. Sofern sie nicht positiv durch einen Dialog zu beeinflussen sind, sollte verhindert werden, dass sie ihre Macht ausbauen.
- **Multiplikatoren und Rahmengeber (*Context Setters*):** Diese Gruppe besitzt erhebliche Macht bei gleichzeitig unterdurchschnittlichem Interesse an den strategischen Entscheidungen des Unternehmens. Sie sind allerdings in der Lage, die zukünftigen Rahmenbedingungen bzw. Einstellungen zur Strategierealisierung maßgeblich zu beeinflussen. Daher sollte die Aufmerksamkeit der positiv eingestellten Multiplikatoren erhöht werden. Im Idealfall werden diese zu Schlüsselfiguren und Promotoren

entwickelt. Ein sorgfältiges und fortlaufendes Monitoring der negativ eingestellten Multiplikatoren ist erforderlich, da von ihnen ein hohes Risikopotenzial ausgeht.

- **Masse (*Crowd*):** Die Masse besitzt grundsätzlich eine geringe Macht und ein geringes Interesse. Es handelt sich hierbei um potenzielle und nicht um tatsächliche Stakeholder. Ein fortlaufendes Monitoring ist aber notwendig, um rechtzeitig über Veränderungen hinsichtlich Interesse, Macht und Einstellungen informiert zu sein. Insbesondere die Möglichkeiten sozialer Netzwerke oder Bewertungsplattformen bieten der Masse eine Möglichkeit schneller und direkter Einflussnahme. Daher sollte das Monitoring kontinuierlich, allerdings mit begrenztem Ressourceneinsatz erfolgen.

Beispiel 8.2 Stakeholder im Profifußball

Die Integration von Anspruchs- und Interessengruppen kann für Unternehmen von elementarer Bedeutung sein. Insbesondere bei grundlegenden Veränderungen der Unternehmensstrategie oder in Krisensituationen ist die Unterstützung von einflussreichen Stakeholdern unabdingbar. Das Fußballunternehmen Borussia Dortmund stand in einem besonders komplexen Spannungsfeld von Stakeholdern, als die sportliche und finanzielle Krise des Vereins in den Jahren 2004/2005 ihren Höhepunkt fand.

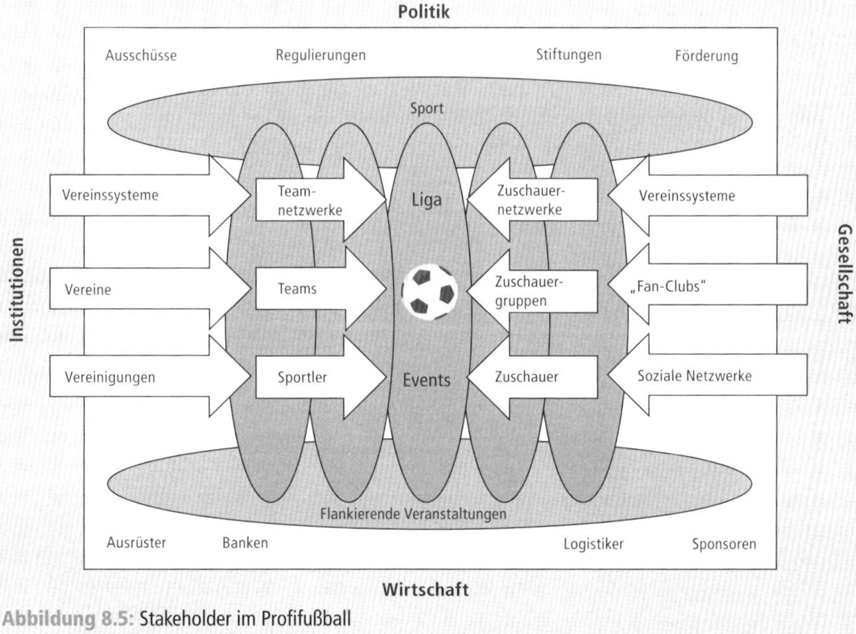

Abbildung 8.5: Stakeholder im Profifußball

Die Vielzahl an Stakeholdern aus den Bereichen Wirtschaft, Politik, Institutionen und Gesellschaft im Profifußball weist eine hohe Komplexität auf und erfordert ein systematisches Stakeholder-Management. Zunächst ist eine strukturierte Übersicht der Stakeholder zu erstellen, wie in obenstehender Abbildung gezeigt.

10 Vgl. Büchler (2012).

Daran anschließend sind die Interessen und der Einfluss der Stakeholder zu analysieren und zu bewerten. Im Fall von Borussia Dortmund sind Interessengruppen mit dem höchsten Interesse die Gläubiger, Fans, Mitarbeiter inklusive Spieler sowie die Verbandsseite. Hinsichtlich der Einflussnahme sind darüber hinaus Politik und Unternehmen, insbesondere Sponsoren, zu nennen. Borussia Dortmund hat in der existenzbedrohenden Krise alle relevanten Stakeholder eingebunden und Multiplikatoren in allen Stakeholder-Gruppen für die Unterstützung bei der Durchsetzung von grundlegenden Veränderungen in der Vereinsstrategie, -struktur und -finanzierung gewonnen.[13]

Der Nutzen der **Stakeholder-Matrix** liegt in der Beantwortung nachfolgender Fragen:

- Welche Stakeholder sind die wichtigsten Unterstützer und Blockierer der Unternehmensstrategie?
- Welche Multiplikatoren können als Unterstützer gewonnen werden, um die Akzeptanz der Unternehmensstrategie zu erhöhen?
- Welche Randfiguren können durch die Bildung von Koalitionen ihren Einfluss ausweiten, um ihre Interessen durchzusetzen?

Da im Zentrum des Unternehmensinteresses die Realisierung und Durchsetzung der formulierten Strategie steht, lässt sich die strategische Bedeutung von Stakeholdern aus ihrer Macht und ihrem Interesse an den strategischen Entscheidungen des Unternehmens ableiten. Die Matrix kann nicht nur als Ausgangspunkt für den Stakeholder-Dialog genutzt werden, sondern auch zur Entwicklung der Beziehungen zu und zwischen den Stakeholdern im Sinne eines **Strategic Partnering** herangezogen werden.[11] Die strategisch relevanten Stakeholder werden daher im Rahmen eines langfristigen Beziehungsmanagements angesprochen und in den Strategieprozess rechtzeitig integriert.

8.3 Corporate Governance umsetzen

Der Begriff der **Corporate Governance** beschreibt die faktischen und rechtlichen Grundsätze ordnungsgemäßer und verantwortungsvoller Unternehmensführung als Rahmen für die Leitung, Kontrolle und Überwachung eines Unternehmens im Sinne aller Stakeholder.[12]

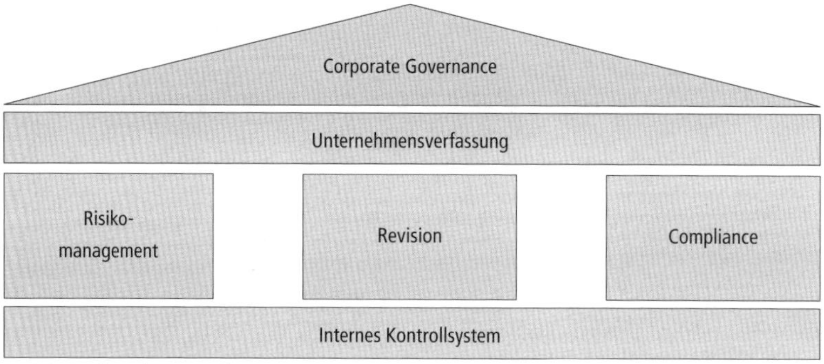

Abbildung 8.6: Strukturelemente der Corporate Governance

11 Vgl. Harrison/St. John (1996), S. 46 ff.
12 Vgl. Welge/Eulerich (2012), S. 6 sowie ergänzend Werder (2003), S. 4.

Eine umfassende Corporate Governance besteht aus den Strukturelementen einer Unternehmensverfassung, eines Risikomanagements, einer Revision, der Compliance und einem integrierten internen Kontrollsystem.

Die **Unternehmensverfassung** bestimmt die Strukturen und Organe in einem Unternehmen sowie deren Regeln zur Zusammenarbeit, d. h. insbesondere die Rechte und Pflichten. Im Detail werden die Bezeichnung der Organe, das Zustandekommen, die Zusammensetzung, das Zusammenwirken und die Kompetenzen der Spitzenorgane in der Unternehmensverfassung festgeschrieben. Die Grundlage besteht einerseits aus gesetzlichen Vorschriften, z. B. des Gesellschafts- und Arbeitsrechts oder der Betriebsverfassung, und andererseits aus unternehmensbezogenen und frei gestaltbaren Regeln, z. B. Satzungen oder Geschäftsordnungen.[13]

Das **Risikomanagement** stellt eine fortlaufende Aufgabe der Unternehmensführung zur systematischen Identifikation, Analyse und Bewertung von Risiken dar. Die zentrale Anforderung an das Risikomanagement besteht darin, eine holistische Analyse der im Unternehmen befindlichen Risiken durchzuführen. Dies bedeutet eine dezentrale Analyse auf allen Ebenen des Unternehmens sowie in allen Geschäftsbereichen, Funktionen und Ländern, die in einem systematischen Ansatz durchgeführt und auf Unternehmensebene konsolidiert werden muss, um einen gesamthaften Überblick über die bestehenden Risiken zu erhalten und gegebenenfalls bestehende Wechselwirkungen zu identifizieren.

Das Risikomanagement ist ein integraler Bestandteil der Planung und Kontrolle und damit eine Aufgabe und Funktion, die in letzter Verantwortung der Unternehmensleitung zufällt. Die Risikoidentifikation berücksichtigt vielfältige Umwelteinflüsse und versucht, deren Ausmaß auf das Unternehmen zu quantifizieren.

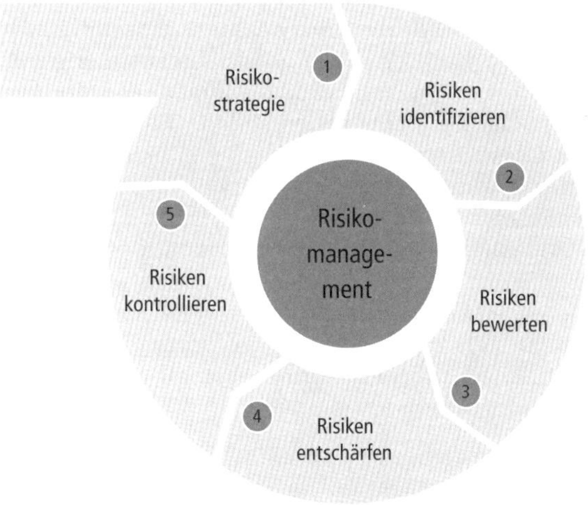

Abbildung 8.7: Risikomanagementkreislauf

Die Risikobewertung ist vor allem zukunftsgerichtet und berücksichtigt die Risikopräferenz (*Risk Appetite*) des Unternehmens, die sich bereits in der Strategiebewertung und -auswahl ausgedrückt hat. Zum Risikomanagement gehört auch die Risikoentschärfung

13 Vgl. Dillerup/Stoi (2013) S. 136ff. für eine ausführliche Darstellung.

(*Mitigation Strategies*), die versucht, Maßnahmen zu entwickeln, welche die erwarteten Auswirkungen in einem Risikofall reduzieren.

Es gibt eine Vielzahl an Vorschlägen zur Systematisierung von Risiken. Im Sinne einer strategieorientierten Betrachtung wird die folgende Systematik vorgeschlagen:[14]

- **Strategische Risiken (*Strategic Risks*)**: Die strategischen Risiken sind geschäftsmodell- und strategiespezifische Risiken, die bewusst durch die Formulierung und Auswahl einer Strategie eingegangen werden. Sie spiegeln die Risikopräferenz eines Unternehmens wider.
- **Vermeidbare Risiken (*Preventable Risks*)**: Diese Risiken entstehen durch die Missachtung von Werten und Normen sowie von Gesetzen und Regeln seitens Mitarbeitern oder Zulieferern und stellen unnötige Risiken dar, da sie grundsätzlich vermeidbar sind. Durch Mitarbeiterfortbildungen, die Kommunikation von Best Practices und transparente Dokumentation und Aufklärung über solche Risiken kann hier entgegengewirkt werden.
- **Externe Risiken (*External Risks*)**: Hierbei handelt es sich um Umweltrisiken und sonstige nicht beeinflussbare Risiken, die weder konkret vorhersehbar noch vermeidbar sind. Diese Risiken erfordern bestmögliche Maßnahmen zur Risikoentschärfung.

Die **Revision** unterstützt die Unternehmensleitung in der Wahrnehmung ihrer Kontrollfunktion durch unabhängige Prüfungen von Prozessen. Die Prüfungen erfolgen hinsichtlich der Ordnungsmäßigkeit interner Prozessstandards und Werte sowie in Bezug auf die Erfüllung externer Anforderungen, wie z. B. gesetzliche Regelungen. Die **interne Revision** (*Internal Audit*) wird meist als isolierte Abteilung als zentrale Stabsstelle und in direkter Berichtslinie zum Vorstand geführt. Die **externe Revision** erfolgt durch bestellte Wirtschaftsprüfer.

Die **Compliance** befasst sich mit der Überwachung hinsichtlich der Einhaltung von Gesetzen, Richtlinien und Kodizes sowie unternehmensinterner Regelungen. Außerdem umfasst die Compliance präventive Maßnahmen, die eine regelkonforme Erreichung der Unternehmensziele sicherstellen sollen. Dies beinhaltet eine transparente Dokumentation von Geschäftsprozessen und eine effektive Gestaltung der Organisation durch Schulungen, Umsetzung unternehmensinterner Richtlinien, Berichte an die Unternehmensleitung und Kontrollgremien. Als Beispiel für Compliance-Instrumente können z. B. Whistleblower-Programme genannt werden. Diese sollen Mitarbeiter ermutigen, Bedenken zu äußern oder sich zu melden, wenn sie die Verletzung von Vertraulichkeitsregelungen oder Verdachtsfälle von Betrug oder Bestechlichkeit wahrnehmen. Dabei besteht stets eine Garantie von Vertraulichkeit und Anonymität der Whistleblower. Compliance-Aufgaben werden ebenfalls in einer eigenständigen Stabsstelle im Vorstandsressort verortet.

Das **interne Kontrollsystem** verbindet prozessintegrierte und prozessunabhängige Kontrollen mit dem Risikomanagement zu einem umfassenden Gesamtsystem.[15] Dabei beinhalten die prozessintegrierten Kontrollen sowohl die Einhaltung organisatorischer Regeln, z. B. die Trennung bestimmter Unternehmensfunktionen, Zugriffsbeschränkungen und Dienstanweisungen zur Verhinderung von Fehlern, als auch die Prüfung der Prozessdurchführung auf ihre Vollständigkeit, Richtigkeit und Plausibilität, um

14 Vgl. Kaplan/Mikes (2012), S. 48 ff.
15 Vgl. Dillerup/Stoi (2013), S. 149 ff.

Fehler in den bestehenden Prozessen aufzudecken. Prozessunabhängige Kontrollen umfassen einerseits den Aufgabenbereich der internen Revision und beinhalten andererseits auch die Prüfungen und Berichte externer Revisoren, d. h. von Wirtschaftsprüfern und anderen Überwachungsorganen.

Verschiedene Einflussfaktoren bestimmen die Struktur und das Management der Corporate Governance. Neben rechtlichen und theoretischen Grundlagen besteht ein großes Spektrum an institutionellen und persönlichen Werten, Normen und Verhaltensweisen bei einzelnen Personen, Organen oder Institutionen, die mit dem Unternehmen in Austauschbeziehungen stehen.[16]

In der Komplexität der Austauschbeziehungen und der Vielzahl der Interessen und Ansprüche liegen die zentralen Gründe für eine mögliche Interessenkollision zwischen der Unternehmensleitung und den Stakeholdern, die zu erheblichen **Verzerrungen im Strategieprozess** insbesondere bei der Formulierung, der Bewertung und der Durchsetzung von Strategien führen können. Empirische Studien haben die folgenden Gründe identifiziert:

- *Empire Building* beschreibt die Orientierung der Strategien an der persönlichen Nutzenmaximierung des Managements, das seinen Einfluss- und Geltungsbereich ausweiten und das Einkommen steigern möchte. In der Regel orientiert sich das Empire Building vor allem an der Ausweitung der Unternehmensgröße. Insofern kann die Nutzenmaximierung des Managements leicht mit den Interessen der Stakeholder kollidieren.[17]
- *Hybris* ist durch die Selbstüberschätzung der Unternehmensleitung gekennzeichnet, die sich in (zu) optimistischen Einschätzungen und Erwartungen zukünftiger Ertragsentwicklungen ausdrückt. In der betrieblichen Praxis kann diese Überschätzung vor allem bei Bieterwettbewerben z. B. für Mobilfunklizenzen oder im Rahmen von Akquisitionen festgestellt werden.[18] Hybris kann daher leicht zu Überinvestitionen führen, die einer angemessenen Kapitalverzinsung und damit den Stakeholder-Interessen entgegenstehen.
- *Short-Termism* meint die Kurzsichtigkeit der Unternehmensleitung oder aber einflussreicher Kapitalgeber aufgrund einer strikten Fokussierung auf kurzfristige Erfolge, die sich z. B. in einer starren Orientierung am Aktienkurs oder an Quartalszahlen niederschlägt. Die Kurzsichtigkeit kann zur Verzögerung oder Vermeidung von notwendigen strategischen Programmen führen, da der Cashflow kurzfristig maximiert werden soll und geplante Investitionen aufgeschoben werden.[19]
- *Herding* beschreibt eine Verhaltensweise der Nachahmung von strategischen Maßnahmen der Wettbewerber durch die Unternehmensleitung, deren Gründe im Reputationsstreben der Manager oder in Managementmoden liegen. Dieses Verhalten kann aus Sicht der Unternehmensleitung rational sein. Die Imitation strategischer Entscheidungen von Wettbewerbern oder Branchenführern stellt für Manager häufig eine risikoärmere Variante der strategischen Entscheidung dar.[20] Der Grund dafür liegt darin, dass eine ausreichend große Zahl anderer Unternehmen, Wettbewerber oder unabhängiger Berater vergleichbare oder ähnliche strategische Maßnahmen

16 Vgl. Welge/Eulerich (2012), S. 5.
17 Vgl. Donaldson (1984), S. 36-42.
18 Vgl. Roll (1986), S. 197 ff.
19 Vgl. Stein (1989), S. 655 ff.
20 Vgl. Scharfstein/Stein (1990), S. 465 ff.

implementiert oder empfohlen haben. Wenn dem Herdentrieb gefolgt wird, fällt die Rechtfertigung einer Ressourcenfehlallokation oder eines strategischen Versagens unter Umständen leichter, obwohl gegebenenfalls überzeugende oder sogar überlegene Strategiealternativen im Rahmen des Strategieprozesses formuliert wurden.

- *Quiet Life* fasst Verhaltensweisen der Konfliktvermeidung durch die Unternehmensleitung zusammen. Unter Umständen tendiert diese dazu, unangenehme strategische Entscheidungen zu vermeiden oder hinauszuzögern, wie z. B. den Verkauf eines Standorts oder eines Geschäftsbereichs aufzuschieben, um die Auseinandersetzung zu verhindern und Ruhe im Unternehmen zu bewahren.[21] Dieses Verhalten kollidiert mit den Grundsätzen verantwortungsvoller Unternehmensführung, da die strategisch ausformulierte und notwendige Optimierung in der Ressourcenallokation unterlassen und so die Ineffizienz erhöht würde. Außerdem ist die Vermeidung oder der Aufschub strategischer Maßnahmen unter Umständen inkonsistent mit den Zielen und Strategien.
- *Consumption on the Job* umschreibt den Versuch von Managern, ihr Einkommen, ihre Macht, ihre Reputation und ihre Arbeitsplatzsicherheit in der Unternehmung zu maximieren. Das Managereinkommen setzt sich aus fixen und variablen Bestandteilen und der sog. *Consumption on the Job* zusammen. Variable Einkommensbestandteile dienen als Anreiz dazu, dass der Manager den Shareholder Value maximiert. In Abhängigkeit von der absoluten Einkommenshöhe und dem Verhältnis aus fixer und variabler Bezahlung sowie weiterer sozialer Motive neigen Manager dazu, die *Consumption on the Job* zu intensivieren, d. h. Investitionen in unrentable Vermögensgegenstände wie z. B. Firmenflugzeug oder luxuriöse Büroausstattungen zu tätigen, die ihren Status dokumentieren oder anderweitige Vorzüge und Annehmlichkeiten bedeuten.[22]

Zur Umsetzung einer verantwortungsvollen und ordnungsgemäßen Unternehmensführung sind im Hinblick auf eine effektive Entwicklung und Durchsetzung von Strategien insbesondere die konsistente Ausrichtung von Zielen und Strategien sowie eine strategiekonforme Ressourcenallokation und eine risikoadäquate Umsetzung sicherzustellen.

Die **Balanced Scorecard** als Kennzahlensystem und Instrument der Strategieimplementierung ist bereits in *Kapitel 6.2 Strategie operationalisieren* dargestellt worden. Sie trägt durch Transparenz über die strategischen Ziele und Hebel sowie die Dokumentation von Ursache-Wirkungs-Beziehungen zum Konsens über strategische Ziele bei. Damit erleichtert sie die konsistente Ausrichtung von Strategien an den Zielen sowie die strategiekonforme Ressourcenallokation. Die Verwendung der Balanced Scorecard lässt sich im Rahmen der Corporate Governance erweitern. Neben der klassischen Unternehmens-Scorecard eignet sich die Einführung einer Vorstands-Scorecard sowie einer Aufsichtsrats-Scorecard.[23]

21 Vgl. Bertrand/Mullainathan (2003), S. 1043 ff.
22 Vgl. Scharfstein (1988), S. 147 ff.
23 Vgl. Welge/Eulerich (2012), S. 178 ff.

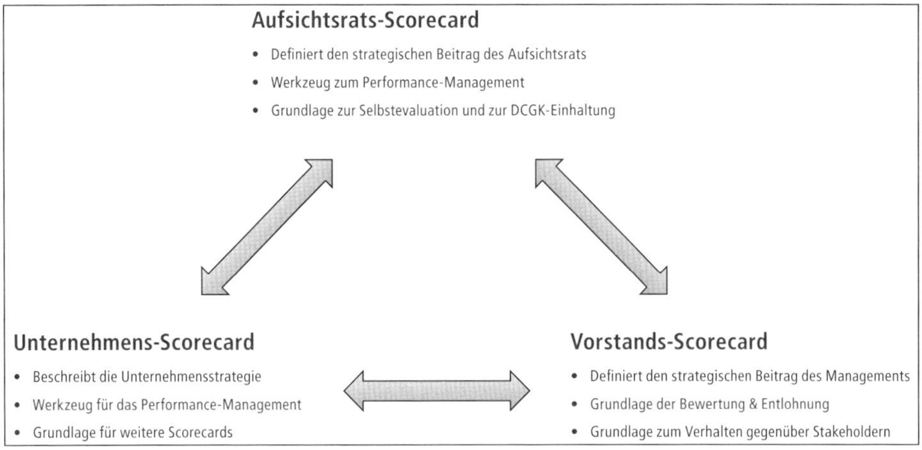

Abbildung 8.8: Balanced Scorecard in der Corporate Governance, *Quelle: Welge / Eulerich (2012, S. 195)*

Die **Unternehmens-Scorecard** entspricht der bereits dargestellten Balanced Scorecard, die auf die Strategieinhalte ausgerichtet ist und die Strategieimplementierung fortlaufend unterstützt. Sie wird von der Unternehmensebene in die Geschäftsbereiche Funktionen und Landesgesellschaften konsistent heruntergebrochen.

Die **Vorstands-Scorecard** reflektiert das Verhalten und die Aufgaben des Vorstands im Rahmen der Unternehmensführung und dient vor allem dem Ausgleich von Stakeholder-Interessen.[24] Insofern beschreibt sie die strategischen Aufgaben des Vorstands bzw. dessen Beitrag und Rolle als Führungsorgan. Dazu bedarf die Balanced Scorecard einiger Anpassungen, die sich nicht auf die vier Perspektiven beziehen, sondern auf die Inhalte und Messgrößen.

Neben den finanziellen Messgrößen, die zur Steigerung des Unternehmenswerts herangezogen werden und weitestgehend deckungsgleich mit der Unternehmens-Scorecard sind, werden in den drei verbleibenden Perspektiven insbesondere die Verantwortlichkeiten des Vorstands genannt, wie z. B. die Einrichtung effektiver Führungsprozesse und betrieblicher Informationssysteme inklusive eines funktionierenden Risikomanagementsystems. Unter den Gesichtspunkten eines umfangreichen Stakeholder-Managements kann die Sicherstellung der sozialen Beiträge z. B. durch Corporate-Social-Responsibility-Maßnahmen integriert werden, mit dem Ziel, die Beziehungen zu den Stakeholdern bestmöglich zu gestalten. Dazu gehören auch die Benennung und Ausgestaltung von Kommunikationspflichten des Vorstands gegenüber den Stakeholdern, insbesondere dem Aufsichtsrat. Mit der Einführung einer Vorstands-Scorecard wird der Vorstand nicht nur an seine umfangreichen Verantwortlichkeiten und Pflichten erinnert, sondern diese werden transparent dokumentiert und ihre Erfüllung wird fortlaufend messbar. Diese Transparenz soll den Vorstand nicht in erster Linie kontrollieren, sondern vor allem dabei helfen, seine zentrale Verantwortung der Strategieentwicklung und deren Implementierung bestmöglich zu erfüllen. Dabei sind die interne und externe Kommunikation der Strategie und die Stakeholder-Integration von zentraler Bedeutung.

24 Vgl. Welge/Eulerich (2012), S. 188 ff.

Die **Aufsichtsrats-Scorecard** definiert den strategischen Beitrag des Aufsichtsrats mit der Zielsetzung, eine verantwortungsvolle Corporate Governance sicherzustellen. Die Grundvoraussetzung dafür ist ein einheitliches und umfangreiches Verständnis der Unternehmensstrategie. Dies erfordert eine zukunftsorientierte Informationsversorgung, d. h., neben der Berichterstattung über den Verlauf der Geschäftsentwicklung müssen vor allem relevante Vorlaufindikatoren regelmäßig analysiert und im Rahmen von Szenarioanalysen mögliche bzw. wahrscheinliche Auswirkungen strategischer Maßnahmen kritisch dargestellt werden. Dies geht über eine rein vergangenheitsorientierte Berichterstattung hinaus und bedarf eines Informationsprozesses, der rechtzeitig und proaktiv Informationsdefizite erkennt und beseitigt. Ebenso ist die organisationale Gestaltung des Aufsichtsgremiums, z. B. durch die Einrichtung von Ausschüssen, ein zentrales Thema. Schließlich müssen im Rahmen einer verantwortungsvollen Corporate Governance auch die Effizienz und Effektivität von Aufsichtsratsmitgliedern bewertet werden.

	Strategische Ziele	Messgröße
Finanzwirtschaftliche Perspektive	Shareholder Value maximieren	Steigerung des Economic Value Added (EVA)
		Kapitalrendite (ROCE)
		Dividendenausschüttung
	Umstz erhöhen / Strategisch investieren	Organisches Wachstum
		Externes Wachstum
		Ergebniswachstum / Return on Sales
	Produktivität managen	Umsatz pro Mitarbeiter
		Cash flow
Stakeholder Perspektive	Strategie bewilligen	Anzahl einstimmiger Beschlüsse
		Strategieberatung mit dem Vorstand
	Strategieumsetzung überwachen	Bewertung mit Hilfe der Unternehmensscorecard
		Abweichungen vs. Planvorgaben
	Einhaltung von Vorschriften sicherstellen	Berichte des Compliance Offices
		Interne und externe Audits
	Risikomanagement überwachen	Risikoreporting
		Vergleich der Ist- und Soll-Werte (BSC)
Interne Prozessperspektive	Strategie und Finanzierung bestätigen	Einhaltung von Wertgrenzen
		Bewertung durch Vorstandsscorecard
	Vorstand bewerten und entlohnen	Anteil der variablen Vergütung
		Bewertung durch Vorstandsscorecard
	Nachfolgeplanung gewährleisten	Nachfolgeplanung für mind. 2 Jahre festlegen
		Aktualisierte Stellenbeschreibung
	DCGK sicherstellen / Transparenz schaffen	Überwachung der Ad-hoc Berichte
		Ordnungsgemäße Quartalsberichtseratattung
Lern- & Entwicklungsperspektive	Diskussion und Kontrolle wahrnehmen	Anzahl an Aufsichtsratssitzungen
		Anzahl der Sitzungstermine mit / ohne Vorstand
	Informationsaustausch gestalten	Anzahl der (un-)regelmäßigen Sitzungstermine
		Zugriffe auf die Unternehmens-BSC
	Teamarbeit fördern	Zugehörigkeit / Fluktuation im Aufsichtsrat
		Anteil einstimmiger Beschlüsse im Aufsichtsrat
	Fähigkeiten & Wissen an Strategie anpassen	Zusammensetzung des Aufsichtsrates und seiner Gremien
		Fördermaßnahmen für die Aufsichtsratsmitglieder

Abbildung 8.9: Aufsichtsrats-Scorecard, *Quelle: in Anlehnung an Welge / Eulerich (2012, S. 203)*

Die Balanced Scorecard bleibt in der Grundstruktur erhalten, wird allerdings hinsichtlich der Auswahl relevanter Perspektiven im Hinblick auf die Kontroll- und Beratungsfunktion des Aufsichtsrats ausgestaltet.

Die **finanzwirtschaftliche Perspektive** stellt einen direkten Bezug zur Unternehmens-Scorecard her. Die Zielkongruenz mittels gleicher monetärer Ziele und Kennzahlen soll das langfristige Ziel der Wertschaffung formulieren und bei dessen Erreichung helfen. Die exakte Definition und Auswahl der Kennzahlen hängen von den Vorgaben der wertorientierten Steuerungskonzepte ab.

Die **Stakeholder-Perspektive** ist vor allem aufgrund der vermittelnden Position des Aufsichtsrats zwischen Unternehmensleitung und Shareholdern sowie weiteren Stakeholdern relevant.[25] Neben dem Vorstand muss auch der Aufsichtsrat als Kontrollinstanz die Interessen von Stakeholdern integrieren, um einen ganzheitlichen Corporate-Governance-Ansatz umzusetzen. Die durch den Vorstand entwickelten und implementierten bzw. zur Implementierung anstehenden Strategien müssen vom Aufsichtsrat hinsichtlich ihrer Realisierbarkeit und ihres Implementierungsfortschritts sowie der immanenten strategischen Risiken regelmäßig überprüft werden. Hinsichtlich der Realisierbarkeit kann der Aufsichtsrat neben der Ressourcen- und Wirtschaftlichkeitsprüfung die Berücksichtigung und Einbindung von Stakeholdern sicherstellen.

Die **interne Prozessperspektive** stellt effiziente Prozesse und eine verlässliche, sichere sowie transparente Informationsversorgung des Aufsichtsrats her, damit der Aufsichtsrat seine Funktion überhaupt wahrnehmen kann. Die Prozessperspektive richtet sich daher einerseits auf die Prozesse zwischen Aufsichtsrat und Vorstand und andererseits auf die Prozesse innerhalb des Aufsichtsrats. Im Sinne einer guten Corporate Governance steht bei den Prozessen zwischen Vorstand und Aufsichtsrat die Reduktion von Informationsasymmetrien zwischen beiden Organen im Mittelpunkt. Insofern ist die Qualität der Informationsversorgung ein zentrales Bewertungskriterium.

Exkurs: Informationsasymmetrien

Die **Prinzipal-Agenten-Theorie** beschreibt **Informationsasymmetrien** zwischen einem Auftraggeber, sog. Prinzipal, und dem ausführenden Auftragnehmer, sog. Agent. Bei Vorliegen von Informationsasymmetrien verfügen die beteiligten Parteien über unvollständige Informationen, sodass entweder Kosten mit einer Verbesserung der Informationsbasis verbunden sind oder Mechanismen zur Kontrolle und Durchsetzung der ordnungsgemäßen Auftragserfüllung notwendig sind. Die Existenz dieser unvollständigen Informationen ist eine Basis für opportunistisches Verhalten, d. h., der Agent kann die Informationen, die nur ihm vorliegen, zu seinem persönlichen Nutzen, z. B. die Realisierung monetärer Vorteile, verwenden.[31] Diese Informationen bzw. das Verhalten des Agenten bleiben dem Prinzipal verborgen und werden daher als *Hidden Information* bzw. *Hidden Action* bezeichnet. Allerdings können die unvollständigen Informationen bereits vor dem Vertragsverhältnis zwischen Prinzipal und Agent in Form von verborgenen und nicht bekannten Eigenschaften des Agenten, sog. *Hidden Characteristics*, vorliegen. Die Mechanismen, die das opportunistische Verhalten begrenzen sollen, werden unterschieden in:

25 Vgl. Kaplan/Nagel (2004), S. 9.

- **Anreizsysteme,** die auf einen Interessenausgleich ausgerichtet sind, z. B. durch erfolgsabhängige Vergütung und damit Beteiligung am Unternehmenserfolg. Der Interessenausgleich soll vor allem die nachvertragliche Verhaltensabweichung (*Hidden Action*) reduzieren.
- **Informations- und Kontrollsysteme**, die eine verbesserte Informationsbasis für den Prinzipal darstellen und für Transparenz von verborgenen Informationen (*Hidden Information*) sorgen
- **Signaling, Screening** und **Self-Selection** dienen einer besseren Vorauswahl von Agenten durch eine vorvertragliche Dokumentation der Leistungsqualität (*Signaling*), z. B. durch Zertifizierung oder Gütesiegel, durch Auswahlprozesse und Testverfahren (*Screening*) oder durch unterschiedlich gestaltete Verträge, z. B. unterschiedlich hoher Selbstbehalt für verschiedene Klassen von Agenten (*Self-Selection*).

Die Prinzipal-Agenten-Theorie dient als theoretischer Ausgangspunkt für die Beschreibung der Informationsasymmetrien zwischen Unternehmensleitung (Agent) und Unternehmenseigentümern (Prinzipal). Auf dieser Basis können Instrumente entwickelt werden, die für eine verbesserte Informationsbasis oder effiziente Kontrollstrukturen sorgen, wie z. B. die Vorstands- und Aufsichtsrats-Scorecard als Informations- und Kontrollsystem.

Die Prozesse innerhalb des Aufsichtsrats betreffen vor allem den Informationsfluss zwischen den Gremien und Ausschüssen. Die intensive Arbeit und Überwachung gliedern sich meist in mehrere Ausschüsse, die eine Koordination erfordern. In der betrieblichen Praxis finden sich regelmäßig der Finanz- und Prüfungsausschuss, der Personal- und Vergütungsausschuss, meist ein Strategieausschuss und ein Corporate-Governance-Ausschuss.[27] Die Ausschussbildung erlaubt eine ausreichend detaillierte Kontrolle und Überwachung, erfordert allerdings einen intensiven Austausch und einen gesamthaften Überblick.

Die **Lern- und Entwicklungsperspektive** dient dem Aufbau einer effektiven Infrastruktur und den Rahmenbedingungen für die Aufsichtsratsarbeit hinsichtlich einer guten Corporate Governance durch die Förderung von Fähigkeiten und Kompetenzen sowie den Wissensaufbau und Erfahrungsaustausch von Aufsichtsratsmitgliedern. Dies beginnt bei der Ausgestaltung und Besetzung des Aufsichtsrats, z. B. in Bezug auf die Anzahl der Aufsichtsratsmitglieder, deren Unabhängigkeit oder den Diversity/Gender-Anteil, d. h. die Zusammensetzung des Aufsichtsrats aus Mitgliedern unterschiedlicher Nationalitäten und Geschlechter.[28]

Die Lern- und Entwicklungsperspektive umfassen auch die Organisation der Berichterstattung zwischen den Ausschüssen inklusive des organisatorischen Rahmens wie Sitzungshäufigkeit, Ausschuss- und Aufsichtsratsmitgliedschaften insbesondere Multimandate, d. h. die gleichzeitige Mitgliedschaft in mehreren Aufsichtsräten sowie der Umgang mit der Berufung ehemaliger Vorstandsmitglieder eines Unternehmens zu Aufsichtsratsmitgliedern desselbigen. Im Rahmen seiner Beratungsfunktion muss der Aufsichtsrat die Ausgestaltung der Strategiegespräche und der Diskussionen mit der Unternehmensleitung bzw. mit weiteren Führungskräften festlegen. Hierin liegt ein zentraler Hebel für die Förderung eines gemeinsamen Lernens zwischen beiden Organen.

26 Vgl. Picot et al. (2010), S. 57 ff.
27 Vgl. Schwalbach (2004).
28 Vgl. Welge/Eulerich (2012), S. 199.

Das Instrument einer Vorstands- und Aufsichtsrats-Scorecard macht die Leistungen dieser Organe sichtbar und fördert eine Unternehmenskontrolle und -überwachung im Sinne einer guten Corporate Governance durch entscheidungsorientierte Informationsversorgung. Dabei wird vor allem eine zu kurzfristige und ausschließlich vergangenheitsorientierte Kontrolle verhindert. Stattdessen wird die Perspektive des Aufsichtsrats proaktiv um neue Inhalte und einen Strategiefokus auf zukünftige Gestaltungsfelder erweitert. Dies geschieht durch Transparenz und einen kritischen Diskurs, der organisationales Lernen beinhaltet und fördert.

ZUSAMMENFASSUNG

Die **Steuerung** der **Strategie** soll den strategischen Wandel fördern und verstetigen sowie die erreichten Ergebnisse nachhaltig im Unternehmen verankern. Dabei müssen strategische Barrieren abgebaut und eine Vielzahl von Stakeholdern in den Strategieprozess integriert werden. Die erreichten Ergebnisse erfordern eine Verankerung in den Instrumenten der Corporate Governance.

- Verschiedene **strategische Barrieren** verhindern den strategischen Wandel und erfordern daher nach einer entsprechenden Analyse dezidierte Gegenmaßnahmen, die sich nach der Art der Barrieren richten. So kann in Verhaltensbarrieren, Systembarrieren oder Machtbarrieren unterschieden werden.
- Der Abbau von strategischen Barrieren kann durch Stakeholder-Analyse und **Stakeholder-Management** erreicht werden. In der *Stakeholder-Matrix* werden die wichtigsten Unterstützer und Blockierer auf der Basis ihres Einflusses und ihres Interesses an den strategischen Entscheidungen des Unternehmens identifiziert und kategorisiert. Auf dieser Grundlage können geeignete Maßnahmen entwickelt werden, wie z. B. wichtige Multiplikatoren als Unterstützer zu gewinnen, um die Stakeholder systematisch in den Strategieprozess zu integrieren und so die Akzeptanz von strategischen Maßnahmen zu erhöhen.
- Ein umfassendes Steuerungskonzept für den strategischen Wandel integriert die Grundsätze einer guten **Corporate Governance**. Diese besteht aus den Strukturelementen der Unternehmensverfassung, des Risikomanagements, der internen und externen Revision, der Compliance sowie einem integrierten internen Kontrollsystem.

TEIL IV

Anhang

Literaturverzeichnis

Andrews, K. (1987) The Concept of Corporate Strategy. Homewood Ill.: Irwin.

Ansoff, H. I. (1965) Corporate Strategy. New York: McGraw-Hill.

Ansoff, H. I. (1976) Managing Surprise and Discontinuity – Strategic Response to Weak Signals. In: Zeitschrift für betriebswirtschaftliche Forschung, Jg. 28, Bd. 3, S. 129-152.

Ansoff, H. I. (1988) The New Corporate Strategy. New York: Wiley.

Backhaus, K./Erichson, B./Plinke, W./Weiber, R. (2011) Multivariate Analysemethoden – Eine anwendungsorientierte Einführung. 13. Auflage, Berlin: Springer.

Bea, F. X./Haas, J. (1994) Möglichkeiten und Grenzen der Früherkennung von Unternehmenskrisen. In: Wirtschaftswissenschaftliches Studium (WiSt), Jg. 23, Bd. 10, S. 486-491.

Bain, J. S. (1956) Barriers to New Competition. Cambridge, MA: Harvard University Press.

Bain & Company (2010) Rückkehr zu neuem Wachstum. In: Bain&Company Results 02_2010, München.

Balderjahn, I. (2010) Die LOHAS im Kontext der Sinus-Milieus. In: Marketing Review St. Gallen, Jg. 27, Bd. 5, S. 36-41.

Balogun, J./Hope Hailey, V. (2008) Exploring Strategic Change. 3. Auflage, Harlow: Pearson.

Barney, J. (1991) Firm Resources and Sustained Competitive Advantage. In: Journal of Management, Jg. 17, Bd. 1, S. 99-120.

Barney, J. (1997) Gaining and Sustaining Competitive Advantage. 3. Auflage, Reading, MA: Addison-Wesley Publishing Company, Inc. Bates.

Barney, J. B. (2011) Gaining and Sustaining Competitive Advantage. 4. Auflage, Boston, MA: Pearson.

Baumol, W. J./Panzar, J. C./Willig R. D. (1982) Contestable Markets and the Theory of Industry Structure. New York: Harcourt Brace Jovanovic.

Berry, C. H. (1971) Corporate Growth and Diversification. In: Journal of Law and Economics, Jg. 14, Bd. 2, S. 371-383.

Bertrand, M./Mullainathan, S. (2003) Enjoying the Quiet Life? Corporate Governance and Managerial Preferences. In: Journal of Political Economy, Jg. 111, Bd. 5, S. 1043-1075.

Besanko, D./Dranove, D./Shanley, M./Schaefer, S. (2007) Economics of Strategy, 4. Auflage, Hoboken, New York: Wiley.

Bleicher, K (1991) Organisation, Strategien, Strukturen, Kulturen. 2. Auflage, Wiesbaden: Gabler.

Büchler, J. P. (2009) Kooperation versus Fusion in der Konsumgüterindustrie. Wirkungsanalyse und wettbewerbspolitische Würdigung. Köln: Kölner Wissenschaftsverlag.

Büchler, J. P. (2012) Borussia Dortmund – Echte Liebe. Fallstudie Nr. 12-901 DE, Center for Applied Studies and Education in Management (CASEM), Dortmund.

Burmann, C./Meffert, H. (2005) Theoretisches Grundkonzept der identitätsorientierten Markenführung. In: Meffert, H./Burmann, C., Koers, M. (Hrsg.) Markenmanagement – Identitätsorientierte Markenführung und praktische Umsetzung. 2. Auflage, Wiesbaden: Gabler, S. 37-72.

Bruhn, M. (2013) Relationship Marketing. Das Management von Kundenbeziehungen. München: Vahlen.

Caves, R./Porter, M. E. (1977) From Entry Barriers to Mobility Barriers. In: Quarterly Journal of Economics, Jg. 91, Bd. 2, S. 241-262.

Coase, R. (1991) The nature of the firm. Oxford: Oxford University Press.

Coenenberg, A. G. (2003) Kostenrechnung und Kostenanalyse. 5. Auflage, Stuttgart: Schäffer-Poeschel.

Coenenberg, A. G./Salfeld, R. (2007) Wertorientierte Unternehmensführung – Vom Strategieentwurf zur Implementierung. 2. Auflage, Stuttgart: Schäffer-Poeschel.

Collis, D. J./Montgomery, C. A. (1997) Corporate Strategy. Resources and the Scope of Firm. Chicago: Irwin.

Copeland, T./Koller, T./Murrin, J. (2005) Valuation – Measuring and Managing the Value of Companies. 4. Auflage, New York: Wiley.

D'Aveni, R. A. (1995) Hyperwettbewerb – Strategien für die neue Dynamik der Märkte. Frankfurt/Main: Campus.

Deans G. K./Kroeger F./Zeisel S. (2002) Merger Endgames – Strategien für die Konsolidierungswelle. Wiesbaden: Gabler.

DENA (2011) 1. Preis: Energy Efficiency Award 2011. SCA Hygiene Products – Umsetzung einer Vielzahl von Energieeffizienzmaßnahmen in einer energieintensiven Branche. Deutsche Energie-Agentur, Berlin.

Dillerup, R./Stoi, R. (2013) Unternehmensführung. 4. Auflage, München: Vahlen.

Donaldson, G. (1984) Managing Corporate Wealth. New York: Praeger.

Dyer, J. H./Singh, H. (1998) The Relational View: Cooperative Strategy and Sources of Interorganizational Competitive Advantage. In: Academy of Management Review, Jg. 23, Bd. 4, S. 660-679.

Eden, C./Ackermann, F. (1998) Making Strategy: The Journey of Strategic Management. London: Sage Publications.

Esser, W. M. (1994) Die Wertkette als Instrument der Strategischen Analyse. In: Riekhof, H.-C. (Hrsg.) Praxis der Strategieentwicklung: Konzepte, Erfahrungen, Fallstudien. 2. Auflage, Stuttgart: Schäffer-Poeschel. S. 129-149.

Farmer, R. N./Richman, B. M. (1965) Comparative Management and Economic Progress. Homewood, Ill.: Irwin.

Fink, C. A./Grundler, C. (1998) Strategieimplementierung im turbulenten Umfeld. Steuerung der Firma fischerwerke mit der Balanced Scorecard. In: Controlling, Jg. 10, Bd. 4, S. 226-235.

Fleck, A. (1995) Hybride Wettbewerbsstrategien: Zur Synthese von Kosten- und Differenzierungsvorteilen. Wiesbaden: Deutscher Universitätsverlag.

Frigo, M. L./Busco, C./Leone, E. L./Riccaboni, A. (2010) Cleaning Up. Using Management Control Systems in Implementing Sustainability. In: Strategic Finance, Jg. 92, Bd. 1, S. 29-37.

Freeman, E. (1984) Strategic Management. A Stakeholder-Approach. Boston, MA: Pitman.

Freter, H. (2008) Markt- und Kundensegmentierung. Kundenorientierte Markterfassung und bearbeitung. 2. Auflage, Stuttgart: Kohlhammer.

Gadiesh, O./Gilbert, J. L. (1998) Profit Pools: A Fresh Look at Strategy. In: Harvard Business Review, Jg. 76, Bd. 3, S. 142.

Geißler, J. (1995) Frühaufklärungssysteme: Instrumente zur frühzeitigen Wahrnehmung von Chancen und Risiken im Unternehmen. Eine Analyse des derzeitigen Erkenntnisstandes und die Entwicklung eines Modells der Kombination eines strategischen und operativen Frühaufklärungssystems mit dem Ziel, einen kontinuierlichen Informationsfluss zwischen beiden Systemen zu gewährleisten. Dissertation, Technische Universität Dresden. Dresden.

Gerpott, T. J. (2005) Strategisches Technologie- und Innovationsmanagement. 2. Auflage, Stuttgart: Schäffer-Poeschel.

Ghemawat, P. (2001) Distance Still Matters. The Hard Reality of Global Expansion. In: Harvard Business Review, Jg. 79, Bd. 8, S. 137-147.

Gilbert, X./Strebel, P. (1987) Strategies to Outpace the Competition. In: Journal of Business Strategy, Jg. 8, Bd. 1, S. 28-36.

Grant, R. (2004) Contemporary Strategy Analysis. 5. Auflage, Malden: Blackwell.

Günther, T. (2013) Unternehmenswertorientiertes Controlling. 2. Auflage, München: Vahlen.

Hahn, D./Hungenberg, H. (2001) PuK – Wertorientierte Controllingkonzepte. 6. Auflage, Wiesbaden: Gabler.

Hamel, G./Prahalad, C. K. (1989) Strategic Intent. In: Harvard Business Review, Jg. 67, Bd. 3, S. 63-76.

Hamel, G./Prahalad, C. K. (1995) Wettlauf um die Zukunft. Wie Sie mit bahnbrechenden Strategien die Kontrolle über Ihre Branche gewinnen und die Märkte von morgen schaffen. Wien: Ueberreuter.

Hammer, M./Champy, J (1993) Reengineering the Corporation. A Manifesto for Business Revolution. New York: Harper Business.

Hansen, G. S./Wernerfelt, B. (1989) Determinants of Firm Performance: The Relative Importance of Economic and Organizational Factors. In: Strategic Management Journal, Jg. 10, Bd. 5, S. 399-411.

Harrison, J./St. John, C. (1996) Managing and Partnering with External Stakeholder. In: Academy of Management Executive, Jg. 10, Bd. 2, S. 46-59.

Hax, A. C./Majluf, N. S. (1988) Strategisches Management. Ein integratives Konzept aus dem MIT. Frankfurt/Main: Campus.

Henderson, B. D. (1971) Construction of a Business Strategy. The Boston Consulting Group, Series on Corporate Strategy, Boston.

Heuskel, D. (1999) Wettbewerb jenseits von Industriegrenzen. Aufbruch zu neuen Wachstumsstrategien. Frankfurt/Main: Campus.

Hinterhuber, H. H. (2011) Strategische Unternehmensführung: I. Strategisches Denken. 8. Auflage, Berlin: Erich Schmidt Verlag.

Hiltunen, E. (2006) Was It a Wild Card or just our Blindness to Gradual Change? In: Journal of Future Studies, Jg. 11, Bd. 2, S. 61-74.

Hiltunen, E. (2010) Weak Signals in Organizational Futures Learning. Dissertation, Helsinki School of Economics A-365.

Horváth, P./Kieninger, M./Mayer, R./Schimank, C. (1993) Prozesskostenrechnung – oder wie die Praxis die Theorie überholt. Kritik und Gegenkritik. In: Die Betriebswirtschaft, Jg. 53, Bd. 5, S. 609-628.

Horváth, P. (2011) Controlling. 12. Auflage, München: Vahlen.

Homburg, C. (2012) Marketingmanagement. Strategie – Instrumente – Umsetzung – Unternehmensführung. 4. Auflage, Wiesbaden: Gabler.

Hungenberg, H. (2012) Strategisches Management im Unternehmen. Ziele – Prozesse – Verfahren. 6. Auflage, Wiesbaden: Springer Gabler.

Jacquemin, A. P./Berry, C. H. (1979) Entropy Measure of Diversification and Corporate Growth. In: Journal of Industrial Economics, Jg. 27, Bd. 4, S. 359-369.

Jenner, T. (2000) Hybride Wettbewerbsstrategien in der deutschen Industrie – Bedeutung, Determinanten und Konsequenzen für die Marktbearbeitung: Ergebnisse einer empirischen Untersuchung. In: Die Betriebswirtschaft, Jg. 60, Nr. 1, S. 7-22.

Johnson, G. (1988) Re-Thinking Incrementalism. In: Strategic Management Journal, Jg. 9, Bd. 1, S. 75-91.

Johnson, G. (1992) Managing strategic change: Strategy, culture and action. In: Long Range Planning, Bd. 25, Nr. 1, S. 28 – 36.

Johnson, G./Scholes, K./Whittington, R. (2011) Strategisches Management: Eine Einführung. Analyse, Entscheidung und Umsetzung. 9. Auflage, München: Pearson.

Kaplan, R. S./Cooper, R. (1999) Prozesskostenrechnung als Managementinstrument. Frankfurt/Main: Campus.

Kaplan, R. S./Nagel, M. E. (2004) Improving Corporate Governance with the Balanced Scorecard; Working Paper #04-044, Harvard University, Boston, MA, 2004.

Kaplan, R. S./Norton, D. P. (1996) Using the Balanced Scorecard as a Strategic Management System. In: Harvard Business Review, Jg. 74, Bd. 1, S. 75-85.

Kaplan, R. S./Norton, D. P. (1997) Balanced Scorecard. Stuttgart: Schäffer-Poeschel.

Kaplan, R. S./Norton, D. P. (2004) Strategy Maps: Der Weg von immateriellen Werten zum materiellen Erfolg. Stuttgart: Schäffer-Poeschel.

Kaplan, R. S./Mikes, S. (2012) Managing Risks: A New Framework. In: Harvard Business Review, Jg. 90, Bd. 6, S. 48-59.

Knieps, G. (2008) Wettbewerbsökonomie. Regulierungstheorie, Industrieökonomie, Wettbewerbspolitik. 3. Auflage, Berlin: Springer.

Kerth, K./Stich, V./Asum, H. (2011) Die besten Strategietools in der Praxis. 5. Auflage, München: Hanser.

Kim, W. C./Mauborgne, R. (2000) Knowing a Winning Business Idea When You See One. In: Harvard Business Review, Jg. 78, Bd. 5, S. 129-138.

Kim, W. C./Mauborgne, R. (2005) Blue Ocean Strategy. How to Create Uncontested Market Space and Make the Competition Irrelevant. Boston, MA, Harvard Business Review Press.

Kim, W. C./Mauborgne, R. (2009) How Strategy Shapes Structure. In: Harvard Business Review, Jg. 87, Bd. 12, S. 73-80.

Kirsch, W./Trux, W. (1981) Perspektiven eines strategischen Managements. In: Kirsch, W. (Hrsg.) Unternehmenspolitik. Von der Zielforschung zum Strategischen Management. München: Planungs- und Organisationswissenschaftliche Schriften, S. 290-396.

Kirsch, W./Seidl, D./Van Aaken, D. (2009) Unternehmensführung. Eine evolutionäre Perspektive. Stuttgart: Schäffer-Poeschel.

Koppelmann, U. (2001) Produktmarketing. Entscheidungsgrundlagen für Produktmanager. 5. Auflage, Berlin: Springer.

Kosiol, E. (1976) Organisation der Unternehmung. 2. Auflage, Wiesbaden: Gabler.

Kotler, P./Keller, D. L./Bliemel, F. (2007) Marketing Management. Strategien für wertschaffendes Handeln. 12. Auflage, München: Pearson.

Kreikebaum, H. (1997) Strategische Unternehmensplanung. 6. Auflage, Stuttgart: Kohlhammer.

Kreps, D. M./Wilson, R. (1982) Reputation and Imperfect Information. In: Journal of Economic Theory, Jg. 27, Bd. 2, S. 253-279.

Kroeber-Riel, W./Gröppel-Klein, A. (2013) Konsumentenverhalten. 10. Auflage, München: Vahlen.

Kröger, F./Vizjak, A./Ringlstetter, M. (2006) Wachsen in Nischen: 9 Strategien in der globalen Konsolidierung. Weinheim: Wiley.

Krüger, W. (2009) Excellence in Change – Wege zur strategischen Erneuerung. 4. Auflage, Wiesbaden: Gabler.

Krystek, U./Müller-Stewens, G. (2006) Strategische Frühaufklärung. In: Hahn, D./Taylor, B. (Hrsg.) Strategische Unternehmungsplanung – strategische Unternehmungsführung. Stand und Entwicklungstendenzen. 9. Auflage, Berlin: Springer, S. 175-193.

Lafley, A. G. (2006) Procter & Gamble CEO Tells Students to "Be Who You Are", Vortrag am 1/27/2006, Quelle: *http://www.bus.umich.edu/NewsRoom/ArticleDisplay.asp?news_id=7406;* abgerufen am 27.09.2013.

Levitt, T. (1960) Marketing Myopia. In: Harvard Business Review, Jg. 38, Bd. 4, S. 45-56.

Macharzina, K./Wolf, J. (2012) Unternehmensführung. Das internationale Managementwissen. Konzepte – Methoden – Praxis. 8. Auflage, Wiesbaden: Gabler.

Markides, C. C. (1995) Diversification, Refocusing and Economic Performance. Cambridge, MA: MIT Press.

McGrath, R. G. (2013) The End of Competitive Advantage: How to Keep Your Strategy Moving as Fast as Your Business. Boston, MA: Harvard Business Review Press.

Meier, J. (2005) Six Sigma – Mythos oder operative Realität? In: Hungenberg, H./Meffert, J. (Hrsg.) Handbuch Strategisches Management. 2. Auflage, Wiesbaden: Gabler, S. 725 ff.

Miles, R. E./Snow, C. C./Meyer, A. D./Coleman, H. J. Jr. (1978) Organizational Strategy, Structure and Process. In: The Academy of Management Review, Jg. 3, Bd. 3, S. 546-562.

Mintzberg, H. (1978) Patterns in Strategy Formulation. In: Management Science, Jg. 24, Bd. 9, S. 934-948.

Mintzberg, H./Ahlstrand, B./Lampel, J. (2002) Strategy Safari. Eine Reise durch die Wildnis des strategischen Managements. Heidelberg: Redline Wirtschaft.

Mintzberg, H./McHugh, A. (1985) Strategy Formation in Adhocracy. In: Administrative Science Quarterly, Jg. 30, Bd. 2, S. 160-197.

Müller-Stewens G./Lechner, C. (2011) Strategisches Management. Wie strategische Initiativen zum Wandel führen. 4. Auflage, Stuttgart: Schäffer-Poeschel.

Neumann, A. M. (2004) Partizipative Früherkennung von Chancen und Risiken. Perspektiven und Bedingungen für neue Ansätze zur langfristigen Sicherung der Existenz von Unternehmen und ihrer Arbeitsplätze. München: Hampp, Mering.

Osterwalder, A./Pigneur, Y. (2010) Business Model Generation: A Handbook for Visionaries, Game Changers, and Challengers. New York: Wiley.

Paul, J. (2002) 10 Jahre Balanced Scorecard: Was haben wir gelernt? Die Fallen bei der Implementierung der Scorecard – und wie sie zu umgehen sind. In: Controller-Magazin, Jg. 27, Bd. 1, S. 51-59.

Pearce, J. A./Robinson, R. B. (2009) Formulation, Implementation and Control of Competitive Strategy. 11. Auflage, Chicago, Ill.: Irwin.

Pfeiffer, W./Metze, G./Schneider, W./Amler, R. (1991) Technologie-Portfolio zum Management strategischer Zukunftsgeschäftsfelder. 6. Auflage, Göttingen: Vandenhoeck & Ruprecht.

Picot, A./Reichwald, R./Wigand, R. T. (2010) Die grenzenlose Unternehmung: Information, Organisation und Management. 5. Auflage, Wiesbaden: Gabler.

Proff, H. (2007) Dynamische Strategien. Vorsprung im internationalen Wettbewerbsprozess. Wiesbaden: Gabler.

Porter, M. E. (1981) The Contributions of Industrial Organization to Strategic Management. In: Academy of Management Review, Jg. 6, Bd. 4, S. 609-620.

Porter, M. E. (1987) From Competitive Advantage to Corporate Strategy. In: Harvard Business Review, Jg. 65, Bd. 3, S. 43-59.

Porter, M. E. (1996) What is Strategy? In: Harvard Business Review, Jg. 74, Bd. 6, S. 61-78.

Porter, M. E. (2010): Wettbewerbsvorteile. Spitzenleistungen erreichen und behaupten. 7. Auflage, Frankfurt/Main: Campus.

Porter, M. E. (2013) Wettbewerbsstrategie. Methoden zur Analyse von Branchen und Konkurrenten. 12. Auflage, Frankfurt/Main: Campus.

P&G (2010) P&G's Global Business Services. Transforming the Way Business is Done. Cincinnati.

Rappaport, A. (1992) Selecting Strategies that Create Shareholder Value. In: Busse von Colbe, W./Coenenberg, A. (Hrsg.) Unternehmensakquisition und Unternehmensbewertung. Grundlagen und Fallstudien. USW-Schriften für Führungskräfte, Bd. 25, Stuttgart, S. 237-256.

Rappaport, A. (1999) Creating Shareholder Value: A Guide for Managers and Investors: The New Standard for Business Performance. New York: Free Press.

Reich, M./Hillar, T. (2006) Frühwarnsysteme. In: Zerres, C./Zerres, M. P. (Hrsg.): Handbuch Marketing-Controlling. 3. Auflage, Berlin: Springer, S. 91-107.

Roll, R. (1986) The Hubris Hypothesis of Corporate Takeovers. In: Journal of Business, Jg. 59, Bd. 2, S. 197-216.

Rumelt, R. P. (1974): Strategy, Structure, and Economic Performance. Boston, MA: Harvard Business School Press.

Rumelt, R.P. (1991) Strategic Management and Economics. In: Strategic Management Journal, Jg. 12, Special Issue: Fundamental Research Issues in Strategy and Economics, S. 5-29.

Salop, S. C./Scheffman, D. T. (1987) Cost-Raising Strategies. In: Journal of Industrial Economics, Jg. 36, Bd. 1, S. 19-34.

Scharfstein, D. S. (1988) Product Market Competition and Managerial Slack. In: RAND Journal of Economics, Jg. 19, Bd. 1, S. 147-155.

Scharfstein, D. S./Stein, J. C. (1990) Herd Behavior and Investment. In: The American Economic Review, Jg. 80, Bd. 3, S. 465-479.

Scheer, A.-W./Jost, W. (1996) Geschäftsprozessmodellierung innerhalb einer Unternehmensarchitektur. In: Vossen, G/Becker, J. (Hrsg.) Geschäftsprozessmodellierung und Workflow-Management, Bonn: International Thomson Publishing.

Schellhaaß, H.-M. (1985) Dynamische Marktschranken und Funktionsfähigkeit des Wettbewerbs. In: Bombach, G./Gahlen, B./Ott, A. E. (Hrsg.): Industrieökonomik: Theorie und Empirie. Schriftenreihe des wirtschaftswissenschaftlichen Seminars Ottobeuren, Tübingen: Mohr.

Schröder, H.-H./Jetter, A./Schiffer, G. (2003) Strategische Frühinformation. Bewältigung diskontinuierlicher Zukunftsentwicklungen in Klein- und Mittelbetrieben durch ein Instrumentarium zur Identifikation und Verarbeitung schwacher Signale. München: TCW.

Schwalbach, J. (2004) Effizienz des Aufsichtsrates, Working Paper 2004/01, Humboldt-Universität zu Berlin.

Schwarz, J. O. (2009) Schwache Signale in Unternehmen: Irrtümer, Irritationen und Innovationen. In: Popp, R./Schüll, E. (Hrsg.): Zukunftsforschung und Zukunftsgestaltung. Beiträge aus Wissenschaft und Praxis. Berlin: Springer, S. 245-254.

Selten, R. (1978) The Chain Store Paradox. In: Theory and Decision, Jg. 9, Bd. 2, S. 127-159.

Sepp, H. M. (1996) Strategische Frühaufklärung. Wiesbaden: Deutscher Universitätsverlag.

Shapiro, E. C. (1996): Trendsurfen in der Chefetage. Frankfurt/Main: Campus.

Simon, H. (1988) Management strategischer Wettbewerbsvorteile. In: Zeitschrift für Betriebswirtschaft, Jg. 58, Bd. 4, S. 461 ff.

Simons, R. (1999) How Risky is Your Company? In: Harvard Business Review, Jg. 77, Bd. 3, S. 85-95.

Skiera, B./Lambrecht, A. (2000) Erlösmodelle im Internet. In: Albers, S./Herrmann, A. (Hrsg.) Handbuch Produktmanagement, Wiesbaden: Gabler , S. 813-831.

Stalk, G. Jr. (1988) Time: The Next Source of Competitive Advantage. In: Harvard Business Review, Jg. 66, Bd. 4, S. 41-51.

Staehle, W. H./Conrad, P./Sydow, J. (1999) Management: Eine verhaltenswissenschaftliche Perspektive. 8. Auflage, München: Vahlen.

Stein, J. C. (1989) Efficient Capital Market, Inefficient Firm: A Model of Myopic Corporate Behaviour. In: Quarterly Journal of Economics, Jg. 104, Bd. 4, S. 655-669.

Steinmann, H./Schreyögg, G. (2005) Management. Grundlagen der Unternehmensführung. Konzepte – Funktionen – Fallstudien. 6. Auflage, Wiesbaden: Gabler.

Steinmüller, K. (2008) Wild Cards – Preparing for the Unpredictable. In: Tan Hong Ngoh, Edna/Hoo Tiang Boon (Hrsg.): Thinking about the Future. Strategic Anticipation and RAHS. Singapore, S. 81-93.

Stewart, G. B. (1991) The Quest for Value – A Guide for Senior Managers. New York: Harper Business.

Stigler, G. (1968) The Organization of Industry. Homewood, Ill.: Irwin.

Stern, C. W. (1998) Die Dekonstruktion der Wertschöpfungsketten. In: Oetinger, B. v. (Hrsg.) Das Boston Consulting Group Strategie-Buch – Die wichtigsten Managementkonzepte für den Praktiker, München: ECON, S. 274-277.

Stigler, G. (1968) The Organization of Industry. Homewood, Ill.: Irwin.

Tirole, J. (1999) Industrieökonomik. München: Oldenbourg.

Tomczak, T./Kuß, A./Reinecke, S. (2004) Marketingplanung – Einführung in die marktorientierte Unternehmens- und Geschäftsfeldplanung. 4. Auflage, Wiesbaden: Gabler.

Trommsdorff, V. (2009) Konsumentenverhalten. 7. Auflage, Stuttgart: Kohlhammer.

Ungericht, B. (2012) Strategiebewusstes Management: Konzepte und Instrumente für nachhaltiges Handeln. München: Pearson.

Vahs, D./Burmester, R. (2005) Innovationsmanagement – Von der Produktidee zur erfolgreichen Vermarktung. 4. Auflage, Stuttgart: Schäffer-Poeschel.

Weihrich, H. (1982) The TOWS Matrix – A Tool for Situational Analysis. In: Long Range Planning, Jg. 15, Bd. 2, S. 52-64.

Welge, M. K./Al-Laham, A. (2012) Strategisches Management. Grundlagen – Prozess – Implementierung. 6. Auflage, Wiesbaden: Gabler.

Welge, M. K./Eulerich, M. (2012) Corporate-Governance-Management. Theorie und Praxis der guten Unternehmensführung. Wiesbaden: Gabler.

Wild, J. (1982) Grundlagen der Unternehmungsplanung. 4. Auflage, Opladen: Westdeutscher Verlag.

Wilson, I. (1983) The Benefit of Environmental Analysis. In: Albert, K. J. (Hrsg.): Strategic Management Handbook, New York: McGraw Hill.

Wirtz, B. (2001) Electronic Business. 2. Auflage, Wiesbaden: Gabler.

Wernerfelt, B. (1984) A Resource-based View of the Firm. In: Strategic Management Journal, Jg. 5, Bd. 2, S. 171-180.

Woo, C. Y./Cooper, A. C. (1981) Strategies for Effective Low Share Business. In: Strategic Management Journal, Jg. 2, Bd. 3, S. 301-318.

Zerdick, A./Picot, A./Schrape, K. (1999) Die Internet-Ökonomie – Strategien für die digitale Wirtschaft. Berlin: Springer.

Zook, Chris (2004) Beyond the Core: Expand Your Market Without Abandoning Your Roots. Boston, MA: Harvard Business School Press.

Zook, C./Allen, J. (2001) Erfolgsfaktor Kerngeschäft – Zeitlose Strategien für Wachstum und Innovation. München: Econ.

Zook, C./Allen, J. (2010) Profit from the Core – A Return to Growth in Turbulent Times. Boston, MA: Harvard Business Press.

Zook, C./Allen, J. (2012) Repeatability – Build Enduring Businesses for a World of Constant Change. Boston, MA: Harvard Business Review Press.

Fallstudienmethode – MyLab Deutsche Version für Strategie

Das Lehrbuch wird durch eine Lernplattform **MyLab Deutsche Version für Strategie** mit hoher Praxisorientierung begleitet, um Studierende auf die vielfältigen und komplexen Probleme in der betrieblichen Praxis vorzubereiten. Die Bereitschaft und die Übung, mit mehrdeutigen und komplexen Situationen umzugehen, in denen nicht dichotome Entscheidungen getroffen werden müssen, ist eine zentrale Anforderung an das Management in der Strategieentwicklung. **Interaktive Fallstudien und Simulationen** stellen dabei ein wesentliches Lerninstrument dar, weil sie die zentralen Probleme und Entscheidungen in einem realen Unternehmenskontext in den Mittelpunkt stellen und das Entscheidungs- und Urteilsvermögen von Studierenden entwickeln helfen. Das Lehrbuch integriert in allen Abschnitten und Kapiteln Fallstudien, um eine möglichst authentische Anwendung und Lernerfahrung mit den Methoden und Instrumenten des strategischen Managements zu gewährleisten. Unter *www.deutsch.mylab-pearson.com* findet sich eine interaktive und multimediale Lernumgebung, in der die Fallstudien in ansprechender Art und Weise gestaltet und mit umfangreichen Ergänzungsmaterialien wie z. B. Definitionen, Lernkarten und Originalquellen ausgestattet sind.

In Abhängigkeit von den konkreten Lernzielen werden dazu unterschiedliche Fallstudienformen eingesetzt:

- Die **Aufgabenfallstudie** stellt eindeutige Aufgaben und Arbeitsanweisungen meist unter Angabe konkreter Methoden und Instrumente, die in der Bearbeitung zu verwenden sind. Meist weisen die Aufgabenfallstudien einen hohen Anteil quantitativer Aufgaben auf. Diese Fallstudienform eignet sich in besonderer Weise für das Selbststudium und zur Übung.
- Die **Bewertungsfallstudie** erfordert eine eigenständige Einschätzung oder Stellungnahme zu einer beschriebenen Geschäftssituation, die in der Regel durch wechselseitige Abhängigkeiten von einer Vielzahl an Einflussfaktoren oder handelnden Personen gekennzeichnet ist. Daher sind meist differenzierte Einschätzungen erforderlich und eine Abwägung der unterschiedlichen Einflussfaktoren zu treffen. Die Bewertungsfallstudie eignet sich daher besonders für Gruppenarbeiten und sollte durch eine Diskussion in der Lehrveranstaltung, die durch den Dozenten moderiert wird, ergänzt werden.
- Die **Entscheidungsfallstudie** versetzt Studierende in die Situation eines Managers, der eine meist strategische Entscheidung herbeiführen und treffen muss. Vor der Analyse des Entscheidungsraums und der Entscheidungsparameter sind die Studierenden zunächst gefordert, die relevanten Methoden und Instrumente auszuwählen. Die Entscheidung benötigt somit nicht nur eine inhaltliche Aussage, sondern auch eine Reflexion und Begründung hinsichtlich des methodischen Vorgehens. Diese Fallstudienform erfordert daher eine Begleitung durch den Dozenten, der die Studierenden vor allem im Hinblick auf die Methodenwahl fordert und unterstützt.
- Die **Kontextfallstudie** führt die Studierenden in einen bestimmten Industriekontext oder Themenbereich ein, der als Plattform für die Erprobung ausgewählter Methoden und Konzepte dient. Die Kontextfallstudie kann sowohl die Anwendung qualitativer Konzepte als auch quantitativer Methoden erfordern und kann weitestgehend im Selbststudium bearbeitet und gelöst werden.

- Die **Problemlösungsfallstudie** weist die höchste Komplexität auf und erfordert von den Studierenden zunächst die Identifikation des Kernproblems, das in einem komplexen Problembündel verborgen und in der Regel nicht sofort erkennbar ist. Die große Menge von Informationen und Angaben müssen ausgewertet werden, wobei die relevanten Informationen herauszufiltern sind. Diese Fallstudienform kommt der Unternehmensrealität besonders nah und sollte daher unbedingt durch den Dozenten begleitet und moderiert werden.

Die Fallstudienformen unterscheiden sich auch hinsichtlich ihres Umfangs. Die Aufgaben- und Kontextfallstudien sind in der Regel kurz gehalten, weshalb sie nachfolgend auch als *Mini-Cases* bezeichnet werden. Die Bewertungs- und Entscheidungsfallstudien sind bereits deutlich umfangreicher und weisen eine höhere Komplexität auf. Sie werden nachfolgend als *Midi-Cases* eingeordnet. Die Problemlösungsfallstudien stehen mit der höchsten Komplexität und dem größten Umfang als *Maxi-Cases* zur Verfügung. Entlang des Strategieprozesses bietet das Lehrkonzept eine Vielzahl an Fallstudien mit verschiedenen Schwerpunkten und unterschiedlicher Komplexität an. Ein Überblick aller Fallstudien findet sich in der nachfolgenden tabellarischen Übersicht.

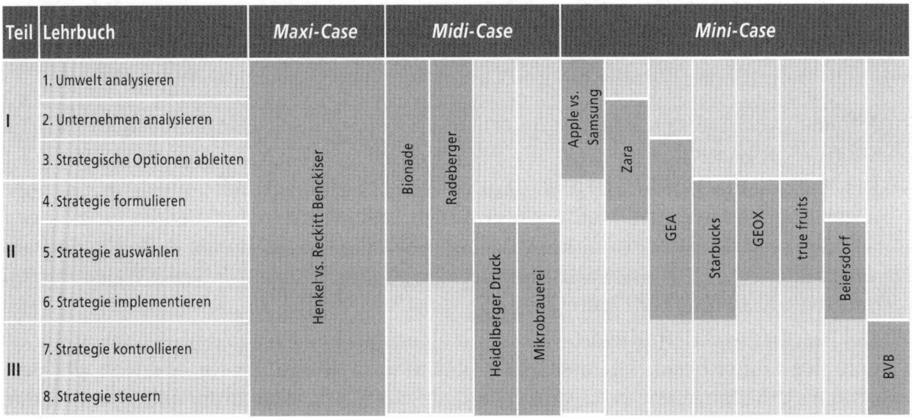

Abbildung 8.10: Fallstudienübersicht MyLab Deutsche Version für Strategie

Register

U

V

W

Z